PMBOK 기반의 Project Management 적용을 위한

Primavera P6 정복하기

㈜PCCA/피플쓰리이씨(주)
박성철, 김현일, 현정훈 지음

BM 성안당
www.cyber.co.kr

PMBOK 기반의
Project Management 적용을 위한

Primavera P6 정복하기

2019. 5. 30. 초 판 1쇄 인쇄
2019. 6. 5. 초 판 1쇄 발행

저자와의
협의하에
검인생략

지은이 | ㈜PCCA/피플쓰리이씨㈜ 박성철, 김현일, 현정훈
펴낸이 | 이종춘
펴낸곳 | **BM** ㈜도서출판 **성안당**
주소 | 04032 서울시 마포구 양화로 127 첨단빌딩 3층(출판기획 R&D 센터)
　　　 10881 경기도 파주시 문발로 112 출판문화정보산업단지(제작 및 물류)
전화 | 02) 3142-0036
　　　 031) 950-6300
팩스 | 031) 955-0510
등록 | 1973. 2. 1. 제406-2005-000046호
출판사 홈페이지 | www.cyber.co.kr
내용문의 | scpark@p3ec.com
ISBN | 978-89-315-5536-3 (13000)
정가 | 50,000원

이 책을 만든 사람들
기획 | 최옥현
진행 | 최창동
본문 디자인 | 김희정
표지 디자인 | 박원석
홍보 | 김계향, 정가현
국제부 | 이선민, 조혜란, 김혜숙
마케팅 | 구본철, 차정욱, 나진호, 이동후, 강호묵
제작 | 김유석

■ **도서 A/S 안내**

성안당에서 발행하는 모든 도서는 저자와 출판사, 그리고 독자가 함께 만들어 나갑니다.
좋은 책을 펴내기 위해 많은 노력을 기울이고 있습니다. 혹시라도 내용상의 오류나 오탈자 등이
발견되면 **"좋은 책은 나라의 보배"**로서 우리 모두가 함께 만들어 간다는 마음으로 연락주시기
바랍니다. 수정 보완하여 더 나은 책이 되도록 최선을 다하겠습니다.
성안당은 늘 독자 여러분들의 소중한 의견을 기다리고 있습니다. 좋은 의견을 보내주시는 분께는
성안당 쇼핑몰의 포인트(3,000포인트)를 적립해 드립니다.
잘못 만들어진 책이나 부록 등이 파손된 경우에는 교환해 드립니다.

2012년 2월 14일 "프로젝트 관리자와 공정 관리자를 위한 Primavera P6"를 출판한 지 7년이 지난 지금, 과연 "우리의 일정관리의 수준은 어느 수준인가?"라는 안타까운 마음을 갖고 다시 시작하는 마음으로 집필하게 되었다.

이 책은 단순하게 보면 Primavera P6 PPM 사용 설명서일 수도 있다. 하지만, 도입 부분에 PMBOK 6th Edition을 설명하고 PMBOK과 PRINCE2에서 접근하는 Project Management의 Trend를 파악할 수 있게 하였다. 또한, FIDIC 2017년 개정판에서 제시하고 있는 일정관리에 대한 중요성을 고려하여 시정(Correction) 기반이 아닌 예방(Prevention)을 위한 프로젝트 관리 계획수립(Planning)을 위해서 Primavera P6의 여러 기능을 설명하고 있다.

현실적으로 공기 지연(Delay) 또는 공기 연장(Extension of Time)은 프로젝트 착수(Initiating) 시부터 예측 가능한 리스크(Known Unkonwn Risk)로 받아들이고 있다는 것이다. 이러한 관점으로 PMBOK 6th Edition, PRINCE2, FIDIC 및 Global Project에서 제시하는 ITB(Invitation To Bid)에서 Project Schedule Risk Analysis 관련 Report를 제시하거나 Risk Workshop을 수행하라고 하는 이유는 자명하다 할 수 있다.

저자는 2018년 3월부터 PMBOK에 근거한 프로젝트 관리 전반 업무와 세부적으로 일정관리(Schedule Management), 리스크 관리(Risk Management) 관련 교육 및 컨설팅 업무를 Primavera P6, Primavera Risk Analsysis를 활용하여 수행해 오고 있다.

여러 다양한 국내 업체들과 협력하여 프로젝트 관리 관련 교육 및 컨설팅 업무를 수행하면서 처음보다는 더 깊이 "왜 이렇게 좋은 방법론과 Tool이 현업에 잘 적용되지 않을까?"라고 고민하지 않을 수 없었다.

일단, 우리가 스스로 원하여 적용하고자 한 것이 아니고, 익숙하지 않은 것과 어려운 것을 착각하고 있고, PMBOK 또는 기타 Global Standard에서 제시하는 방법론을 알고는 있으나 적용하려고 노력하고 있지 않아서라고 저자는 생각한다.

우선 진정한 변화(Change)를 위해서는 Vision, Skill, Incentive, Resource, Action Plan이 있어야 진정한 변화를 할 수 있다고 한다. 그러나 이 중에 하나라도 없다면,

첫째, 왜 적용/사용해야 하는지라는 명확한 Vision이 없다면 혼란(Confusion)이 올 것이고,

둘째, 이론과 기술을 사전에 숙달하지 않아서 잘 사용할 수 없는 Skill이 없다면 근심 걱정(Anxiety)이 생겨날 것이고,

셋째, 업무를 수행함에 있어 Incentive가 없다면 너무 천천히 변화(Slow-Change)하여 시기(Timing)를 놓칠 수 있어 아쉬워할 수 있고,

넷째, 업무를 수행함에 자원(Resource)이 없다면 대부분 좌절(Discouragement)할 것이다.

마지막으로, 업무를 수행함에 있어 실행계획(Action Plan)이 없다면 잘못된 시작(Wrong Start)이라고 이야기 한다.

이렇듯 진정한 변화를 통하여 개선되고 발전된 미래를 맞이하기 위해서는 앞에서 언급한 변화를 위한 Vision, Skill, Incentive, Resource, Action Plan 다섯 가지 변화를 위한 항목을 다시 한 번 고민해봐야 한다.

저자는 이 책의 흐름을 1. Project Trend, 2. Primavera 이해, 3. Primavera Basic, 4. Primavera Advanced, 5. Workshop으로 구성하였다. 이러한 흐름으로 채택한 이유는 근래의 Global Project의 Trend를 이해하고, 무엇이 성공적인 프로젝트 관리에서 요구되고 있는지를 인지하고, 프로젝트 관리(Project Management) 및 일정관리(Schedule Management)의 착수(Initiating) 단계부터 예측되는 리스크인 공기 연장(Extension of Time)/공기 지연(Delay)에 대하여 어떻게 준비할 것인지에 대한 고민을 갖고자 하는 이유이다. 즉 프로젝트 착수(Initiating), 계획(Planning) 단계부터 PMBOK의 Planning 방법론을 적용하여 Primavera P6를 올바르게 활용/적용하여 성공적인 프로젝트 관리를 이끌어 내기 위함이다.

IMF 이후 국내외 경제 상황이 최악의 상태에 있다는 NEWS를 많이 접하고 있고, 2017년 반도체 분야만 제외하고 모든 산업분야 중 특히, 건설업종의 수익률이 매우 저조한 통계를 보이고 있다. 이와 관련하여 본문에서도 언급한 내용으로 국내 건설기술연구원에서 조사한 국내 건설 5대 기업의 Project Management의 수준이 미국 선진기업의 71% 수준이라는 보고 자료를 접하고 마음이 매우 무거웠다.

저자는 "과연 무엇이 문제일까?"라고 스스로 질문을 던지면서 건설기술연구원의 보고서 자료를 확인한 결과, PMI의 미국 국가전략사업 목표달성 확률이 계획대비 64% 수준으로 프로젝트를 수행하고 있는 것을 확인하였다. 이에 비해 국내 5대 건설 기업의 관리수준은 미국 선진기업의 71%에 지나지 않는다는 것이다. 이 사실로 극단적으로 단정할 수는 없지만, 64%×71%=45.44% 사업목표를 달성할 수 있는 것으로 결론지을 수 있다. 이것은 국내 5대 건설기업의 프로젝트 관리 능력이 부족하다는 것을 명백하게 보여주고 있는 것이다. 결론적으로 현재의 프로젝트 관리능력에 대한 현황(Status)을 현실적으로 파악하여 해외 선진기업을 뛰어넘을 수 있는 프로젝트 수행 능력을 향상시켜야 할 것이다.

저자는 이렇게 제안하고자 한다. PMBOK 6th Edition의 프로젝트 관리에서 제시하는 통합관리(Integration)를 수행하기 위하여 관리 가능한 WBS를 근간으로 한 범위 관리(Scope Management)와 논리(Logic) 기반 CPM(Critical Path Method)을 적용한 일정

관리(Schedule Management)를 중심으로 해당 프로젝트에 투입되는 자원(Resource) BOM(Bill of Material)인 내부의 자원(Resource), 외부의 자원(Procurement), 그리고 이해관계자(Stakeholder)의 요구사항으로 정의된 품질 지표(Quality Matric)를 담당하는 품질자원(Quality Resource)을 모두 투입하고, 이렇게 만들어진 범위기준선(Scope BL), 일정기준선(Schedule BL)에 예측되는 리스크(Known Unknown Risk)인 불확실성(Uncertainty)과 사건 리스크(Event Risk)를 적용한 원가기준선(Cost BL)이 통합된 성과측정기준(Performance Measurement Baseline)을 통하여 이해관계자들과 의사소통하려는 노력이 필요하고 이렇게 관리한다면 보다 개선된 프로젝트 관리가 이루질 수 있다고 사료된다.

근래에 프로젝트 관리의 부재 및 잘못된 관리가 단순한 손실 감소에 그치지 않고 국가 이미지 제고 차원의 중요성으로 인식된다. 특히, 일정관리는 정해진 시간에 종료를 목적으로 한다. 이를 위한 일정관리는 프로젝트가 진행되는 동안 내·외부에서 발생하는 일정 지연 요소를 예측하고 이에 유연하게 대응하며, 지연요소가 발생하여도 일정에 영향을 미치지 않도록 하는 예방 대책의 수립이 필요하다.

이런 현실을 개선하기 위해 이 책에 저자인 People3EC 교육대표이며, ㈜PCCA의 박성철 대표, 김현일 차장, 현정훈 차장은 PMBOK 6th Edition의 프로젝트 관리 방법론과 일정관리 이론을 포함한 Global Standard Project Management Tool인 Primavera P6 교재를 통해 프로젝트 관리자와 일정관리자의 경쟁력을 향상시키고자 한다.

본 교재는 Primavera P6의 기능 구현 이외에 프로젝트관리자(PM : Project Manager)가 효과적으로 프로젝트관리를 위해 필요한 제반사항을 포함하고 있다. 구성내용으로 프로젝트/프로젝트관리와 관리방법/방법론, 통계 PERT/CPM 이론, 성과측정, S-curve를 포함하고 있다. 많은 일정관리자가 업무에 Excel을 사용하는 점을 감안하여 People3EC에서는 자체 개발한 Ex-Bridge를 개발하여 Primavera P6의 사용편의성을 높였다.

본 교재를 이용하여 Primavera P6의 단순기능 습득을 넘어 PM의 의무인 공기단축, 원가절감을 통한 '고객감동'이 소속단체의 성장으로 나타나기 바란다.

마지막으로, 현업에서 열정과 헌신으로 업무를 수행하는 모든 분들과 교육 및 컨설팅을 통하여 많은 지식을 공유해주신 모든 고마운 분들에게 진심으로 감사의 마음을 전하며, 본 교재는 여러분의 지식과 경험 그리고 열정으로 구성되었습니다. 감사합니다.

대표저자 박성철

이 책은 총 7 Part, 24 Chapter로 구성하였습니다. 구성 또한 초보자가 쉽게 따라할 수 있도록 각 작업에 대한 내용을 빠짐없이 설명하고 있어 단계별로 학습할 수 있습니다.

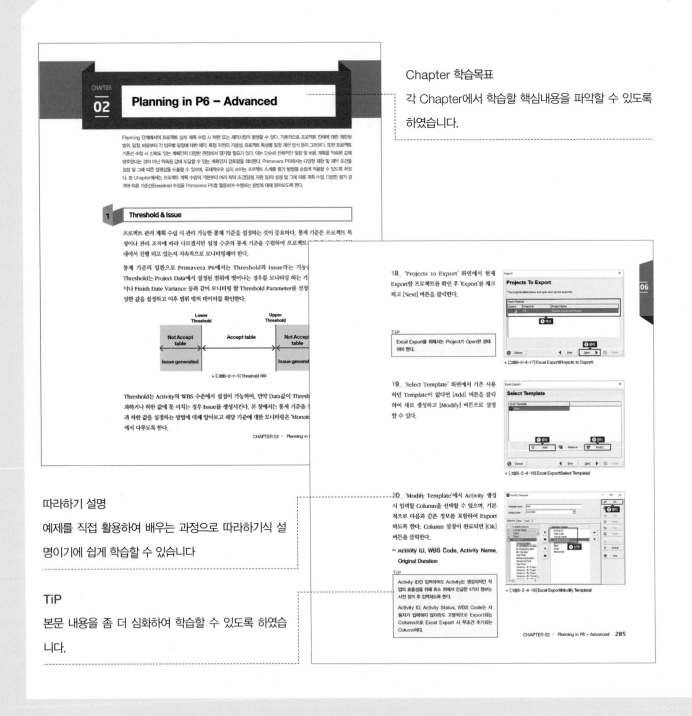

Chapter 학습목표

각 Chapter에서 학습할 핵심내용을 파악할 수 있도록 하였습니다.

따라하기 설명

예제를 직접 활용하여 배우는 과정으로 따라하기식 설명이기에 쉽게 학습할 수 있습니다

TiP

본문 내용을 좀 더 심화하여 학습할 수 있도록 하였습니다.

Primavera

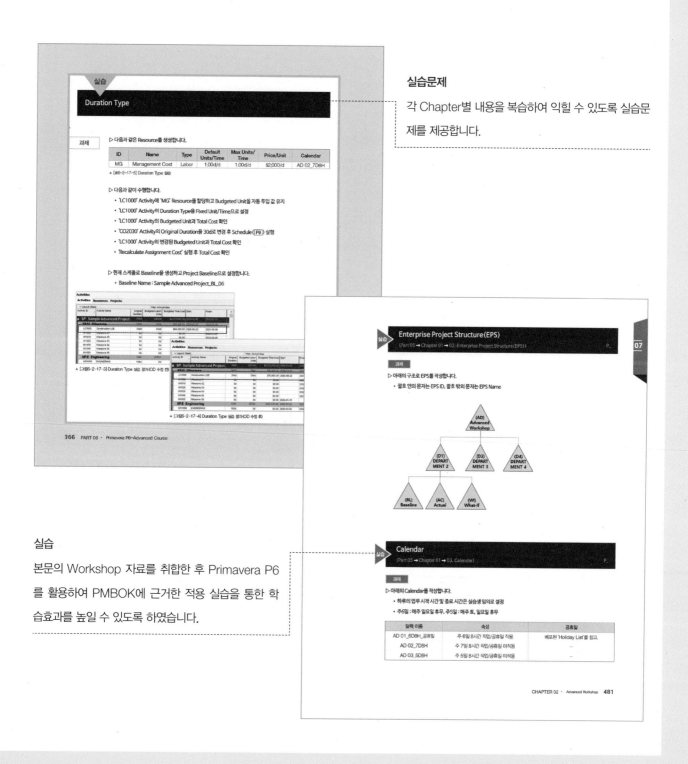

실습문제

각 Chapter별 내용을 복습하여 익힐 수 있도록 실습문제를 제공합니다.

실습

본문의 Workshop 자료를 취합한 후 Primavera P6를 활용하여 PMBOK에 근거한 적용 실습을 통한 학습효과를 높일 수 있도록 하였습니다.

차례

PART

02

**Primavera P6
일반**

**Primavera P6
Advanced Course
Preparation**

PART

07

**Primavera P6
Workshop**

PART

01

Primavera P6
프로젝트 관리 일반

글로벌 프로젝트 관리의 추이(Trend)를 이해하고 프로젝트 수행 시 가장 이슈(Issue)가 되고 있는 문제가 무엇인지 알아본다.

또한, 근래의 Project 개념, Project Status, Project Manager, 그리고 Project Management에 대한 Global Standard기관인 PMI(Project Management Institute)의 PMBOK(A Guide to The Project Management Body of Knowledge) 6th Edition의 관리방법론을 설명하고 어떻게 일정관리(Schedule Management)에 적용하는지를 알아본다.

PMBOK 6th Edition에서 적용하는 프로젝트 관리방법론인 "When(5 Process Group)"과 "What(10 Knowledge Area)"의 관점으로 Global Standard PM Tool인 Primavera P6를 활용하여 어떻게 구현할 수 있는지도 설명한다.

일정관리(Schedule Management)의 이론적인 이해를 위하여, Network기법인 ADM/PDM과 PERT/CPM과 같은 기본 일정관리 도구 및 PMBOK의 일정관리 프로세스, 그리고 Schedule의 품질을 확인하기 위한 미 국방부(DoD)에서 제시하는 DCMA 14 Point Assessment를 설명한다.

또한, 프로젝트 수행 시 예측 가능한 리스크(Known Unknown Risk)인 공사기간연장(Extension of Time) 또는 지연(Delay)에 대한 리스크를 예방하기 위해서 요구되는 국제적인 Schedule 작성 기준을 소개한다.

마지막으로 프로젝트 계획(Planning)과 실적(Actual)의 편차(Variance)를 과학적으로 관리를 위한 성과측정관리(EVMS)기법도 소개한다.

CHAPTER 01 PM Trend

Global Project Management 관련 Trend를 파악하여 급변하는 Global Project 시장에서 어떠한 부분이 강조되고 어떠한 영역을 중점적으로 관리해야 하고, 그 이유가 무엇인지를 이해할 수 있다.

1 Breaking NEWS

[01] "전 세계에서 가장 많은 프로젝트를 운영하고 있는 국가는 어느 나라일까?"라는 질문에 대부분의 사람들은 미국(USA)이라고 말할 것이다. 물론 Project Management 기관인 PMI(Project Management Institute)의 본사가 있는 곳이기도 하다.

2016년 12월 14일 PMI Breaking News의 내용이다.

We are exicited to announce that on 14 December,

President Barack Obama singned

"The Program Management Improvement and Accountability Act of 2015(PMIAA)"

into law

이 법 통과의 의미가 무엇일까?

우리에게 어떠한 영향을 미칠 것인가?

우리는 어떻게 준비해야 할 것인가?

이러한 고민들을 안 할 수 없는 게 사실이다.

▲ [그림1-1-1-1] PMI Breaking NEWS

[02] 여기서, "The Program Management Improvement and Accountability Act of 2015(PMIAA)"의 Breaking NEWS의 내용을 확인해서 의미를 파악할 수 있다.

방향 :

이 새로운 법안은 미국 연방 정부 프로젝트 및 프로그램 관리를 다음과 같이 개선할 것이다.

- 프로그램 및 프로젝트 관리자를 위한 공식적인 직업 시리즈 및 경력 경로 만들기
- 프로그램 및 프로젝트 관리를 위한 표준 기반 모델 개발
- 프로젝트 및 프로그램 관리 정책 및 전략을 책임지는 고위 간부 지정
- 프로그램 관리에 대한 부처 간 협의회를 활용하여 우수 사례 공유

사유 :

PMI 조사에 따르면 정부 전략 사업의 64%만이 목표와 사업 의도를 충족시키며, 정부 기관은 프로젝트와 프로그램에 지출한 10억 달러에 1억 1천 달러를 낭비한다.

기대 :

PMIAA에서 개진된 개혁은 프로그램 관리 인재 및 표준에 투자하는 조직이 결과, 책임 및 효율성을 향상시키는 것을 나타내는 PMI 회원 견해와 일치하므로, PMIAA가 법으로 통과되면 미국 정부의 프로젝트 및 프로그램 관리 가치에 대한 인정을 나타내므로 PMI가 전 세계 정부의 프로젝트 담당자의 업무를 계속 옹호하면서 중요한 토대가 될 것이다.

전 세계에서 가장 많은 영향력을 미치고 있는 미국의 법(Law)으로 Project, Program Management관리에 대한 방향성이 확고해지고 있다는 것을 우리는 잘 인지하여 이 변화(Change)에 대한 리스크(Risk)를 위협(Threat)이 아닌 기회(Opportunity)로 발전시키려는 노력이 필요한 시점이라 할 수 있다.

[01] PMBOK 6th Edition과 PRENCE2 2017년 개정사항으로 PM Trend를 확인해 보자.

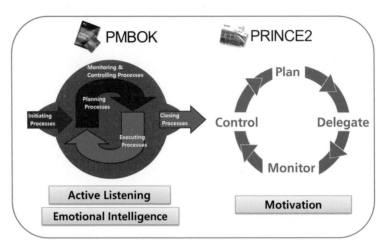

▲ [그림1-1-2-1] PMBOK Vs. PRINCE2

Global PM은 영국이 주도하는 PRINCE2와 미국이 주도하는 PMBOK의 큰 두 축이 있다.

2017년에 개정된 PMBOK과 PRINCE2에서 이야기하는 내용을 살펴보면 관점에 따라 상이는 하겠지만 공통된 부분을 찾을 수 있다. PRINCE2는 Motivation, PMBOK은 Active Listening에 의한 Emotional Intelligence를 말하고 있다. 이러한 내용은 프로젝트 성공을 위하여 프로젝트 관리자(PM)가 관리해야 할 사항이 여러 가지 있지만, 프로젝트를 수행하는 인력자원(Human Resource)에 대한 관심이 증가하고 있다는 것이다.

[02] 또한, 변화(Change)에 대한 내용을 공통으로 다루고 있다.

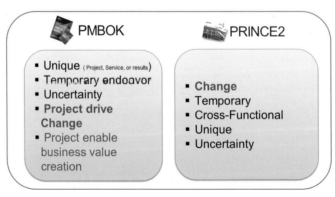

▲ [그림1-1-2-2] PMBOK Vs. PRINCE2 프로젝트의 특징

영국이 주도하는 PRINCE2에서는 일찍이 "Projects are the means by which we introduce change… 프로젝트란 변화를 도입하기 위한 수단"이라는 정의를 해왔었다. 이번에 PMBOK에서도 현재의 상태(Current Status)보다 더 개선된 미래의 상태(Future Status)에 대한 변화를 이야기하고 있다. 또한, 그 변화(Change)에 의하여 비즈니스 가치(Business Value)가 유형/무형으로 창조되어야 한다고 이야기하고 있다. 이러한 프로젝트에 대한 관점은 현재의 우리에게 절실하게 필요로 하는 변화이고 과거의 고객과 현재의 고객, 그리고 미래의 고객이 무엇을 원하는지를 정확하게 인지해야 한다는 것을 이야기하고 있다고 볼 수 있다.

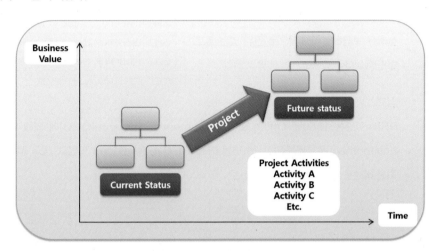

▲ [그림1-1-2-3] Project drive change (Current Status → Future State)

[03] PMBOK과 PRINCE2의 계획에 대한 접근방법(Planning Approach)은 다음과 같다.

▲ [그림1-1-2-4] Project drive change (Current Status → Future State)

참고1.

PMBOK은 미국의 PMI(Project Management Institute) 기관에서 1983년에 처음으로 제정되어 현재 최신 Edition은 2017년 9월의 PMBOK 6th Edition이다. PMI는 PMP 자격을 주관하는 미국의 프로젝트 관리전문협회(www.pmi.org)로 1969년 설립된 이후 프로젝트 관리 영역의 지식과 실례를 보급하는 세계적으로 권위 있는 글로벌 단체이다.

년도	내용
1983	미국 Western California University에서 PMI와 공동으로 PM ESA(Ethics, Standard Accreditation)를 제정
1987	Project Management Body of Knowledge : 8개의 Knowledge Area
1996	A Guide to Project Management Body of Knowledge 1st edition : 9개의 Knowledge Area
2000	PMBOK® Guide 2nd (2003년 3월~2005년 9월)
2004	PMBOK® Guide 3rd (2005년 10월 2일부터)
2008	PMBOK® Guide 4th (2009년 7월 3일부터)
2012	PMBOK® Guide 5th (2013년 7월 31일부터)
2017	PMBOK® Guide 6th (2018년 3월 26일부터)

▲ [표1-1-2-1] History of PMBOK

참고2.

PRINCE2는 1989년 Office of Government Commerce(OGC)에 의해 PRINCE(**PR**oject **IN** Control **E**nvironment)로 창립되었고 1996년 PRINCE가 redeveloped 되었고, 영국 정부의 표준으로 사용되고 있다. 현재 최신 버전은 2017년 Edition이다.

3 PMBOK 6th Edition 단어 빈도 증가율

[01] 2019년 7월 19일 개정된 PMBOK 6th Edition 단어 빈도를 PMBOK 5th Edition과 비교를 통하여 Project Management에서 어떠한 부분을 강조하고 있는지를 살펴보자.

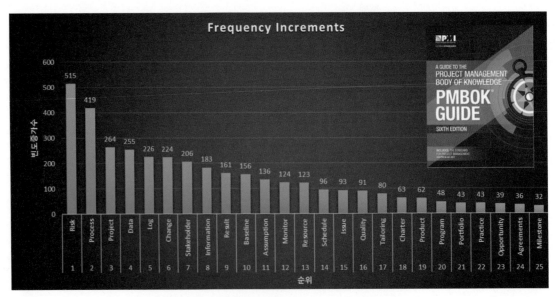

▲ [그림1-1-3-1] PMBOK 6th Edition Work Frequency Increments

앞의 표에서 확인할 수 있는 것은 Risk 단어가 가장 많이 증가했다는 것을 확인할 수 있다.

근래의 급변하는 Global Project Management 영역에서 Risk가 많은 영향을 미치고 있다고 볼 수 있고 이러한 Risk에 대한 대비를 프로젝트 착수(Initiating), 기획(Planning)단계부터 준비를 철저히 해야 한다고 인식해야 할 것이다.

따라서, 착수(Initiating) 및 기획(Planning)단계부터 관심을 갖고 관리해야 할 가장 중요한 업무로 부각되는 관리 영역이 일정관리(Schedule Management)업무 영역이다.

기존에 출간된 PMBOK의 모든 Edition에서 과학적이며 논리(Logic)를 기반으로 한 주 일정 기법(Critical Path Method)을 바탕으로 프로젝트 관리를 접근하는 프로젝트 지식 영역(Knowledge Area)은 유일하게 6장의 일정관리(Schedule Management) 영역이다. 이 내용은 다음에 자세하게 다루기로 하자.

[02] 또한, PMBOK 6th Edition과 PMBOK 5th Edition을 비교하여 단어 증가율(Frequency Percent)로 비교하여 약간 다른 각도로 Project Management를 살펴보고, 또 어떠한 부분을 강조하고 있는지를 살펴보자.

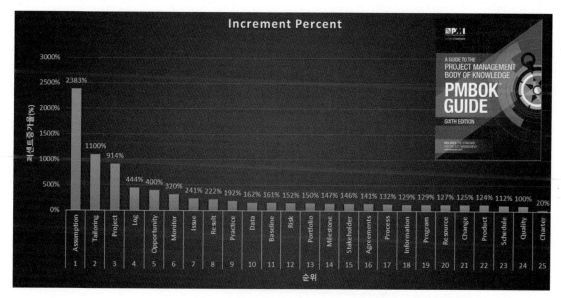

▲ [그림1-1-3-2] PMBOK 6th Edition Increment Percent

위의 표에서 확인할 수 있는 것은 Assumption의 단어가 PMBOK 5th Edition에 비하여 가장 많은 증가율인 2,383%, Tailoring은 1,100%가 증가되었다는 것을 확인할 수 있다.

이러한 시각에서 본다면 어떠한 부분을 강조하고 있는지 더 명확해진다. 그것은 위에서 이야기한 Risk 관리와 연관이 있다. PMBOK 6th Edition의 5 Process Group 중 착수(Initiating) Group에 속한 4.1 Develop Project Charter Process의 Outputs에 Project Charter와 **Assumption Log**이다.

즉 프로젝트를 착수할 때부터 과거의 경험 또는 미래의 예측을 통한 가정(Assumption)을 고려해야 한다는 것을 이야기하고 있다는 것이다. 이러한 가정이 추후 계획(Planning)단계인 11.2 Identify Risk Process에서 Risk register로 등록하여 관리할 수 있도록 한다는 것이다. 물론, 모든 Assumption들을 Risk Register로 등록하는 것은 아니다.

또한, Tailoring은 해당 프로젝트의 규모 및 조직 등을 고려하여 해당하는 프로젝트에 적합하게 맞춤 작업이 필요하고 중요하다는 것을 이야기하고 있다고 생각할 수 있다.

[03] 결론적으로 Risk, Assumption, Tailoring의 단어 빈도 및 증가로 우리는 프로젝트 관리에서 미래에 대한 불확실성을 인지하여 논리적이고 과학적인 접근방법을 고려하여 계획을 수립하기 위하여 지금까지의 기본 방법에서 벗어나 PMBOK에서 제시하는 과학적인 접근방법을 적극적으로 수용해야 할 것이다.

격언!!!!!

The saddest <u>words</u> of <u>tongue</u> and <u>pen</u>...

"It might have been!"

– *John Greenleaf, <u>Maud Muller</u>, <u>1856</u>*

4 FIDIC 2017, Sub-Clause 8.3[Programme = Schedule] 이해하기

[01] FIDIC은 2017년 12월에 기존 1999년판을 개정하여 2017년판 Red, Yellow 및 Silver Book을 발간하였다. 개정판은 기존 1999년판을 기반으로 활용되어 기존에 축적된 경험과 급변하는 Global 시장을 반영하여 Client(Employer), Engineer 및 Contractor의 의무 및 권리, 절차 조항을 명확화 및 구체화하였다. 또한, 일정표(Programme=Schedule)를 작성할 수 있는 Computer Software Program의 발달로 인하여, 고객(Client = Employer)이 요구하는 일정표의 작성 기준이 매우 강화되고 있다.

[02] FIDIC 2017 Sub-Clause 8.3 Programme을 간략하게 정리하면 다음과 같다.

1. Contractor는 8.1조항 [착공]에 따라 통지를 받은 후 28일 이내에 공사수행을 위한 최초 programme을 Engineer (Employer)에게 제출

    (1) Specification(Employer's Requirements)에 명시된 programming software(명시되지 않은 경우 Engineer(Employer)가 용인할 수 있는 programming software)를 사용하여 준비

    (2) programme이 실제 일정을 반영하지 못하거나 Contractor의 의무와 일치하지 않을 때마다

Works의 실제 일정이 정확하게 반영된 조정 programme을 제출

2. 최초 programme 및 개별 조정 programme은 the Contract Data에 명시된 대로 사본 1부, 전자사본 1부 및 (만약 있다면) 추가사본 등이 Engineer(Employer)에게 제출되어야 하며 다음을 포함하여야 한다.

(1) Works 및 (만약 있다면) 개별 Section의 착공일 및 공사기간

(2) Contractor에게 Site 접근 및 (각 부분별) 점유권을 부여해야 하는 날짜

(3) Contractor가 의도하는 Works 실행순서

(4) 계약에 명시되거나 요구되는 검사 및 시험의 절차와 시기

(5) 조정 programme의 경우 교정 작업의 절차와 시기

(6) 각 활동들의 흐름도, (만약 있다면) critical path(s)

(7) (만약 있다면) 알려진 모든 주중 휴일 및 연휴기간

(8) Plant 및 Materials의 주요 납기일

(9) 조정 programme 및 각 활동 : 현재까지의 실제 일정, 실제 일정이 나오게 된 모든 지연요인과 (만약 있다면) 이러한 지연의 타 활동들에 대한 영향

(10) 다음을 포함하는 근거자료

i. Works의 모든 주요 실행 단계에 대한 설명

ii. Contractor가 작업 수행에 채택하고자 하는 공법에 대한 일반적인 설명

iii. 투입되는 등급별 인원과 Equipment의 종류 등에 대해 합리적이라 판단되는 상세 추정 내역서

iv. 조정 programme인 경우 Contractor가 제출한 이전 programme에 대한 중대한 변경 사항 확인

v. 지연일정 만회 방안

3. Contractor의 계약의무 수행은 Programme에 따라 진행하여야 한다.

(1) Employer's Personnel의 활동계획 수립의 근간

(2) 어떤 programme, Programme 또는 근거자료 등은 계약에 따른 통지 또는 Contractor에게 주는 의무를 면제한 것으로 간주되지 않는다.

4. Contractor는 언제라도 Engineer(Employer)의 일정 불일치 통지를 받는 경우 통지 접수 후 14일 이내에 조정 programme을 Engineer(Employer)에게 제출하여야 한다.

이 강화된 FIDIC 2017 Sub-Clause 8.3 Programme에서 강조하고 있는 내용은 결국 시공자(Contractor)의 일정관리 업무뿐만 아니라, 엔지니어(감독)도 시공자가 제출한 일정표(Schedule)에 대

한 검토, 모니터링 피드백, 보완조치 등에 대한 일정관리 역할이 강조되고 있다.

또한, 명확하게 Programming Software의 사용을 명기하고 있고 발주자 요구사항에 명기된 Software를 사용하거나 명기되지 않았다면 Engineer가 승인할 수 있게 되어있다. 그리고 주 일정 기법인 CPM의 개념을 명확하게 하고 있고, 보고내용에 예측되는 Risk 원인 및 공기지연에 대한 복구대책을 포함하고 있다는 것이다. 그만큼 일정관리의 역할을 강조하고 있다.

[03] 2017년 개정판에서 무엇 때문에 일정관리(Schedule Management) 관련 항목이 강화되었는지 우리는 주목해야 할 것이다. 또한, 이 내용은 PMBOK 6th Edition에서 가장 많은 빈도 증가율을 보인 Risk하고도 관계가 있다.

프로젝트는 고객(Client=Employer)이 요구하는 범위(Scope)와 시간(Time), 예산(Cost), 그리고 성능(Performance)을 구현하는 것이 핵심이다. 그러나 과거의 경험으로 보았을 때 거의 대부분의 프로젝트들이 On Time/Within Budget으로 요구하는 품질을 구현하지 못했다는 경험을 겪었고, 겪고 있는 것이 사실이다. 이로 인하여 공사 중이거나 마무리 후 공기연장(Extension of Time) 또는 공기지연(Delay)에 따른 분쟁이 빈번하게 발생되고 있고, 이러한 분쟁을 예측 가능한 리스크(Known Unknown Risk)로 인정하고 Project 초기부터 현장의 정확한 정보를 반영한 일정표(Schedule)를 개발하고 프로젝트 수행 기간 동안 이에 대한 정보 유지를 하는 것을 요구하고 있는 것이 확인된다.

즉 프로젝트 초기부터 공기연장(Extension of Time)/공기지연(Delay)을 프로젝트의 예측 가능한 리스크(Known Unknown Risk)로 가정(Assumption)하고, 이로 인하여 발생될 수 있는 분쟁을 사전에 예방하거나 완화(Mitigation)하겠다는 의지가 있다 할 수 있다.

참고3. EoT 관련 일정관리 FIDIC조항

    8 COMMENCEMENT, DELAYS AND
       SUSPENSION [착공, 지연 및 정지]
         8.1 Commencement of Works [공사의 착공]
         8.2 Time for Completion [준공기한]
         8.3 Programme [일정계획]
         8.4 Advance Warning
         8.5 Extension of Time for Completion
         8.6 Delays Caused by Authorities
         8.7 Rate of Progress [일정률]
         8.8 Delay Damages [지연 배상금]

18 EXCEPTIONAL EVENTS

    18.1 Exceptional Events

    18.2 Notice of an Exceptional Event

    18.3 Duty to Minimise Delay

참고4. 지연분석의 기준과 지침

1. AACE® International : Recommended Practice No. 29R-03

    Forensic Schedule Analysis

    : CPM(Critical Path Method)을 FSA에 적용하는 기술적 원칙과 분석에 대한 Recommended Practice

2. Society of Construction Law (SCL)

    Delay and Disruption Protocol

    : 지연 분석에 대한 기준과 최대한 일정한 해결 방안을 제시(2nd Edition _2017년)

참고5. FIDIC, SCL, AACE International

FIDIC(Fédération Internationale Des Ingénieurs-Conseils)은 건설산업계에서 표준을 제정하는 국제컨설팅엔지니어링연맹이다. 1915년에 창립되었고 벨기에, 프랑스, 스위스가 창립멤버로 설립되었다. 건설업계에서 널리 쓰이는 표준계약서양식으로 유명하다. 국제부흥개발은행(IBRD)이나 아시아개발은행(ADB)과 같은 공적개발원조(ODA) 사업의 대부분이 FIDIC 계약 방식을 채택하고 있다.

SCL(The Society of Construction Law)은 1983년 창설 이래, 영국과 여러 나라들 모두 SCL에서는 교육, 연구 및 건설법과 주제에 연관된(분쟁, 중재자와 판결자 포함한) 공양을 촉진하기 위해 일해왔다. SCL은 국내외의 모든 새로운 회원들을 받아들이고 있으며, 영국과 아일랜드 및 SCL Societies와 접촉하는 세계 모든 나라에 지역 코디네이터를 보유하고 있다. SCL의 홈페이지에서는 판례법, 산업기관 및 건설법에 대한 유용한 많은 링크 정보를 제공하고 있으며, 건설법률과정에 대한 데이터베이스 또한 보유하고 있다.

AACE(American Association of Cost Engineers) International은 New Hampshire 대학교에서 미국 비용공학협회의 조직회의를 통해 59명의 비용학자들과 비용공학자들에 의해 1956년 창설되었으며, 월간 기술저널, 기술 및 비용학회에 대한 지식, AACE 국제전문 실무설명서, Total Cost Management(TCM) Framework 등을 발행하고 있다. 아울러, EoT 관련 Recommended Practice No. 29R-03 Forensic Schedule Analysis, April 25, 2011을 제시하고 있다.

프로젝트 관리에서 가장 중요하게 관리해야 할 것은?

[01] 아래의 질문에 모든 프로젝트 관리자들은 여러 가지 입장으로 답을 할 가능성이 높다. 왜냐하면 프로젝트를 어떠한 관점에서 보느냐에 따라 다양한 답이 나올 수 있기 때문이다.

"프로젝트 관리에서 가장 중요하게 관리해야 할 것은 무엇일까?"

성공적인 프로젝트 관리를 위해 여러 중요한 관리 항목 중 프로젝트 제약조건(Constraints)이기도 한 시간(Time), 원가(Cost), 그리고 성능(Performance)이라고 말할 수 있다. 이 항목들을 통합하여 **"품질(Quality)"**이라고 한다.

▲ [그림1-1-5-1] Quality : Time, Cost, Performance

대부분 시간, 돈, 성능인 품질을 기본이라고 이야기 한다. 하지만 이 기본을 준수하기가 매우 힘들다는 것이다.

"품질(Quality)이 왜 기본이냐?"라는 질문에는 다음과 같이 생각할 수 있다.

첫째, 약속한 시간(Time)을 지키지 않는다면
둘째, 돈(Money) 거래에서 명확하지 않는다면
셋째, 해당하는 직급의 나이에 적합한 성과(Performance)를 발휘하지 못한다면

과연 우리는 어떠한 생각을 하는지 고민하면 답이 나올 수 있다.

또한, 시간(Time)을 관리하고자 많은 노력을 하지만 사실 시간(Time) 자체를 관리하는 것은 불가능하기 때문에 시간(Time)을 사용하는 자원(Resource)를 관리하기 위하여 많은 노력을 해야 한다는 것은 자명한 일이다.

이 자원(Resource) 중에서 장비(Non-Labor)와 자재(Material)는 돈(Money)이 많다면 좋은 것을 선택할 수 있다. 하지만, 가장 중요한 인력(Labor) 자원은 비싸다고 무조건 좋다라고 단정 지을 수 없다는 것이 현실이다. 그리고, 인력은 단순하게 통제(Control)를 통하여 관리할 수 없기 때문에 논리적(Logic)

이며 과학적인 설득을 통하여 동기부여(Motivation)를 이끌어 내는 것이 프로젝트 성공에 핵심이라고 할 수 있다.

[02] 품질(Quality)의 의미를 파악해 보자. 품질(Quality)을 한자(漢字)로 확인해 보면 쉽게 그 의미를 이해할 수 있다.

品質(품질)의 의미는

品 : 물건 품 → 다수의 의견이 반영된 물건 (즉 고객의 요구사항(Requirements)이 반영된)

質 : 바탕 질 → 도끼(斤)라는 수단 및 기법 등을 활용하여 조개 패(貝) 위에 올려 놓은 것(즉 도구와 방법을 적용하여 가치 있게 만드는 것)

다시 정리하면, 다수의 의견(요구사항)이 반영된 물건을 우리가 갖고 있는 한정된 도구와 방법을 적용하여 가치 있게 만드는 것을 품질(Quality)이라고 한다는 것이다. 프로젝트 관리에서 매우 의미가 있는 말이라고 할 수 있다.

[03] 품질(Quality)을 측정, 관리하는 방법은 여러 가지가 있다. 그 중에서 가장 많이 사용하는 것이 편차(Variance), 이 편차를 제곱근 한 표준편차(Deviation), 즉 σ(Sigma)를 많이 사용한다.

σ(Sigma)는 균일하다는 것을 관리하는 지표(Metric)이다. 이 균일함을 유지 관리하는 것을 "품질관리(Quality Management)"라고 한다.

프로젝트 관리에서 품질인 Time, Cost, Performance를 계획한 기준(Baseline) 또는 허용(Tolerance) 범위 內에서 균일하게 관리할 수 있다면 고객(Client)에게 가장 중요한 **신뢰(Trust)**를 얻을 수 있다는 것은 자명한 사실이다. 따라서, 프로젝트 관리자는 고객의 신뢰를 획득하기 위하여 품질기준에 대한 σ**(Sigma)**를 균일하게 유지할 수 있는 선제적(Proactive)이며 의도적(Intentional)으로 프로젝트를 계획하고 관리해야 할 것이다.

근래에 들어와서 Project Overall Risk 또는 Schedule Risk Analysis에 대한 요구가 높아지고 있다. 이러한 경향을 품질관리(Quality Management) 관점으로 접근한다면 모든 고객의 요구사항(Scope, Time, Cost, Performance)을 포함한 BAC(Budgeted At Completion)가 여러 가지 Uncertainty와 Event Risk에 의하여 EAC(Estimate At Completion)가 4사분면 중 어디에 위치할 것인가를 예측하는 것이 프로젝트 전체에 대한 품질(Quality)의 관점으로 접근하고 있다는 것을 이해해야만 한다.

Quadrant Approach 방법론의 의미는 다음 장에서 살펴보자.

프로젝트 관리에 대한 Quadrant Approach의 기본개념은 다음과 같다.

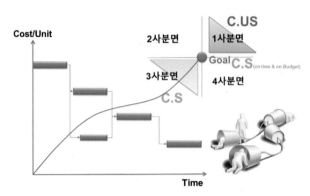

▲ [그림1-1-6-1] Quadrant Approach

프로젝트 관리의 성공은 고객이 요구하는 목적과 목표가 포함되어있는 Goal인 Budgeted At Completion을 달성하는 것이라 할 수 있다. 이 BAC에는 프로젝트의 목적(Objective)인 범위(Scope), 일정(Schedule), 원가(Cost), 품질(Quality)이 모두 포함되어 있다.

일반적으로 관리(Management)에서는 BAC를 달성하는 것을 고객만족(Customer Satisfaction)을 달성했다고 하고 100점 만점에 100점이라고 이야기 한다.

그러나, 이러한 결과는 매우 이상적인 상황이고 일반적으로는 1사분면, 즉 고객 불만족(Customer Un-satisfaction Area) 영역에 BAC가 이동할 가능성이 매우 높다는 것이 일반적일 것이다. 이것을 Contractor의 입장에서는 공기연장(EoT)으로 보고, 발주처 입장에서는 공기지연(Delay)으로 보는 영역이라는 것이다. 점수로는 100점 이하라고 이야기할 수 있다. 이러한 이유로 FIDIC의 2017 개정 내용에 Programme에 대한 부분이 강화되었다고 볼 수도 있다.

근래에 들어 Project Overall Risk 또는 Project Schedule Risk Analysis Report를 입찰부터 제출하라고 하는 이유는 여기에 있다고 볼 수 있다. 고객이 요구하는 것은 Goal 또는 3사분면인 고객감동(Customer Surprise) 영역을 기대하고 있기 때문이다. 100점 만점에 100점을 초과하고 있다는 것이다.

여기서 우리가 생각할 부분은 내부고객과 외부고객 모두 Goal Point 또는 3사분면을 기대하고 있다는 것이다.

결론적으로 고객 만족/감동을 이끌어 내기 위한 품질이 좋은(높은) 일정관리의 계획(Planning)이 필요하고 그 목표를 달성하기 위한 실행(Executing) 및 감시 및 통제(Monitoring & Controlling)의 활동을 프로젝트 생명주기 전반에 걸쳐 수행해야 한다는 사실을 인식해야 할 것이다.

Project / Project Status / Project Manager /Project Management

02

Project란 무엇인가? 현재 운영되고 있는 Global Project Status와 국내 Big 5 기업의 현황을 이해하고 Project Manager의 역할에 대하여 소개한다. 마지막으로 Project Management의 개념을 PMBOK 6th Edition 기반으로 설명한다.

1 | Project

[01] 01 우리는 수많은 프로젝트를 생각하고 수행하고 있다. 과연 "프로젝트란 무엇일까?" PMBOK 6th Edition에서는 다음과 같이 정의하고 있다.

"A project is a temporary endeavor undertaken to create a unique product, service, or result."
– PMBOK 6th edition, 2017, PMI

" 유일한 제품, 서비스, 결과물을 창출하는 데 일시적으로 투입되는 노력이다."로 정의하고 있다.

"A project is a temporary organization that is created for the purpose of delivering one or more business products. – PRINCE2, 2017"

합의된 사업목적(Business case)에 따라 결과물을 창출하기 위해 일시적으로 만들어진 조직"이라고 정의하고 있다.

[02] 그렇다면 프로젝트는 새로운 개념인가? 그렇지 않다는 것이다. 개인적으로는 취업하기, 여자친구 사귀기, 자격증 획득하기 등에서부터 회사에서 운영되고 있는 대형 국내외 플랜트/건축/제조/IT 등에서 운영되는 사업들이 이에 해당될 수 있다. 더 나아가서는 국가에서 이루어지고 있는 국책사업들도 포함한다.

우리는 너무나 많은 프로젝트를 수행하며 생활해 가고 있음을 알아야 한다.

▲ [그림1-2-1-1] Project

[03] 그리고, PRINCE2에서는

"Projects are the means by which we introduce change⋯. "– PRINCE2, 2017

"프로젝트란 변화(Change)를 도입하기 위한 수단이다."라고 정의하고 있다. 이 의미를 잘 생각해야 할 것이다. 프로젝트는 현재의 상태에서 미래의 상태로 변화하기 위한 수단이라고 PRINCE2에서는 이야기 하고 있다는 것이다. 즉 개선의 의미를 갖고 있다는 것이다.

동일하게 PMBOK 6th Edition에서도 Project 특징을 아래와 같이 정의하고 있다.

- Unique product, service, or result.
- Temporary(일시적, 임시적)
- Project drive change(Current State → Future State)
- Project enable business value creation(Benefit : 유형과 무형 모두 해당)
- Project Initiation Context(프로젝트 착수 배경)

이것으로 PRINCE2와 PMBOK 모두 프로젝트 수행으로 변화(Change)를 통한 개선된 미래를 다루고 있다는 것이 공통된 방향이라는 것이다. 또한, 프로젝트를 수행하면 유형이든 무형이든 가치를 창출해 야 한다고 하는 것이다.

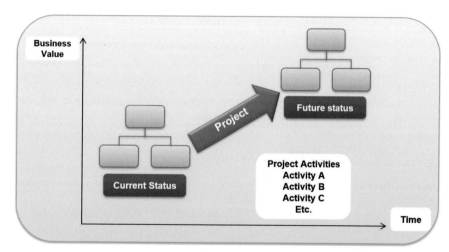

▲ [그림1-2-1-2] Project drive change (Current Status → Future State)

참고. PRINCE2에서의 프로젝트 특징

PRINCE2에서는 프로젝트의 특징으로 다음의 5가지(Change, Temporary, Cross-Functional, Unique, Uncertainty)를 이야기하고 있다.

참고. 프로젝트 3대 제약조건

▲ [그림1-2-1-3] 프로젝트 3대 제약조건

2 | Project Status

[01] 전 세계에서 이루어지고 있는 대형 프로젝트의 senior executives and project managers를 대상으로 한 Economist Intelligence Unit의 보고서에 따르면 On time과 Within Budget을 달성하는 프로젝트는 단 6%에 지나지 않는다고 한다.

설문에서 Senior executives and project managers들에게 "프로젝트의 문제는 무엇인가"라는 질문에 대부분 "Too Few Projects finish on time And on Budget"이라고 대답했다.

여기에서 주목해야 할 점은 그렇게 응답한 90%는 "say project management is critical or important to deliver successful projects and remain competitive"라고 하였으며, 그들 중 49%는 "기존의 방식대로 프로젝트를 관리한다"고 응답했다는 것이다. 즉 변화(Change)가 필요하다고는 인식하나 실행하지 않고 있다는 것이다.

아래의 격언을 상기해 보자.

The saddest words of tongue and pen...
"It might have been!"
– John Greenleaf, Maud Muller, 1856

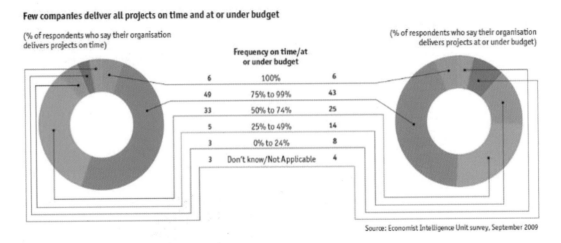

▲ [그림1-2-2-1] 프로젝트 On time & On budget Statistic (출처 : ORACLE : Closing the Gap – The Link between Project Management Excellence and Long term_Success)

이 보고서에 의하면 그만큼 시간과 예산을 계획에 맞게 수행하는 것은 어렵다고 할 수 있고, 성공이라 말할 수 있는 project 중에서 50%에 해당되는 기업만이 프로젝트의 투자수익률(ROI : Return on Investment)을 계산한다고 말하고 있다. 또한, 투자수익률을 초기부터 계산하여 진행한 프로젝트 중 적은 비율인 20%의 Project만이 해당 기업에 표준화된 Project Management Solution을 사용하여 Project Management를 하고 있다고 한다.

참고. McGraw-Hill Construction, 2011

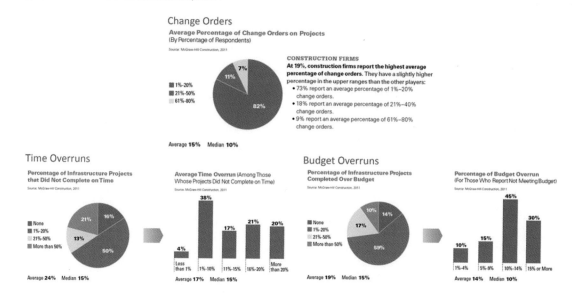

▲ [그림1-2-2-2] Time, Budget, Change Orders

[02] PMI 조사에 따르면 정부 전략 사업의 **64%** 만이 목표와 사업 의도를 충족시키며 정부 기관은 프로젝트와 프로그램에 지출한 **9억 달러에 1억 1천만 달러**를 낭비한다는 조사가 있다. 미국에서 수행되고 있는 수많은 프로젝트들은 검증되고 개선된 선진기법들을 적용하여 수행하였음에도 불구하고 프로젝트 관리 수준이 만족스러워 보이지는 않는다. 그렇다면 우리의 프로젝트 관리 실체는 어떤가를 생각하지 않을 수 없다.

2018년 8월 한국건설산업연구원에서 발간한 "국내 건설프로젝트 해외 프로젝트 관리 역량 진단"이라는 보고서의 내용을 확인해 보자.

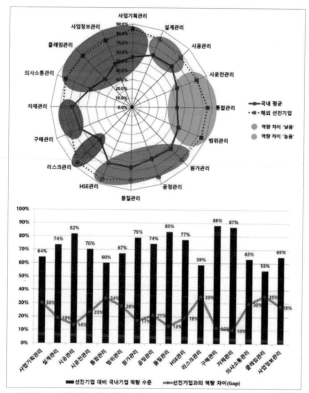

▲ [그림1-2-2-3] 해외 선진기업 대비 국내 기업의 기능 분야별 역량 수준-건설이슈 포커스 2018-10

이 보고서에는 국내 기업들의 해외 프로젝트 관리 16개 기능 분야에 대한 평균 역량 수준은 해외 선진기업 대비 약 71% 수준으로 파악된다고 한다. 또한, 2000년대 중반부터 해외 사업 프로젝트 관리의 중요성을 강조해 왔음을 감안하면 국내 기업들의 현재 역량은 사업관리 체계와 관련한 세부적인 항목에서 발전하였을 수는 있으나, 이를 적용하여 업무를 수행하는 관점에서의 전반적 발전 정도는 높지 않은 것으로 판단된다고 한다.

단순하게 결론지을 수는 없겠지만, PMI의 미국 국가전략사업 목표달성 확률이 계획대비 64% 수준으로 프로젝트를 수행하고 있다. 이에 비해 국내 5대 건설 기업의 관리 수준은 미국선진기업의 71%에 지나지 않는다는 것이다. 이 사실로 극단적으로 단정할 수는 없지만, 64%×71%=45.44% 사업목표를 달성할 수 있는 것으로 결론지을 수 있다. 이것은 국내 5대 건설기업의 프로젝트 관리 능력이 부족하다는 것을 명백하게 보여주고 있는 것이다.

현재의 프로젝트 현황을 현실적으로 파악하여 해외 선진기업을 뛰어 넘을 수 있는 프로젝트 수행 능력을 향상시켜야 할 것이다.

이 보고서에 의하면 PMBOK 6th Edition의 프로젝트 관리에서 제시하는 통합관리(Integration)를 수행하기 위하여 관리 가능한 WBS를 근간으로 범위관리(Scope Management)와 논리(Logic)를 활용한 CPM(Critical Path Method)을 활용한 일정관리(Schedule Management)를 중심으로 Project Management에 투입되는 자원(Resource)인 BOM(Bill of Material)과 BOQ(Bill of Quantity)를 내부의 자원(Resource), 외부의 자원(Procurement), 그리고 이해관계자(Stakeholder)의 요구사항으로 정의된 품질 지표(Quality Matric)를 담당하는 자원(Resource) 모두를 투입하고, 예측되는 리스크(Known Unknown Risk)인 불확실성(Uncertainty)과 사건 리스크(Event Risk)를 적용하여 통합된 성과측정기준(Performance Measurement Baseline)을 통하여 이해관계자들과 의사소통하려는 노력이 필요하고 이렇게 관리한다면 보다 개선된 프로젝트 관리가 이루어질 수 있을 것이다.

3 Project Manager

[01] 프로젝트 매니저(Project Manager)는 PMBOK에서 이야기하고 있는 프로세스 그룹(Process group)인 기획(Initiation), 계획(Planning), 실행(Execution), 통제 및 감시(Control & Monitoring), 그리고 프로젝트 종료(Closing)에 대한 총괄적인 책임을 가진 사람으로서 보통 건축, 토목, 플랜트 및 기계, 텔레커뮤니케이션 분야 등에서 활동을 많이 할 뿐만 아니라 생산기술, 디자인 기술, 그리고 중장비 산업에서도 다양하게 활동하고 있고 근래에는 분야를 가리지 않고 활동하고 있다고 본다.

다시 말해서 프로젝트 매니저(Project Manager)는 제시된 프로젝트의 목적인 범위(Scope), 시간(Time), 비용(Cost), 품질(Quality)을 성공적으로 달성하기 위한 책임자이다. 이러한 프로젝트 매니저

(Project Manager)의 핵심적인 역할은 분명하고 성취 가능한 목표 제시, 프로젝트 요구사항 확립, 그리고 프로젝트 3대 제약조건인 범위(Scope), 시간(Time), 비용(Cost) 및 기본이 되는 품질(Quality)을 달성하도록 관리하는 역할을 한다고 생각하면 된다.

여기서 가장 중요한 사항은 프로젝트 매니저는 고객을 대표하면서 고객의 정확한 요구사항을 만족시켜 줄 수 있는 사람이어야 하고, 다양한 프로세스를 진행하면서 발생되는 수많은 기회 및 위협 사항을 접하고 이를 합리적이고 효과적으로 해결할 수 있어야 한다.

이러한 사항에서 프로젝트의 성공을 위한 가장 합리적이고 효과적인 선택을 위해서는 프로젝트 진행 중에 발생되는 다양한 Data의 정확한 수집 및 관리를 기초로 계량/계수화를 통한 예측을 하여 프로젝트 제약조건이면서 달성 목적인 **범위(Scope), 시간(Time), 비용(Cost) 및 품질(Quality)**을 성공적으로 수행하여 고객 만족(Custom Satisfaction)을 이끌어내는 역할을 해야 한다. 조금 추상적인 내용이기는 하지만, 모든 분야에서 경쟁이 심화되면서 고객 만족(Custom Satisfaction)을 넘어 고객 감동(Custom Surprise)까지 이끌어 낼 수 있는 추진력과 관리능력을 겸비해야만, 진정한 프로젝트 매니저(Project Manager)가 될 수 있을 것이다.

[02] PMBOK 6th Edition에서는 "훌륭한 프로젝트 관리자는 선제적이며 의도적이다."로 기술하고 있다.

"Top project managers are proactive and intentional when it comes to power."
– PMBOK 6th Edition

이 말을 잘 생각해 보면 우리가 잘 알고 있는 "솔선수범(率先垂範)"을 이야기하고 있다고 볼 수 있다. 모든 일을 계획적이고 의도적으로 이끌어 나아가는 모습이 진정한 프로젝트 관리자의 모습일 것이다. 그러기 위해서는 어떠한 능력이 있어야 할까?

PMBOK 6th Edition에서는 프로젝트 관리자의 Talent Triangle이라고 하여 아래의 3가지 역량을 이야기 하고 있다.

- 기술적 프로젝트 관리(Technical Project Management)
- 전략과 비즈니스 관리(Strategic and Business Management)
- 리더십(Leadership)

▲ [그림1-2-3-1] Talent Triangle

프로젝트 관리자의 갖추어야 할 역량을 4가지의 "C"라 하여 "4C of the Project Manager"로 아래와 같이 설명하기도 한다.

- 성품(Character)
- 직무능력(Competence)
- 일관성(Consistency)
- 의사소통능력(Communication)

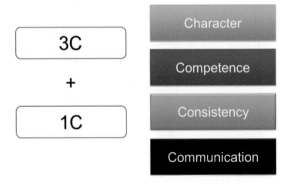

▲ [그림1-2-3-2] 4C of the Project Manager _ 박성철

[03] 프로젝트 관리자는 의사소통을 어떻게 하는 것이 올바른 의사소통인가?

PMBOK 6th Edition에 의하면 의도적인 계획(Planning)에 의해 수집(Gathering)된 데이터(Data)인 작성성과자료(Work Performance Data)를 정확한 분석을 통하여 과학적, 객관적인 작업성과정보(Work Performance Information)로 변환하여, 논리적이며 합리적인 작업성과보고서(Work Performance Report)를 작성하여 여러 이해관계자들과 주요 의사결정권자들에게 정확한 의사소통을 하여 올바른 의사결정을 이끌어내는 것이 프로젝트 관리자의 **올바른 의사소통**이라고 이야기하고 있다.

▲ [그림1-2-3-3] Communication의 WPD → WPI → WPR

참고. 오미사악(五美四惡) - 논어 요왈 편

오미(五美)

(1) 은혜를 베풀되 낭비함이 없어야

(2) 일을 시키면서도 원망을 사는 일이 없어야

(3) 목표 실현을 추구하되 개인적 탐욕은 부리지 말아야

(4) 어떠한 상황에서도 태연함을 잃지 않되 교만하지 말아야

(5) 위엄이 있되 사납지 않아야

사악(四惡)

(1) 일을 제대로 가르쳐 주지 않은 채 엄벌에 처하는 자 : 잔학(虐)

(2) 일을 실행함에 있어 경계할 점을 미리 알려주지 않고 성공만 요구하는 자 : 횡포(暴)

(3) 지시는 늦게 하고 일의 달성을 사납게 독촉하는 자 : 도둑질(賊)

(4) 마땅히 주어야 할 것을 온갖 생색을 내어주며 주는 자 : 창고지기

4 Project Management

[01] PMBOK 6th Edition에서는 프로젝트 관리를 다음과 같이 정의하고 있다.

"Project Management is the application of knowledge, skills, tools and techniques to project activities to meet the project requirements."

– PMBOK 6th Edition, 2017, PMI

"프로젝트 관리는 프로젝트 요구사항을 충족시키고자 지식, 기량, 도구 및 기법 등을 프로젝트 활동에 적용하는 것"이라고 정의하고 있다. 요구사항을 충족하기 위하여 프로젝트 관리자는 프로젝트 조직(Project Organization)이 보유하고 있는 지식, 수단, 기술을 조화롭게 활용/운용하여 고객의 요구사항을 만족시켜야 하기 때문에 관리의 효율을 높이는 데 주력해야 할 것이다.

[02] 아래와 같은 프로젝트의 결과로 프로젝트 관리의 필요성 요구가 증가되고 있다. 아래와 같은 결과를 초래하는 원인이 무엇일까?

- 프로젝트 공기연장(EoT) 또는 공기지연(Delay)
- 원가 및 예산 초과
- 성능 저하
- 프로젝트 목적 달성 실패
- 고객 불만족, 기업 이미지 손실 등

그 원인은 "프로젝트 관리의 부재" 또는 "잘못된 프로젝트 관리"에서 비롯될 가능성이 매우 높다. 그러한 이유에서 성공적인 프로젝트 관리를 위해서는 PMBOK 6th Edition에서 제시하고 있는 "What"의 관점 영역인 10 지식 영역(10 Knowledge Area)과 "When"의 관점인 5 프로세스 그룹(5 Process Group)을 살펴보자.

[03] PMBOK 6th Edition의 10 Knowledge Areas는 아래의 그림과 같이 표현할 수 있다.

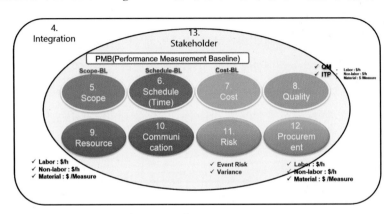

▲ [그림1-2-4-1] 10 Knowledge Areas

[04] PMBOK 6th Edition의 5 Process Group은 아래의 그림과 같이 표현할 수 있다.

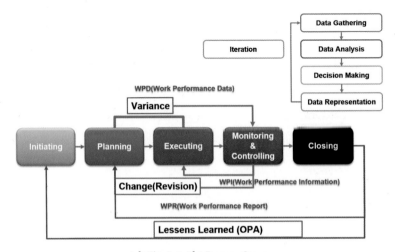

▲ [그림1-2-4-2] 5 Process Group

[05] PMBOK 6th Edition의 10 Knowledge Areas & 5 Process Group은 통합하여 표현하면 아래의 그림과 같이 구분하여 표현할 수 있다.

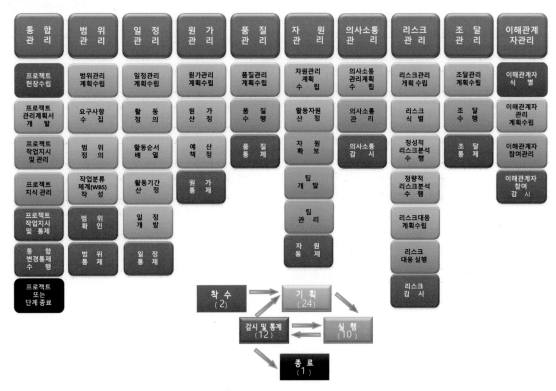

▲ [그림1-2-4-3] 10 Knowledge Areas & 5 Process Group

PMBOK 6th Edition도 기존의 Edition과 동일하게 강조하고 있는 부분을 확인할 수 있다. 그것은 바로 Planning Process Group의 Knowledge Areas의 49개의 Process 중 24개의 Process를 활용하고 있다는 점이다. 이러한 PMBOK 6th Edition의 전개는 Global Project의 성공적인 프로젝트 관리를 위하여 Project의 초기에 예방(Prevention)관점으로 Planning을 수립하여 프로젝트를 관리하는 방향을 제시하고 있다고 볼 수 있다.

프로젝트의 성공을 위한 계획(Planning)을 PMBOK 6th Edition 기반으로 설명하면 아래 [그림1-2-4-4] Planning Process in Schedule Management과 같이 설명할 수 있다.

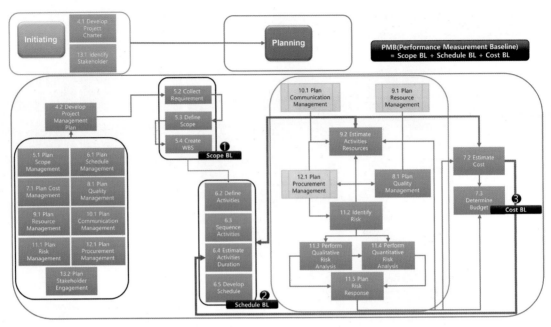

▲ [그림1-2-4-4] Planning Process in PMBOK 6th Edition Schedule Management

프로젝트 관리자 및 일정관리자들이 PMBOK 6th Edition에서 제시하는 [그림1-2-4-4] Planning Process in Schedule Management와 같은 방식을 적용하여 계획을 수립하고 실행(Executing)하여 확인되는 계획과 실행의 차이(Variance)인 작업성과자료(WPD)를 계획적이고 의도적 계획(Planning)을 통하여 수집(Gathering)하고, 감시 및 통제(Monitoring & Controlling) Process Group의 다양한 분석(Analysis)으로 작성된 작업성과정보(WPI) 및 작업성과보고서(Work Performance Report)를 작성하여 PMBOK 4.6 Perform Integrated Change Control 프로세스에서 올바른 변경 요청(Change Request)을 승인하는 개선(Improvement) Process를 지속적으로 반복하는 형태로 프로젝트를 관리한다면, 현재보다는 선진화되고 보다 논리적이고 과학적인 관리를 통하여 프로젝트 관리 능력이 향상되어 프로젝트의 성공에 기여할 수 있을 것으로 기대된다.

PMBOK 기반의 Primavera P6 적용 방법론

PMI Project Management Process에 근거한 Primavera P6의 관리 방법론을 이해할 수 있고, Project Management Lifecycle과 Primavera P6 Process의 흐름을 이해할 수 있다.

1 Primavera 적용 방법론

[01] Global Project에서 Oracle Primavera Solution이 35년 이상 전 세계적으로 가장 많이 사용되고 지속될 수 있는 이유는 Project Management 분야에서 대표 기관 중의 하나인 PMI(Project Management Institute)의 PMBOK(A guide to the Project Management Body of Knowledge)에서 제시하고 있는 관리프로세스를 적용하고 있기 때문일 것이다.

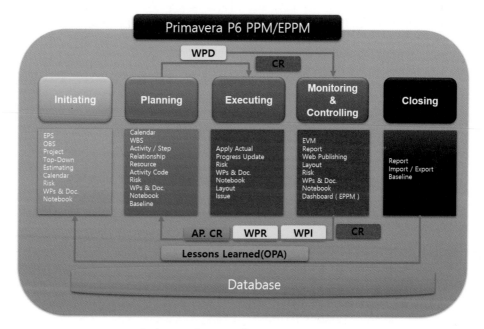

▲ [그림1-3-1-1] PMBOK 6th Edition with Primavera P6

이러한 Global Standard인 PMBOK에 기반한 Oracle Primavera P6임에도 불구하고 국내 대부분의 Primavera P6 사용자들은 주로 Primavera P6를 단순히 입찰(bidding)용 또는 실행(Executing)용 일

정표를 작성하고, 보고(Reporting)를 위한 또는 기성(Earned Value)을 청구하기 위한 수단으로만 활용하고 있다. 이러한 현실은 Oracle Primavera P6를 활용하여 Project Management를 효율적으로 진행할 수 있는 많은 기능 중 극히 일부만 활용하고 있다. 이러한 이유에서 아직까지도 Primavera P6의 개발 목적(지속적 개선 활동을 통한 고객만족/감동 달성)에 반하여 활용하고 있다는 사실을 인지하여야 할 것이다.

즉 Primavera P6는 지속적 관리 개선 Tool로써 사용해야 그 가치를 인정받을 수 있다. 단순하게 보고/기성청구용으로 계속해서 활용한다면 Primavera P6는 단순히 가격이 비싼, 고객(Client) 요구에 의해 사용될 수밖에 없는 귀찮은 Tool로써 여겨질 것이지만 본래의 목적인 지속적 관리 개선을 위하여 활용한다면 현재 운영되고 있는 Project를 효율적으로 관리하여 큰 효과(공기단축/원가절감)를 도출할 수 있고, 이를 통해 고객만족 더 나아가 고객감동까지 이끌어 낼 수 있을 것이다. 그러기 위해서는 프로젝트 관리자와 일정관리자들이 계획단계부터 선제적이고 의도적으로 작업성과자료(WPD)의 확보가 중요하다는 점을 인지할 것이고, 확보된 작업성과자료(WPD)를 작업성과정보(WPI)로, 그리고 작업성과보고서(WPR)로 변환해가면서 프로젝트에 영향을 미치는 이해관계자들과의 원활한 의사소통을 이끌어 올바른 판단으로 지속적인 개선을 할 수 있는 Tool로써 활용하기 위해서는 PMBOK 기반으로 Primavera P6를 적용할 방법에 대하여 고민할 필요가 있다.

참고. Primavera P6 Process와 PMBOK 6th Edition의 5 Process Group

① Initiating : 프로젝트 정보 수집 / 팀 구성 / 조직적 공감대 형성

　　P6 : EPS / OBS / Project / Top-Down Estimating / Calendar / Risk / WPs & Docs. / Notebooks 등

② Planning : 작업 범위와 프로젝트 목표 설정 / 작업 규정 / 일정계획 / 리소스 설정 / 비용 예산 산정 / 베이스라인 작성 및 평가 / 최적화 / WPs & Docs 등

　　P6 : Project / WBS / Activity / Step / Relationship / Resource / Activity Code / Risk / Resource& Activity Usage Profile / WPs & Docs / Notebooks 등

③ Executing : 정보 분배 / 프로세스 내 작업과 실적 추적(비용 및 일정)

　　P6 : Apply Actuals / Update Progress / Risk / Wps & Docs. / Notebook / Layout / Issue 등

④ Monitoring & Controlling : 평가 및 분석 / 권고 조치 / Update / Forecasting / 의사소통

　　P6 : Earned Value / Report / Web Publishing / Layout / WPs & Docs. / Notebooks / Dashboard(EPPM) 등

⑤ Closing : Lessons Learned / 평가 및 분석 / 권고 조치 / Update / 의사소통

　　P6 : Issue / Report / WPs & Docs. / Import & Export / Baseline / Database Back-Up 등

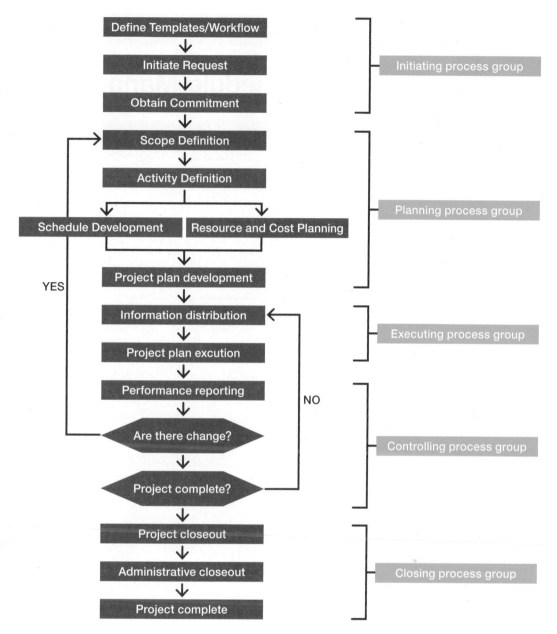

Define Templates/Workflow
↓
Initiate Request
↓
Obtain Commitment

Initiating process group

Scope Definition
↓
Activity Definition
↓

Schedule Development   Resource and Cost Planning
↓
Project plan development

Planning process group

YES

Information distribution
↓
Project plan excution

Executing process group

Performance reporting
↓
Are there change?
↓
Project complete?

NO

Controlling process group

Project closeout
↓
Administrative closeout
↓
Project complete

Closing process group

01

▲ [그림1-3-1-2] Project Management lifecycle과 Primavera P6 Process

Theory of Schedule Management

Project Management에서의 일정관리이론(Schedule Management)을 이해하고 이론에 근거한 목적이 무엇인지를 파악할 수 있다. 또한 일정관리(Schedule Management)의 주요 기능과 이론적 일정관리 도구를 이해할 수 있다.

1 일정관리 정의 및 목적

[01] 일정관리는 요구되는 한정된 시간(On Time)과 계획된 예산(Within Budget) 내에서 범위(Scope)를 유지하고 품질을 확보하기 위해 프로젝트와 관련된 모든 업무를 논리적이며 체계적으로 관리하는 활동이라고 정의할 수 있다. 특히 건설사업관리(CM : Construction Management)에서는 3대 관리로 일정관리, 원가관리(Cost Management), 품질관리(Quality Management)를 내세울 만큼 일정관리는 건설사업관리의 핵심 기능임을 알 수 있고, 일반적으로 일정관리는 대부분의 사업관리(Project Management)에서 항상 요구되고 있는 항목임을 알 수 있다.

또 모든 프로젝트의 입찰요구서(ITB : Invitation To Bid)에서 일정관리는 'PERT/CPM 이론을 활용 또는 Tool(소프트웨어)을 사용하여 관리하라'고 명기하고 있는데, 국내 프로젝트의 경우에서는 법적으로 소프트웨어의 이름을 명기하는 것이 위법이기 때문에 이론만 제시하고 있지만, 해외 프로젝트의 경우는 발주처의 요구 사항에 의해 프로그램의 이름이 정확하게 명기되고 있다.

PERT/CPM의 이론적 목적이 무엇인지에 대하여 생각해보면 일정관리의 목적을 이해할 수 있다.

PERT(Program Evaluation & Review Technique) : 공기 단축
CPM(Critical Path Method) : 원가 절감

결국, 위의 PERT와 CPM의 목적을 통해 일정관리의 목적은 공기 단축, 원가 절감에 있다는 것을 알 수 있다. 이것은 프로젝트의 제약 조건(Scope, Time, Cost, Quality)에서 주로 관리해야 할 항목 중 시간(Time)과 원가(Cost)를 주로 관리하여 On time과 Within Budget으로 프로젝트를 관리함으로써 프로

젝트를 성공시키겠다는 목적과 부합한다. 좀 더 궁극적인 목적을 고려해보면 조금 추상적이기는 하지만 프로젝트의 성공을 통한 고객 만족(CS : Custom Satisfaction)을 유도하고 더 나아가서는 고객 감동(CS : Custom Surprise)까지 달성하고자 하는 목적이 있다고 할 수 있다.

[02] 프로젝트의 성공을 위하여 프로젝트에 영향을 미치는 이해관계자들과의 원활한 의사소통이 매우 중요하다. 이를 위하여 보다 논리적이고 과학적인 접근방법이 필요하다.

PMBOK의 프로젝트 관리 프로세스(Process)에서 유일하게 논리(Logic)를 기반으로 접근하는 프로세스는 일정관리가 유일하다.

- 프로젝트 관리를 보다 논리적이고 과학적인 계획(Planning)수립을 통하여 현재의 시점에서 프로젝트 종료일(Project Finish Date), 프로젝트 비용(Project Budgeted Cost)을 예측할 수 있다.
- Project Lifecycle 전반에 걸친 Project, WBS, Activity, Resource에 대한 Assumption, Risk, Issue, NCR, Report 등의 프로젝트 문서(Documents)를 관리하여 식별과 추적관리를 원활하게 할 수 있다.
- Activity에 (Labor, Non-Labor, Material)를 투입관리하여 자원에 대한 부하(Over-allocated) 상태를 파악하여 RCPSP(Resource Constrained Project Schedule Problem)에 대한 예방 계획을 수립하여 프로젝트 성공 확률을 높일 수 있다.
- 계획(Planning)과 실적(Actual)의 차이(Variance)를 기반으로 개선활동을 수행하여 현재 상태에 대한 과거 실적을 분석하여 현 시점에 미래에 대한 예측 및 예방 활동이 가능하다.
- 이러한 계획과 실적과의 차이에 대한 분석을 통하여 프로젝트 종료 시 발생될 수도 있는 Project Lifecycle 전반에 걸친 공기연장(EoT)/공기지연(Delay)에 대한 Claim분쟁 관련 대비도 가능하다.

[03] 근래에 와서는 프로젝트 공기지연(Delay)과 공기연장(EoT)을 예측 가능한 리스크(Known Unknown Risk)로 간주하고 있다. 이러한 관점에서 일정관리에 대한 중요성이 강조되고 있다. 그러기 위해서는 일정관리(Schedule Management) 이론(Theory)에 근거하여 개발된 공인된 소프트웨어(Software)를 활용하는 것이 매우 중요하다. Primavera P6는 일정관리를 근간으로 프로젝트를 관리할 수 있도록 개발된 Tools이다. Tool은 사용자의 활용 목적에 의하여 가치 있게 사용할 수도 있고 가치 없게 사용할 수도 있다. 따라서 가치 있게 사용하기 위해서는 일정관리의 이론과 목적을 정확하게 이해할 필요가 있다. 이를 통하여 성공적인 프로젝트 관리에 일조할 수 있도록 노력해야 할 것이다.

[01] 일반적으로 일정관리를 수행하기 위해서는 기법과 이에 상응하는 Tool(Software)이 필요하다. 프로젝트가 단순한 경우 이론을 근간으로 한 기법으로 운영할 수 있었지만, 근래에 들어서는 사업 규모의 확장 및 복잡성으로 인하여 일정관리 전문 Tool(Software)의 사용이 요구되고 있다.

일정관리 도구에는 그 형식에 따라 크게 프로젝트를 완료하는 데 중요한 이벤트로 구성되는 Milestone Schedule, 가장 많이 사용되는 Gantt Chart와 반복적인 작업을 사선형으로 나타내는 LOB(Line of Balance) 같은 Non-network 기법과 Logic을 연결해서 나타내는 ADM(Arrow Diagram Method) / PDM(Precedence Diagram Method) / BDM(Beeline Diagram Method) 및 PERT(Programming Evaluation & Review Technique) / CPM(Critical Path Method)과 같은 Network 기법이 있다.

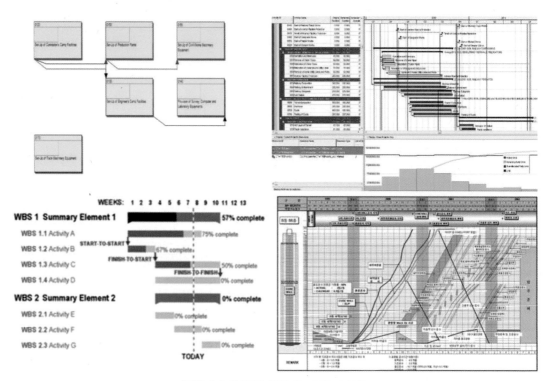

▲ [그림1-4-2-1] PERT, CPM, Gantt Chart, LOB

Primavera P6는 위와 같은 Network 기법을 사용하고 있다.

[02] ADM

ADM(Arrow Diagram Method) 기법은 1956년 세계 최대 화학회사인 듀퐁(upont)사에 의해 세계 최

초로 개발된 CPM(Critical Path Method) 기법으로 일정관리 역사에서 그 의미가 매우 크다.

ADM 기법은 건설 산업 전반에 걸쳐 일정관리의 핵심 도구로 사용되어 왔다. 그러나 ADM은 FS(Finish to Start) 관계만 표현할 수 있어 중복 관계 표현이 불가능하였고, 컴퓨터(UNIVAC1)를 이용하여 CPM 계산을 하였기 때문에 시간도 많이 걸리고 비용도 많이 드는 문제점을 가지고 있었기 때문에 세계적으로 일정관리의 핵심 기법은 1960년대에 발표된 PDM(Precedence Diagram Method)으로 옮겨가게 되었다. 하지만, ADM 기법은 time축에 맞게 전체 일정을 한눈에 볼 수 있다는 장점 때문에 국내 건설현장에서는 근래까지도 많이 사용되고 있는 실정이다. 하지만 참고해야 할 점은 미국 및 해외 대부분의 현장에서는 ADM 기법으로 일정관리를 진행하고 있지 않다는 점이다. 이들이 일정을 PDM 방식으로 관리한다는 점에서 우리는 현실을 직시해야 할 것이고 Primavera P6는 PDM 기법을 사용하고 있다.

ADM은 과거의 전통적인 일정관리 기법으로 [그림 1-4-2-2]와 같이 Activity가 Arrow 위에 위치한다고 하여 AOA(Activity On Arrow)라고도 부르고, Node에서 Node로 가는 방식이기 때문에 I-J식 일정표라고도 불리는 기법이다. ADM의 논리 형태로는 독립관계(Independent relationship), 의존관계(Dependent relationship), 합병관계(Merge relationship), 분산관계(Burst relationship), 교차관계(Cross relationship)가 있고, ADM은 각 Activity 간의 연관관계를 표시하는 FS(Finish to Start)의 방법 밖에 사용하지 못하기에 작업을 사실적으로 표현하기가 어렵고 논리적인 선후관계를 표시하기 위해 실제 존재하지 않는 작업인 Dummy를 점선으로 표시하게 된다. 또한 논리를 위해 가상으로 만들어진 Dummy 때문에 일정상 변경이 일어나게 되면 Network의 변경을 처리하는 데 있어 전체적으로 수정을 해주어야 하는 불편함이 있다. 뿐만 아니라 다음 작업을 하기 위해 공백이 생기는 기간인 지연시간(Lag Time) 역시 표시를 할 수가 없다는 단점이 있다.

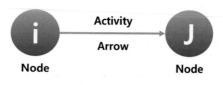

▲ [그림1-4-2-2] ADM

[03] PDM

PDM(Precedence Diagram Method) 기법은 1961년 스탠퍼드 대학교 존 폰달(John Fondahl) 교수에 의해 기초가 다져져, 1978년 PDM이라는 용어로 공식화 되었다. 그 기본은 컴퓨터를 이용한 비용과 시간이 많이 소요되는 ADM 기법을 대체하기 위하여 Non-Computer Approach를 기본으로 접근한 이론이다.

PDM(Precedence Diagram Method)은 Activity가 Node에 위치한다고 하여 AON(Activity On Node)이라고 불리는 일정관리 기법으로 [그림 1-4-2-3]과 같이 각 Node에 Activity를 위치시키고

각 작업을 연결하는 Arrow는 작업 간의 연관관계를 나타내주는 역할을 한다. 이때 PDM 기법에서는 FS(Finish to Start : 후행 작업이 시작하기 위해서는 선행 작업이 완료되어야 함), SS(Start to Start : 후행 작업을 시작하기 위해서는 선행 작업이 시작되어야 함), FF(Finish to Finish : 후행 작업을 완료하기 위해서는 선행 작업이 완료되어야 함), SF(Start to Finish 후행 작업을 완료하기 위해서는 선행 작업이 시작되어야 함)와 같은 네 가지의 다양한 연관관계를 표시할 수 있고 작업과 작업 사이의 지연시간을 표시할 수 있어 정확한 Scheduling이 가능하며 작업 간의 사실적인 상호관계를 표현할 수 있다. 또한, ADM과는 달리 Dummy Activity가 필요하지 않기 때문에 Network가 변경되더라도 상대적으로 간단하게 수정이 가능하다.

▲ [그림1-4-2-3] PDM

여기에서 작업 간의 지연시간(Lag Time)은 빵을 만들 때 반죽을 만들고 굽기 전에 빵 반죽을 숙성시키는 시간과 같이 선행 작업이 끝난 후 바로 시작하지 않고 지연되는 시간이 필요한 경우에 사용된다. 반대로 선행 작업이 끝나지 않았는데 후행 작업이 들어가는 경우는 선도시간(Lead Time)이라고 하고 지연시간과 선도시간에 대하여 그림으로 알아보면 [표 1-4-2-1]과 같다.

Relationship Type	Lag Time	Lead Time
Finish to Start		
Finish to Finish		
Start to Start		
Start to Finish		

▲ [표 1-4-2-1] Lags & Leads

[04] ADM과 PDM의 비교

구분	ADM	PDM
표기 방법	**i** Activity Arrow **J** (Node / Node)	Activity — Relationship Arrow → Activity
Activity 식별	선, 후행 Event Number	Activity 자체 ID
Relationship 표시	Activity Number가 상호관계 내포	별도 상호관계 표시
다른 이름	AOA(Activity On Arrow) i－j 일정표	AON(Activity On Node) 일정표
연관관계 표시방법	FS(Finish to Start)	FS(Finish to Start), SS(Start to Start) FF(Finish to Finish), SF(Start to Finish)
Dummy Activity	필요	불필요
Network 변경처리	복잡(∵ Dummy)	상대적으로 간단
Lag Time	없음	있음
기타	상호연관관계 표시의 제약 때문에 정확한 Scheduling이 어렵고, Activity수가 많아지는 단점이 있다.	상호연관관계가 다양하므로 정확한 Scheduling이 가능하며, Network 변경 시 수정이 용이하다.
Primavera P6	×	○

▲ [표 1-4-2-2] ADM Vs. PDM

[05] CPM

CPM(Critical Path Method) 이론은 1957년 Dupont사의 화학공장 건설 및 유지보수 프로젝트를 수행하기 위해 개발된 기법으로, 작업을 수행하는 기간을 확정한 뒤 Forward Schedule을 통하여 Early Start, Early Finish를 산정하고 Backward Schedule을 통하여 Late Start, Late Finish를 산정하여 총 여유시간이라고 하는 Total Float을 구해 Project의 전체 일정에 대한 Critical Path를 확인하고 이를 관리하는 것을 말한다.

더 자세하게 설명을 해보면, Forward Schedule은 Project의 시작일로부터 종료일까지 각 작업들의 시작일과 종료일을 순서대로 구하는 것으로, 각 작업들이 가장 빨리 시작할 수 있는 날짜인 Early Start Date와 가장 빨리 끝날 수 있는 날짜인 Early Finish Date를 구하는 것을 말한다. [그림1-4-2-4]를 보면 A라는 작업과 B라는 작업이 시작하는 날을 1일이라고 하고, 이들의 종료일을 구하면 각각 5일과 10일이 된다. 이때 A와 B의 작업이 모두 끝나야 작업 C가 시작할 수 있으므로 C의 시작일은 11일, 종료일은 25일이 되는 것을 확인할 수 있고, 이 날짜들은 모두 가장 빨리 시작하고 가장 빨리 끝날 수 있는 날짜이기 때문에 각 작업의 Early Start Date와 Early Finish Date가 되는 것이다.

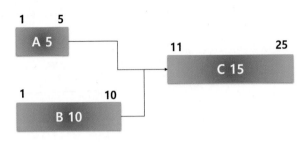

▲ [그림1-4-2-4] CPM의 Forward Schedule

반대로 Backward Schedule은 Project의 종료일로부터 시작일까지 각 작업들의 종료일과 시작일을 순서대로 구하는 것으로, 각 작업들이 가장 늦게 끝날 수 있는 날짜인 Late Finish Date와 가장 늦게 시작할 수 있는 날짜인 Late Start Date를 구하는 것을 말한다. [그림1-4-2-4]를 보면 C라는 작업이 끝나는 종료일이 25일이기 때문에 C의 시작일은 11일이 된다는 것은 쉽게 알 수 있다. 이때 작업 A와 B는 C가 시작하기 전인 10일까지 종료하면 되기 때문에 A와 B의 종료일은 10일임을 알 수 있고, 이 날짜가 Late Finish Date가 된다. 또, A와 B의 Late Finish Date를 결정하였기 때문에 A와 B의 Late Start Date는 각각 6일과 1일이 되는 것을 알 수 있다.

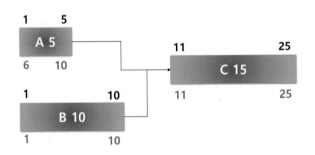

▲ [그림1-4-2-5] CPM의 Backward Schedule

이렇게 Forward Schedule과 Backward Schedule을 통하여 확인한 각 작업들의 시작일과 종료일을 보면 B에서 C로 가는 일정은 중간에 쉬는 날이 없이 빡빡한 일정으로 진행되지만 A에서 C로 가는 일정은 [그림1-4-2-6]과 같이 작업 A가 1일부터 6일까지 아무 때나 시작해도 되고 늦어도 6일에 시작하기만 하면 전체 프로젝트의 기간에 영향을 미치지 않음을 알 수 있고, 이와 같이 전체 일정에 영향을 주지 않으면서 갖는 여유시간을 Total Float이라고 하고, Late Finish Date – Early Finish Date 또는 Late Start Date – Early Start Date로 계산한다.

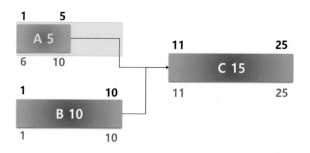

▲ [그림1-4-2-6] 작업 A의 여유시간

그렇다면 A, B, C 작업의 여유시간(Total Float)과 Total Float이 0이거나 0보다 작은 상태의 작업을 연결한 경로를 말하는 Critical Path를 찾아보자. 여기서 Late Finish Date - Early Finish Date 또는 Late Start Date - Early Start Date의 식을 통하여 Total Float을 구해보면 [그림1-4-2-7]과 같이 A는 5일, B는 0일, C는 0일의 여유시간을 갖는 것을 알 수 있고, 이때 작업의 경로인 A-C와 B-C 중 Total Float이 0으로 지속되는 B-C의 경로가 Project의 Critical Path가 됨을 알 수 있고, Critical Path는 Gantt Chart상에서 일반적으로 [그림1-4-2-8]과 같이 붉은색으로 표현한다.

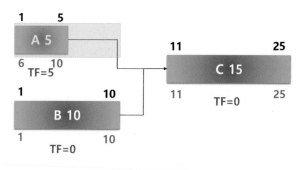

▲ [그림1-4-2-7] Total Float 계산

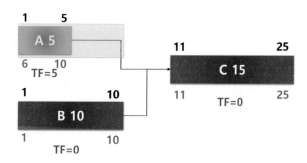

▲ [그림1-4-2-8] Critical Path (B-C)

여기에서 Total Float이 양수가 되는 것의 의미는 해당 작업이 지연되어도 Total Float만큼의 여유가 있다는 것이고, 이때는 Late Finish Date가 아닌 Early Finish Date에 끝낼 수 있도록 관리해 주어야 한다. Total Float이 0이 되는 것의 의미는 작업이 지연되면 프로젝트 전체가 지연되는 것으로, 해당 작업들이 지연되지 않도록 지속적으로 관리해주어야 한다는 의미를 가지고 있다. 반대로 Total Float이 음수가 되는 것의 의미는 현재의 계획으로는 일정을 맞추지 못한다는 것을 의미하고, 이때는 Crashing이나 Fast Tracking과 같은 기간단축기법을 이용하여 Total Float을 줄여야 한다. 이때 Fast Tracking은 병행작업을 통한 공기단축기법으로 재작업의 가능성이 높다는 리스크를 가지고 있고, Crashing은 자원을 많이 투입하여 공기를 단축하는 기법으로 원가 상승의 가능성이 높다는 리스크를 가지고 있어, 이러한 공기단축기법을 활용하기 위해서는 항상 원가 상승과 재작업에 대한 Trade-off를 고려해야 한다.

[06] PERT

PERT(Programming Evaluation and Review Technique)기법은 1957년 미 해군 잠수함용 탄도미사일 프로젝트(Submarine Project Polaris)의 성과 및 진도를 평가하기 위한 목적으로 개발된 것으로, 새로운 사업을 추진할 때 또는 불확실성이 많은 프로젝트를 진행할 때 확률적인(3점 추정) 개념을 통하여 일정을 관리하는 기법이다.

PERT 기법은 3점 추정을 기반으로 삼각분포에서 시작하지만, 반복을 여러 번 진행했을 경우 베타분포 곡선을 사용하여 작업을 수행하는 기간을 추정할 수 있는 기법으로, 이때 각 Activity들의 3점 평균을 추정하기 위해서 Optimistic(낙관치), Most Likely(평균치), Pessimistic(비관치)의 세 가지 경우를 활용하며, 베타분포의 특성상 평균이 Most likely(평균치)와 중위수(Median)의 1/3지점에 있다는 베타분포의 특성을 이용하여

$$3점\ 평균 = \frac{O+4M+P}{6}\ 이라는\ 식을$$

추정하고, 각 Activity의 3점 평균의 공기를 토대로 전체 프로젝트 공사기간을 추정하게 된다. 이렇게 추정하여 계산된 경로 중 가장 긴 경로(Longest Path)를 기준으로 일정을 관리하는 이론으로 주된 목적은 공기단축이다.

현재 해외 프로젝트에서는 단순히 일정과 비용을 맞추어 일정관리를 수행하는 것은 기본사항으로 여기고 있고, 일부 프로젝트에서는 해당 공사기간(On Time) 내에 정해진 예산(Within Budget)에 프로젝트를 수행할 수 있는 확률(%)까지도 요구하고 있다. 이러한 현실 속에서 Activity들의 수가 많고 (N ≦ 30) 각 Activity의 연관 관계가 독립적일 경우 평균값을 중심으로 하는 정규분포에 가까워진다는 중심극한정리(Central Limit Theorem)에 기초한 PERT 이론을 가지고, 지금 수행하고 있는 프로젝트뿐만 아니라 앞으로 수행할 프로젝트의 성공 확률을 구할 수 있다.

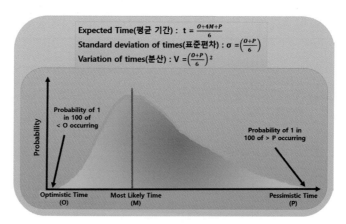

▲ [그림1-4-2-9] Beta Distribution

이와 같은 PERT 이론을 가지고 확률을 구하는 방법에 대하여 알아보면 각 Activity의 평균치를 구하여 평균 예상 공기를 산정하고, 분산들의 합은 전체 분산의 합과 같다는 분산의 특성을 활용하여 주 일정(Critical Path)의 분산을 구하여 제곱근을 구하면 프로젝트 전체의 표준편차(Standard Deviation)를 추정할 수 있다.

$$Scp = \sqrt{S1^2 + + S2^2 + S3^2 + \dots + Sn^2}$$

이때 중심극한정리(Central limit theorem)를 이용하여 표준정규분포표 값인 Z값을 계산할 수 있고, 계산된 정규분포 값을 표준정규분포표에서 읽어주면 프로젝트 일정 달성 확률을 계산할 수 있다.

$$Z = \frac{Due\ Date - Expected\ Date}{Standard\ Deviation}$$

이에 대하여 간단한 예제를 통해 알아보자. 다음 표와 같이 4개로 구성된 Activity가 순차적으로 FS의 관계에 있어 Activity 1부터 4까지 이어지는 경로가 Critical Path이고, 이들의 3점 추정 공기가 다음과 같다고 가정하자.

	Optimistic	Most Likely	Pessimistic
Activity 1	3	4	7
Activity 2	6	8	9
Activity 3	3	5	7
Activity 4	8	11	15

이 Activity들의 평균치와 분산, 표준편차를 구해보면 다음과 같다.

	평균치 $\dfrac{P+4M+O}{6}$	분산 $(\dfrac{P-O}{6})^2$
Activity 1	4.33	0.45
Activity 2	7.83	0.25
Activity 3	5.00	0.45
Activity 4	11.17	1.37
합계	28.33	2.52

이때 이 프로젝트를 30일 안에 끝내야 한다고 가정하고 이를 달성할 수 있는 확률을 구하기 위하여 위의 값을 정규 분포표를 구하면,

$$Z = \frac{Due\ Date\text{-}Expected\ Date}{Standard\ Deviation}$$

$$Z = \frac{30\text{-}28.33}{2.52}$$

의 식으로 계산할 수 있고 Z=1.05의 값을 갖게 된다. 이를 아래의 표준정규분포표에서 찾게 되면 0.3531의 값이다. 이 값을 아래 표준정규분포표에서 확인하면 0.3531이다. 여기에 0.5를 더해서 30일 안에 이 프로젝트를 끝낼 수 있는 확률이 85.31%라는 의미임을 알 수 있다.

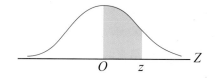

z	.00	.01	.02	.03	.04	.05	.06	.07	.08	.09
0.0	.0000	.0040	.0080	.0120	.0160	.0199	.0239	.0279	.0319	.0359
0.1	.0398	.0438	.0478	.0517	.0557	.0596	.0636	.0675	.0714	.0753
0.2	.0793	.0832	.0871	.0910	.0948	.0987	.1026	.1064	.1103	.1141
0.3	.1179	.1217	.1255	.1293	.1331	.1368	.1406	.1443	.1480	.1517
0.4	.1554	.1591	.1628	.1664	.1700	.1736	.1772	.1808	.1844	.1879
0.5	.1915	.1950	.1985	.2019	.2054	.2088	.2123	.2157	.2190	.2224
0.6	.2257	.2291	.2324	.2357	.2389	.2422	.2454	.2486	.2517	.2549
0.7	.2580	.2611	.2642	.2673	.2704	.2734	.2764	.2794	.2823	.2852
0.8	.2881	.2910	.2939	.2967	.2995	.3023	.3051	.3078	.3106	.3133
0.9	.3159	.3186	.3212	.3238	.3264	.3289	.3315	.3340	.3365	.3389
1.0	.3413	.3438	.3461	.3485	.3508	.3531	.3554	.3577	.3599	.3621
1.1	.3643	.3665	.3686	.3708	.3729	.3749	.3770	.3790	.3810	.3830
1.2	.3849	.3869	.3888	.3907	.3925	.3944	.3962	.3980	.3997	.4015
1.3	.4032	.4049	.4066	.4082	.4099	.4115	.4131	.4147	.4162	.4177
1.4	.4192	.4207	.4222	.4236	.4251	.4265	.4279	.4292	.4306	.4319
1.5	.4332	.4345	.4357	.4370	.4382	.4394	.4406	.4418	.4429	.4441
1.6	.4452	.4463	.4474	.4484	.4495	.4505	.4515	.4525	.4535	.4545
1.7	.4554	.4564	.4573	.4582	.4591	.4599	.4608	.4616	.4625	.4633
1.8	.4641	.4649	.4656	.4664	.4671	.4678	.4686	.4693	.4699	.4706
1.9	.4713	.4719	.4726	.4732	.4738	.4744	.4750	.4756	.4761	.4767
2.0	.4772	.4778	.4783	.4788	.4793	.4798	.4803	.4808	.4812	.4817
2.1	.4821	.4826	.4830	.4834	.4838	.4842	.4846	.4850	.4854	.4857
2.2	.4861	.4864	.4868	.4871	.4875	.4878	.4881	.4884	.4887	.4890
2.3	.4893	.4896	.4898	.4901	.4904	.4906	.4909	.4911	.4913	.4916
2.4	.4918	.4920	.4922	.4925	.4927	.4929	.4931	.4932	.4934	.4936
2.5	.4938	.4940	.4941	.4943	.4945	.4946	.4948	.4949	.4951	.4952
2.6	.4953	.4955	.4956	.4957	.4959	.4960	.4961	.4962	.4963	.4964
2.7	.4965	.4966	.4967	.4968	.4969	.4970	.4971	.4972	.4973	.4974
2.8	.4974	.4975	.4976	.4977	.4977	.4978	.4979	.4979	.4980	.4981
2.9	.4981	.4982	.4982	.4983	.4984	.4984	.4985	.4985	.4986	.4986
3.0	.4987	.4987	.4987	.4988	.4988	.4989	.4989	.4989	.4990	.4990

▲ [그림1-4-2-10] 정규분포표

Schedule Management in PMBOK 6th Edition

PMBOK 6th Edition의 Schedule Management Process를 살펴보고 PMI에서 이야기하는 일정관리(Schedule Management)의 Global Standard 접근방법론을 이해한다.

1   Schedule Management Process

[01] Global Standard인 PMBOK 6th Edition 6장 Schedule Management Process에서 제시하는 일정관리의 핵심 개념은 다음 [그림 1-5-1-1]과 같다.

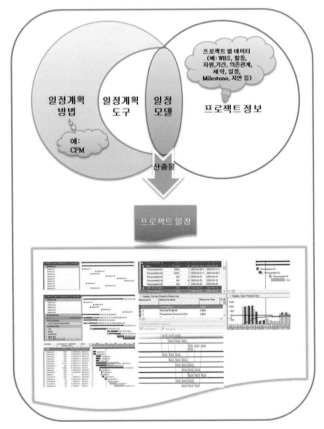

▲ [그림1-5-1-1] 프로젝트 일정관리 핵심 개념_PMOBOK 6th Edition, 2017, PMI

PMBOK에서 제시하는 프로젝트 일정관리 영역은 급변하는 Global 프로젝트 관리에서 민첩하고 유연하게 관리하기 위하여 5장 범위관리(Scope Management)의 5.4장의 Create WBS프로세스에서 관리 가능하게 "What to do" 관점으로 상세하게 분해(Decomposition)하면 "How to do" 관점으로 6.2장의 Define Activity프로세스에서 활동(Activity)을 다시 분해(Decomposition)하게 되어 있다. 여기서 매우 중요한 점이 있는데, 그것은 활동(Activity)의 상세(Details)가 WBS의 분해(Decomposition)하고 연관되어 있다는 것이다. 이것이 PMBOK 6th Edition에서 일정관리 프로세스의 추세(Trend)로 설명하고 있다.

다음은 PMBOK 6th Edition의 6장 Schedule Management의 Process를 살펴보자.

6.1 Plan Schedule Management(일정관리 계획 수립) P

일정관리 계획 수립은 프로젝트 일정의 기획, 개발, 관리, 실행 및 통제에 필요한 정책과 절차, 문서화 기준을 수립하는 프로세스이다. 이 프로세스의 주요 이점은 프로젝트 전반에 걸쳐 프로젝트 일정을 관리하는 방법에 대한 지침과 방향을 제시한다.

▲ [그림1-5-1-2] 6.1 Plan Schedule Management ITTO

6.2 Define Activities(활동 정의) P

활동 정의는 프로젝트 인도물을 생산하기 위해 수행할 관련 활동들을 식별하고 문서화하는 프로세스이다. 이 프로세스의 주요 이점은 프로젝트작업의 산정, 일정계획, 실행, 감시 및 통제에 대한 기준을 제공하는 활동들로 작업패키지 세분화를 수행한다.

▲ [그림1-5-1-3] 6.2 Define Activities ITTO

6.3 Sequence activities(활동 순서 배열) P

활동 순서 배열은 프로젝트 활동들 사이의 관계를 식별하여 문서화하는 프로세스이다. 이 프로세스의 주요 이점은 주어진 모든 프로젝트 제약 조건에서 최고의 효율을 달성할 수 있도록 논리적 작업 순서를 정의한다.

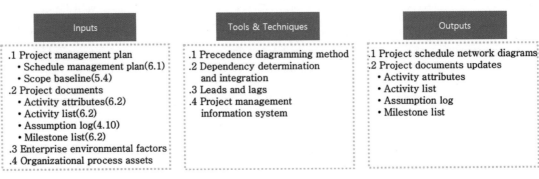

Inputs	Tools & Techniques	Outputs
.1 Project management plan • Schedule management plan(6.1) • Scope baseline(5.4) .2 Project documents • Activity attributes(6.2) • Activity list(6.2) • Assumption log(4.10) • Milestone list(6.2) .3 Enterprise environmental factors .4 Organizational process assets	.1 Precedence diagramming method .2 Dependency determination and integration .3 Leads and lags .4 Project management information system	.1 Project schedule network diagrams .2 Project documents updates • Activity attributes • Activity list • Assumption log • Milestone list

▲ [그림1-5-1-4] 6.3 Sequence Activities ITTO

6.4 Estimate Activity Duration(활동 기간 산정) P

활동기간 산정은 산정된 자원으로 개별 활동을 완료하는 데 필요한 작업 기간 단위 수를 산정하는 프로세스이다. 이 프로세스의 주요 이점은 각 활동을 완료하는 데 걸리는 기간을 파악한다는 점이다.

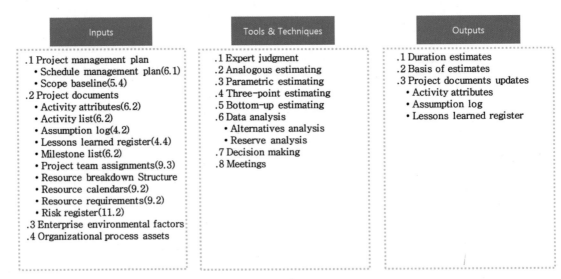

Inputs	Tools & Techniques	Outputs
.1 Project management plan • Schedule management plan(6.1) • Scope baseline(5.4) .2 Project documents • Activity attributes(6.2) • Activity list(6.2) • Assumption log(4.2) • Lessons learned register(4.4) • Milestone list(6.2) • Project team assignments(9.3) • Resource breakdown Structure • Resource calendars(9.2) • Resource requirements(9.2) • Risk register(11.2) .3 Enterprise environmental factors .4 Organizational process assets	.1 Expert judgment .2 Analogous estimating .3 Parametric estimating .4 Three-point estimating .5 Bottom-up estimating .6 Data analysis • Alternatives analysis • Reserve analysis .7 Decision making .8 Meetings	.1 Duration estimates .2 Basis of estimates .3 Project documents updates • Activity attributes • Assumption log • Lessons learned register

▲ [그림1-5-1-5] 6.4 Estimate Activity Durations ITTO

6.5 Develop Schedule(일정 개발) P

일정 개발은 활동 순서, 기간, 자원 요구사항, 일정 제약을 분석하여 프로젝트를 실행, 감시 및 통제하기 위한 프로젝트 일정 모델(Schedule Model)을 생성하는 프로세스이다. 이 프로세스의 주요 이점은 논리를 바탕으로 프로젝트 활동 및 프로젝트의 완료 예정일이 정해진 일정 모델(Schedule Model)을 개발한다.

Inputs	Tools & Techniques	Outputs
.1 Project management plan • Schedule management plan(6.1) • Scope baseline(5.4) .2 Project documents • Activity attributes(6.2) • Activity list(6.2) • Assumption log(4.2) • Basis of estimates(6.4) • Duration estimates(6.4) • Lessons learned register(4.4) • Milestone list(6.2) • Project schedule network Diagrams(6.3) • Project team assignments(9.3) • Resource calendars(9.2) • Resource requirements(9.2) • Risk register(11.2) .3 Agreements(12.2) .4 Enterprise environmental factors .5 Organizational process assets	.1 Schedule network analysis .2 Critical path method .3 Resource optimization .4 Data analysis • What-if scenario analysis • Simulation .5 Leads and lags .6 Schedule compression .7 Project management information system .8 Agile release planning	.1 Schedule baseline .2 Project schedule .3 Schedule data .4 Project calendars .5 Change requests .6 Project management plan updates • Schedule management plan • Cost baseline .7 Project documents updates • Activity attributes • Assumption log • Duration estimates • Lessons learned register • Resource requirements • Risk register

▲ [그림1-5-1-6] 6.5 Develop Schedule ITTO

6.6 Control Schedule(일정 통제) M & C

일정 통제는 프로젝트의 상태를 감시하면서 프로젝트 일정을 업데이트하고 일정 기준선에 대한 변경을 관리하는 프로세스이다. 이 프로세스의 주요 이점은 프로젝트 전반에 걸쳐 일정 기준선이 유지되도록 지속적인 개선 활동을 통하여 관리해야 한다.

Inputs	Tools & Techniques	Outputs
.1 Project management plan • Schedule management plan(6.1) • Schedule baseline(6.5) • Scope baseline(5.4) • Performance measurement Baseline(4.2) .2 Project documents • Lessons learned register(4.4) • Project calendars(6.5) • Project schedule(6.5) • Resource calendars(9.2) • Schedule data(6.5) .3 Work performance data(4.3) .4 Organizational process assets	.1 Data analysis • Earned value analysis • Iteration burndown chart • Performance reviews • Trend analysis • Variance analysis • What-if scenario analysis .2 Critical path method .3 Project management information system .4 Resource optimization .5 Leads and lags .6 Schedule compression	.1 Work performance information .2 Schedule forecasts .3 Change requests .4 Project management plan updates • Schedule management plan • Schedule baseline • Cost baseline • Performance measurement baseline .5 Project documents updates • Assumption log • Basis of estimates • Lessons learned register • Project schedule • Resource calendars • Risk register • Schedule data

▲ [그림1-5-1-7] 6.6 Control Schedule ITTO

PMBOK 일정관리 프로세스의 절차를 정의하는 일정관리계획서(Schedule Management Plan)는 일정 개발, 모니터링, 통제를 위한 활동과 기준을 기술한 문서로 Project Management Plan의 주요구성

요소이다. 다음 항목의 예를 살펴보자.

일정관리계획서 항목	프로세스 설정
프로젝트 일정 모델	프로젝트 일정 개발에 사용되는 방법론과 도구를 정의
릴리스 및 반복기간	적응형 생애주기를 사용할 때 릴리즈, 연동 및 반복(iteration)에 대한 시간 상자 주기를 정한다. 시간 상자 주기는 팀이 목표 달성을 꾸준히 노력하는 기간이다. 시간 상자 방법을 사용하면 팀에서 필수적인 기능을 먼저 처리하고 다른 기능을 시간이 허락될 때 처리할 수 있으므로 범위 추가를 최대한 줄일 수 있다.
정확도 수준	실제 작업 기간 산정에 사용할 허용 범위를 지정하고 우발사태를 고려한 금액도 추가
측정 단위	자원별로 측정에 사용할 단위를 정의(hour/day/week, mh/mf/mm) Staffing Level
조직절차연계	작업분류체계(WBS)(5.4 단원)는 일정관리계획서의 기준이 되는 프레임워크를 제공하여 산정치 및 도출되는 일정과 일관성을 보장한다.
프로젝트 일정모델 유지관리	프로젝트를 실행하는 동안 일정 모델의 프로젝트 현황을 업데이트하고 진행상황을 기록하는 데 사용할 프로세스를 정의한다.
통제 한계선(Control Thresholds)	어떤 조치를 취하기 전에 허용된 차이를 표시하기 위해서 한계선을 지정
성과 측정 규칙	성과 측정 규칙, 완류율 측정 규칙 – 0/100 : 100% 완료하기 전까지는 완료율을 0%로 평가 – 50/50 : 해당 활동 착수 시 50% 완료한 것으로 인정, 나머지는 완료 시 인정 – 진척률법 : (공정진척/공정목표)×100으로 완료율을 평가 – 마일스톤 : 정의된 마일스톤이 완료될 때마다 완료율을 평가
보고 형식	일정 보고서의 형식과 보고 추가

▲ [그림1-5-1-8] Schedule Management Plan

참고. 일정관리에서 바꾸어야 할 생각

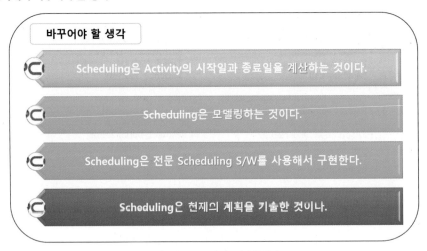

▲ [그림1-5-1-9] 바꾸어야 할 생각

참고. 일정을 모델링 한다는 것은

f(u,v,w,x,y)
=
Schedule
독립변수
(Independent Variables)
종속변수
(Dependent Variables)
작업 규모, 작업 공수, 산출물 품질 수준, 복잡도, 작업들의 관계, 자원의 양, 인력의 기술수준, 달력, 자원 제약, 수행 원가, 인력의 사기, 팀워크, 불확실성, 유사프로젝트 실적, 프로젝트 상황, 라이프사이클 상에서의 시점 ...
계획 시작일(Planned Start Date)
계획 종료일(Planned Finish Date)

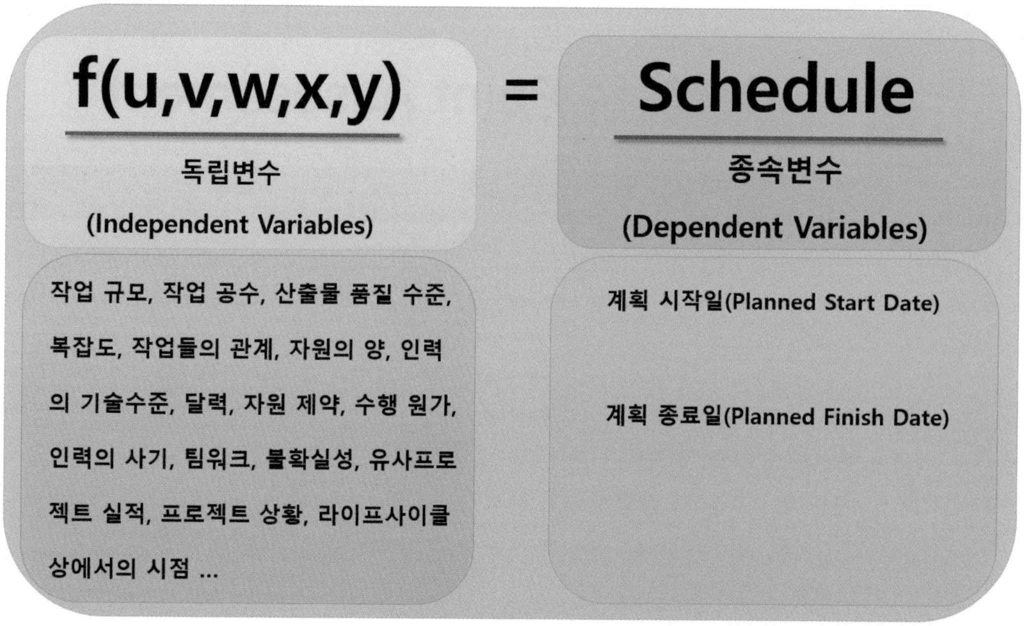

▲ [그림1-5-1-10] 일정을 모델링 한다는 것은

참고. WBS의 MECE(100 % Rule)

MECE
Mutually Exclusive
Collectively Exhaustive
상호간 중복이 있는가?
하위항목을 모두 합하면 상위 항목을 완전히 구성하는가?
MECE(Mutually Exclusive and Collectively Exhaustive의 약자, 상호배제와 전체포괄)는 항목들이 상호 배타적이면서 모였을 때는 완전히 전체를 이루는 것을 의미한다.

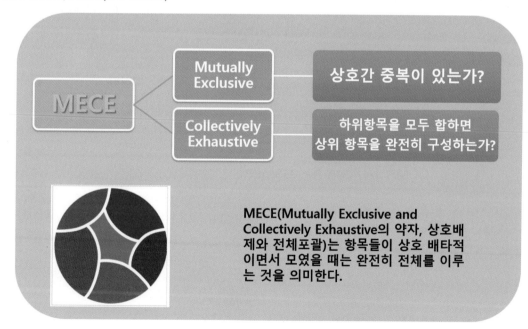

▲ [그림1-5-1-11] WBS의 MECE(100% Rule)

DCMA 14 Point Assessment

전 세계에서 가장 많은 Project를 공식적으로 운영 관리하는 미 국방부(DoD) 산하기관인 국방계약관리국(DCMA(Defense Contract Management Agency))에서 제시하는 관리기준 및 기타 Global 관리기준을 이해할 수 있다.

참고. DoD(Department of Defense)

1947년 국가안전보장법에 따라 분리되어 있던 육군, 해군, 공군의 방위기능을 일원화하기 위하여 3군을 총괄하는 국가군사부로 국방 장관국, 육군청, 해군청, 공군청, 합동참모본부로 크게 총 다섯 부서로 나누어져 있다.

참고. DCMA(Defense Contract Management Agency)

국방장관국에 속한 국방 현장 관리국 소속 공식 집행 책임 운영기관으로 계약의 정책에 따른 EVMS 적합성 검증 집행, 방위 업체들과 직접적으로 업무 진행하고 우주항공산업과 무기산업 등 국방부, 연방, 연합정부의 공급과 서비스 관리 업무를 수행하며, 연간 약 32만 건 이상의 계약 관리에서 핵심 관리 영역인 Time, Cost, Performance를 통합관리 하는 것이 목적이다.

1 DCMA 14 Point Assessment

[01] 2천만 달러 이상의 계약은 꼭 IMS(Integrated Master Schedule)를 적용하기로 제정하고, 1999년 국방부는 국방 획득 분야에 EVMS를 미국 국가표준(ANSI/EIA-748)으로 채택하였고, DCMA는 IMS(Integrated Master Schedule)인 ANSI/EIA-748에 부합하여 합당한 품질을 가지고 있는지에 대한 평가를 해야 하는 필요한 평가기준을 14-Point Assessment를 개발했다.

평가항목은 [표1-6-1-1] 과 같다.

No.	Topic
1	Logic
2	Leads (Negative Lags)
3	Lags
4	FS Relations
5	Hard Constraints
6	High Float
7	Negative Float
8	High Duration
9	Invalid Date
10	Resource
11	Missed Activities
12	Critical Path Test
13	BEI (Baseline Execution Index)
14	CPLI (Critical Path Length Index)

▲ [표1-6-1-1] DCMA 14 Point Assessment

[02] DCMA 14 Point Assessment 세부 내용은 다음과 같다.

① Logic

평가요소

선행이나 후행 또는 선/후행이 모두 설정되지 않은 Activity 개수가 전체 Activity 개수의 5%를 초과하지 않도록 한다.

$$\frac{Missing\ Logic이\ 있는\ Activity\ 개수}{Activity\ All\ 개수}$$

- Project 전체에서 제일 처음 시작하는 Activity와 제일 마지막에 끝나는 Activity를 제외한 모든 Activity는 최소한 1개 이상의 선행 및 후행 Activity를 가지는 것을 원칙으로 한다.
- 선/후행 누락 시 CPM계산에 의한 Activity의 시작 종료 날짜, 여유시간 등을 포함하여 일정, 비용, 리스크 분석에 대한 결과물의 신뢰도가 낮아진다.
- Activity 사이에 중복으로 선/후행을 연결할 수 없는 MS Project에서 주로 발생한다. (**예** SS와 FF 를 동시 연결 불가)

② Leads

평가요소

Activity 연관관계 사이에 Lead 및 -Lag를 체크하며, DCMA에서는 이를 허용하지 않는다.

- Lead 및 -Lag가 CPM 원칙에 위배되는 것은 아니지만 Lead 및 -Lag가 있을 경우 선행보다 후

행이 먼저 시작되도록 Scheduling 될 수 있다.

- CP가 아닌 다른 경로에 Negative Lag 값을 줄 경우, TF는 늘어나게 된다.
- DCMA에서는 Leads보다 "Negative Lag" 용어 사용을 권장한다.
- 작업의 중첩을 위하여 –Lag를 사용할 수 있으나, 실제 작업을 고려하여 +Lag를 사용하도록 한다.

③ Lags

평가요소

선행이나 Lag를 가지고 있는 Activity 개수가 전체 Activity 개수의 5%를 초과하지 않도록 한다.

$$\frac{Activity의\ Lag\ 개수}{Relationship\ 전체\ 개수}$$

- Lag는 선/후행 사이에 실제 존재하는 기간을 의미하며, 후행 시작의 지연시간을 의미한다.
- 이는 일반적인 Activity와는 다르게 상세한 작업에 대한 정보를 숨기게 된다.

④ Finish to Start(FS) Relationship

평가요소

Finish–to–Start(FS) Type이 전체 Relation 개수의 90% 이상 되도록 한다.

$$\frac{FS\ Relationship을\ 가진\ Activity\ 개수}{Relationship\ 전체\ 개수}$$

- FS Type은 선행 작업이 종료되기 전에 후행 작업이 시작할 수 없다는 표현으로써 논리적인 프로젝트 일정 계산을 명확하게 제공하고 있는 연관관계이다.

⑤ Hard Constraints

평가요소

Hard Constraint 및 두 가지 Constraint가 적용된 Activity 개수가 전체 Activity 개수의 5%를 초과하지 않도록 한다.

$$\frac{Hard\ Constaintsf를\ 가진\ Activity\ 개수}{Activity\ 전체\ 개수}$$

- Must Start On 또는 Must Finish On(P6에서는 Mandatory Start 또는 Mandatory Finish)과 같은 Hard Constraint가 존재하는 Schedule은 일정 예측이 부정확 할 수 있으므로 반드시 필요하다면 Soft Constraint를 사용하도록 한다.
- Hard Constraints
  _ Must-Finish-On (MFO),
  _ Must-Start-On (MSO),
  _ Start-No-Later-Than (SNLT) = Start On or Before
  _ Finish-No-Later-Than (FNLT) = Finish on or Before

- Hard Constraints
  _ Start-No-Earlier-Than (SNET) = Start On or After
  _ Finish-No-Earlier-Than (FNET) = Finish On or After

⑥ High Float

평가요소

Total Float이 2개월(Working Day=44일)보다 큰 Activity 개수가 전체 Activity 개수의 5%를 초과하지 않도록 한다.

$$\frac{Hard\ Float을\ 가진\ Activity\ 개수}{Activity\ 전체\ 개수}$$

- 일반적으로 인위적인 Constraint가 적용되거나 Open-End일 경우 Total Float 값이 크게 나온다.
- Schedule 최적화를 위하여 2개월(Working Day=44일) 이상의 Total Float은 재검토가 수행되어야 한다.
- High float = unstable schedule network = missing

⑦ Negative Float

평가요소

'0' 보다 작은 값의 Total Float을 가진 Activity는 없어야 한다.

- Total Float이 0보다 작다는 것은 Project가 현재 계획된 날짜에 종료할 수 없다는 것을 의미한다.
- Constraint가 원인이 될 수 있기 때문에 Activity 및 Project의 Constraint를 재검토해야 한다.
- 공기단축기법인 Crashing과 Fast-tracking을 진행한다.

⑧ High Duration

평가요소

Duration이 2개월(Working Day=44일)보다 큰 Activity 개수가 전체 Activity 개수의 5%를 초과하지 않도록 한다.

$$\frac{Hard\ Duration을\ 가진\ Activity\ 개수}{Activity\ 전체\ 개수}$$

- 일반적으로 Duration을 크게 계획하는 것은 Schedule Level에 있어 상위 Level임을 의미하고, 이럴 경우 Status와 Progress 측정이 어렵다. 복잡한 Logic과 잘못된 Critical Path를 초래할 수 있다.
- Rolling Wave Planning의 경우 먼 미래의 계획은 Duration을 크게 계획한다. 그러나 가까운 일정은 상세하게 계획한다.
- Rolling Wave Planning은 CPM 계산의 정확도가 낮고, Risk가 증가하지만 초기 자세한 정보가 부족한 경우 유용하게 사용될 수 있다.

⑨ Invalid Dates

평가요소

Data Date를 기준으로 Actual Date는 Plan(Remain) Date가 구분되어야 한다.

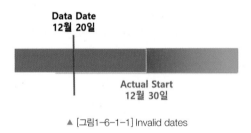

▲ [그림1-6-1-1] Invalid dates

- 현재 Data Date 이전에 Plan 상태의 Activity Date 정보, 또는 현재 Data Date 이후에 Actual 상태의 Activity Date 정보가 존재해서는 안 된다.
- Schedule의 Update가 잘못된 경우이다.

⑩ Resources

평가요소

1일 이상의 기간을 가진 모든 Activity에 비용 또는 Resource가 투입되었는지 확인한다.

- Resource가 투입된 Schedule은 의사결정을 하는 데 유용하게 쓰인다.
- 이 테스트의 목적은 Resource에 관련된 문제가 없어야 하는 것이다.
- Labor, Non-labor, Equipment, Material의 차이가 없다.
- Cost 자체를 Resource라고 고려해도 된다.
- 현실적으로 현장에서는 Cost Loading을 주로 하지만, 관리를 위해서는 Resource Loading을 해야 한다.

⑪ Missed Activities

평가요소

Baseline 대비 종료 지연 Activity 개수가 전체 Activity 개수의 5%를 초과하지 않도록 한다.(완료, 진행 중, 미시작 모두 포함)

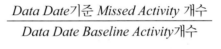

$$\frac{Data\ Date기준\ Missed\ Activity\ 개수}{Data\ Date\ Baseline\ Activity개수}$$

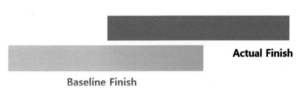

Actual Finish

Baseline Finish

▲ [그림1-6-1-2] Missed Activities

- Baseline보다 늦게 종료된 Activity 개수의 파악은 현재 프로젝트 계획 준수 여부 및 실행 성과를 나타내는 지표로 활용할 수 있다.
- 이 기법은 완료된 Activity만 고려한다.
- On-going Activity를 고려하지 않기 때문에 Delay에 대한 평가는 하지 않는다.

⑫ Critical Path Test

평가요소

현재 Critical Path의 로직을 검토하고, Critical Path Test는 What if의 개념으로 검토한다.

- 프로젝트 전체의 Logic의 논리적인 오류 및 프로젝트 종료일의 준수 가능 여부를 검토한다.
- 각 Activity Duration을 10배, 50배 정도로 증가시킨 후 Critical Path의 증가된 Duration과 CP의 Activity duration이 동일해야 한다.

⑬ CPLI(Critical Path Length Index)

평가요소

Baseline Critical Path Length Index(CPLI)는 프로젝트를 On time에 완료할 수 있는지를 평가한다.
(CPLI < 0.95 : Bad)

$$\frac{Critical\ Path\ Length + Total\ Float}{Critical\ Path\ Length}$$

- CPIL =1   OK
- CPIL >1   Good
- CPIL <1   Bad

⑭ BEI(Baseline Execution Index)

평가요소

현재 시점에서 Baseline상 완료되어야 할 Activity 개수 대비 실제 완료된 Activity 개수의 비율을 계산한다. BEI < 0.95 Bad(or Fail)

$$\frac{Data\ Date\ 기준의\ 실제\ 완료된\ Activity\ 개수}{Data\ Date\ 기준\ 완료되어야\ 할\ Baseline\ Activity\ 개수}$$

- BEI는 개수로 평가되는 프로젝트 실행에 대한 효율성의 지표
- SPI와 유사하게 보일 수 있으나 SPI는 작업의 양을 cost로 환산 및 작업의 특성에 따라 EV산정 방식이 달라질 수 있다는 점에서 개수로만 평가하는 BEI와 차이가 있다.

[03] DCMA 14 Point Assessment에 추가로 Checks Point는 아래와 같다.

① Redundant Relationship

평가요소

불필요한 선/후행 연결 유무 검토

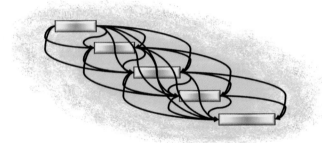

▲ [그림1-6-1-3] Spaghetti Logic

② Out of Sequence Progress

평가요소

선행 완료 전에 후행이 시작하는 경우

조치 : 계획 검토, Logic 수정, Activity 분할 등

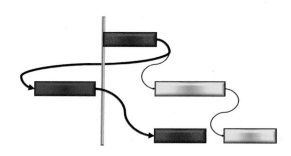

▲ [그림1-6-1-4] Out of Sequence Progress

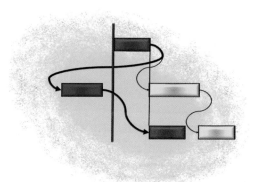

▲ [그림1-6-1-5] Retained Logic

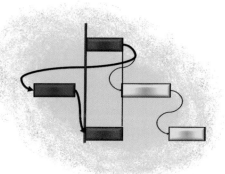

▲ [그림1-6-1-6] Progress Override Logic

참고

Check	Description	Target	Actual	Found	Total
Logic	Activities missing predecessors or successors	〈 5%	4%	2	45
Negative Lags	Relationships with a lag duration of less than 0	〈 1%	4%	2	50
Positive Lags	Relationships with a positive lag duration	〈 5%	4%	2	50
Long Lags	Relationships with a lag duration greater than 352 hours	〈 5%	0%	0	50
Relationship Types	The majority of relationships should be Finish to Start	〉90%	92%	46	50
Hard Constraints	Constraints that prevent activities being moved	〈 1%	0%	0	45

Check	Description	Target	Actual	Found	Total
Soft Constraints	Constraints that do not prevent activities being moved	〈 5%	0%	0	45
Large Float	Activities with total float greater than 352 hours	〈 1%	16%	7	45
Negative Float	Activities with total float less than 0	〈 1%	0%	0	45
Large Durations	Activities that have a remaining duration greater than 352 hours	〈 5%	0%	0	42
Invalid Progress Dates (before the data date)	Incomplete activities before the data date	〈 1%	0%	0	45
Invalid Progress Dates (after the data date)	Activities with actual dates after the data date	〈 1%	0%	0	45
Resource / Cost	Activities that do not have an expense or a resource assigned	〈 1%	14%	6	42
Late Activities	Activities scheduled to finish later than the project baseline	〈 5%	96%	41	42
BEI	Baseline Execution Index	〉0.95%	1	—	—

▲ [그림1-6-1-7] Schedule Check DCMA 14 Point Assessment in Primavera P6 EPPM

참고

Acceptance Criteria	Metric#1.1 Missing Predecessor	Metric#1.2 Missing Successor	Metric#1.6 Out of Sequence	Metric#5 Constraints Checks				Metric#8 High Duration Checks	Metric#15 Missing Phase Code
				#5.1 Mandatory Start <=	#5.2 Mandatory Finish <=	#5.3 Start On <=	#5.4 Finish On <=		
	<=	<=	<=					<=	<
	5%	5%	5%	0%	0%	5%	5%	5%	0
Number of Invalid DWS	26	31	1	5	12	1	2	23	50

	Metric#1.1 Res	Metric#1.2 Res	Metric#1.6 Res	Metric#5.1 Res	Metric#5.2 Res	Metric#5.3 Res	Metric#5.4 Res	Metric#8 Result	Metric#15 Result
) MAGNET 1	1.1%	0.0%	0.0%	0.0%	0.0%	0.0%	0.0%	0.3%	0
) MAGNET CONDUCTORS	0.0%	0.0%	0.0%	0.0%	0.0%	0.0%	0.0%	0.0%	0
) MAGNET CONDUCTORS	1.3%	0.1%	0.0%	0.0%	0.0%	0.0%	0.0%	0.0%	0
	0.0%	0.0%	0.0%	0.0%	0.0%	0.0%	0.0%	0.2%	0
WALL	0.0%	1.0%	0.0%	0.0%	0.0%	0.0%	0.0%	1.0%	868
JLE CONNECTORS	0.0%	5.5%	0.0%	0.0%	0.0%	0.0%	0.0%	3.0%	189
	0.0%	0.1%	0.0%	0.0%	0.0%	0.0%	0.0%	0.2%	0
G COMPONENT TESTING	1.3%	2.9%	0.0%	0.0%	0.0%	0.0%	0.0%	0.0%	0
	0.1%	1.1%	0.1%	0.0%	0.0%	0.0%	0.0%	1.3%	0
TWORK, FAST DISCHARGE L	0.0%	0.2%	0.0%	0.0%	0.0%	0.0%	0.0%	2.4%	0
)NS	0.0%	3.7%	1.4%	0.0%	0.0%	0.0%	0.0%	0.0%	0
TERY HIGH FIELD SIDE	0.0%	0.8%	1.5%	0.0%	0.0%	0.0%	0.0%	0.4%	0
RTICLE ANALYZER	0.0%	0.1%	0.0%	0.0%	0.0%	0.0%	0.0%	0.6%	0
EUTRON FLUX MONITORS	0.0%	1.6%	0.0%	0.0%	0.0%	0.0%	0.0%	3.3%	0
HOMSON SCATTERING	0.0%	1.1%	0.0%	0.0%	0.0%	0.0%	0.0%	1.1%	0
ND VISIBLE SPECTROSCOPY	0.0%	1.3%	0.0%	0.0%	0.0%	0.0%	0.0%	2.5%	0
L PORT PLUG 11	0.0%	1.1%	1.1%	0.0%	0.0%	0.0%	0.0%	2.3%	0
T PLUG STRUCTURES 08	0.0%	0.0%	0.0%	0.0%	0.0%	0.0%	0.0%	1.9%	0
PLUG 02	1.2%	1.2%	0.0%	0.0%	0.0%	0.0%	0.0%	2.4%	0

▲ [그림1-6-1-8] Schedule Check DCMA 14 Point Assessment in Excel

획득가치관리(Earned Value Management : EVMS)

획득가치관리(EVM)의 역사적 배경을 이해하고, 성과 측정을 위한 측정 요소, 분석 요소를 통한 프로젝트의 현재 상황 및 미래에 대한 예측 방법을 이해할 수 있다. 아울러 EVMS의 궁극적인 적용 목적을 이해할 수 있다.

1 정의

EVMS(Earned Value Management System)란 프로젝트의 일정(Schedule), 비용(Cost), 성과(Performance), 그리고 기술 측면 등의 목표와 기준을 설정하고 이에 대비하여 실제 획득을 측정·분석하는 관리체계이다. 또한 비용과 일정, 성과를 통합하여 관리함으로써 현재의 문제점 분석, 만회 대책의 수립, 그리고 향후 예측도 가능하게 하는 관리기법이기도 하다. Fleming과 Koppelman은 1996년 EVMS를 "상세히 작성된 작업계획에 실제 작업을 계속적으로 비교함으로써 이를 통하여 프로젝트의 최종 사용 비용과 일정을 측정할 수 있도록 하는 관리 방법"이라고 정의하였고, 미국예산관리처(Office of Management and Budget; OMB)에서는 1997년 EVMS를 "프로젝트 비용, 일정, 성과, 그리고 수행 목표의 기준 설정과 이에 대비한 실제 진도 측정을 통한 획득위주의 관리 체계"라고 정의했다.

이 개념은 Factory Industry Standards, Performance Management, Planned Value of Work Accomplished, Budgeted Value of Work Performed, Cost/schedule Control SystemCriteria(C/SCSC), PERT/Cost 등의 다양한 이름으로 불리지만 그 기본개념은 유사하다. 이런 다양한 명칭이 존재하는 이유는 EVM의 발전과정을 살펴보면 이해할 수 있다.

2 획득가치관리(EVM) 목적

프로젝트의 비용, 일정, 성과, 그리고 기술 측면 등의 목표와 기준을 설정하고 이에 대비한 실제 획득을 측정·분석하여 프로젝트 평가 목적을 기본으로 하고 있다.

다시 말하면, EVM의 궁극적인 목적은 과거의 실적(EV : Earned Value, AC : Actual Cost)을 기준으로 현재의 Status(SV : Schedule Variance, CV : Cost Variance, SPI : Schedule Performance

Index, CPI : Cost Performance Index)를 파악하고, 그 Data를 근거로 미래에 대한 예측(ETC : Estimate To Completion, EAC : Estimate At Completion)을 통한 예방 및 만회 대책을 도출하여 프로젝트를 성공으로 이끌 수 있게 하는 개선 이론이라고도 할 수 있다.

PMBOK 6th Edition에서는 새로운 개념이 도입되었다. 획득 일정(Earned Schedule : ES)과 실제 시간(Actual Time : AT)의 개념이 이론 및 실무사례를 확장하여 추가되었다.

Scheudle Variance=ES-AT 값이 "0"보다 큰 경우 프로젝트는 일정보다 앞선 것으로 간주된다. 또한, SPI*(Schedule Performance Index)* = $\frac{ES}{AT}$ 값이 "1"보다 큰 경우 생산성(효율성)이 높다는 것으로 판단할 수 있어 이것을 근거로 프로젝트 완료 예정일(EACtime)을 예측하는 공식도 제시하고 있다. 이러기 위해서는 실제 수행한 실제 시간(Actual Time)과 획득 시간(Earned Schedule)을 정확하게 측정할 수 있도록 계획(Planning)을 수립해야 할 것으로 판단된다.

Primavera P6에서는 EVMS 기능을 활용하여 각 계층별 작업분류체계(Work Breakdown Structure : WBS)에서도 EVMS를 활용하여 하위 작업분류에서부터 상향식 방법(Bottom-Up)으로 현재의 (Data Date : DD) 현황(Status)을 파악하고 미래에 대한 예측과 예방을 통하여 운영하는 Project의 성공을 위한 지속적인 개선 활동을 할 수 있도록 구성되어 있다.

3 가치획득관리(EVM) 역사

1958년 미 해군이 프로젝트의 일정관리를 위한 도구로써 PERT(Program Evaluation Review Technique)를 최초로 도입했다. 이 PERT는 작업을 일종의 흐름도 형식으로 표현하면서 일정목표를 달성할 확률, 즉 일정상의 불확실성을 평가 · 관리하려는 목적으로 사용되었다.

1962년 일정과 함께 비용을 관리하기 위한 방안으로 각 작업에 자원을 배정하여 동시에 관리하는 PERT/Cost가 도입되었으나, 방대한 자료 관리의 의무, 컴퓨터 및 응용프로그램의 미비 등으로 인해 계약자의 내부 관리용 이외에는 거의 사용되지 않게 되었다. 그러나 PERT/Cost에는 "Cost of Work Report"라는 보고 서식이 지정되어 있었으며, 이 내용이 "Earned Value" 개념의 공식적인 출발이라고 볼 수 있을 것이다.

1966년 미 공군에서는 PERT/Cost를 기반으로 새로운 규격을 만들었으며 이를 C/SPCS(Cost/ Schedule Planning and Control Specification)라고 명명하였다. 기존의 방법들이 수급자에게 관리 도구나 시스템 자체를 개발할 것을 요구했던 것인 반면, C/SPCS는 보고해야 할 내용과 형식에 대한 기준(Criteria)을 제시하고 수급자들은 이를 지키면 되는 것으로 개념이 전환되었고, 이는 당시 민간의 "Best Practice"에서 추출한 최소한의 관리기준을 표준화한 것이었다.

1967년 미 국방성은 C/SPCS를 기반으로 국방부문 전체의 통일 규격인 C/SCSC(Cost/Schedule Control Systems Criteria)를 제정하였다. 프로젝트의 성과를 관리하기 위한 도구로서 수급업자에게 부과되는 공식적인 기준인 C/SCSC는 PERT/Cost와는 달리 상당한 성과를 거두면서 점차 다른 정부 부처의 프로젝트 성과관리 방법으로 정착되었다. 그러나 C/SCSC는 복잡한 용어와 관료화된 절차 위주의 운영 때문에 프로젝트의 성과관리라는 본질적인 목적보다는 재무적인 의무사항을 만족시키는 행정절차로 변질되게 되었다.

1989년 C/SCSC에 관한 책임이 미 국방성의 감사관에서 조달담당차관으로 변경되면서 C/SCSC에 대한 관점이 재무관리 측면에서 프로젝트 관리 측면으로 전환되기 시작했다. 이에 따라 프로젝트의 성과를 분석하고 예측하는 도구로서 C/SCSC는 그 내용과 형식면에서 상당한 변화를 하게 되었다.

1990년대에 들어서는 국방성 규정인 C/SCSC를 산업표준으로 바꾸고 국방성이 이를 수락하는 방식이 제안되었다. 그리고 1997년 C/SCSC의 35개 기준이 32개로 축소되고 그 명칭도 당시 산업표준으로 제안된 EVMS(Earned Value Management System)로 수정되게 된 것이다.

1998년 EVMS는 방위산업협회를 포함한 민간 합동의 산업표준으로 ANSI(American National Standards Institute)에 등록되었으며, 이에 따라 미 국방성은 1999년 8월 국방조달규정으로 이 표준을 채택하였다.

물론 국내에서도 공사금액이 500억 이상인 프로젝트에서는 EVMS를 적용하도록 되어 있지만 실질적인 적용은 많지 않은 현실이다. 현재 국내에서는 프로젝트의 일정 및 진행 상황에 대한 정보만을 제공할 뿐 공사 비용의 초과 및 절감 등에 대한 정보는 누락되어 있어 일반적으로 일정과 공사비에 대한 연계된 정보를 알 수 없는 게 현실이다.

EVM에서 사용되는 용어들에 대하여 아래의 표와 같이 정리하여 이를 그림으로 보면 [그림1-7-4-1]과 같다.

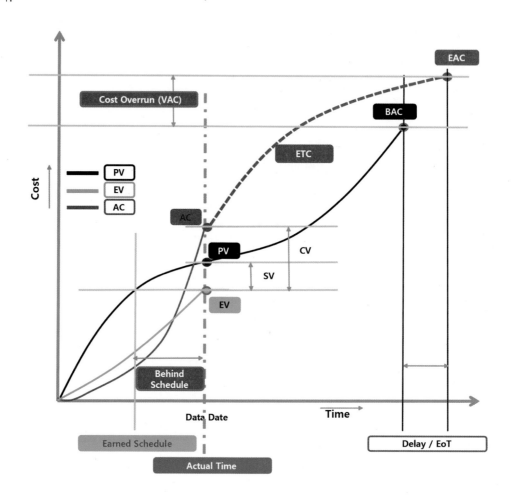

▲ [그림1-7-4-1] EVM Curve

Planned Value(PV)는 Budgeted Cost for Work Scheduled(BCWS)라고도 하며, 이는 Data Date(실적입력일) 현재까지 완료하기로 계획한 업무의 양을 말한다. Earned Value (EV)는 Budgeted Cost for Work Preformed(BCWP)라고도 하며, 이는 Data Date(DD) 현재까지 실제로 완료한 업무의 양을 말한다.

Actual Cost(AC)는 Actual Cost for Work Performed(ACWP)라고도 하며, Data Date(DD) 현재 Earned Value(EV) 만큼의 일을 하는 데 실제로 투입된 업무의 양을 말한다. EVMS에서는 이 세 가지 항목의 측정 요소를 통하여 다음의 요소들을 분석하게 된다.

Schedule Variance (SV)는 'Earned Value(EV)−Planned Value(PV)'로 계산하는데, 이는 계획된 양에 비하여 어느 정도 완료했는지를 측정하는 것으로 비용과 업무의 양의 관점으로 볼 수 있으나 시간 방향으로 보게 되면 어느 정도 기간 만큼이 지연된 것인지도 확인할 수 있다.

Cost Variance(CV)는 'Earned Value(EV) − Actual Cost(AC)'로 계산하는데, 이는 현재까지 완료한 업무를 하기 위하여 실제로 얼마만큼의 비용이나 업무의 양이 투입되었는지를 확인하는 것으로 비용이나 업무의 양의 투입 현황을 알아볼 수 있다.

Schedule Performance Index(SPI)는 'Earned Value(EV)/Planned Value(PV)'로 계산하는데, 양적으로 계산하는 Schedule Variance(SV)와는 달리 계획 대비 실적률(%)이라는 비율로써 진행 현황을 비교하는 것이다. 즉 1.0 이상이면 계획보다 더 많은 일을 하고 있는 것이고, 1.0보다 작으면 계획보다 지연되고 있는 의미로 해석할 수 있다.

Schedule Variance % (SV%)는 '(Schedule Variance(SV)/Planned Value(PV))×100%'로 계산하는데, 이는 Data Date(DD) 현재를 기준으로 일정에 대한 편차의 퍼센트(%)를 표현한다.

Cost Performance Index(CPI)는 'Earned Value(EV)/Actual Cost(AC)'로 계산하는데, 이는 투입 비용에 대비하여 어느 정도의 가치로 일을 하고는 있는지를 보여주는 것으로, 0.7이 나왔다면 $1비용을 $0.7의 가치로 사용하고 있는 의미로 해석할 수 있다.

Cost Variance % (CV%)는 '(Cost Variance(CV)/Earned Value(EV))×100%'로 계산하는데, 이는 Data Date(DD) 현재를 기준으로 비용에 대한 편차의 퍼센트(%)를 표현한다.

Estimate To Completion(ETC)은 Data Date(DD) 현재 기준으로 프로젝트가 완료될 때까지 남아있는 비용을 추정하는 것으로 일반적으로 3가지로 표현할 수 있다.

$$ETC = BAC - EV \ (Optimistic)$$

$$ETC = \frac{(BAC-EV)}{CPI} \ (Most \ Likely)$$

$$ETC = \frac{(BAC-EV)}{CPI \times SPI} \ (Pessimistic)$$

Estimate At Completion(EAC)은 프로젝트 종료 시 총 비용이나 업무의 양이 들어갈 것인지를 추정하는 것으로 [그림1-7-4-1]에 의해 'Actual Cost(AC)+Estimate To Completion(ETC)'으로 표현할 수 있다. 일반적으로 ETC는 Most likely인 $\frac{BAC-EV}{CPI}$를 사용하여 EAC를 구하면 다음과 같다.

$$EAC=AC+ECT$$
$$=AC+\frac{(BAC\text{-}EV)}{CPI}$$
$$=AC+\frac{AC}{EV}\times BAC-\frac{EV\times AC}{EV}$$
$$=AC+\frac{AC}{EV}\times BAC-AC$$
$$=\frac{AC}{EV}\times BAC$$
$$=\frac{BAC}{CPI}$$

Variance At Completion(VAC)은 계획된 업무의 양이나, 비용과 예상되는 총 업무의 양이나, 비용의 차이를 말하는 것으로 'EAC－BAC'의 식을 가지고 계산한다.

위의 내용을 정리하면 다음과 같다.

구 분	내 역	비 고
PV, BCWS	Planned Value (Budgeted Cost for Work Schedule)	계획된 업무의 양
EV, BCWP	Earned Value (Budgeted Cost for Work Performed)	실제 완료된 업무의 양
AC, ACWP	Actual Cost (Actual Cost for Work Performed)	실제 완료된 업무에 투입된 양
SV	Schedule Variance	$SV = EV - PV$ $SV = ES - AT$
CV	Cost Variance	$CV = EV - AC$
SPI	Schedule Performance Index	$SPI = \frac{EV}{PV}$ $SPI = \frac{ES}{AT}$
CPI	Cost Performance Index	$SPI = \frac{EV}{AC}$
ETC	Estimate To Completion	현시점에서 종료 시까지 남은 예측된 업무의 양 (O) $ETC = BAC - EV$ (M) $ETC = \frac{(BAC-EV)}{SPI}$ (P) $ETC = \frac{(BAC-EV)}{SPI \times CPI}$
EAC	Estimate At Completion	현시점에서 예측한 종료 시 업무의 양 $EAC = AC + ETC$
VAC	Variance At Completion	$VAC = BAC + EAC$
TCPI	To Complete Performance Index	$TCPI_{BAC} = \frac{(BAC-EV)}{BAC-AC)}$ $TCPI_{EAC} = \frac{(BAC\quad EV)}{(EAC-AC)}$

▲ [그림1-7-4-2] EVM Index

MEMO

Primavera P6 일반

글로벌 프로젝트 관리에서 가장 많이 사용되고 있는 Primavera P6에 대한 개요, 역사, 적용 Basic Concept, Primavera Module 등을 설명한다.

Why Primavera!?

Global Project Management에서 Primavera P6를 사용하고 있는 이유를 이해할 수 있다.

1 Primavera P6 개요

오늘날에는 단순한 Scheduling Tool을 사용하는 것이 아니라 Enterprise Project Management System으로 범위가 확장되었고, Scheduling Standard의 발간 및 Scheduling 전문가 자격증의 등장으로 전문 Scheduler의 특수 업무가 아닌 모든 프로젝트 관리 종사자들이 지녀야 하는 기본 지식과 역량으로 변화하였다. 특히 Primavera P6는 AEC(Architecture, Engineering, Construction) 분야에서 23년 이상, 7만 6,000개 이상의 회사들, 전 세계 84개국에서 사용 중이고, 세계적으로 Primavera P6를 이용한 프로젝트 공사 금액이 약 6조 달러 이상으로 추정되며, Gartner Magic Quadrant에서 지난 8년간 주도적 위치 등 Business Solution 개발을 주도하고 있다. 이 밖에도 Primavera P6를 사용하는 분야는 다음과 같다.

- Fortune 1,000개 Oil, Gas 회사 – 상위 10개 회사 모두 Primavera P6를 사용
- Fortune 1,000개 Utility 회사 – 상위 15개 회사 중 13개 회사가 Primavera P6를 사용
- Fortune 1,000개 Aerospace, Defense 회사 – 상위 10개 회사 중 9개 회사가 Primavera P6를 사용
- 상위 100개 Engineering & Construction 회사 중 91개 회사가 Primavera P6를 사용
- 미 정부 기관 16개 중 13개 기관이 Primavera P6를 사용

현재 Primavera P6는 전 세계의 프로젝트 공정 관리 시상의 70~80%를 점유하고 있고, 국내 기업들 역시 해외 프로젝트뿐만 아니라 국내 프로젝트에 적용하여 프로젝트를 성공시키고자 노력하고 있다. 국내 Oracle Primavera Sale 권한이 있는 People3 EC, Inc사의 모든 임직원들은 국내 기업들의 국내외 Global 프로젝트의 성공을 위한 지원 업무에 총력을 기하고 있으며, Oracle University와의 공식 계약을 통하여 국내 사용자의 저변 확대를 위한 교육 지원도 병행하고 있다.

[01] 프로젝트 일정관리는 역사적으로 고대 이집트의 피라미드(2575~2150 B.C), 중국의 만리장성 (220~206 B.C), 수원 화성(1794~1796)과 같은 대규모 프로젝트로부터 연인과의 데이트, 취업, 노후 준비 등과 같은 일상생활에 이르기까지 광범위하게 사용되고 있다.

프로젝트 관리에도 여러 가지 분야가 있지만, 그 중에서 우리는 시간 관리가 중요하다고 이야기한다. 이는 프로젝트를 수행하는 데 있어 On time에 일을 마치는 것을 의미하는 것으로, 개인뿐만 아니라 플랜트, 제조업, IT, 건설업 등 대부분의 산업에서 공정 관리의 중요성에 대하여 많이 자각하고 있다. 하지만 처음부터 공정을 계획하지 않았거나 공정을 계획하였더라도 계획에 대한 신뢰도의 저하 및 지속적인 관리와 개선을 하고 있지 않았기 때문에 프로젝트 초기에 계획했던 일정(Time)과 비용(Cost)을 지키지 못하는 경우가 많다.

1950년대 이전까지의 프로젝트는 주로 건설, 엔지니어링 프로젝트로, 설계자나 엔지니어들의 토건 지식과 경험에 의거하여 프로젝트 관리자(십장(什長), Foreman)에 의해 관리하였고, 20세기 초반에 들어서야 Frederick Winslow Taylor(1856~1915, 과학적인 관리의 아버지)에 의해 관리에 대한 과학적 접근을 통한 관리의 개념이 처음으로 도입되기 시작하였다. 그 후 1910년대에 미국의 Herry Gantt에 의하여 제시된 간트차트(Gantt_Chart) 기법을 이용한 공정관리 형태가 유행하게 되었고, 이 기법은 1세기가 지난 현재까지도 전 세계적으로 가장 많이 사용되는 공정관리기법으로 활용되고 있다.

1950년대 말에 들어서야 듀폰사와 미국 국방성(US DoD)은 프로젝트 관리를 위하여 최초의 상업용 컴퓨터인 UNIVAC1을 사용하였고, Network 기법과 통계를 연계해서 공정관리를 진행하고자 CPM(Critical Path Method)/PERT(Program Evaluation & Review Technique)라는 공정관리기법을 개발함으로써 과거보다 과학적이고 논리적인 관리를 시작하게 되었다고 볼 수 있다.

1970년대 들어와서는 공정관리에도 많은 변화가 일어났다. PC(Personal Computer)의 대중화로 전 세계의 공정관리가 일반화되기 시작하였고, 1980년대에 들어서는 PC를 활용한 소프트웨어의 개발도 활발하게 진행되었다. 1983년도에는 Primavera System사의 Primavera Project Planner인 P3가 처음 세상에 모습을 나타내게 되었다.

[02] 1983년 미국 Primavera Systems사에서 DOS 버전 1.0을 출시하였다. 최초 미국에서 개발할 때에는 'Primavera Project Planner'라는 이름으로 출시되었고, 제품명이 3글자의 대문자 P로 시작한다는 의미에서 P3로 통용되었다. 그러나 1994년 5-1 버전을 마지막으로 개발이 중단되었다.

[03] 1994년 Windows 버전 1.0이 출시되었다. 초기에는 기존의 DOS Version과 파일 호환이 되었지만 Version Up이 되면서 별도의 파일로 운영하게 되었다. 2000년 3.1 버전을 마지막으로(2009년 3월 판매 중단) 개발이 중단되었으며 인천 공항, 고속철도 건설 프로젝트 등에 사용되었다.

[04] 2000년 Primavera Enterprise 1.0을 출시하였다. 기존의 File Base 시스템에서 Database를 사용하는 버전으로 변경되었고, Version 2.0부터 국내 공급이 시작되었다. 이후 3.0 버전부터 적용 프로젝트 종류에 따라 Primavera Enterprise, Enterprise for Construction, Team-play의 3가지 제품으로 나누어 공급하였고, Primavera Enterprise 6.0을 출시하면서 제품명을 Primavera P6로 변경하여, 현재(2019년 2월 5일 기준)는 PPM, EPPM, Cloud Version으로 공급하고 있다. 현재 Primavera P6 R19.1까지 국내에 출시되었다. 여기에서 R19의 19는 출시 년도를 표시한다. 모두 Network 구성이 가능하다.

Primavera P6 이해

Primavera P6를 활용하여 관리할 수 있는 여러 가지 분야에 대하여 설명하고 국내/외 Client를 살펴본다. 또한, Primavera Basic Step을 이해하고 Primavera 사용 초보자들을 위한 Basic Step과 Primavera Work Flow Basic & Advanced를 이해하고, Primavera P6에서 제공하는 Module을 설명한다.

1 Function of Primavera P6

[01] Primavera P6는 일정관리(Schedule Management) CPM(Critical Path Method)을 활용하여 기본적으로 일정관리 기능을 수행할 수 있고, 각 활동(Activity)에 자원 할당(Resource Assignment)과 자원 코드(Resource Code)를 활용하여 BOM(Bill of Materials)과 BOQ(Bill of Quantity)를 모두 관리 운영할 수 있는 기능과 단가(Price/Unit)를 활용하여 원가(Cost)관리도 가능하다. 또한, WBS(Work Breakdown Structure), OBS(Organization Breakdown Structure), CBS(Cost Breakdown Structure) 등을 운영하여 관리할 수 있다.

또한, Project, WBS, Activity에 WPs & Doc.와 Notebook 기능을 활용하여 문서/기록 관리를 수행할 수 있다.

[02] Activity Cod, Resource Code와 Group & Sort기능 및 Layout기능을 활용하여 상향 표준화된 분석 화면 등을 구현하여 프로젝트의 모든 이해관계자들과의 원활한 의사소통을 이끌어 낼 수 있는 기능을 제공한다.

[03] Primavera P6에서만 제공하는 Tracking 기능을 활용하여 Project, WBS관점으로 Multi-Project를 모니터링(Monitoring) 할 수 있는 기능도 제공한다.

[04] 이 외에도 PMBOK 6th Edition의 Project Management 관리 방법론을 Primavera P6를 활용하여 구현할 수 있는 많은 기능들을 제공하고 있어 Primavera P6사용자들은 PMBOK의 방법론을 사전에 올바르게 습득한 후 활용한다면 보다 효율적으로 Primavera P6를 사용하여 더 큰 효과를 구현할 수 있다.

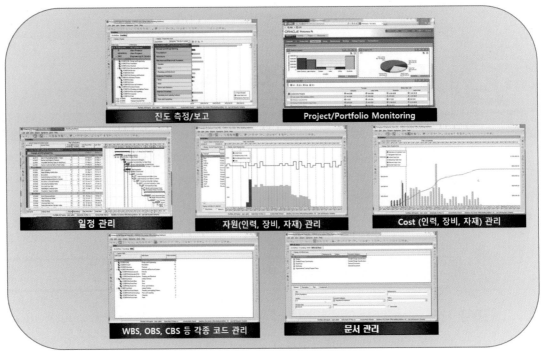

▲ [그림2-2-1-1] Function of Primavera P6

2 Primavera Client

[01] 국외

국외 Client는 건설/중공업 이외 다양하게 시간과 비용이 소요되는 프로젝트를 운영하는 수많은 기업들이 사용하고 있다.

▲ [그림2-2-2-1] Primavera P6 Client(국외)

[02] 국내

국내 대부분의 Client는 건설/중공업에 편중되어 있고 고객사(Client) 요구에 의해서만 사용하는 기업이 많았으나 근래에 들어와 해외 대형 프로젝트 위주로 실용적으로 사용하고자 하는 시도가 증가되고 있다.

▲ [그림2-2-2-2] Primavera P6 Client(국내)

3 Primavera Basic Step 및 Work Flow

[01] Primavera P6 PPM을 처음 사용하는 사용자들이 Primavera Basic Concept 및 Work Flow를 이해한다면 Primavera P6 PPM을 50% 이상 이해한다고 볼 수 있다. 그 이유는 Primavera P6 PPM은 거의 모든 Data를 생성 사용하는 형태로 운영되고 있기 때문이다.

Basic Step은 [그림2-2-3-1]과 같고 대부분의 생성하는 항목들은 Enterprise Menu에서 생성한다.

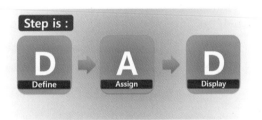

▲ [그림2-2-3-1] Primavera P6 Basic Concept

[02] Basic Step에 따라 [그림2-2-3-2]와 [그림2-2-3-3]의 Work Flow에 따라 Primavera P의 Basic, Advanced기능을 사용한다.

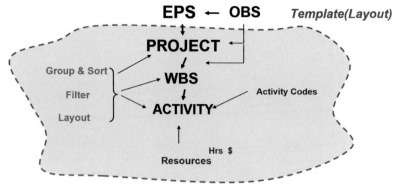

▲ [그림2-2-3-2] Primavera P6 Work Flow-Basic

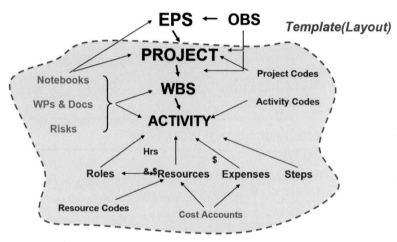

▲ [그림2-2-3-3] Primavera P6 Work Flow-Advanced

Enterprise Menu에서 1개 이상의 EPS(Enterprise Project Structure)를 생성하여 Portfolio Management, Program Management를 운영할 수 있고, 필요에 따라 Enterprise Menu에서 각 EPS, Project, WBS에 대한 책임자의 권한과 책임, 그리고 보안관리를 하기 위하여 OBS(Organizational Breakdown Structure)를 생성하고, 각 단계에 지정할 수 있다. 또 각 화면(Tab)에서 Project, WBS, Activity를 순차적으로 생성할 수 있다. 또한 프로젝트의 지역 및 상황에 알맞은 Calendar를 해당 Project, Activity와 Resources별로 작성하여 적용할 수 있다. Activity 생성이 끝나면 각 Activity 간의 상관관계(Relationship)를 Activity Module을 이용하여 지정한다. 그리고 시간과 더불어 비용, 자원에 대한 관리를 할 수 있도록 Resource와 Role을 Enterprise Menu를 통해 생성하고, 각 Activity에 지정하여 시간과 비용/자원의 usage를 확인할 수 있다. 추가로 각 Activity에 Expense 및 Step을 적용하여 사용할 수도 있다. 아울러 프로젝트 관리의 효율성을 향상시키기 위해 Project Code, Activity Code, Resource Code, Cost Account를 지정하여 운영할 수도 있다.

4   Primavera P6 Module

[01] Primavera P6 PPM의 Data는 Global, Project, Analysis의 3가지로 이루어져 있으며 각각 4개, 5개, 3개, 총 12개의 세부 모듈(Module)로 [그림2-2-4-1]과 같이 구성되어 있다. 여기서는 각 Module별 화면 구조 및 기능에 대한 설명으로 이루어져 있다.

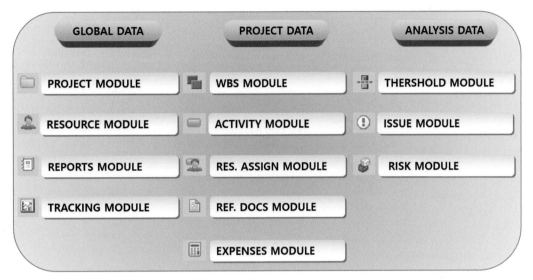

▲ [그림2-2-4-1] Primavera P6 Module

[02] Global Data

• Projects

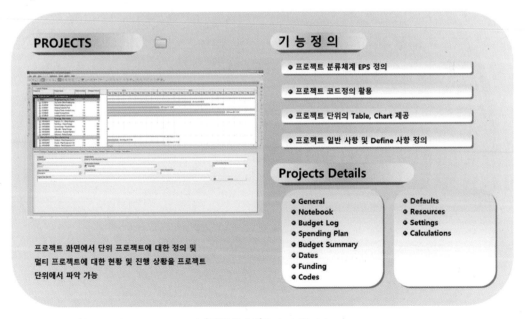

▲ [그림2-2-4-2] Projects Module

• Resources

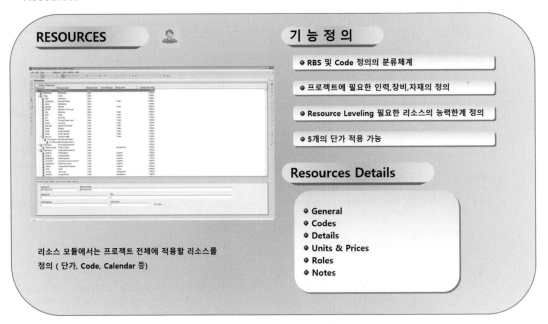

▲ [그림2-2-4-3] Resources Module

• Reports

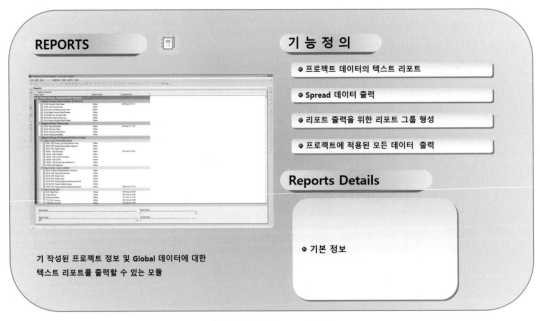

▲ [그림2-2-4-4] Reports Module

• Tracking

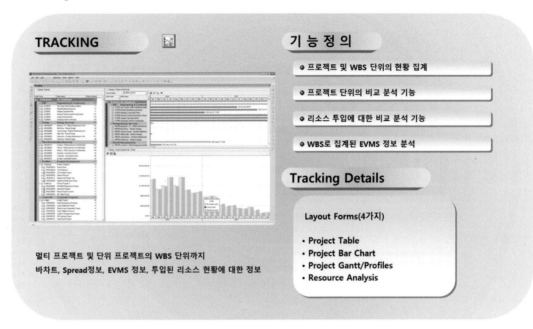

▲ [그림2-2-4-5] Tracking Module

[03] Project Data

• Work Breakdown Structure

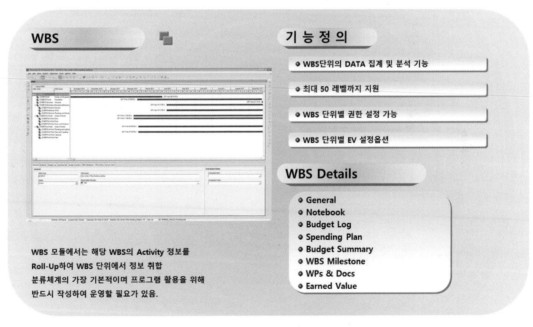

▲ [그림2-2-4-6] WBS Module

• Activities

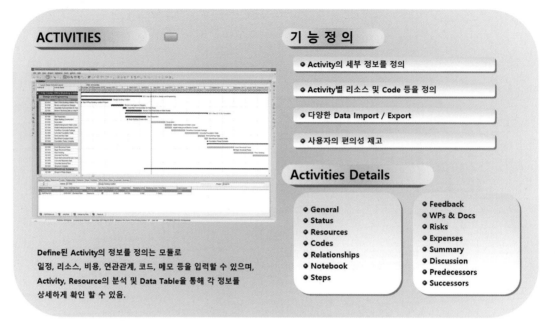

ACTIVITIES

기 능 정 의

● Activity의 세부 정보를 정의

● Activity별 리소스 및 Code 등을 정의

● 다양한 Data Import / Export

● 사용자의 편의성 제고

Activities Details

● General
● Status
● Resources
● Codes
● Relationships
● Notebook
● Steps

● Feedback
● WPs & Docs
● Risks
● Expenses
● Summary
● Discussion
● Predecessors
● Successors

Define된 Activity의 정보를 정의는 모듈로
일정, 리소스, 비용, 연관관계, 코드, 메모 등을 입력할 수 있으며,
Activity, Resource의 분석 및 Data Table을 통해 각 정보를
상세하게 확인 할 수 있음.

▲ [그림2-2-4-7] Activities Module

• Assignments

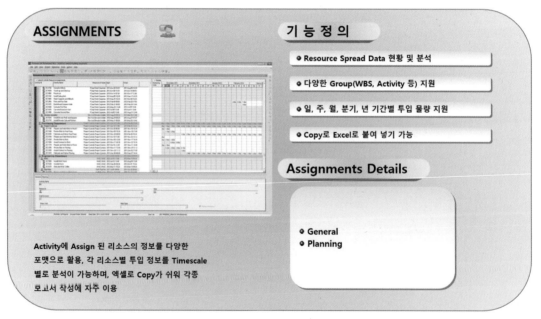

ASSIGNMENTS

기 능 정 의

● Resource Spread Data 현황 및 분석

● 다양한 Group(WBS, Activity 등) 지원

● 일, 주, 월, 분기, 년 기간별 투입 물량 지원

● Copy로 Excel로 붙여 넣기 가능

Assignments Details

● General
● Planning

Activity에 Assign 된 리소스의 정보를 다양한
포맷으로 활용, 각 리소스별 투입 정보를 Timescale
별로 분석이 가능하며, 엑셀로 Copy가 쉬워 각종
보고서 작성에 자주 이용

▲ [그림2-2-4-8] Assignments Module

• Work Products & Documents

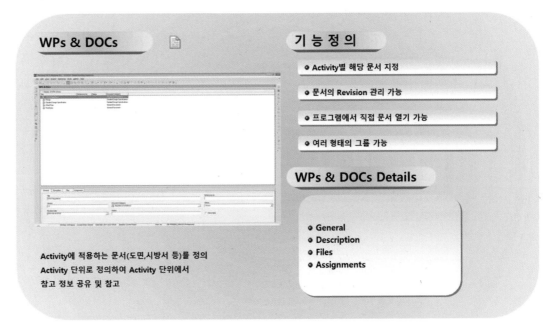

▲ [그림2-2-4-9] Work Products & Documents Module

• Expenses

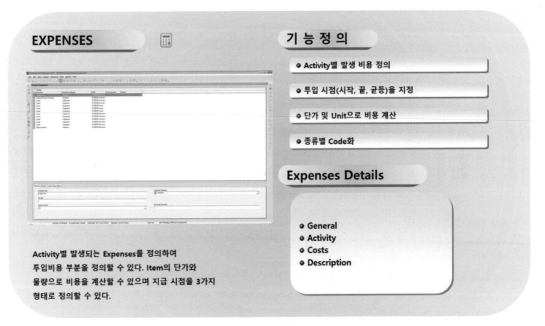

▲ [그림2-2-4-10] Expenses Module

• Thresholds

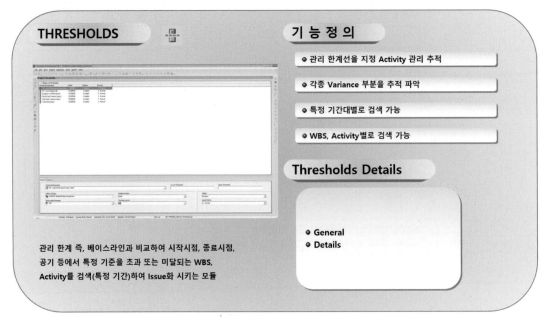

▲ [그림2-2-4-11] Thresholds Module

• Issues

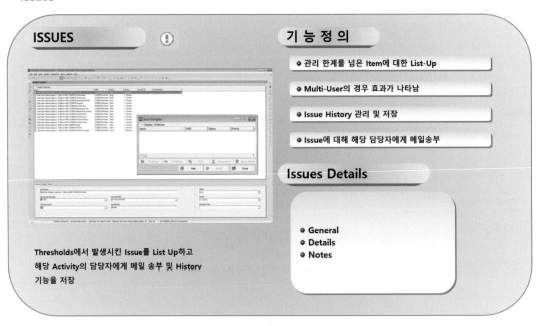

▲ [그림2-2-4-12] Issues Module

• Risks

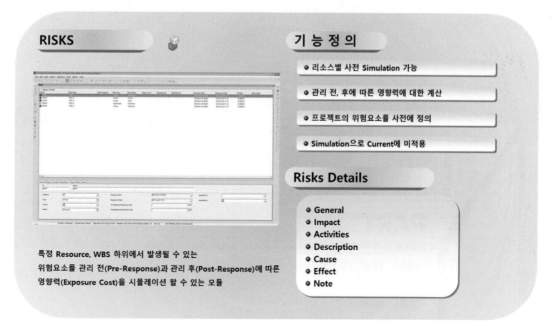

▲ [그림2-2-4-13] Risks Module

Primavera P6 시작하기

Chapter 01. Primavera P6 시작하기

Primavera P6를 처음 사용하는 사람들이 쉽게 시작할 수 있도록 Primavera P6의 로그인 방법과 함께 기본 메뉴 및 기본 화면 설명을 한다. 메뉴 및 화면 설명은 이후 진행되는 기능 설명과 실습에 적용되므로 이번 Part에서 Primavera P6 화면이 익숙해 질 수 있도록 설명에 따라 한 번씩 클릭해보도록 한다.

Primavera P6 시작하기

앞서 언급했듯이 PMBOK 6th Edition에서는 프로젝트 관리란 프로젝트 요구사항을 충족시키고자 지식, 기량, 도구 및 기법 등을 프로젝트 활동에 적용하는 것이라고 정의하고 있다. 여기서 도구 및 기법이란 프로젝트 활동을 수행하는 데 도움이 되는 각종 방법론, H/W, S/W 등을 의미하며 Primavera P6 또한 그중에 하나이다. 또한 Primavera P6를 프로젝트 관리 도구로 활용하기 위해서는 단순히 기능을 습득하는 것이 아닌 PMBOK의 관리 방법론을 해당 기능에 적용시킬 수 있어야 한다. 본 Chapter에서는 그 첫걸음으로 Primavera P6의 로그인 방법과 각종 메뉴, 기본 화면에 대해 알아보도록 한다.

1 로그인 하기

01_ Primavera P6를 실행하기 위하여 [시작]-[모든 프로그램]을 선택하면 사용자의 컴퓨터에 설치되어 있는 프로그램들이 나타날 것이다. 그 중 'Oracle – Primavera P6' 폴더의 하위에 있는 붉은색 아이콘의 'P6 Professional 18' 바로가기 파일을 클릭하면 Primavera P6가 구동된다.

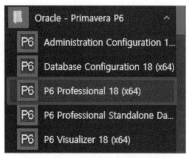

▲ [그림3-1-1-1] Primavera P6 실행하기

02_ Primavera P6가 실행되면 로그인 창이 나타나고, 이곳에 사용자가 할당받은 Login Name과 Password를 입력한다. Primavera P6를 설치한 후의 기본 설정은 Login Name은 admin, Password도 admin이다.

▲ [그림3-1-1-2] Primavera P6 로그인

03_ 로그인에 성공하였다면 Loading Data 창이 나타난다.

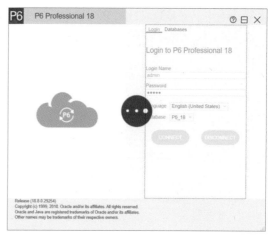

▲ [그림3-1-1-3] Primavera P6 로그인

04_ 신규 설치 후 최초 로그인을 하면 아래와 같은 창이 나타나는데, 이는 Primavera P6의 작업 환경 중의 하나인 'Industry Type'을 설정하지 않아서 나타나는 것으로 [Admin Preference] 메뉴에서 설정할 수 있다. [Admin Preference]에 대한 내용은 본 교재 Part 04-Chapter 02-01 Admin Preference를 참고하도록 한다. 최초 로그인 시에는 [OK] 버튼을 클릭하여 다음으로 넘어가도록 한다.

▲ [그림3-1-1-4] Industry Type을 설정 하라는 메시지

2 기본화면 소개

Primavera P6의 기본 화면은 크게 메뉴와 아이콘들이 있는 부분과 사용자가 보고자 하는 데이터들이 있는 화면으로 나눌 수 있다. 이번 장에서는 이 화면들을 조금 더 세부적으로 나누어 알아보도록 한다.

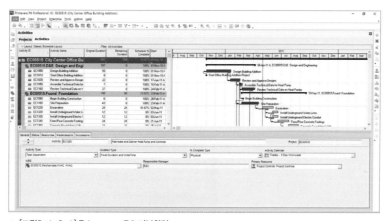

▲ [그림3-1-2-1] Primavera P6 기본화면

01_ [Title Bar]는 현재 사용하고 있는 P6 버전 및 열려 있는 Project 정보가 표시된다.

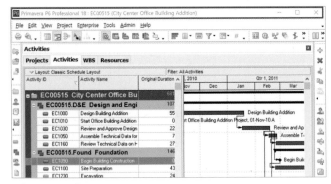

▲ [그림3-1-2-2] Title Bar

02_ [Menu Bar]는 Primavera P6의 각 화면 이동 및 기능들을 모아 Menu 로 표시한다.

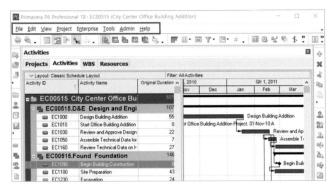

▲ [그림3-1-2-3] Menu Bar

03_ [Active Tab Title Bar]는 현재 보고 있는 Window의 이름을 표시한다.

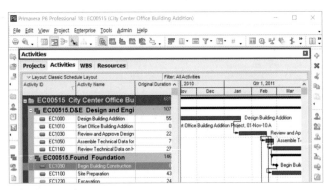

▲ [그림3-1-2-4] Active Tab Title Bar

04_ [Window Tab]은 현재 열려 있는 각 화면들을 Tab의 형태로 표시하며, Tab 클릭 시 해당 화면으로 이동할 수 있다.

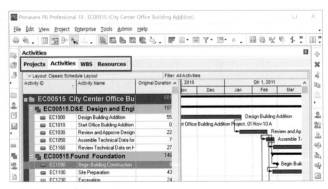

▲ [그림3-1-2-5] Window Tab

05_ [Layout Option Bar]는 현재 보고 있는 Layout의 이름을 표시하며, 클릭 시 Layout을 변경 및 저장할 수 있는 옵션이 나타난다.

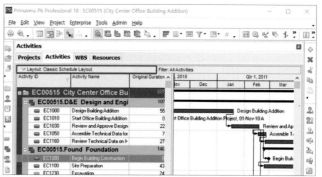

▲ [그림3-1-2-6] Layout Option Bar

06_ [Top Layout]은 화면 구분 시 상단을 의미하며, 기본적으로 Table과 Gantt Chart가 표시된다.

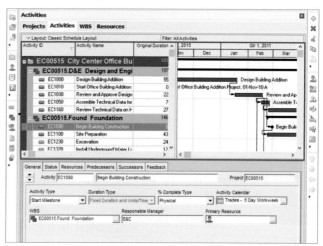

▲ [그림3-1-2-7] Top Layout

07_ [Bottom Layout]은 화면 구분 시 하단을 의미하며, 기본적으로 해당 Window의 Detail 정보 창이 표시된다.

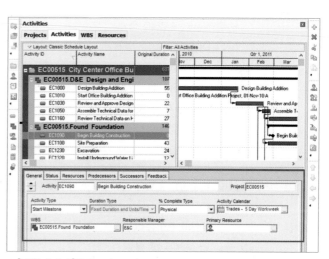

▲ [그림3-1-2-8] Bottom Layout

08_ [Tool Bar]는 화면 상단 및 좌, 우에 위치하며, Primavera P6의 각 화면 이동 및 기능을 단축 아이콘으로 표시한다.

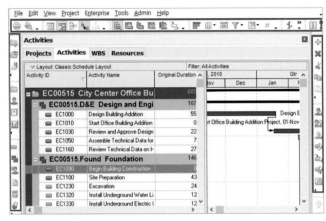

▲ [그림3-1-2-9] Tool Bar

3 메뉴 및 툴바

Menu Bar는 Primavera P6의 모든 기능들을 기능별 특성에 맞게 분류하여 모아 놓은 것으로 File, Edit, View, Project, Enterprise, Tools, Admin, Help의 8가지 항목이 있다.

또한 Primavera P6는 총 18개의 묶음으로 이루어져 있는 Tool Bar를 사용자가 원하는 위치로 옮길 수 있고, 원하는 아이콘만 꺼내 쓸 수 있다는 것이다. 즉 자주 쓰는 메뉴의 아이콘을 사용하기 편리하도록 꺼내 놓고, 잘 쓰지 않는 메뉴 및 아이콘은 보이지 않도록 할 수 있다.

[01] [File] Menu Bar는 다음과 같다.

❶ **New** : 프로젝트 생성

❷ **Open** : 프로젝트 열기

❸ **Close All** : 열려 있는 프로젝트들을 모두 닫음.

❹ **Page Setup** : 인쇄 시 페이지 설정

❺ **Print Setup** : 프린트 설정

❻ **Print Preview** : 인쇄 미리보기

❼ **Print** : 인쇄

❽ **Import** : 프로젝트 파일을 데이터베이스에 저장함.

❾ **Export** : 프로젝트를 데이터베이스에서 추출하여 파일로 저장함.

❿ **Send Project** : 프로젝트를 Export하여 자동으로 E-Mail에 첨부함.

⓫ **Select Project Portfolio** : 프로젝트의 모음인 Portfolio를 선택하는 창

▲ [그림3-1-3-1] [File] Menu Bar

⑫ **Commit Change** : 데이터베이스에 변경된 사항을 기록 및 저장

⑬ **Refresh Data** : 동시에 조회할 경우 다른 사람이 수정한 결과를 보여줌.

⑭ **Recent Project** : 최근에 수행한 프로젝트를 보여줌.

⑮ **Exit** : 프로그램 종료

[02] [Edit] Menu Bar는 다음과 같다.

❶ **Undo** : 실행 취소

❷ **Cut** : 자르기

❸ **Copy** : 복사하기

❹ **Paste** : 붙여넣기

❺ **Add** : 추가

❻ **Delete** : 삭제

❼ **Dissolve** : 삭제되는 Activity의 선후행을 연결

❽ **Renumber Activity IDs** : Activity ID Numbering
에 대해 재설정

❾ **Assign** : Activity에 Resource, Role, Code,
Relation을 할당

❿ **Link Activities** : 선택한 Activity들의 Relationship을
FS로 연결

⓫ **Fill Down** : Data를 Column상의 일련의 칸들에 동일
하게 적용

⓬ **Select All** : 전체 Activity를 선택

⓭ **Find** : 선택된 Column상에서 원하는 문자열 찾기

⓮ **Find Next** : [Find]를 실행한 후 다음 찾기

⓯ **Replace** : 선택된 Column상에서 원하는 문자열 찾아
바꿈(Find+변경).

⓰ **Spell Check** : 맞춤법 확인

⓱ **User Preference** : 사용자 환경 설정

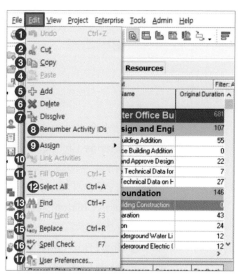

▲ [그림3-1-3-2] [Edit] Menu Bar

[03] [View] Menu Bar는 다음과 같다.

❶ **Lay out** : Layout을 열거나 저장

❷ **Show on Top** : 화면 상부에 나타날 대상을 선택

❸ **Show on Bottom** : 화면 하부에 나타날 대상을 선택

❹ **Bottom Layout Option** : 화면 하부에 나타나는 대상의 속성을 선택

❺ **Bars** : Gantt Chart의 Bar 속성 부여

❻ **Columns** : Activity Table에 표현할 항목 추가 또는 제거

❼ **Time Scale** : Gantt Chart, Profile, Spreadsheet와 같은 시간 단위로 보는 화면의 기간 간격 설정

❽ **Filter By** : 조건에 맞는 항목만을 볼 수 있게 하기 위한 조건문 설정

❾ **Group and Sort by** : Activity들의 분류 체계를 지정

⑩ **Progress Spotlight** : Gantt Chart상에서 Data
Date로부터 일정 기간 안에 있는 Activity들을 강조

⑪ **Progress Line** : Baseline과 비교하여 현재 프로젝트
의 수행 상태를 선형으로 보여줌.

⑫ **Attachment** : Gantt Chart에 Text 추가 또는 특정 기
간 강조

⑬ **Line Numbers** : Activity에서 각 행에 대하여 연속 번
호를 매김.

⑭ **Table Font and Row** : Activity Table의 행 높이 및
글자 속성 수정

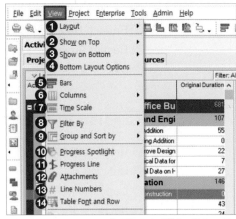

▲ [그림3-1-3-3] [View] Menu Bar

⑮ **Activity Network** : Activity Network 화면 설정

⑯ **Arrange Children** : Chart View에서 하위 레벨을 수
직 또는 수평으로 보여줌(Gantt Chart가 활성화되어 있
을 경우 불가).

⑰ **Align Children** : Chart View에서 하위 레벨이 배치되
는 방향 선택(왼쪽, 가운데, 오른쪽)

⑱ **Chart Box Template** : Chart Box의 보기 형식 설정

⑲ **Chart Font and Colors** : Chart의 글자 폰트와 색깔
변경 가능

⑳ **Launch** : Project Activity 등에 Assign된 WPs &
Docs 열기

㉑ **Hint Help** : 마우스 포인터가 위치하는 Column의 정의
를 보여줌.

㉒ **Status Bar** : 창 하단 상태 표시줄 표시 여부

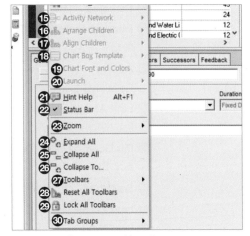

▲ [그림3-1-3-4] [View] Menu Bar

㉓ **Zoom** : Gantt Chart상의 Calendar의 날짜 최소 단위 변경

㉔ **Expand All** : 트리 구조의 모든 항목을 펼쳐서 보임.

㉕ **Collapse All** : 트리 구조의 최상위 레벨만 보여줌.

㉖ **Collapse to** : 트리 구조의 사용자가 원하는 Level까지 보여줌.

㉗ **Toolbars** : 화면에 여러 메뉴 창들을 나타내거나 숨김.

㉘ **Reset All Toolbars** : 모든 Tool Bar를 Default 상태로 되돌림.

㉙ **Lock All Toolbars** : 모든 Tool Bar를 현재의 상태로 고정시킴.

㉚ **Tab Groups** : Tab을 가로, 세로 형태로 펼쳐 모든 Tab을 볼 수 있게 하거나 병합하여 한 화면에 한 Tab만 볼 수 있게 함.

03

[04] [Project] Menu Bar는 다음과 같다.

❶ **Activities** : Activities 화면으로 이동

❷ **Resource Assignment** : Resource의 할당 현황을 볼 수 있는 Resource Assignment 화면으로 이동

❸ **WBS** : WBS 화면으로 이동

❹ **Assign Baselines** : Baseline을 프로젝트에 할당

❺ **Maintain Baselines** : Baseline을 생성 또는 삭제

❻ **Expenses** : 각각의 Activity별 비용을 부여

❼ **WPs & Docs** : Work Products and Documents 화면 이동

❽ **Thresholds** : Thresholds 화면 이동

❾ **Issues** : Issue 입력 및 Monitor Threshold에 의해 나온 Issue를 보는 화면

❿ **Risks** : Risk 입력 및 편집

⓫ **Set Default Project** : 여러 프로젝트를 동시에 작업할 때 Schedule, Level 등의 기능 실행 시 어느 프로젝트의 설정을 Default로 부여할 것인지 결정

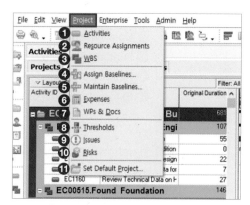

▲ [그림3-1-3-5] [Project] Menu Bar

[05] [Enterprise] Menu Bar는 다음과 같다.

❶ **Project** : 프로젝트 화면으로 이동

❷ **Enterprise Project Structure** : EPS를 조회, 작성, 수정, 삭제

❸ **Tracking** : Tracking 화면으로 이동

❹ **Project Portfolios** : 포트폴리오 추가 제거 및 편집

❺ **Resources** : Resource 화면으로 이동

❻ **Roles** : Role에 대한 편집 및 Price/Unit 설정(각 역할당 최대 5개)

❼ **OBS** : 조직도 구축 및 편집

❽ **Resource Codes** : 필터, 정렬, 그룹 등을 위한 Resource Code의 생성, 수정 ,삭제

❾ **Project Codes** : 필터, 정렬, 그룹 등을 위한 Project Code의 생성, 수정, 삭제

❿ **Activity Codes** : Activity Code를 조회, 작성, 수정, 삭제

⓫ **User Defined Fields** : 사용자가 원하는 임의 Column 을 정의

⓬ **Stored Image** : 화면 Print 시 Header, Footer에 삽입할 Image 파일을 저장

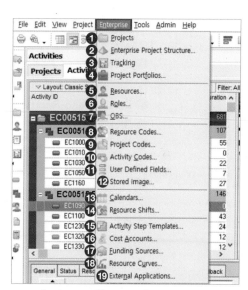

▲ [그림3-1-3-6] [Enterprise] Menu Bar

⑬ **Calendars** : Calendars를 조회, 작성, 수정, 삭제

⑭ **Resource Shifts** : Resource의 교대 근무 관련 사항 설정

⑮ **Activity Step Templates** : Activity의 Step에 관한 Template 설정

⑯ **Cost Accounts** : 투입된 비용 관리를 위한 계정 설정 및 생성

⑰ **Funding Sources** : 자금 출처 관련 사항

⑱ **Resource Curves** : 특정 자원에 대해서 기간에 따른 투입량을 Curve로 지정하기 위한 Curve Type 설정

⑲ **External Application** : 타 소프트웨어와 연계하여 실행할 경우 필요한 환경 설정

[06] [Tools] Menu Bar는 다음과 같다.

❶ **Schedule** : Data Date를 기준으로 한 프로젝트 진행 상황 계산

❷ **Level Resources** : 과투입된 리소스 평준화

❸ **Apply Actuals** : 계획대로 진행되고 있다는 가정하에 새로운 Data Date까지의 실적을 Auto Compute Actual Option에 따라 자동 Update

❹ **Update Progress** : 계획대로 진행되고 있다는 가정하에 새로운 Data Date까지의 실적을 해당 기간의 Activity에 자동으로 Update

❺ **Recalculate Assignment Costs** : 자원과 Role Assignment에 대한 비용 재계산

❻ **Summarize** : 프로젝트 정보를 일정한 WBS Level로 집계

❼ **Store Period Performance** : 지정된 Financial Period에 Actual 값 저장

❽ **Disable Auto-Reorganization** : 자동 정렬 옵션 기능 끄기

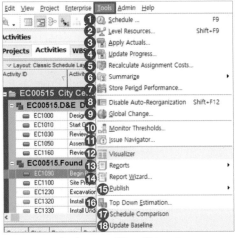
▲ [그림3-1-3-7] [Tools] Menu Bar

❾ **Global Change** : 조건에 부합하는 데이터를 일괄 변경 및 적용

❿ **Monitor Threshold** : Threshold에서 설정한 범위를 넘어가는 항목을 검출

⓫ **Issue Navigator** : 발생한 Issue를 [Navigator] 대화상자를 통해 알림

⓬ **Visualizer** : Gantt Chart를 추가로 편집하거나 Timescaled Logic Diagram의 형태로 작성할 수 있으며 Schedule Comparison 기능 실행

⓭ **Reports** : Report 작성, 수정, 출력

⓮ **Report Wizard** : Report 작성 마법사

⓯ **Publish** : Project Data를 Web HTML 형식으로 생성

⓰ **Top Down Estimation** : WBS, Activity 단위에 가중치를 부여하여 특정 Resource의 총 물량을 분개하여 투입

⓱ **Schedule Comparison** : Project 사이의 Data 비교 또는 프로젝트와 Baseline 사이의 Data 비교

⓲ **Update Baseline** : 기존 Baseline을 현재 상태의 정보를 반영하여 Update

[07] [Admin] Menu Bar는 다음과 같다.

❶ **Admin Preferences** : 관리자 환경 설정으로 P6에 접속하는 모든 User에 공통적으로 적용되는 환경 설정

❷ **Admin Categories** : 프로젝트에 적용할 기본 Category를 정의

❸ **Currencies** : 프로젝트에 적용할 통화와 환율 설정

❹ **Financial Periods** : 실적을 저장할 기간 및 실적 그래프 기간 설정

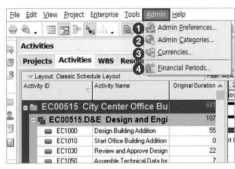

▲ [그림3-1-3-8] [Admin] Menu Bar

[08] [Help] Menu Bar는 도움말 및 버전 정보를 확인할 수 있다.

▲ [그림3-1-3-8] [Help] Menu Bar

Primavera P6
Basic Course

Primavera P6를 처음 활용하여 스케줄을 작성하는 데 필요한 기본 기능을 설명한다. 프로젝트를 생성하고 일정 및 자원 정보를 입력하여 전체 스케줄을 도출하며 해당 스케줄을 분석, 모니터, 보고 하는 방법을 쉽게 설명하여 책의 순서대로 따라 하면 Primavera P6를 처음 사용하는 사용자들도 Schedule을 생성할 수 있고, S-Curve도 생성하여 Report할 수 있다.

또한 위의 일련의 과정을 PMBOK의 5가지 프로젝트 관리 프로세스 그룹(Initiating, Planning, Executing, Monitoring & Controlling, Closing)에 맞추어 기능 및 활용도를 설명하여 사용자 들로 하여금 Primavera P6 기능뿐만 아니라 프로젝트 관리 지식도 활용할 수 있도록 한다.

CHAPTER 01

Initiating in P6 – Basic

PMBOK의 프로세스 그룹 중 Initiating 그룹은 프로젝트의 시작에 대한 승인을 받아서 새로운 프로젝트를 정의하기 위해 수행하는 프로세스들로 구성된다. 주요 수행되는 사항으로는 프로젝트 통합관리 영역(4장)에서의 프로젝트 헌장 개발(4.1장)과 프로젝트 이해관계자 관리 영역(13장)의 이해관계자 식별(13.1)이 있다. 이를 통해 프로젝트의 상위수준의 정보 및 프로젝트로 달성하려는 결과물을 정의할 수 있으며, 다양한 이해관계자들을 분석 및 파악할 수 있다. 본 Chapter에서는 각종 프로젝트 및 이해관계자 정보 분석을 통해 산출된 정보를 Primavera P6를 활용하여 기록 및 공유하고 프로젝트 초기 기본 정보로 프로젝트를 정의하는 방법에 대해 알아보도록 한다.

1 Notebook Topic

프로젝트 초기에 가장 중요한 업무는 해당 프로젝트의 기본 정보를 분석하고 공유하는 것이다. 프로젝트 기본 정보에는 프로젝트 설명, 주요 마일스톤, 주요 이해관계자, 위험 요소 등이 있으며, 이는 프로젝트 헌장을 포함하여 초기 여러 문서를 참고하여 분석할 수 있다.

Primavera P6에서는 프로젝트 초기 정보를 여러 문서에서 분석하였다는 가정하에 해당 정보를 'Notebook'에서 공유할 수 있도록 카테고리에 맞게 'Notebook Topic'을 우선 생성하도록 한다. 이는 프로젝트 스케줄 작업을 위해 기능적으로 필수 요소는 아니지만 'Notebook'을 활용함으로써 프로젝트 정보를 관련 이해관계자들과 공유할 수 있는 관리 방안을 마련할 수 있다.

01_ 'Notebook Topic'을 생성하기 위해 Menu Bar에서 [Admin]-[Admin Categories]를 선택한다.

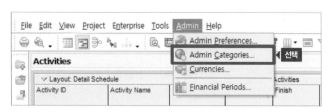

▲ [그림4-1-1-1] Admin Category 열기

02_ [Admin Categories] 창이 나타나면 왼쪽에서 [Notebook Topics] 탭을 선택하고 [Add] 버튼을 클릭한다.

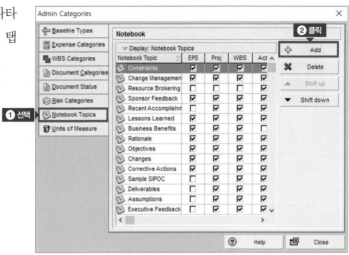

▲ [그림4-1-1-2] Notebook Topic 생성

03_ 새로운 'Notebook Topic'이 생성되면 해당 'Notebook Topic'의 Name을 입력한다. Primavera P6의 Notebook 기능은 EPS, Project, WBS, Activity에서 사용할 수 있다. 'Notebook Topic' 옆의 체크박스에 체크하면 해당 데이터에서 'Notebook Topic'을 사용할 수 있다.

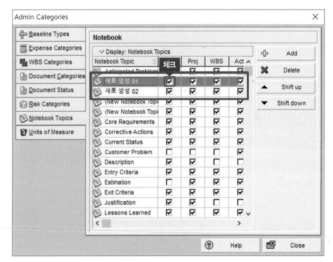

▲ [그림4-1-1-3] Notebook Topic 생성

Notebook Topic

과제

▷ 아래의 목록을 Notebook Topic으로 생성합니다.

- 프로젝트 설명
- 프로젝트 주요 마일스톤
- 프로젝트 위험 요소
- 프로젝트 주요 이해관계자

결과

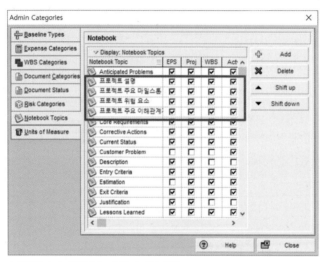

▲ [그림4-1-1-4] Notebook Topic 실습 결과

2 Project Define

프로젝트 초기에 기본 정보만으로 프로젝트를 생성할 수 있다. 기본 정보에는 프로젝트 ID, Name을 포함해 프로젝트 시작일, 필수 완료일, 중간 단계 완료일, 프로젝트 설명 등 상위 수준의 정보가 있으며 이후 일정 및 비용 등의 상세한 정보는 프로젝트가 생성된 이후 WBS 정의, Activity, Relationship, Resource 등을 통해 구체화 할 수 있다.

01_ 프로젝트 화면을 활성화하기 위해 Menu Bar에서 [Enterprise]-[Projects]를 선택하거나 왼쪽의 Tool Bar에서 [Projects] 아이콘을 클릭한다.

▲ [그림4-1-2-1] Project 화면 이동

02_ Project를 추가하기 위해 오른쪽 Tool Bar의 [Add] 버튼을 클릭한다.

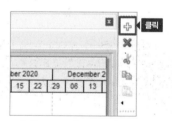

▲ [그림4-1-2-2] Project 추가

03_ [Create a New Project] 대화상자가 나타나면, 'Select EPS' 단계에서 어느 EPS에서 프로젝트를 관리할 것인지를 선택할 수 있다. 프로젝트 초기에 EPS 구조가 정의되지 않았다면 기본 설정된 EPS를 확인하고 [Next] 버튼을 클릭한다. 이후 EPS 구조 정의 후 Project를 해당 EPS에 할당할 수 있다.

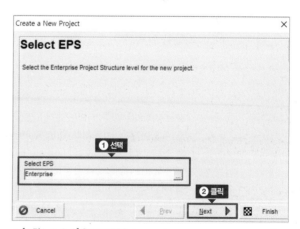

▲ [그림4-1-2-3] Select EPS

04_ 'Project Name' 단계에서 Project ID, Project Name을 입력하고 [Next] 버튼을 클릭한다.

▲ [그림4-1-2-4] Project ID, Name 입력

05_ 'Project Start and End Dates' 단계에서 Project Planned Start, Must Finished by를 입력할 수 있다. Project Planned Start는 프로젝트의 계획 시작일을 의미하며, Must Finished by는 프로젝트의 종료일을 제한하는 것으로서 프로젝트가 최대한 늦게 끝날 수 있는 날짜를 의미한다. 프로젝트 초기에 Must Finished by는 지정하지 않을 수도 있지만 Project Planned Start는 필히 입력하도록 한다.

▲ [그림4-1-2-5] Project Planned Start, Must Finished by 입력

06_ Project Planned Start 옆의 […] 버튼을 누르면 그림과 같이 Calendar가 활성화되고, 원하는 프로젝트의 날짜를 지정한 후에 [Next] 버튼을 클릭한다.

TiP

Project Planned Start는 프로젝트 스케줄 계획 단계에서 CPM(Critical Path Method) 계산 시 처음으로 시작하는 Activity의 ES(Early Start Date)가 될 수 있는 날짜이기도 하다. Must Finish By는 마지막으로 종료되는 Activity의 LF(Late Finish Date)를 지정하는 의미로, 이들은 프로젝트의 Constraints를 지정하는 것과 마찬가지의 의미를 가진다. 만약 지정하지 않는다면 LF(Late Finish Date)와 EF(Early Finish Date)가 같다는 조건으로 CPM이 계산되어 별도의 설정 없이 항상 Critical Path(주 공정)가 발생한다.

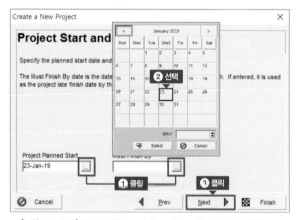

▲ [그림4-1-2-6] Project Planned Start, Must Finished by 입력

07_ 'Responsible Manager' 단계에서 프로젝트의 담당자를 지정할 수 있다. 이는 Primavera P6의 OBS(Organizational Breakdown Structure) 내에서 선택할 수 있으며, 프로젝트 초기에 OBS 구조가 정의되지 않았다면 기본 설정된 Responsible Manager를 확인하고 [Next] 버튼을 클릭한다. 이후 OBS 구조 정의 후 Responsible Manager를 프로젝트에 할당할 수 있다.

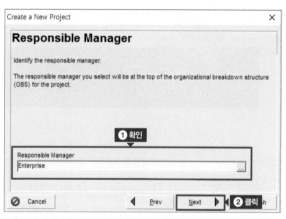

▲ [그림4-1-2-7] Responsible Manager 입력

08_ 'Assignment Rate Type' 단계에서 프로젝트에 적용할 Resource의 단가 Type을 선택할 수 있다. Primavera P6에서는 Resource 당 5개까지 단가 Type을 설정할 수 있으며, 별도의 단가 Type을 설정하지 않았다면 기본 값으로 설정한 후 [Next] 버튼을 클릭한다.

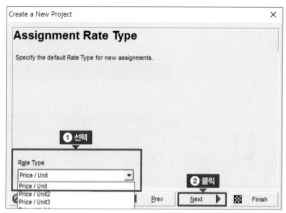

▲ [그림4-1-2-8] Assignment Rate Type 설정

09_ 'Congratulations' 단계에서 [Finish]를 클릭하여 프로젝트 생성을 완료한다.

▲ [그림4-1-2-9] Project 생성 완료

Project Define

과제

▷ 프로젝트를 아래와 같은 정보로 생성합니다.

- Project ID : SP, Project Name : Sample Project
- Project Plan Start : 2020년 5월 1일, Must Finish By : 2020년 7월 31일

결과

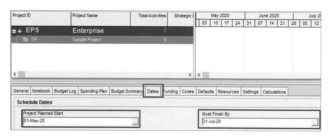

▲ [그림4-1-2-10] Project Define 실습 결과

TiP

프로젝트 화면 하단에 [Date] 탭을 선택하면 프로젝트 날짜 정보를 확인할 수 있다.

3 Project General Information

프로젝트 관련 정보는 각종 문서나 파일 형태로 작성 및 공유된다. 이해당사자들 간에 프로젝트 이해를 위하여 그 중에 주요 문서 내용이나 파일을 Primavera P6를 통해 공유할 수 있는데, 간단한 정보는 Notebook 기능을 활용하여 메모 형태로 관리하며 문서 파일은 WPs&Docs 기능을 활용하여 저장 및 공유할 수 있다.

먼저 Notebook을 활용한 프로젝트 정보 공유를 알아보도록 한다.

01_ 프로젝트에 Notebook 내용을 추가하기 위하여 Project Details 창의 [Notebook] 탭에서 왼쪽 하단의 [Add] 버튼을 클릭한다.

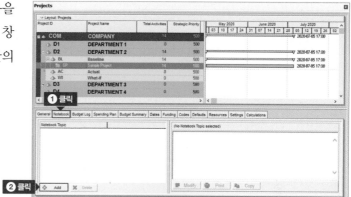

▲ [그림4-1-3-1] Project Details의 [Notebook] 탭

02_ Notebook Topic을 선택할 수 있는 창이 나타나며 추가할 Notebook의 내용에 따라 Notebook Topic을 선택하고 오른쪽의 [Assign] 버튼을 클릭하여 추가한다.

▲ [그림4-1-3-2] Notebook Topic 할당

03_ Project Details 창의 [Notebook] 탭에서 Notebook Topic이 추가된 것을 확인하고 내용을 입력하기 위하여 오른쪽 하단의 [Modify] 버튼을 클릭한다.

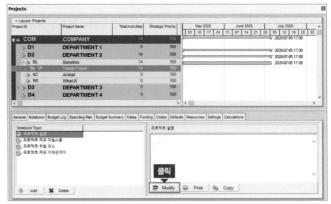

▲ [그림4-1-3-3] Project Details의 [Notebook] 탭

04_ Notebook 내용 입력 창이 나타나면 해당 내용을 입력 후 [OK] 버튼을 클릭하여 Notebook 내용 추가를 완료한다.

▲ [그림4-1-3-4] Notebook Topic 내용 입력

05_ 추가된 내용을 확인한다.

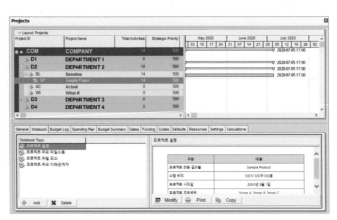

▲ [그림4-1-3-5] Notebook Topic 내용 확인

다음으로 프로젝트에 문서를 등록하여 정보를 공유하는 방법을 알아보도록 한다.

06_ 프로젝트에 문서 파일이나 관련 링크를 등록하기 위해 Menu Bar에서 [Project]-[WPs&Docs]를 선택하거나 왼쪽의 Tool Bar에서 [WPs&Docs] 아이콘을 클릭한다.

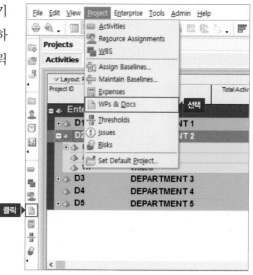

▲ [그림4-1-3-6] WPs&Docs 화면 이동

07_ [WPs&Docs] 창으로 이동하여 오른쪽 Tool Bar의 [Add] 버튼으로 문서 목록을 추가한다.

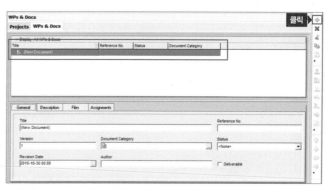

▲ [그림4-1-3-7] 문서 목록 추가

08_ 추가된 문서 목록을 선택하고 [General] 탭에서 Title 및 기본 정보를 입력한다.

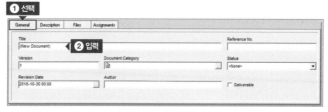

▲ [그림4-1-3-8] [General] 탭에서 문서 정보 입력

09_ [File] 탭에서 해당 문서의 저장 경로나 웹 저장 링크를 입력한다.

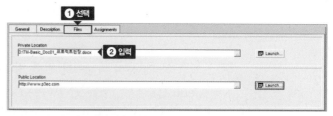

▲ [그림4-1-3-9] [File] 탭에서 파일 경로 입력

10_ [Assignments] 탭에서 [Assign WBS]를 클릭하면 프로젝트를 선택할 수 있는 창이 나타나며 해당 프로젝트를 선택하여 문서를 할당한다.

▲ [그림4-1-3-10] [Assignments] 탭 문서 할당

11_ 해당 문서 할당 및 문서 열기는 추후 WBS 화면에서 확인이 가능하다.

▲ [그림4-1-3-11] WBS 화면에서 할당된 문서 확인

TiP

Notebook과 WPs&Docs 기능은 프로젝트뿐만 아니라 WBS, Activity에도 활용 가능하지만 프로젝트 초기에는 기본정보를 해당 프로젝트에 할당하여 공유하고 추후 WBS 및 Activity가 정의되면 추가 정보를 WBS 및 Activity에 할당하여 공유하도록 한다.

실습

Notebook, WPs&Docs

과제

▷ Notebook topic을 프로젝트에 할당하고 프로젝트 헌장 및 이해관계자 관리대장을 참고하여 해당 내용을 입력합니다.

- 프로젝트 설명, 프로젝트 주요 마일스톤, 프로젝트 위험 요소, 프로젝트 주요 이해관계자

▷ 임의의 TEXT 파일을 생성하여 Project WPs&Docs에 등록합니다.

결과

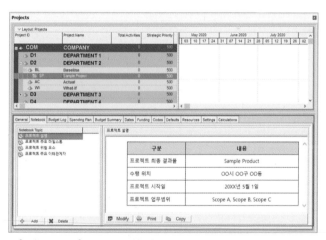

▲ [그림4-1-3-12] Notebook 실습 결과

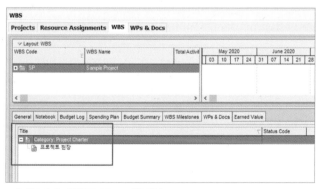

▲ [그림4-1-3-13] WPs&Docs 실습 결과

Planning in P6 – Basic

PMBOK의 프로세스 그룹 중 Planning 그룹은 전체 업무 범위를 설정하고, 목표를 정의 및 구체화하며 이러한 목표를 달성하기 위해 필요한 일련의 활동을 개발하는 프로세스들로 구성된다. 이것은 PMBOK 4장~13장까지 모든 지식영역에서 수행되며, 프로젝트 관리 계획서 개발(4.2장)에서 각 절차 및 규칙을 수립하는 것과 프로젝트 수행을 위한 각종 업무의 계획뿐만 아니라 프로젝트 수행 중 수정사항이 발생하여 계획을 수정하는 활동도 포함된다. Primavera P6에서는 Activity, Calendar, Relationship, Resource, Resource Assignment, Usage Profile, Usage Spreadsheet 등의 기능으로 4장~13장까지의 지식영역에 대한 Planning 프로세스를 수행할 수 있도록 하였으며, 특히 WBS라는 별도 모듈을 제공하여 PMBOK에서의 프로젝트 범위관리(5장) 영역의 Planning 프로세스를 명확히 수행할 수 있도록 하였다. 또한 Primavera P6의 Baseline 기능을 활용하여 PMBOK에서 언급하는 일정, 비용에 대한 기준선 수립 및 관리를 할 수 있다. 본 Chapter에서는 프로젝트 Planning 초기단계에서 각 데이터의 관리 규칙 수립부터 범위, 일정, 비용의 상세 계획 및 그에 따른 산출물관리를 Primavera P6를 활용하여 수행하는 방법에 대해 알아보도록 한다.

1 Admin Preference

프로젝트 초기에 일정관리 계획 수립 단계에서 일정관리 시 적용할 기본 규칙 및 제한 사항 등에 대한 정보를 구축해야 한다. 기본 규칙 및 제한 사항에는 각 데이터별 자릿수, 달력의 시작 요일, 자원 단가 이름, 날짜 표시 형식, 통화 기호, Primavera P6 작업 조건 등이 있다. 이러한 규칙들은 프로젝트 이해관계자들로 하여금 원활한 의사소통을 하는 데 도움을 주기 때문에 초기에 협의를 통해 확정하는 것이 중요하지만 필요시 변경 가능한 설정이다.

Primavera P6의 Admin Preference에서는 여러 사용자들에게 적용될 공통적인 기본 데이터의 제한사항을 설정할 수 있다.

01_ Admin Preference를 설정하려면 Menu Bar의 [Admin]–[Admin Preferences]를 선택한다.

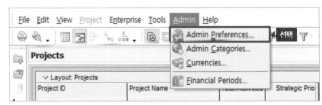

▲ [그림4-2-1-1] Admin Preference 열기

02_ [General] Tab에서는 Code Separator, Starting Day of Week, Activity Duration, Password Policy를 설정할 수 있다.

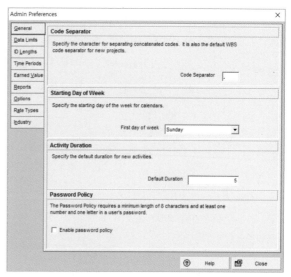

▲ [그림4-2-1-2] Admin Preference의 [General] 탭

'Code Separator'는 Project Code, WBS Code, Activity Code, Resource Code에 있는 Level의 구분자를 결정하는 것이다.

'Starting Day of Week'는 Calendar에서 한 주의 시작 요일을 설정하는 Option이다. 시작 요일을 지정하는 것은 현장 상황 등에 의해 사용자가 편하게 볼 수 있게 하는 이유도 있지만, Resource의 사용량을 분석할 때 Closing Project의 Resource가 이 시작 요일에 분배되도록 하는 이유도 있다.

'Activity Duration'은 Activity를 생성할 때 Default Duration을 설정하는 Option이다. 별도의 설정을 하지 않으면 Activity 생성 시 5일짜리 Activity가 생성된다.

'Password Policy'에 체크 표시를 하면 Primavera P6 로그인 시 문자가 각각 1개 이상이 포함된 8자 이상의 Password로 설정하여 보안을 강화할 수 있다.

03_ [Data Limits] 탭은 계층 구조에서 Level의 Depth와 Activity Code, Baseline, Baseline Project Copy의 수량을 설정할 수 있는 Option이다. 참고로 Baseline은 무한대까지 설정할 수 있으며, 이는 Primavera P6가 지속적인 개선을 위한 Tool이라는 것을 의미한다.

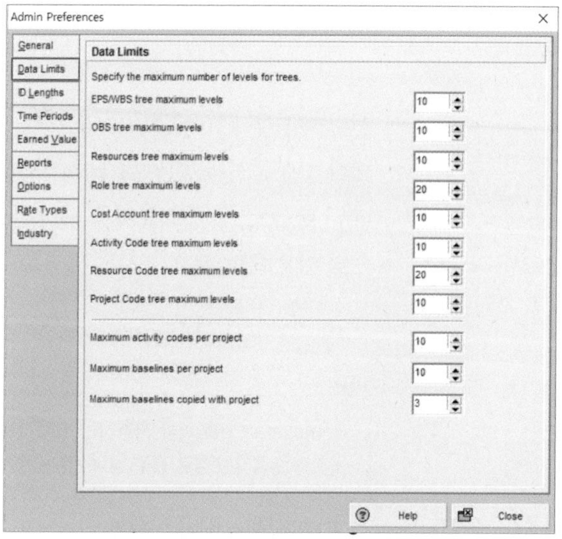

▲ [그림4-2-1-3] Admin Preference의 [Data Limits] 탭

04_ [ID Lengths] 탭에서는 각각의 ID와 WBS의 Code에 넣을 수 있는 문자의 수를 설정하는 Option이다. 예를 들어 20으로 설정하면 영문 20자, 한글 10자까지 입력할 수 있다는 의미이다.

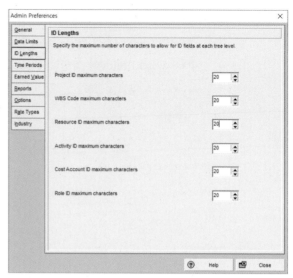

▲ [그림4-2-1-4] Admin Preference의 [ID Lengths] 탭

05_ [Time Periods] 탭은 Primavera P6에서 작업 시 단위시간에 대한 설정을 할 수 있다.

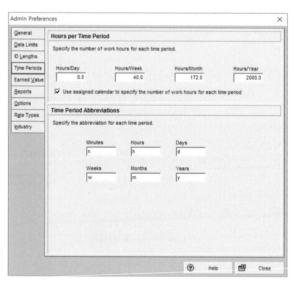

▲ [그림4-2-1-5] Admin Preference의 [Time Periods] 탭

'Hours per Time Period'는 Day, Week, Month, Year의 단위기간 동안 일을 하는 시간(Hour)을 입력하는 부분이다. 하단의 'Use Assigned Calendar to Specify the number of work hours for each time period'에 체크 표시를 하지 않았을 경우 Admin Preference의 Time Periods에서 설정한 값이 기본으로 적용되고, 체크 표시를 하였을 경우에는 Calendar에서 설정하는 Time Periods의 값을 가진다.

'Time Period Abbreviations'는 단위기간의 입출력에 대한 약자를 정의하는 곳이다.

TiP

> Primavera P6를 처음 사용하는 사용자는 기본 설정값으로 시작하기를 권한다. 'Hours per Time Period' 정확히 이해하지 못하고 설정을 변경할 경우 일정 계산 값이 엉뚱하게 도출될 수 있다.

06_ [Earned Value] 탭은 EVMS(Earned Value Management System) 이론이 적용된 항목들에 대한 계산 방식을 설정할 수 있다.

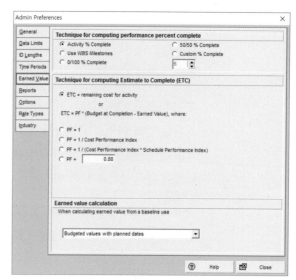

▲ [그림4-2-1-6] Admin Preference의 [Earned Value] 탭

'Technique for Computing Performance Percent Complete'에서의 이 설정은 Project 및 WBS의 Performance Percent Complete의 5가지 Option 중에서 상황 및 업무의 특성에 맞추어 설정할 수 있도록 되어 있다. 아래의 Option들은 Project 전체에 대해 설정할 수 있고, 특정 WBS에서만 설정하여 사용할 수도 있다.

- Activity % Complete Option은 Activity의 Duration, Unit 또는 Performance(Physical)를 기준으로 성과를 측정할 수 있다. 이는 Primavera P6의 기본 설정 Option이다.
- 50/50 % Complete Option은 시작하면 50%, 끝나면 나머지 50%로 성과를 측정하는 Option이다.
- Use WBS Milestone Option은 WBS에 Milestone을 정하여 Activity와는 상관없이 WBS Milestone의 Progress에 따라 성과를 측정하는 Option이다.
- Custom % Complete Option은 협의에 의해 성과를 측정하는 Option이다.
- 0/100 % Complete Option은 종료 시에만 성과를 측정하는 Option이다.

'Technique for Computing Estimate to Complete(ETC)'에서의 이 설정은 진행 중인 Project 또는 WBS별로 완료되는 시점까지 투입될 업무의 양(금액 또는 물량)에 대한 예상 값을 추정하는 기준을 설정한다.

- ETC=Remaining cost for activity : 현재 남아 있는 Activity의 돈을 ETC로 지정하는 Option이다.
- ETC=PF×(Budgeted at Completion−Earned Value)
    → PF=(Performance Factor)

PF=1인 경우 Remaining에 대한 긍정적인 상황을 예상하는 경우에 사용하는 Option으로 Optimistic을 의미하고, PF=1/Cost Performance Index인 경우는 가장 일반적인 경우의 Option으로 Most

Lilkely를 의미한다.

PF=1/(Cost Performance Index×Schedule Performance Index)인 경우는 부정적인 상황을 예상하는 경우에 사용하는 Option으로 Pessimistic을 의미한다.

또 Primavera P6에서는 사용자가 PF(Performance Factor)를 임의로 설정하여 과거의 실적에 의해 추정하는 방법 이외로 표현하여 예측할 수도 있다. 결론적으로 이야기하면, Project의 현재 실적을 기준으로 남아 있는 업무의 양인 ETC(Estimate To Completion)를 추정하는 방법을 여러 가지로 설정하여 미래에 대한 예측을 통한 예방에 목적을 가지고 있는 기능이다.

'Earned Value Calculation'은 Baseline을 기준으로 Earned Value 계산 시 Value 값과 시점을 결정하는 Option이다. 계획값을 변경 없이 적용할 것인지, 현재 현황을 그대로 반영할 것인지에 따라 Budgeted Values with Planned Date, At Completion Values with Current Date, Budgeted Values with Current Date의 3가지 설정 중에서 선택할 수 있다.

07_ [Reports] 탭은 Primavera P6에서 생성하는 결과물의 머리글과 바닥글을 미리 설정하여 Report나 Print할 경우 간편하게 활용할 수 있는 기능을 제공해주는 Option이다. Header Label, Footer Label, Custom Label의 세 가지로 등록할 수 있으며, 각각 3개씩 총 9개를 사용할 수 있다.

TiP

> 본 설정은 [Print Preview] 기능에서 적용하는 방법을 다시 설명한다.

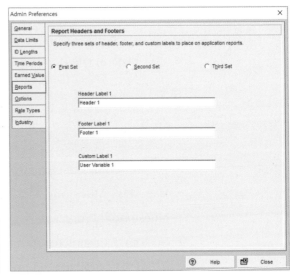

▲ [그림4-2-1-7] Admin Preference의 [Reports] 탭

08_ [Options] 탭의 'Specify the interval to summarize and store resource spreads' 는 Primavera P6에서 Summarize의 기간을 설정할 수 있는 Option으로, Calendar를 기준으로 WBS Level 및 Resource/Role Assignment Level의 주기를 Week 또는 Month로 설정할 수 있으며, Financial period를 기준으로 설정할 수도 있다.

'Contract Management URL'은 Contract Management Web Server와 연동시켜 사용할 수 있게 설정하는 기능이다.

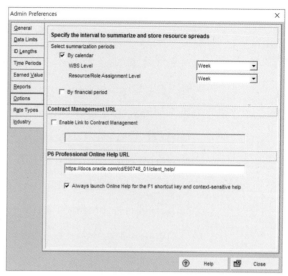

▲ [그림4-2-1-8] Admin Preference의 [Options] 탭

09_ [Rate Types] 탭은 Resource와 Role의 단가 이름을 5가지로 설정할 수 있는 Option이다. Default Title은 변경할 수 없지만, User-defined Title은 사용자가 변경할 수 있다. 여기서 단가의 종류를 5가지로 설정할 수 있다는 것은 단순히 단가 이름만 설정하는 것이 아니라 하나의 Resource에 5가지 단가 속성을 설정할 수 있는 것으로서 동일한 Schedule과 물량으로 S-Curve를 5가지로 확인해볼 수 있다는 의미이다.

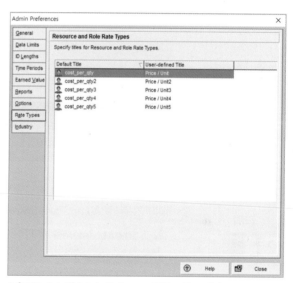

▲ [그림4-2-1-9] Admin Preference의 [Rate Types] 탭

TiP

프로젝트 생성 시 'Assignment Rate Type' 단계에서 단가 Type을 선택할 때 확인할 수 있는 목록이 여기서 설정한대로 나타나는 것이다.

10_ [Industry] 탭은 Primavera P6에서 산업별로 다르게 사용되는 용어 및 Column을 사용자의 환경에 맞게 설정하는 것이다. 예를 들면 Engineering and Construction과 Utilities, Oil and Gas에서는 Budgeted Unit과 Claim Digger를 사용하지만 Government, Aerospace and Defense와 High-Technology, Manufacturing and Others에서는 Planned Unit과 Schedule Comparison을 사용한다.

▲ [그림4-2-1-10] Admin Preference의 [Industry] 탭

실습

Admin Preference

과제

▷ 아래의 기준대로 Admin Preference를 설정합니다.

- WBS Tree Maximum을 최대값으로 설정
- Activity ID 길이를 최대값으로 설정
- 달력의 시작 요일을 일요일로 설정
- Hour per Time Periods를 Calendar별로 설정 및 적용 가능하지 않도록 설정
- Report Header & Footer의 Third Set 설정 변경

  1. Header : 실습자 이름 / 2. Footer : 실습자 소속 / 3. Custom : 실습자 메일 주소

- Resource 단가 이름을 아래와 같이 설정

  1. Cost per Qty : 표준단가_01 / 2. Cost per Qty2 : 표준단가_02

  3. Cost per Qty3 : 표준단가_03

결과

▲ [그림4-2-1-11] Admin Preference 실습 결과

▲ [그림4-2-1-12] Admin Preference 실습 결과

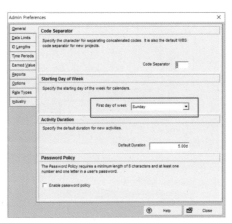

▲ [그림4-2-1-13] Admin Preference 실습 결과

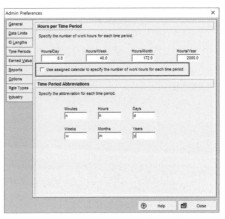

▲ [그림4-2-1-14] Admin Preference 실습 결과

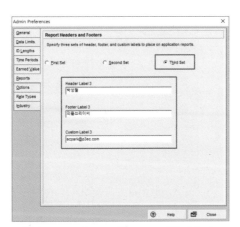

▲ [그림4-2-1-15] Admin Preference 실습 결과

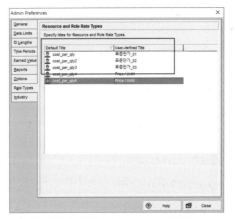

▲ [그림4-2-1-16] Admin Preference 실습 결과

2 User Preference

User Preference에서는 사용자별로 적용될 기본 인터페이스 형식을 설정할 수 있다.

01_ 'User Preference'를 설정하려면 Menu Bar의 [Edit]-[User Preferences]를 선택한다.

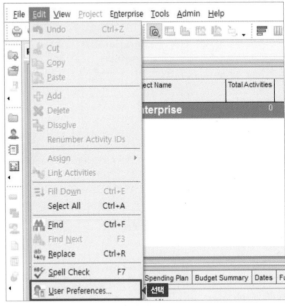

▲ [그림4-2-2-1] User Preference 열기

02_ [Time Units] 탭은 Unit과 Duration의 단위 및 소수점과 같은 표시 형식을 지정하거나 Unit/Time을 어떤 방식으로 표현할 것인지에 대해 정의하는 탭이다.

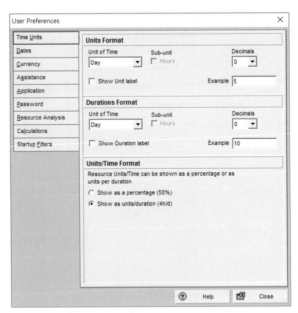

▲ [그림4-2-2-2] User Preference의 [Time Units] 탭

'Units Format'에는 아래와 같은 설정이 있다.

- Unit of Time은 Unit의 단위를 Hour, Day, Week, Month, Year 5가지로 표현할 수 있다.
- Sub-unit은 Unit 값에 소수 자리가 있을 경우, 이를 Unit of Time에서 지정한 단위보다 하위 단위까지 표현할 수 있다. Show Unit Label에 체크 표시가 되어 있지 않으면 활성화되지 않는다.
- Decimals는 소수 자릿수를 설정할 수 있고, 소수점 둘째 자리까지 표현할 수 있다.
- Show Unit Label은 Unit of Time과 Sub-Unit의 단위를 표현한다.
- Example은 사용자가 설정한 사항들을 적용하기 전에 미리 확인할 수 있는 기능이다.

'Duration Format'에는 아래와 같은 설정이 있다.

- Unit of Time은 Duration의 단위를 Hour, Day, Week, Month, Year 5가지로 표현할 수 있다.
- Sub-unit은 Duration 값에 소수 자리가 있을 경우에는 이를 Unit of Time에서 지정한 단위보다 하위 단위까지 표현할 수 있다. Show Unit Label에 체크 표시가 되어 있지 않으면 활성화되지 않는다.
- Decimals는 소수 자릿수를 설정할 수 있고, 소수점 둘째 자리까지 표현할 수 있다.
- Show Duration Label은 Unit of Time과 Sub-Unit의 단위를 표현한다.
- Example은 사용자가 설정한 사항들을 적용하기 전에 미리 확인할 수 있는 기능이다.

'Units/Time Format'은 Resource의 단위 시간당 투입량(Units/Time)을 Units/Duration 방식 또는 % 방식으로 표시할 것인지를 설정할 수 있다.

03_ [Dates] 탭은 날짜 표기 방법을 설정하는 곳으로, 우리나라식 YYYY-MM-DD, 영국식 DD-MM-YYYY, 미국식 MM-DD-YYYY와 같은 날짜 표기 형식을 사용자의 설정에 따라 각각 다르게 표현할 수 있다.

▲ [그림4-2-2-3] User Preference의 [Dates] 탭

'Date Format'은 연, 월, 일의 배열 순서를 정의하는 것으로, 연-월-일, 일-월-년, 월-일-년 중 사용자가 원하는 배열을 선택할 수 있다.

'Options'는 Date Format에서 정의한 순서를 기준으로, 4-digit Year는 연도를 네 자리 또는 두 자리로 표시할 것인지를 설정하고, Month name은 01월과 같은 숫자 형식으로 사용할 것인지, Jan과 같은 문자 형식으로 사용할 것인지를 설정할 수 있다. 또 Leading Zeroes는 2012-1-1과 같이 한 자릿수로 되어 있는 곳에 2012-01-01과 같이 0을 더 붙여줄 것인지를 설정할 수 있고, Separator는 연, 월, 일의 구분자를 '-', '.', '/ ' 중에 사용하여 2012-01-01, 2012.01.01, 2012/01/01 중에서 어떤 형식으로 사용할 것인지를 설정할 수 있다.

'Time'은 연, 월, 일보다 더 세부적으로 관리하기 위하여 날짜 표시 형식에 시간 단위에 대한 설정을 할 수 있는 기능으로, 12시간 단위, 24시간 단위, 표시하지 않음의 3가지 형태로 나타낼 수 있다. 12시간 단위 또는 24시간 단위를 선택하는 경우는 Show Minutes 창이 활성화되어 분 단위까지 설정할 수 있다.

'Sample'은 사용자가 설정한 내용들이 화면상에서 표현되는 형식을 확인할 수 있다.

04_ [Currency] 탭은 Primavera P6에서 사용되는 통화를 설정하는 것으로, 통화 기호를 표시할 수 있는 Option(Show Currency Symbol)과 소수점을 표시하는 Option(Show Decimal Digits)이 있다. 통화를 변경하는 경우에는 지정된 환율에 따라 Cost가 변경되고, 환율은 Menu Bar의 [Admin] - [Currency]에서 설정할 수 있다.

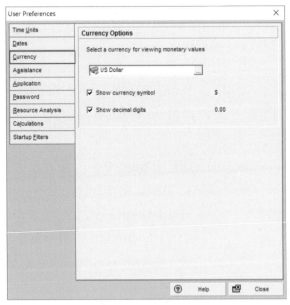

▲ [그림4-2-2-4] User Preference의 [Currency] 탭

05_ [Assistance] 탭은 Resource와 Activity 생성 마법사 사용여부를 결정할 수 있다. 생성 마법사 기능을 사용 중 마법사 창의 'Do Not Show This Wizard Again' 체크 박스에 체크하면 더 이상 마법사 기능이 작동하지 않게 된다. 만약 마법사 기능을 다시 사용하고자 한다면 이곳에서 마법사 기능을 다시 활성화시킬 수 있다.

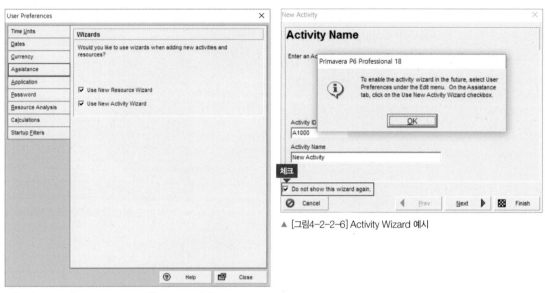

▲ [그림4-2-2-5] User Preference의 [Assistance] 탭

▲ [그림4-2-2-6] Activity Wizard 예시

06_ [Application] 탭은 Primavera P6를 로그인 할 때의 초기 화면이나 오류 메시지의 기록, Activity를 Group & Sort 시의 Group의 Label, Column상에서 볼 수 있는 Financial Period 기간을 설정할 수 있다.

▲ [그림4-2-2-7] User Preference의 [Application] 탭

07_ [Password] 탭은 Primavera P6 로 그인 시에 필요한 Password를 등록 및 변경할 수 있는 곳으로 기본적으로 1~20자로 구성된 Password를 만들 수 있다. 또 Admin Preference의 [General] 탭에 있는 Password Policy 설정을 통하여 8자 이상의 문자와 숫자가 조합된 좀 더 강력한 보안을 가진 Password를 생성할 수 있다.

▲ [그림4-2-2-8] User Preference의 [Password] 탭

08_ Resource Analysis 탭은 Resource Usage Profile 또는 Resource Usage Spreadsheet에서 리소스 데이터를 표현할 때 어떤 기준으로 표현할 것인지에 대해 설정할 수 있다.

▲ [그림4-2-2-9] User Preference의 [Resource analysis] 탭

'All Projects'는 Resource를 분석할 때 적용하는 Option으로, Project의 Status인 Active, Inactive, Planned, What if 중에서(Project Detail의 General Tab에서 확인할 수 있다.) What if로 설정된 Project만 제외하고 모든 Project의 Resource를 분석하거나, Project의 Leveling Priority를 설정하여 분석하거나, 현재 Open되어 있는 Project의 Resource를 분석할 수 있도록 설정할 수 있다.

'Time Distributed Data'는 Resource를 Resource Usage Spreadsheet 및 Profile에 분배하는 기준을 설정하는 Option으로, Remaining Early dates 또는 Forecast dates를 설정할 수 있고, 분배의 단위를 Hour, Day, Week, Month로 설정할 수 있으며, Role limit를 표현할 때 기준을 Custom role limit 또는 Calculated Primary Resources Limit로 설정할 수 있다.

09_ [Calculations] 탭의 'Resource Assignments'는 Activity에 다중 할당된 Resource를 추가하거나 삭제할 때 기존에 할당되어 있는 Unit, Duration, Units/Time을 보존할 것인지, 할당되어 있는 Activity Duration Type을 기준으로 재계산할 것인지를 설정할 수 있다.

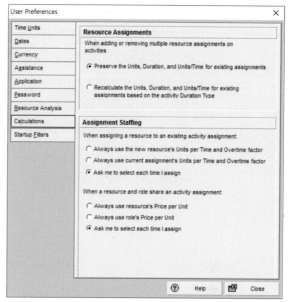

▲ [그림4-2-2-10] User Preference의 [Calculations] 탭

'Assignment Staffing'은 기존에 할당되어 있는 Resource를 변경하는 경우, 기존 Resource와 변경된 Resource가 각각 가지고 있는 Units/Time과 Overtime Factor 중 어떤 것을 사용할 것인지에 대한 설정을 할 수 있다. 그리고 Resource를 할당한 상태에서 Role을 투입하거나 반대로 Role을 투입한 이후 Resource를 할당하게 되는 경우, Resource와 Role이 각각 가지고 있는 Price/Unit들 중에서 어떤 것을 사용할 것인지를 설정할 수 있다.

10_ [Startup Filters] 탭은 Resources, Roles, OBS, Activity Codes, Cost Accounts 화면에서 볼 수 있는 데이터들에 대하여 자동으로 필터를 설정할 것인지의 여부를 설정하는 Option이다. 예를 들면 Resources 항목에 View all data가 설정되어 있다면 Resource 화면으로 들어갔을 때 Primavera P6에 생성된 모든 Resource들을 확인할 수 있다. 반대로 Current Project data only로 설정되어 있을 경우에는 모든 Resource가 아닌 현재 Project에 할당되어 있는 Resource만 보이게 된다. 설정을 변경하고 적용하려면 프로그램을 재시작해야 한다.

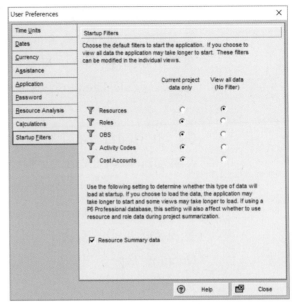

▲ [그림4-2-2-11] User Preference의 [Calculations] 탭

User Preference

과제

▷ 아래의 기준대로 User Preference를 설정합니다.

• 날짜 표기 방법을 YYYY-MM-DD 형식으로 하고 시간단위 24시간 보기로 설정

• Duration과 Unit에 대한 표기 방법을 00.00d로 설정

• 화폐 단위는 $로 하고 소수점 둘째 자리까지 표시하도록 설정

• Activity, Resource 마법사를 사용하지 않도록 설정

• 사용자별 Password 설정

결과

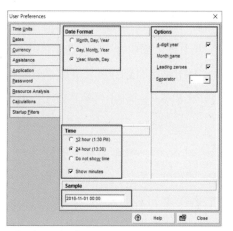

▲ [그림4-2-2-12] User Preference 실습 결과

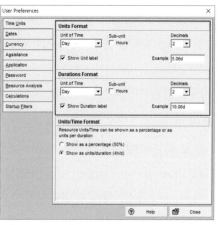

▲ [그림4-2-2-13] User Preference 실습 결과

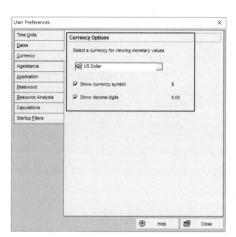

▲ [그림4-2-2-14] User Preference 실습 결과

▲ [그림4-2-2-15] User Preference 실습 결과

▲ [그림4-2-2-16] User Preference 실습 결과

Enterprise Project Structure(EPS)는 조직 내의 모든 Project들을 구분하고 집계할 수 있는 일종의 코드로 이해하면 쉽다. Project만 운영할 때는 별로 필요 없지만, 조직 내의 여러 Project를 모아 놓은 Program, Project와 Program의 관리를 위한 Portfolio Management를 운영하기 위해 Primavera P6에 특화되어 있는 기능이다. Project를 생성하기 위해서는 하나 이상의 EPS가 미리 생성되어 있어야 한다.

Primavera P6를 사용하여 프로젝트를 만들기 전에 가장 먼저 지정해야 할 작업 중의 하나가 바로 EPS(Enterprise Project Structure)를 생성하는 것이다. EPS는 Primavera P6에서 Portfolio Project Management를 하기 위하여 여러 종류의 프로젝트들을 Root와 Node를 가진 EPS라는 계층 구조로 그룹화하는 기능을 수행한다. 다시 말해서 프로젝트 관리자가 해당 프로젝트를 어느 EPS(Room)에서 관리할 것인지 정의하기 위하여 생성하는 것이다.

01_ EPS 창을 나타내기 위해 Menu Bar에서 [Enterprise]-[Enterprise Project Structure]를 선택한다.

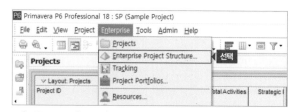

▲ [그림4-2-3-1] Enterprise Project structure 열기

02_ [Enterprise Project Structure(EPS)] 대화상자가 나타나면 [Add] 버튼을 클릭하여 EPS를 추가한다.

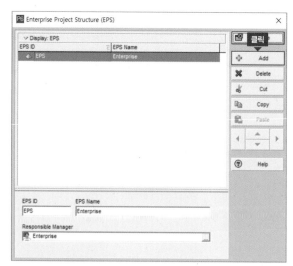

▲ [그림4-2-3-2] EPS 추가

03_ 추가된 EPS의 EPS ID, EPS Name 정보를 입력한다.

Responsible Manager는 해당 EPS의 담당자를 지정하는 것으로서 추후 OBS 구축 후에 별도 지정할 수 있다.

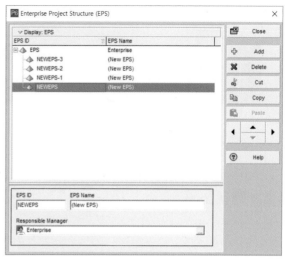

▲ [그림4-2-3-3] EPS 정보 입력

04_ EPS 창의 우측 화살표 버튼을 클릭하여 EPS의 계층적 구조를 설정할 수 있다.

TiP

화살표 버튼이 활성화되려면 EPS ID의 Sort 형태가 계층 구조로 되어 있어야 한다. EPS ID Column을 클릭하면 EPS ID를 기준으로 오름차순(Ascending), 내림차순(Descending), 계층 구조로 순차적으로 변경된다.

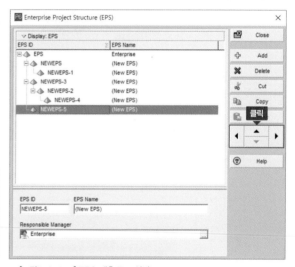

▲ [그림4-2-3-4] EPS 계층 구조 설정

05_ EPS 대화 상자를 닫고 프로젝트 화면에서 추가된 EPS 구조를 확인할 수 있다.

TiP

만일 프로젝트 화면에서 확인한 EPS 구조가 EPS 창에서 설정한 구조와 다르다면 F5 키를 클릭하여 '새로고침'을 수행하도록 한다.

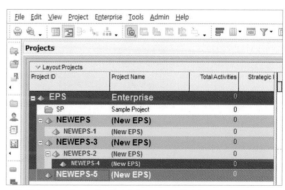

▲ [그림4-2-3-5] 프로젝트 화면에서 EPS 구조 확인

Enterprise Project Structure(EPS)

과제

▷ 아래의 구조로 EPS를 작성합니다.

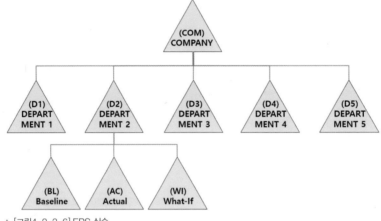

▲ [그림4-2-3-6] EPS 실습

▷ Sample Project를 Baseline(BL) EPS에 할당합니다.

결과

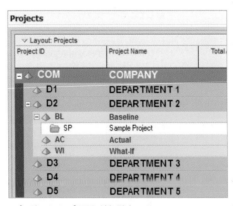

▲ [그림4-2-3-7] EPS 실습 결과

4   Organizational Breakdown Structure(OBS)

Organizational Breakdown Structure(OBS)는 일반적으로 '조직도'라고 이해하면 된다. Primavera P6에서는 EPS, Project 및 WBS까지 책임 관리자를 지정할 때 사용하며 OBS는 25level까지 표현할 수 있다. 또한 OBS 구조 및 지정된 EPS, Project, WBS 정보를 실제 Primavera P6에 로그인하는 사용자의 계정에 할당하여 데이터 접근 권한까지 지정할 수 있기 때문에 권한과 보안관리를 위한 기능이기도 하다.

01_ OBS 창을 나타내기 위해 Menu Bar에서 [Enterprise]-[OBS]를 선택한다.

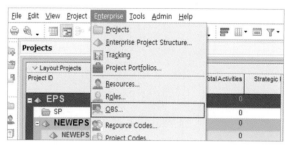

▲ [그림4-2-4-1] OBS 열기

02_ [Organizational Breakdown Structure] 대화상자가 나타나면 OBS Name을 추가하기 위해 [Add] 버튼을 클릭한다. 그러면 다음과 같은 경고 메시지 창이 나타나며, [OK] 버튼을 누르면 [Display]가 Current EPS/Protects에서 자동으로 All OBS Elements로 바뀌면서 OBS를 계속 추가할 수 있다.

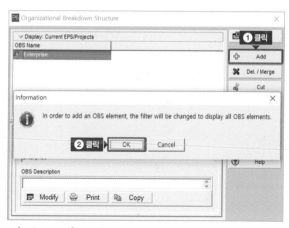

▲ [그림4-2-4-2] OBS 추가

03_ 추가된 OBS의 Name을 입력하고 앞서 EPS를 만든 것처럼 오른쪽 화살표 방향 버튼을 이용하여 계층 구조를 설정할 수 있다.

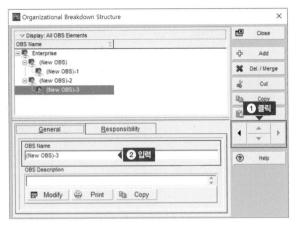

▲ [그림4-2-4-3] OBS 추가 및 설정

04_ OBS 구축 이후 프로젝트 화면 하단 [General] 탭의 Responsible Manager에서 해당 프로젝트의 담당자를 지정할 수 있다. Responsible Manager 박스를 클릭하면 OBS 목록이 나타나며 원하는 담당자를 선택하고 오른쪽에 [Select] 버튼을 클릭하여 지정할 수 있다.

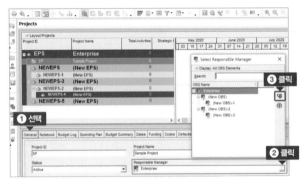

▲ [그림4-2-4-4] Project 화면에서 Responsible Manager 지정

Organizational Breakdown Structure(OBS)

과제

▷ 아래 기업 조직도를 참고하여 OBS(Organization Breakdown Structure)를 작성합니다.

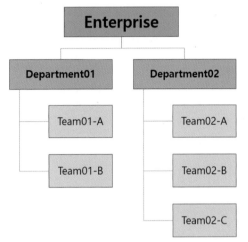

▷ 교육생 본인을 Team02-C 하위로 등록합니다.
▷ Sample Project에 교육생 본인을 Responsible Manager로 할당합니다.

▲ [그림4-2-4-5] OBS 실습

결과

▲ [그림4-2-4-6] OBS 실습 결과

▲ [그림4-2-4-7] OBS 실습 결과

5 Calendar

Primavera P6에서 Calendar는 무제한으로 생성할 수 있다. 이 의미는 CPM 계산 시 상황에 알맞은 근무일과 휴무일을 정확히 계산하여 Schedule에 대한 품질을 보장하기 위해서이다. 생성한 캘린더는 각각의 Project, Activity 및 Resource에 할당할 수 있다. Project 운영 중에도 캘린더를 Activity General Tab, Resource의 Details Tab, Project의 Defaults Tab 등 해당되는 곳에서 재할당할 수 있다.

01_ Calendar 창을 나타내기 위해 Menu Bar에서 [Enterprise]-[Calendars]를 선택한다.

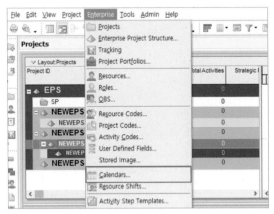

▲ [그림4-2-5-1] Calendar 열기

02_ [Calendars] 대화상자가 나타나고, 기본적으로 설정되어 있는 캘린더를 확인할 수 있다. 화면 상단에 Global이 선택된 상태로 [Add] 버튼을 클릭한다.

> **TiP**
>
> Primavera P6에는 세 가지 Calendar 타입이 있다.
>
> • Global Calendar : Primavera P6 데이터베이스 모든 Project, Activity, Resource에서 사용 가능.
> • Resource Calendar : Resource에만 할당하여 사용 가능.
> • Project Calendar : 해당 프로젝트에만 사용 가능.

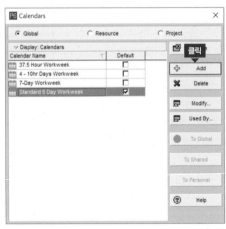

▲ [그림4-2-5-2] Calendar 생성

03_ [Add] 버튼을 클릭하면 기존 캘린더와 같은 목록의 창이 나타난다. 이것은 캘린더 생성 시 기존의 캘린더를 복사 및 수정해서 사용한다는 의미이다. 새로 생성할 캘린더와 가장 유사한 캘린더를 선택하고 더블 클릭 또는 오른쪽의 [Select] 버튼을 클릭한다.

▲ [그림4-2-5-3] Calendar 생성

04_ 생성된 Calendar의 Name을 입력하고 캘린더 속성을 설정하기 위해 오른쪽의 [Modify] 버튼을 클릭한다.

▲ [그림4-2-5-4] Calendar 생성

TiP

캘린더에서 Default Calendar로 지정되어 있으면 Project 신규 생성 시 Default 값의 Calendar가 지정되어 생성된다.

05_ [Modify] 버튼을 클릭하면 해당 캘린더의 속성을 설정할 수 있는 창이 나타난다. 화면상단에서 두 가지 카테고리로 설정이 가능한데, 'Total work hours/day'는 특정 요일 또는 매주 반복되는 요일의 작업하는 총 시간을 설정할 수 있고(예 하루 8시간 근무 달력 설정) 'Detailed work hours/day'는 특정 요일 또는 매주 반복되는 요일의 작업시작시간부터 종료시간까지 세부 설정(09시~18시까지 근무 및 12시~13시 휴식시간 등)이 가능하다.

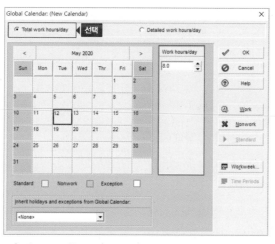

▲ [그림4-2-5-5] 'Total work hours/day' 선택 화면

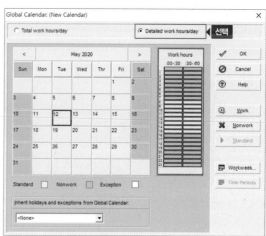

▲ [그림4-2-5-6] 'Detailed work hours/day' 선택 화면

06_ 'Total work hours/day'가 선택된 상태에서 오른쪽의 [Workweek]를 클릭하면 'Calendar Weekly Hours' 창이 나타나는데 여기서는 매 요일마다 공통적으로 작업하는 총 시간을 설정할 수 있다. 예를 들어 월요일에 8을 입력하면 매주 월요일은 8시간씩 작업하는 캘린더이며 일요일에 0을 입력하면 매주 일요일은 0시간 작업하는, 즉 매주 일요일은 쉬는 날로 설정할 수 있는 것이다.

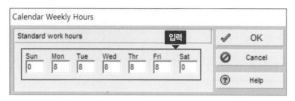

▲ [그림4-2-5-7] 'Total work hours/day'의 'Workweek' 설정

07_ 설정을 완료하면 [OK] 버튼을 클릭하여 창을 닫는다. 아래는 일요일과 토요일에 0을 입력한 결과로 매주 일요일과 토요일을 쉬는 주5일제 작업 캘린더의 예시이다.

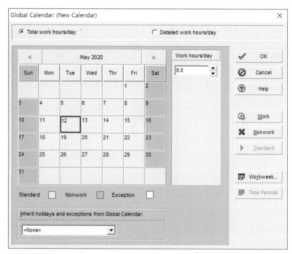

▲ [그림4-2-5-8] 주5일 캘린더 결과 예시

08_ 'Detailed work hours/day'가 선택된 상태에서 오른쪽의 [Workweek]를 클릭하면 'Calendar Weekly Hours' 창이 나타나는데 앞서 설정한 화면과 다른 화면이 나타난다. 여기서는 매 요일마다 공통적으로 작업하는 시간대를 30분 단위로 설정할 수 있다. 요일을 선택한 뒤 해당 시간대를 더블 클릭하거나 오른쪽의 [Work], [Nonwork] 버튼을 클릭하여 해당 시간대의 작업시간 유무를 설정한다.

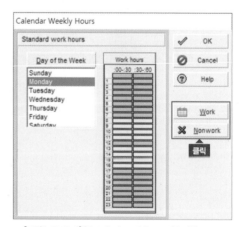

▲ [그림4-2-5-9] 'Detailed work hours/day'의 'Workweek' 설정

TiP

'Total work hours/day'와 'Detailed work hours/day'에서 설정 모두 매 요일마다 공통적으로 적용되는 작업시간 설정이므로 주의를 기울이도록 한다. 예를 들어 양쪽에서 설정한 하루 작업 총 시간이 다르면 최신의 작업된 설정이 적용된다.

09_ 설정을 완료하면 [OK] 버튼을 클릭하여 창을 닫는다. 아래는 월요일부터 금요일까지 08시부터 17시까지 근무하되 12시~13시까지 휴식시간을 설정하여 8시간 작업하는 캘린더의 예시이다.

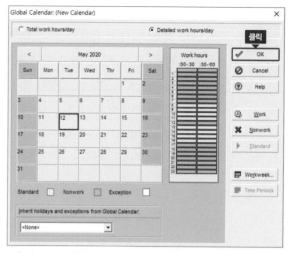

▲ [그림4-2-5-10] 'Detailed work hours/day'의 'Workweek' 설정 결과 예시

10_ 특정 날짜에 대한 설정은 'Total work hours/day'와 'Detailed work hours/day' 선택과 상관없이 해당 날짜를 선택하여 설정한다.

특정 날짜를 선택하고 오른쪽에 [Nonwork] 버튼을 클릭하면 해당 날짜는 휴일로 설정된다. 휴일로 설정된 날짜는 하늘색으로 표시되며 특정 공휴일, 명절 등의 휴무일을 설정할 수 있다.

또한 기존 휴무일에 작업을 해야 하는 경우 휴무일을 선택하고 오른쪽의 [Work] 버튼을 클릭한다. 해당 날짜는 하얀색으로 표시되면 이는 기존 휴무였던 날짜에 작업을 한다는 의미이다.

휴무일 등의 설정 후 기존 공통 설정으로 되돌리려면 해당 날짜를 선택하고 오른쪽의 [Standard] 버튼을 클릭한다.

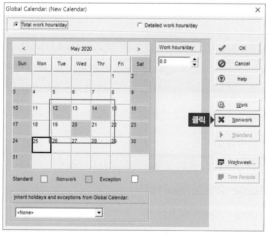

▲ [그림4-2-5-11] Nonwork 설정

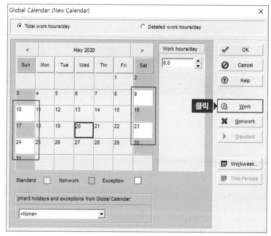

▲ [그림4-2-5-12] Exception 설정

TiP

특정날짜가 하얀색으로 표시되는 경우 기존 휴무에 작업을 한다는 의미도 있지만 기본 달력 설정과 다른 날짜도 하얀색으로 표시된다. 예를 들어 매 요일 8시간 작업하는 것으로 설정한 경우 특정 날짜에 9시간, 10시간 작업하는 것으로 설정한 경우에도 하얀색으로 표시된다.

11_ Calendar 설정 이후 프로젝트 화면 하단의 [Defaults] 탭에 있는 Calendar에서 해당 프로젝트의 Default Calendar를 지정할 수 있으며, 해당 프로젝트 내에서 Activity 추가 시 Default Calendar가 기본 적용되어 생성된다.

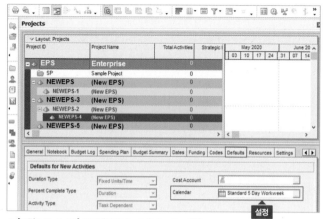

▲ [그림4-2-5-13] 프로젝트 Default Calendar 설정

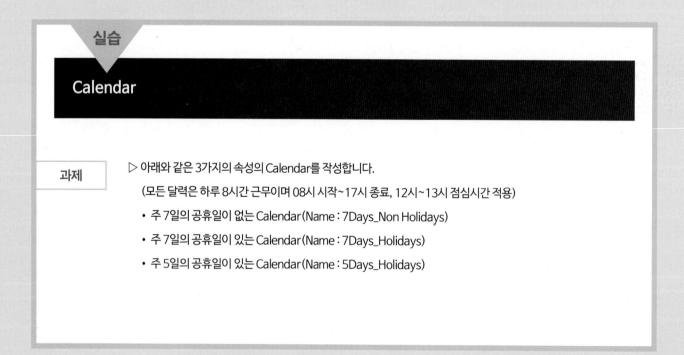

실습

Calendar

과제

▷ 아래와 같은 3가지의 속성의 Calendar를 작성합니다.

(모든 달력은 하루 8시간 근무이며 08시 시작~17시 종료, 12시~13시 점심시간 적용)

• 주 7일의 공휴일이 없는 Calendar(Name : 7Days_Non Holidays)

• 주 7일의 공휴일이 있는 Calendar(Name : 7Days_Holidays)

• 주 5일의 공휴일이 있는 Calendar(Name : 5Days_Holidays)

▷ 공휴일 정보는 아래의 표를 참고하여 작성합니다.

월	1월	2월	3월	4월	5월	6월
휴일(일)	1, 24, 25, 26	–	1	30	5, 25	6
월	7월	8월	9월	10월	11월	12월
휴일(일)	–	15	30	1, 2, 3, 9	–	25

▲ [표4-2-5-1] Calendar 실습

▷ Sample Project에 '7Days_Holidays' 달력을 Project Default Calendar로 할당합니다.

결과

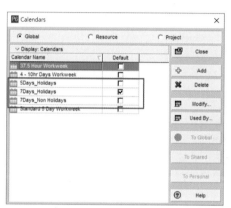

▲ [그림4-2-5-14] Calendar 실습 결과

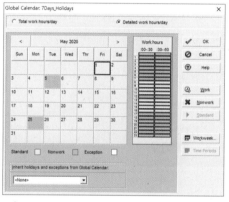

▲ [그림4-2-5-15] Calendar 실습 결과(2020년 5월 휴일)

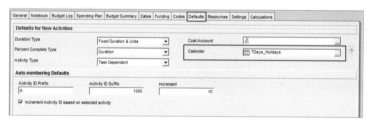

▲ [그림4-2-5-16] Calendar 실습 결과(Project Default Calendar)

프로젝트 Planning 단계에서 Work Breakdown Structure(WBS)를 구축하여 프로젝트 범위를 명확히 정의해야 한다. WBS는 작업 분류 체계로, Project의 업무 범위를 산출물을 중심으로 표현한 것이다. 이는 프로젝트 범위를 누락 없이 체계적으로 관리하기 위해 프로젝트의 범위를 모두 포함하면서 작업의 분류에 따라 각각 관리할 수 있도록 되어 있다.

WBS는 프로젝트 업무 범위에 대해 외부적으로는 PM과 고객 간, 내부적으로는 PM과 상위매니저 간의 계약 또는 약속이며, 원가, 일정, 자원 등 다른 계획을 위한 초석이 된다. 또한 고객의 계약 외 추가 업무 요구(Scope Creep)가 발생할 때 고객을 설득시킬 수 있는 증거물로 사용될 수 있다.

01_ WBS 화면으로 이동하기 위해 Menu Bar에서 [Project]-[WBS]를 선택하거나 왼쪽의 Tool Bar에서 [WBS]를 클릭한다.

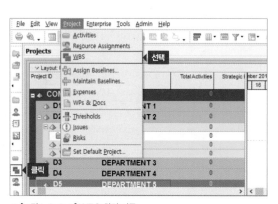

▲ [그림4-2-6-1] WBS 화면 이동

02_ WBS 화면으로 이동한 후 WBS를 추가하기 위해 화면 오른쪽의 [Add] 버튼을 클릭한다.

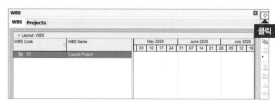

▲ [그림4-2-6-2] WBS 추가

03_ 추가된 WBS의 WBS Code, WBS Name을 입력한다.

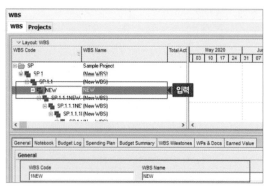

▲ [그림4-2-6-3] WBS Code, Name 입력

04_ 동일한 방법으로 WBS를 추가하며 오른쪽의 화살표 버튼으로 계층적 구조를 설정할 수 있다.

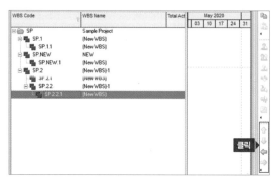

▲ [그림4-2-6-4] WBS 계층구조 설정

실습

Work Breakdown Structure(WBS)

과제

▷ 다음의 작업분류체계(WBS)를 참고하여 WBS를 작성합니다.

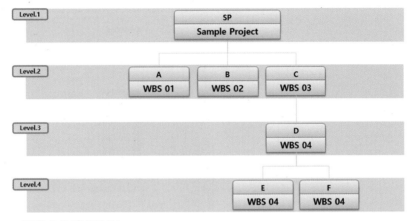

▲ [그림4-2-6-5] WBS 실습

▷ WBS level2에 아래의 WBS를 추가합니다.

* WBS Code : M
* WBS Name : Milestone

결과

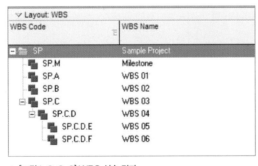

▲ [그림4-2-6-6] WBS 실습 결과

Activity Define

WBS 구축으로 프로젝트 범위를 명확히 정의했다면 가장 하위 WBS들의 범위를 수행할 Activity를 정의해야 한다. 실제로 모든 일정, 비용 및 자원양의 정보는 Activity에 투입되며 Activity에 정의된 기간과 연관관계의 정보로 CPM 계산이 수행된다.

01_ Activity 화면으로 이동하기 위해 Menu Bar에서 [Project]-[Activities]를 선택하거나 왼쪽 Tool Bar에서 [Activities] 아이콘을 클릭한다.

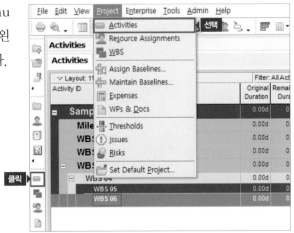

▲ [그림4-2-7-1] Activity 화면 이동

02_ Activity 화면으로 이동하여 확인 후 처음 사용하는 사용자 편의를 위해 아래와 같은 설정을 차례대로 수행한다.

- Activity Table에서 마우스 우 클릭
- Group & Sort 선택
- 화면 중간의 'Group By'의 첫 줄을 클릭하여 'WBS'를 선택하고 오른쪽에 [OK] 버튼 클릭
- 앞서 구축한 WBS 구조로 그룹화 되어 있는 것을 확인

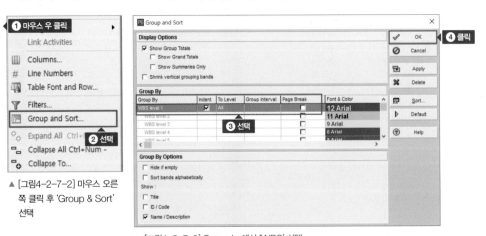

▲ [그림4-2-7-2] 마우스 오른쪽 클릭 후 'Group & Sort' 선택

▲ [그림4-2-7-3] Group by에서 'WBS' 선택

03_ Activity를 추가할 WBS를 선택한 후 오른쪽의 [Add] 버튼을 클릭한다.

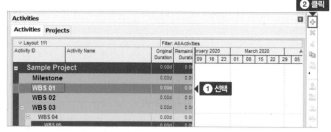

▲ [그림4-2-7-4] Activity 추가

WBS에 Activity를 잘못 추가했을 경우 삭제 후 다시 추가할 수도 있지만 마우스 오른쪽 클릭 후 잘라내기, 붙여넣기 등도 가능하다. 복사 및 붙여넣기도 가능하니 참고하도록 한다.

04_ Activity가 추가되면 Activity Table의 Column에서 Activity ID, Activity Name, Original Duration 등의 정보를 입력한다.

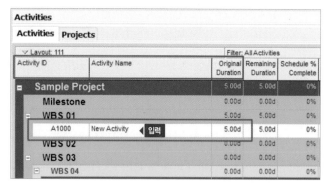

▲ [그림4-2-7-5] Activity 정보 입력

05_ 해당 Activity를 선택하고 화면 하단의 Details 창의 [General] 탭에서 Activity Type을 설정한다.

▲ [그림4-2-7-6] Activity Type 설정

06_ 위 방법을 반복하여 원하는 Activity를 추가하고 정보를 입력한다.

07_ Activity Type은 6가지가 있으며 Type별 특징은 아래와 같다.

- START MILESTONE : 프로젝트 결과물을 알리거나 단계의 시작을 표시하기 위해 사용된다.
  - Zero-duration Activity
  - Start Date만 가지고 있다.
  - Resource와 Role을 할당할 수 없다.
  - Constraints, Expenses, Work Products and Documents를 할당할 수 있다.

- FINISH MILESTONE : 프로젝트 결과물을 알리거나 단계의 종료를 표시하기 위해 사용된다.
  - Zero-duration Activity
  - Finish Date만 가지고 있다.
  - Resource와 Role을 할당할 수 없다.
  - Constraints, Expenses, Work Products and Documents를 할당할 수 있다.

- TASK DEPENDENT : 업무에 할당된 Resource의 유용성과 상관없이 주어진 업무 시간 내에 완수할 필요가 있을 때 사용된다.
  - Activity에 할당된 Calendar의 Workweek에 의해 Duration이 결정된다.
  - Activity의 Resources는 Activity Calendar에 의해 작업이 Schedule된다.

- RESOURCE DEPENDENT : Activity에 할당된 다수의 Resource가 독립적으로 작업할 수 있을 때 사용된다.
  - Activity의 Resources는 개개의 Resource Calendar에 의해 작업이 Schedule된다.
  - Activity에서 작업하는 데 할당된 Resources의 유용성에 의해 Duration이 결정된다.

- LEVEL OF EFFORT : 다른 Activity에 의존하여 진행 중인 일들에 사용된다.
  - Duration은 해당 Activity의 선행과 후행 및 할당된 캘린더에 의해 결정된다.
    (**예** Clerical work, a security guard, meetings)
  - Constraints를 할당할 수 없다.

- WBS SUMMARY : WBS 레벨을 요약하기 위해 사용된다.
  - WBS Summary Activity는 보통 WBS Level을 공유하는 Activities의 그룹으로 구성된다.
  - WBS Summary Activity에서 계산된 Dates는 그룹 내 Activities의 Earliest Start Date와 Latest Finish Date를 기초로 한다.
  - WBS Summary Activity Duration은 할당된 캘린더를 기준으로 계산된다.
  - WBS Summary Activity에 Constraints를 할당할 수 없다.

실습

Activity Define

과제

▷ 다음의 활동 목록, 마일스톤 목록을 참고하여 Activity를 생성합니다.

〈활동 목록〉

WBS Code	Activity ID	Activity Name	Original Duration(d)	Activity Type	Calendar
SAM.A	A1000	TASK 01	10	Task Dependent	7Days_Holidays
SAM.B	B1000	TASK 02	5	Task Dependent	7Days_Holidays
SAM.C.D.E	C1000	TASK 03	10	Task Dependent	7Days_Holidays
SAM.C.D.E	C1010	TASK 04	10	Task Dependent	7Days_Holidays
SAM.C.D.E	C1020	TASK 05	10	Task Dependent	7Days_Holidays
SAM.C.D.E	C1030	TASK 06	5	Task Dependent	7Days_Holidays
SAM.C.D.E	C1040	TASK 07	10	Task Dependent	7Days_Holidays
SAM.C.D.F	C2000	TASK 08	5	Task Dependent	7Days_Holidays
SAN.C.D.F	C2010	TASK 09	3	Task Dependent	7Days_Holidays

▲ [표4-2-7-1] Activity Define 실습

〈마일스톤 목록〉

WBS Code	Activity ID	Activity Name	Calendar
SAM.M	M1000	START	7Days_Holidays
SAM.M	M1010	FINISH	7Days_Holidays
SAM.M	M1020	WBS A FINISH	7Days_Holidays
SAM.M	M1030	WBS B FINISH	7Days_Holidays
SAM.M	M1040	WBS C FINISH	7Days_Holidays

▲ [표4-2-7-2]

▷ 마일스톤 Activity의 특성에 따라 Activity Type을 설정한다.

결과

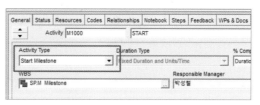

▲ [그림4-2-7-8] Activity Define 실습 결과

▲ [그림4-2-7-7] Activity Define 실습 결과

각각의 기간을 가진 Activity들의 논리적인 연관관계 또는 업무 순서를 Relationship이라고 하며 CPM 일정 계산의 필수 정보이다. CPM 이론에서는 기본적으로 제일 처음 시작하는 Activity와 제일 마지막에 끝나는 Activity를 제외하고 모든 Activity는 1개 이상의 선행과 후행 정보를 가지고 있어야 한다. 이는 논리적인 Relationship으로 인한 CPM 계산으로 도출되는 기간, 날짜 및 여유기간에 대한 최소 신뢰도를 의미한다.

Relationship에는 4가지 Type이 있으며 Activity Relationship 간 Lag 시간을 설정할 수 있다. Lag란 선행 Activity와 후행 Activity 사이를 지연시키는 것을 말한다. Primavera P6에서는 모든 Relationship Type에 추가될 수 있고, 마이너스(lead) 또는 플러스(lag) 값을 가질 수 있다.

- Finish-to-Start(FS) : 선행이 종료되면 후행이 시작할 수 있다는 의미이다.
- Start-to-Start(SS) : 선행이 시작되면 후행도 시작할 수 있다는 의미이다.
- Finish-to-Finish(FF) : 선행이 종료되면 후행도 종료할 수 있다는 의미이다.
- Start-to-Finish(SF) : 후행이 시작하면 선행이 종료할 수 있다는 의미이다.

01_ Relationship 작업을 하기 위해 Activity 화면 하단의 Details 창에서 [Relationship] 탭을 선택한다.

▲ [그림4-2-8-1] Activity [Relationship] 탭

02_ Activity 하나를 선택하면 해당 Activity의 선행 정보가 화면 하단의 왼쪽 'Predecessors' 박스에, 후행정보는 화면 하단의 오른쪽 'Successors' 박스에 표시된다.

▲ [그림4-2-8-2] Activity [Relationship] 탭

03_ 선택한 Activity의 후행 정보를 입력하기 위해 'Successors' 박스 아래에 [Assign] 버튼을 클릭하면 후행으로 설정할 수 있는 Activity 목록이 새로운 창으로 나타난다.

▲ [그림4-2-8-3] 후행 Activity 할당

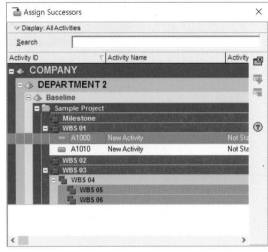

▲ [그림4-2-8-4] 할당 가능한 Activity 목록

04_ 후행으로 설정할 Activity를 선택 후 오른쪽에 [Assign] 버튼을 클릭하면 'Successors' 박스에 후행 Activity가 추가된 것을 확인할 수 있다.

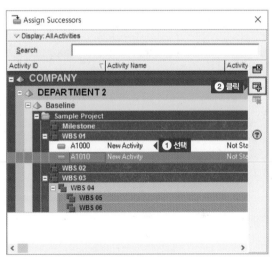

▲ [그림4-2-8-5] 후행 Activity 할당

05_ 기본 Relationship Type으로 FS, lag 0이 설정되며, 필요에 따라 'Successors' 박스에서 해당 Relationship Type을 클릭하여 변경할 수 있으며 Lag도 직접 입력할 수 있다.

▲ [그림4-2-8-6] Relationship Type 설정

▲ [그림4-2-8-7] Lag 설정

Relationship

과제

▷ 다음의 프로젝트 일정 네트워크도 문서를 참고하여 Relationship을 연결합니다.

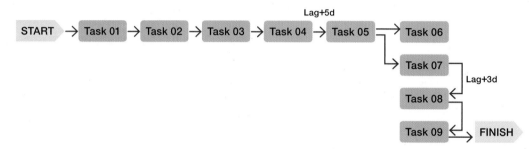

▲ [그림4-2-8-8] Relationship 실습

▷ 아래의 표를 참고하여 Milestone의 Relationship을 연결합니다.

ACTIVITY ID	선행 ACTIVITY ID	RELATION TYPE	LAG
M1020	A1000	FF	0
M1030	B1000	FF	0
M1040	C1040	FF	0
M1040	C2010	FF	0

▲ [표4-2-8-1] Relationship 실습

결과

▲ [그림4-2-8-9] Relationship 실습 결과(A1000 Activity)

9 Scheduling

Primavera P6에서 CPM계산을 하는 것은 'Schedule 기능을 실행한다'라고 한다.

01_ Schedule을 실행하기 위해 화면 상단의 [Schedule] 아이콘을 클릭하거나 단축키 F9 를 누른다.

▲ [그림4-2-9-1] Schedule 창 실행

02_ Schedule 실행 창이 나타나면 Current Data Date 날짜를 설정하고 Log to file에 체크 표시를 한 후 [Schedule] 버튼을 클릭한다.

TiP

Data Date는 Schedule 계산이 되는 기준 시점으로 계획 단계에서는 Project Start Date와 동일하게 설정한다.

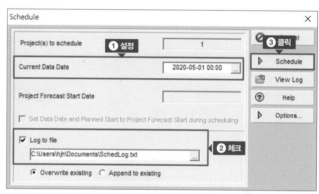

▲ [그림4-2-9-2] Schedule 계산 실행

03_ Schedule이 실행된 결과를 Gantt Chart에서 확인할 수 있다. 이때 Critical Path는 기본적으로 붉은색으로 표시된다.

TiP

Critical Path의 기본 정의는 TF가 0 이하인 Activity들의 경로로서 모든 프로젝트는 최소 하나 이상의 Critical Path를 가지게 된다.

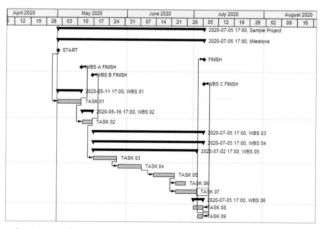

▲ [그림4-2-9-3] Schedule 계산 결과 예시

그러나 Project Must Finish by를 설정한 경우 Schedule 계산된 프로젝트 종료 날짜가 Project Must Finish by 날짜보다 이른 경우 붉은색의 Critical Path가 표시되지 않을 수 있다. 이는 모든 Activity가 프로젝트 기준으로 여유시간이 있다는 의미이며, Project Must Finish by 날짜를 삭제하여 현재 종료일 기준으로 Critical Path를 도출할 수 있다.

Project Must Finish by 날짜를 삭제하려면 [Project Details] 창의 [Dates] 탭에서 'Project Must Finish by' 칸을 드래그하여 [Delete] 버튼으로 삭제하면 된다.

04_ Schedule 실행 시 저장했던 Log File은 View Log를 클릭하거나 저장 폴더에서 확인할 수 있다.

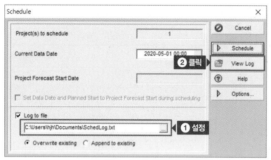

▲ [그림4-2-9-4] Schedule Log File 열기

▲ [그림4-2-9-5] Schedule Log File 예시

실습

Scheduling

과제	▷ Schedule([F9])을 실행하여 Activity의 날짜를 계산합니다. ▷ Activity Table에서 각 Activity와 WBS, Project의 기간과 날짜를 확인합니다. ▷ Bar Chart에서 Timescale을 달리 설정하여 검토합니다. ▷ Project Must Finish by Date를 삭제 후 Schedule([F9])을 실행합니다.

결과

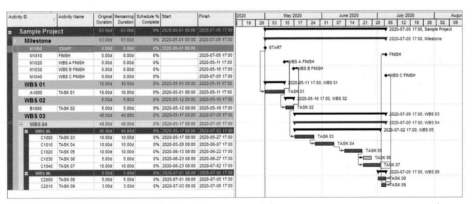

▲ [그림4-2-9-6] Scheduling 실습 결과(Project Must Finish by 삭제)

Schedule Log

과제

▷ 프로젝트의 Schedule Log 파일을 열어 다음의 내용을 확인합니다.

- 프로젝트 Activity 개수

- 프로젝트 Relationship 개수

- 선행을 가지고 있지 않은 Activity 개수

- 후행을 가지고 있지 않은 Activity 개수

- Critical Activity 개수

▷ Schedule Log 파일을 'Schedule Log_작성자 이름.txt' 이름으로 저장합니다.

결과

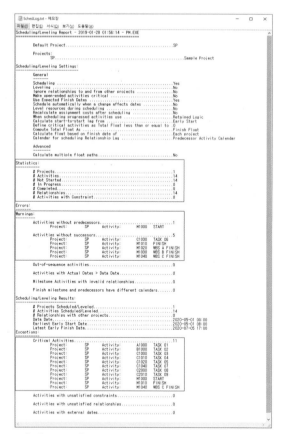

▲ [그림4-2-9-7] Schedule Log 실습 결과

프로젝트 일정 계산이 끝나고 나면 일정 기준선을 수립해야 한다. 하지만 일정 기준선은 상호간의 계약 및 약속에 대한 기준이므로 한 번 수립되면 쉽게 변경되지 않는다. 그렇기 때문에 일정 기준선 수립 전에 현재 작성된 프로젝트 일정 결과를 다양한 관점으로 검토해야 한다.

01_ Activity Table에서 원하는 정보를 확인하기 위해 Activity Table에서 마우스 오른쪽을 클릭하여 [Columns]를 선택하거나 상단 Tool Bar의 [Columns] 아이콘을 클릭한다.

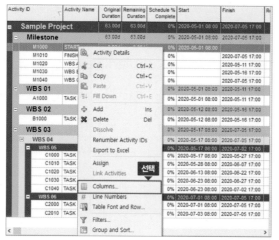

▲ [그림4-2-10-2] Column 아이콘

▲ [그림4-2-10-1] Column 창 열기

02_ Column 창이 나타나면 다양한 카테고리 내에서 확인할 정보가 있는 Column명을 오른쪽으로 이 동 시킨다. 대부분의 일정정보는 [Date], [Duration] 카테고리에서 확인할 수 있다.

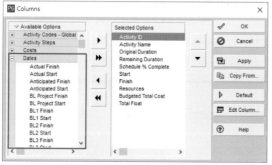

▲ [그림4-2-10-3] Date Column 카테고리

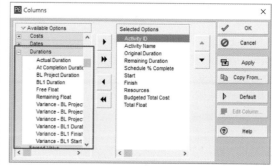

▲ [그림4-2-10-4] Duration Column 카테고리

03_ Column 창의 상단에 'Available Option'을 클릭하고 [Find]를 활용하여 원하는 Column을 바로 찾을 수도 있다.

▲ [그림4-2-10-6] Column명 검색

▲ [그림4-2-10-5] Column명 검색

04_ Activity Table에서 다양한 기준으로 Activity를 집계하기 위해서 Activity Table에서 마우스 오른쪽을 클릭하여 [Group & Sort]를 선택하거나 상단 Tool Bar의 [Group & Sort] 아이콘을 클릭한다.

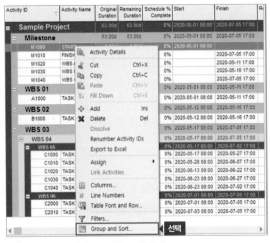

▲ [그림4-2-10-8] Group & Sort 아이콘

▲ [그림4-2-10-7] Group & Sort 창 열기

05_ 'Group By'에서 다양한 기준을 선택하여 일정을 집계해 볼 수 있다. 'Group By' 칸을 클릭하여 나타나는 목록에서 기준을 설정할 수 있으며, 기간이나 날짜 등 수치 정보를 기준으로 집계하는 경우 Group Interval에서 수치 구간을 설정하여 결과를 집계해 볼 수도 있다.

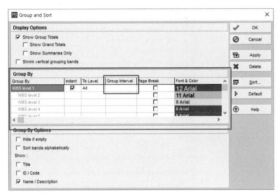

▲ [그림4-2-10-9] Group By 설정

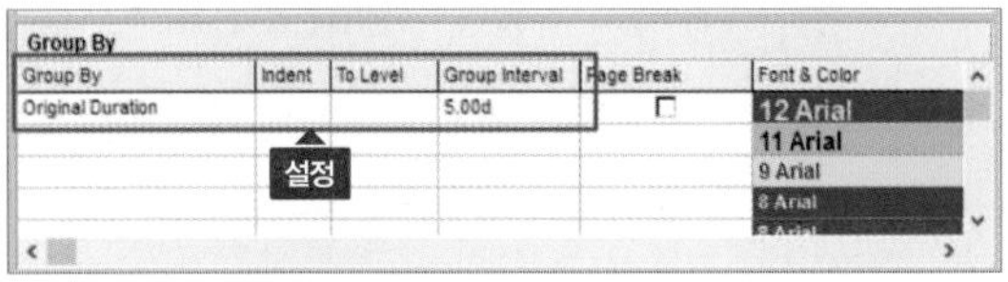

▲ [그림4-2-10-10] 기간별 Grouping 설정

06_ 설정이 끝나면 [OK] 버튼을 클릭하여 창을 닫고 결과를 확인한다.

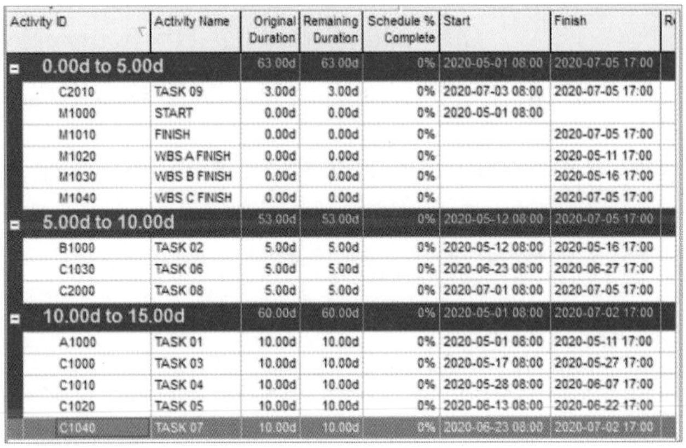

Activity ID	Activity Name	Original Duration	Remaining Duration	Schedule % Complete	Start	Finish	Ri
0.00d to 5.00d		63.00d	63.00d	0%	2020-05-01 08:00	2020-07-05 17:00	
C2010	TASK 09	3.00d	3.00d	0%	2020-07-03 08:00	2020-07-05 17:00	
M1000	START	0.00d	0.00d	0%	2020-05-01 08:00		
M1010	FINISH	0.00d	0.00d	0%		2020-07-05 17:00	
M1020	WBS A FINISH	0.00d	0.00d	0%		2020-05-11 17:00	
M1030	WBS B FINISH	0.00d	0.00d	0%		2020-05-16 17:00	
M1040	WBS C FINISH	0.00d	0.00d	0%		2020-07-05 17:00	
5.00d to 10.00d		53.00d	53.00d	0%	2020-05-12 08:00	2020-07-05 17:00	
B1000	TASK 02	5.00d	5.00d	0%	2020-05-12 08:00	2020-05-16 17:00	
C1030	TASK 06	5.00d	5.00d	0%	2020-06-23 08:00	2020-06-27 17:00	
C2000	TASK 08	5.00d	5.00d	0%	2020-07-01 08:00	2020-07-05 17:00	
10.00d to 15.00d		60.00d	60.00d	0%	2020-05-01 08:00	2020-07-02 17:00	
A1000	TASK 01	10.00d	10.00d	0%	2020-05-01 08:00	2020-05-11 17:00	
C1000	TASK 03	10.00d	10.00d	0%	2020-05-17 08:00	2020-05-27 17:00	
C1010	TASK 04	10.00d	10.00d	0%	2020-05-28 08:00	2020-06-07 17:00	
C1020	TASK 05	10.00d	10.00d	0%	2020-06-13 08:00	2020-06-22 17:00	
C1040	TASK 07	10.00d	10.00d	0%	2020-06-23 08:00	2020-07-02 17:00	

▲ [그림4-2-10-11] 기간별 Grouping 결과 예시

07_ Activity Table에서 특정 Activity들의 정보만 확인하기 위해서 Activity Table에서 마우스 오른쪽을 클릭하여 [Filter]를 선택하거나 상단 Tool Bar의 [Filter] 아이콘을 클릭한다.

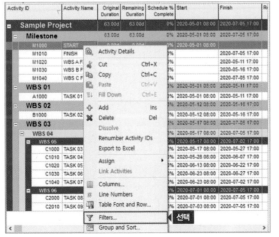

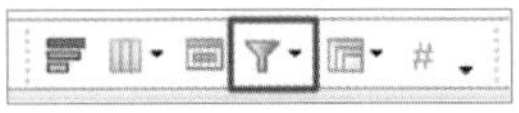

▲ [그림4-2-10-13] Filter 아이콘

▲ [그림4-2-10-12] Filter 창 열기

08_ Filter 목록 중 원하는 Filter의 [Select] 박스에 체크하고 [OK] 버튼을 클릭한다. 예를 들어 'Critical' Filter를 적용하면 전체 프로젝트 일정 중 Critical Path의 일정만 확인할 수 있다.

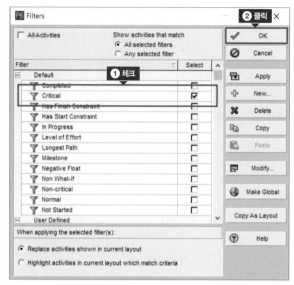

▲ [그림4-2-10-14] Critical Path Filter 적용

09_ Filter를 해제하고 전체 Activity를 나타내려면 'All Activities'를 체크하고 [OK] 버튼을 클릭한다.

▲ [그림4-2-10-15] Filter 해제

실습

Schedule Review

실습

Schedule Review

과제

▷ Activity Table에서 'Activity Count' Column을 나타냅니다.

▷ Group & Sort 기능을 활용하여 다음의 기준으로 일정을 확인합니다.
- Original Duration별(Group Interval : 5일)
- Finish Date별(Group Interval : Week)
- Total Float별

▷ Filter 기능을 활용하여 다음의 Activity들의 일정을 확인합니다.
- Critical Path Activity
- Milestone Activity

▷ Group & Sort는 WBS 보기로 설정하고 Filter는 해제하여 모든 Activity를 나타냅니다.

결과

Activity ID	Activity Name	Original Duration	Activity Count	Remaining Duration	Schedule % Complete	Start
0.00d to 5.00d		63.00d	6	63.00d	0%	2020-05-01 08:00
C2010	TASK 09	3.00d	1	3.00d	0%	2020-07-03 08:00
M1000	START	0.00d	1	0.00d	0%	2020-05-01 08:00
M1010	FINISH	0.00d	1	0.00d	0%	
M1020	WBS A FINISH	0.00d	1	0.00d	0%	
M1030	WBS B FINISH	0.00d	1	0.00d	0%	
M1040	WBS C FINISH	0.00d	1	0.00d	0%	
5.00d to 10.00d		53.00d	3	53.00d	0%	2020-05-12 08:00
B1000	TASK 02	5.00d	1	5.00d	0%	2020-05-12 08:00
C1030	TASK 06	5.00d	1	5.00d	0%	2020-06-23 08:00
C2000	TASK 08	5.00d	1	5.00d	0%	2020-07-01 08:00
10.00d to 15.00d		60.00d	5	60.00d	0%	2020-05-01 08:00
A1000	TASK 01	10.00d	1	10.00d	0%	2020-05-01 08:00
C1000	TASK 03	10.00d	1	10.00d	0%	2020-05-17 08:00
C1010	TASK 04	10.00d	1	10.00d	0%	2020-05-28 08:00
C1020	TASK 05	10.00d	1	10.00d	0%	2020-06-13 08:00
C1040	TASK 07	10.00d	1	10.00d	0%	2020-06-23 08:00

▲ [그림4-2-10-16] Schedule Review 실습 결과(Original Duration Grouping)

Activity ID	Activity Name	Original Duration	Activity Count	Remaining Duration	Schedule % Complete	Start
2020-04-26 00:00		0.00d	1	0.00d	0%	2020-05-01 08:00
M1000	START	0.00d	1	0.00d	0%	2020-05-01 08:00
2020-05-10 00:00		15.00d	4	15.00d	0%	2020-05-01 08:00
A1000	TASK 01	10.00d	1	10.00d	0%	2020-05-01 08:00
B1000	TASK 02	5.00d	1	5.00d	0%	2020-05-12 08:00
M1020	WBS A FINISH	0.00d	1	0.00d	0%	
M1030	WBS B FINISH	0.00d	1	0.00d	0%	
2020-05-24 00:00		10.00d	1	10.00d	0%	2020-05-17 08:00
C1000	TASK 03	10.00d	1	10.00d	0%	2020-05-17 08:00
2020-06-07 00:00		10.00d	1	10.00d	0%	2020-05-28 08:00
C1010	TASK 04	10.00d	1	10.00d	0%	2020-05-28 08:00
2020-06-21 00:00		15.00d	2	15.00d	0%	2020-06-13 08:00
C1020	TASK 05	10.00d	1	10.00d	0%	2020-06-13 08:00
C1030	TASK 06	5.00d	1	5.00d	0%	2020-06-23 08:00
2020-06-28 00:00		10.00d	1	10.00d	0%	2020-06-23 08:00
C1040	TASK 07	10.00d	1	10.00d	0%	2020-06-23 08:00
2020-07-05 00:00		5.00d	4	5.00d	0%	2020-07-01 08:00
C2000	TASK 08	5.00d	1	5.00d	0%	2020-07-01 08:00
C2010	TASK 09	3.00d	1	3.00d	0%	2020-07-03 08:00

▲ [그림4-2-10-17] Schedule Review 실습 결과(Finish Grouping)

실습

Schedule Review

과제

▷ Activity Table에서 'Activity Count' Column을 나타냅니다.

▷ Group & Sort 기능을 활용하여 다음의 기준으로 일정을 확인합니다.
- Original Duration별(Group Interval : 5일)
- Finish Date별(Group Interval : Week)
- Total Float별

▷ Filter 기능을 활용하여 다음의 Activity들의 일정을 확인합니다.
- Critical Path Activity
- Milestone Activity

▷ Group & Sort는 WBS 보기로 설정하고 Filter는 해제하여 모든 Activity를 나타냅니다.

결과

Activity ID	Activity Name	Original Duration	Activity Count	Remaining Duration	Schedule % Complete	Start
0.00d to 5.00d		63.00d	6	63.00d	0%	2020-05-01 08:00
C2010	TASK 09	3.00d	1	3.00d	0%	2020-07-03 08:00
M1000	START	0.00d	1	0.00d	0%	2020-05-01 08:00
M1010	FINISH	0.00d	1	0.00d	0%	
M1020	WBS A FINISH	0.00d	1	0.00d	0%	
M1030	WBS B FINISH	0.00d	1	0.00d	0%	
M1040	WBS C FINISH	0.00d	1	0.00d	0%	
5.00d to 10.00d		53.00d	3	53.00d	0%	2020-05-12 08:00
B1000	TASK 02	5.00d	1	5.00d	0%	2020-05-12 08:00
C1030	TASK 06	5.00d	1	5.00d	0%	2020-06-23 08:00
C2000	TASK 08	5.00d	1	5.00d	0%	2020-07-01 08:00
10.00d to 15.00d		60.00d	5	60.00d	0%	2020-05-01 08:00
A1000	TASK 01	10.00d	1	10.00d	0%	2020-05-01 08:00
C1000	TASK 03	10.00d	1	10.00d	0%	2020-05-17 08:00
C1010	TASK 04	10.00d	1	10.00d	0%	2020-05-28 08:00
C1020	TASK 05	10.00d	1	10.00d	0%	2020-06-13 08:00
C1040	TASK 07	10.00d	1	10.00d	0%	2020-06-23 08:00

▲ [그림4-2-10-16] Schedule Review 실습 결과(Original Duration Grouping)

Activity ID	Activity Name	Original Duration	Activity Count	Remaining Duration	Schedule % Complete	Start
2020-04-26 00:00		0.00d	1	0.00d	0%	2020-05-01 08:00
M1000	START	0.00d	1	0.00d	0%	2020-05-01 08:00
2020-05-10 00:00		15.00d	4	15.00d	0%	2020-05-01 08:00
A1000	TASK 01	10.00d	1	10.00d	0%	2020-05-01 08:00
B1000	TASK 02	5.00d	1	5.00d	0%	2020-05-12 08:00
M1020	WBS A FINISH	0.00d	1	0.00d	0%	
M1030	WBS B FINISH	0.00d	1	0.00d	0%	
2020-05-24 00:00		10.00d	1	10.00d	0%	2020-05-17 08:00
C1000	TASK 03	10.00d	1	10.00d	0%	2020-05-17 08:00
2020-06-07 00:00		10.00d	1	10.00d	0%	2020-05-28 08:00
C1010	TASK 04	10.00d	1	10.00d	0%	2020-05-28 08:00
2020-06-21 00:00		15.00d	2	15.00d	0%	2020-06-13 08:00
C1020	TASK 05	10.00d	1	10.00d	0%	2020-06-13 08:00
C1030	TASK 06	5.00d	1	5.00d	0%	2020-06-23 08:00
2020-06-28 00:00		10.00d	1	10.00d	0%	2020-06-23 08:00
C1040	TASK 07	10.00d	1	10.00d	0%	2020-06-23 08:00
2020-07-05 00:00		5.00d	4	5.00d	0%	2020-07-01 08:00
C2000	TASK 08	5.00d	1	5.00d	0%	2020-07-01 08:00
C2010	TASK 09	3.00d	1	3.00d	0%	2020-07-03 08:00

▲ [그림4-2-10-17] Schedule Review 실습 결과(Finish Grouping)

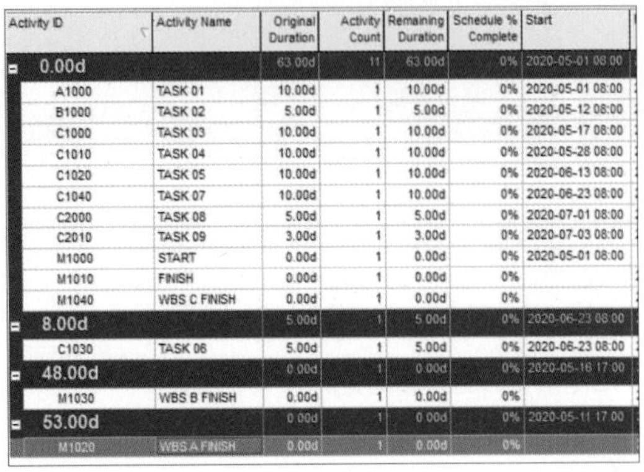

결과

Activity ID	Activity Name	Original Duration	Activity Count	Remaining Duration	Schedule % Complete	Start
0.00d		63.00d	11	63.00d	0%	2020-05-01 08:00
A1000	TASK 01	10.00d	1	10.00d	0%	2020-05-01 08:00
B1000	TASK 02	5.00d	1	5.00d	0%	2020-05-12 08:00
C1000	TASK 03	10.00d	1	10.00d	0%	2020-05-17 08:00
C1010	TASK 04	10.00d	1	10.00d	0%	2020-05-28 08:00
C1020	TASK 05	10.00d	1	10.00d	0%	2020-06-13 08:00
C1040	TASK 07	10.00d	1	10.00d	0%	2020-06-23 08:00
C2000	TASK 08	5.00d	1	5.00d	0%	2020-07-01 08:00
C2010	TASK 09	3.00d	1	3.00d	0%	2020-07-03 08:00
M1000	START	0.00d	1	0.00d	0%	2020-05-01 08:00
M1010	FINISH	0.00d	1	0.00d	0%	
M1040	WBS C FINISH	0.00d	1	0.00d	0%	
8.00d		5.00d	1	5.00d	0%	2020-06-23 08:00
C1030	TASK 06	5.00d	1	5.00d	0%	2020-06-23 08:00
48.00d		0.00d	1	0.00d	0%	2020-05-16 17:00
M1030	WBS B FINISH	0.00d	1	0.00d	0%	
53.00d		0.00d	1	0.00d	0%	2020-05-11 17:00
M1020	WBS A FINISH	0.00d	1	0.00d	0%	

▲ [그림4-2-10-18] Schedule Review 실습 결과(Total Float Grouping)

Activity ID	Activity Name	Original Duration	Activity Count	Remaining Duration	Schedule % Complete	Start	Finish
Sample Project		63.00d	11	63.00d	0%	2020-05-01 08:00	2020-
Milestone		63.00d	3	63.00d	0%	2020-05-01 08:00	2020-
M1000	START	0.00d	1	0.00d	0%	2020-05-01 08:00	
M1010	FINISH	0.00d	1	0.00d	0%		2020-
M1040	WBS C FINISH	0.00d	1	0.00d	0%		2020-
WBS 01		10.00d	1	10.00d	0%	2020-05-01 08:00	2020-
A1000	TASK 01	10.00d	1	10.00d	0%	2020-05-01 08:00	2020-
WBS 02		5.00d	1	5.00d	0%	2020-05-12 08:00	2020-
B1000	TASK 02	5.00d	1	5.00d	0%	2020-05-12 08:00	2020-
WBS 03		48.00d	6	48.00d	0%	2020-05-17 08:00	2020-
WBS 04		48.00d	6	48.00d	0%	2020-05-17 08:00	2020-
WBS 05		45.00d	4	45.00d	0%	2020-05-17 08:00	2020-
C1000	TASK 03	10.00d	1	10.00d	0%	2020-05-17 08:00	2020-
C1010	TASK 04	10.00d	1	10.00d	0%	2020-05-28 08:00	2020-
C1020	TASK 05	10.00d	1	10.00d	0%	2020-06-13 08:00	2020-
C1040	TASK 07	10.00d	1	10.00d	0%	2020-06-23 08:00	2020-
WBS 06		5.00d	2	5.00d	0%	2020-07-01 08:00	2020-
C2000	TASK 08	5.00d	1	5.00d	0%	2020-07-01 08:00	2020-
C2010	TASK 09	3.00d	1	3.00d	0%	2020-07-03 08:00	2020-

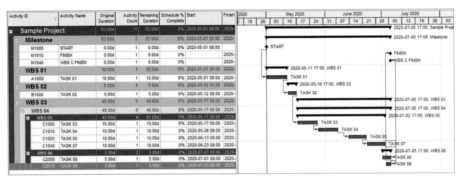

▲ [그림4-2-10-19] Schedule Review 실습 결과(Critical Path Filter)

Activity ID	Activity Name	Original Duration	Activity Count	Remaining Duration	Schedule % Complete	Start	Finish
Sample Project		63.00d	5	63.00d	0%	2020-05-01 08:00	2020-
Milestone		63.00d	5	63.00d	0%	2020-05-01 08:00	2020-
M1000	START	0.00d	1	0.00d	0%	2020-05-01 08:00	
M1010	FINISH	0.00d	1	0.00d	0%		2020-
M1020	WBS A FINISH	0.00d	1	0.00d	0%		2020-
M1030	WBS B FINISH	0.00d	1	0.00d	0%		2020-
M1040	WBS C FINISH	0.00d	1	0.00d	0%		2020-
WBS 01		0.00d	0	0.00d	0%		
WBS 02		0.00d	0	0.00d	0%		
WBS 03		0.00d	0	0.00d	0%		
WBS 04		0.00d	0	0.00d	0%		
WBS 05		0.00d	0	0.00d	0%		
WBS 06		0.00d	0	0.00d	0%		

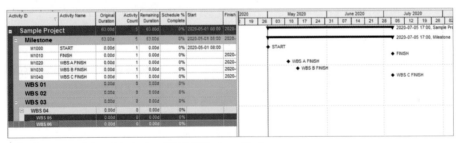

▲ [그림4-2-10-20] Schedule Review 실습 결과(Milestone Filter)

11 Baseline(Time Only)

일정에 대한 검토가 완료되면 일정기준선을 수립하게 된다. 이러한 기준선을 Baseline이라고 하며, Primavera P6에서도 Baseline을 생성하고 관리할 수 있다.

Primavera P6에서 Baseline은 Project의 현재 일정 또는 비용의 상태를 저장하는 것으로, 저장된 Baseline을 기준으로 Current의 상황이 어떠한지 (Ahead/Behind 또는 Under run/Over run) 평가할 수 있는 기준으로 활용한다. 또한 자원이나 비용정보를 투입하면 추후 EVMS 분석의 기준값으로도 사용된다. Primavera P6에서는 이러한 Baseline을 횟수에 제한 없이 생성할 수 있고, 상황에 따라 현재의 상태를 기준으로 생성할 수도 있으며, 기존에 생성된 프로젝트를 변환하여 Baseline을 생성할 수도 있다.

01_ Menu Bar에서 [Project] - [Maintain Baselines]를 선택하면 Baseline을 생성할 수 있는 [Maintain Baseline] 창이 나타난다.

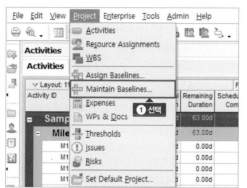

▲ [그림4-2-11-1] Maintain Baseline 열기

▲ [그림4-2-11-2] Maintain Baseline 창

02_ [Maintain Baseline] 창에서 오른쪽에 [Add] 버튼을 클릭하면 [Add New Baseline] 창이 추가로 나타나고, 여기서 첫 번째인 'Save a copy of the current project as a new baseline'을 선택하고 [OK] 버튼을 클릭하면 현재 상태의 Project의 일정을 기준으로 〈프로젝트명〉-B1이라는 Baseline이 생성되는 것을 확인할 수 있다.

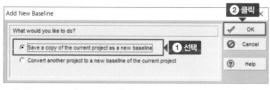

▲ [그림4-2-11-3] Baseline 추가

TiP

Baseline 생성 시 두 번째 옵션 'Convert another project to a new baseline of the current project'를 선택하면 기존의 다른 프로젝트를 현재 프로젝트의 Baseline으로 사용하겠다는 의미이며, 두 프로젝트 간 데이터 비교를 위해서도 활용된다.

▲ [그림4-2-11-4] Baseline 추가 확인

03_ 생성된 Baseline의 이름을 설정하고 [Close] 버튼을 클릭하여 종료한다.

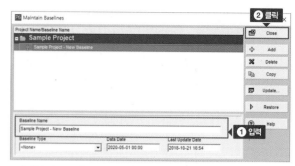

▲ [그림4-2-11-5] Baseline 이름 설정

04_ 앞서 Baseline을 생성하였으며 생성된 Baseline을 현재 프로젝트에 기준선으로 적용하려면 생성한 Baseline을 현재 프로젝트에 Assign해야 한다.

Baseline을 Assign하기 위해 Menu Bar의 [Project]-[Assign Baselines]를 선택한다.

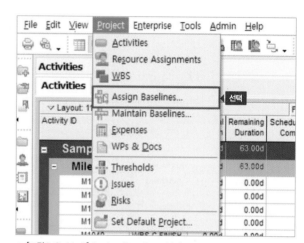

▲ [그림4-2-11-6] Assign Baselines 열기

05_ [Assign Baselines] 창이 나타나면 'Project' 박스에 현재 프로젝트가 선택된 것을 확인하고 'Project Baseline' 박스에 앞서 생성한 Baseline을 선택한 후 [OK] 버튼을 클릭하여 'Baseline Assign'을 완료한다.

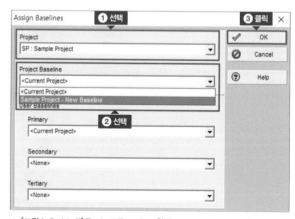

▲ [그림4-2-11-7] Project Baseline 할당

TiP

'Project Baseline'은 프로젝트에 Assign되어 해당 프로젝트에 관련된 모든 사용자가 공통적으로 적용하는 Baseline이며, 'User Baseline'은 동일한 프로젝트라도 로그인하는 사용자별로 Assign이 가능하여 사용자가 개별적으로 비교해볼 수 있는 Baseline이다.

06_ Baseline을 생성 및 프로젝트에 적용 시키면 해당 Baseline의 정보를 Bar chart에서 확인할 수 있다. Bar Chart에서 Baseline을 확인하기 위해서 Bar Chart에서 마우스 오른쪽을 클릭하여 [Bars]를 선택한다.

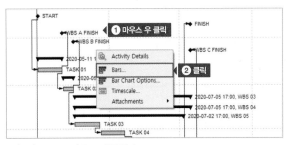

▲ [그림4-2-11-8] Bars 설정 열기

07_ [Bars] 창이 나타나면 현재 기본 설정되어 있는 Bar의 목록을 확인할 수 있다.

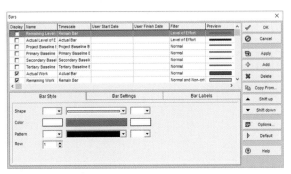

▲ [그림4-2-11-9] Bar 설정 창

08_ Bar 목록에서 'Project Baseline Bar'를 찾아 'Timescale'이 'Project Baseline Bar'로 설정되어 있는 것을 확인하고 'Display' 박스에 체크한다.

그리고 'Project Baseline Bar'가 선택된 상태에서 하단의 [Bar Style] 탭의 'Shape'에서 Bar의 두께를 제일 두껍게 설정한 후 오른쪽의 [OK] 버튼을 클릭하여 Bar 설정을 완료한다.

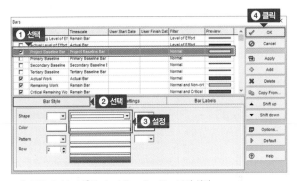

▲ [그림4-2-11-10] Project Baseline Bar 보기 설정

09_ Bar Chart에 각 Activity Bar 바로 아래에 노란색으로 Bar가 추가된 것을 확인할 수 있으며, 현재 Activity의 기간이나 일정이 변경되어도 노란색의 Baseline Bar는 변경되지 않는 것을 확인할 수 있다.

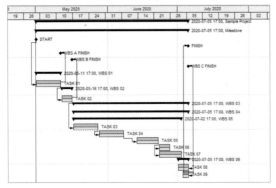

▲ [그림4-2-11-11] Bar Chart에서 Baseline 보기

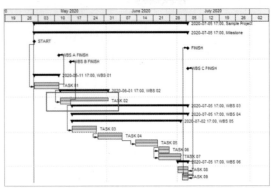

▲ [그림4-2-11-12] Bar Chart에서 Baseline 보기

TiP

Bars의 목록 중 Baseline Milestone을 설정하면 Milestone Type Activity의 Baseline도 표현된다.

10_ Activity Table에서도 Baseline의 정보를 확인할 수 있다. 앞서 설명했듯이 Activity Table에서 마우스 오른쪽 클릭 후에 [Column]을 선택하면 [Column] 창이 나타나며 왼쪽 카테고리 내 Baseline 관련 Column을 오른쪽으로 옮겨 확인할 수 있다.

Baseline 관련 Column은 Column명 앞에 'BL'이라는 약자가 붙으므로 참고하도록 한다.

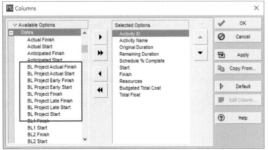

▲ [그림4-2-11-13] Baseline 관련 Column 예시

▲ [그림4-2-11-14] Variance-BL 관련 Column 예시

TiP

Column명 중 앞에 'Variance-BL'이 붙은 Column은 Baseline과 현재 상태의 차이 값이 계산되어지는 Column이다. 계산은 'Baseline 수치-현재 수치'이다.

실습

Baseline(Time Only)

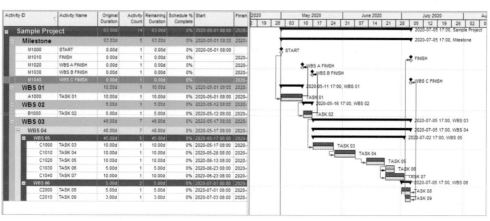

과제

▷ 다음과 같은 조건으로 Baseline을 생성합니다. (필요시 Baseline Type 추가)

- Baseline Name : Sample Project_BL_Time
- Baseline Type : Initial Planning Baseline

▷ 생성된 Baseline을 Project Baseline으로 적용합니다.

▷ Bar Chart에 Baseline을 표시합니다.

▷ 현재 Schedule을 임의로 변경하여 Baseline과 비교해 봅니다.

결과

▲ [그림4-2-11-15] Baseline 실습 결과

12 Resource Define & Assignment

프로젝트 대부분의 Activity는 해당 업무를 수행하는 자원(인력, 장비, 자재)이 필요하다. Activity의 기간 산정 단계에서도 필요 자원 및 생산성 분석이 기 수행되어 기간이 산정될 수 있다. 본 교재에서는 '활동 자원 산정'이라는 단계를 기 수행했다는 가정하에 일정 계획 후 자원을 투입하도록 한다.

Primavera P6에서는 자원을 Resource라는 기능으로 생성 및 투입할 수 있으며 Resource는 인력(Labor), 장비(Nonlabor), 자재(Material)로 생성할 수 있다. 이들 중 Labor와 Nonlabor는 '단가($)/시간(h)'으로, Material은 각각의 '단가($)/단위(m3, EA, Ton 등)'로 설정하여 운영할 수 있다.

이번에는 Activity를 수행하는 데 필요한 Resource를 생성하고 Activity에 Resource를 할당하는 방법과 Resource 할당에 따른 Cost 산정 결과를 확인하는 방법에 대해 알아본다.

01_ Resource 창으로 이동하기 위하여 Menu Bar에서 [Enterprise] – [Resource]를 선택하거나 화면 왼쪽 Tool Bar의 [Resource] 아이콘을 클릭한다.

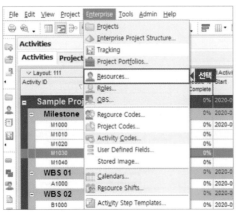

▲ [그림4-2-12-1] Resource 화면 이동

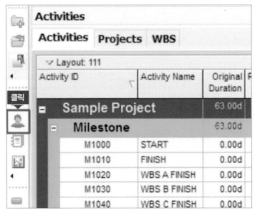

▲ [그림4-2-12-2] Resource 화면 이동 아이콘

02_ Resource 화면으로 이동 후 Resource를 추가하기 위해 오른쪽의 [Add] 버튼을 클릭한다.

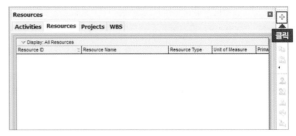

▲ [그림4-2-12-3] Resource 추가

03_ 만일 아래와 같은 메시지가 나타나면 [OK] 버튼을 클릭한다. 그러면 현재 만들어져 있는 모든 Resource가 활성화되면서 Resource를 생성할 수 있다.

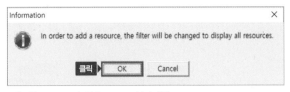

▲ [그림4-2-12-4] All Resource 보기 설정

04_ Resource가 생성되면 화면 하단 Details 창의 [General] 탭에서 Resource ID, Resource Name을 입력한다.

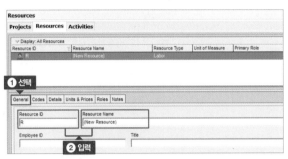

▲ [그림4-2-12-5] Resource ID, Resource Name 입력

05_ 다음으로 Details 창의 [Details] 탭에서 Resource Type을 설정할 수 있다. Resource Type은 Labor, Nonlabor, Material의 3가지이며 이것은 인력, 장비, 자재를 의미한다. Labor와 Nonlabor는 투입하는 Unit양이 시간 단위(Hour, Day 등)이지만 Material은 각각의 Resource마다 Unit 단위(m3, EA, Ton)가 다르므로 별도 설정을 해야 한다.

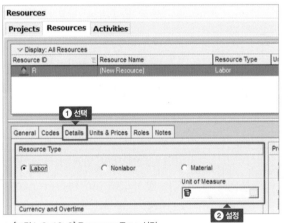

▲ [그림4-2-12-6] Resource Type 설정

06_ Material Resource의 단위를 설정하려면 'Unit of Measure'를 선택하여 단위를 선택할 수 있다.

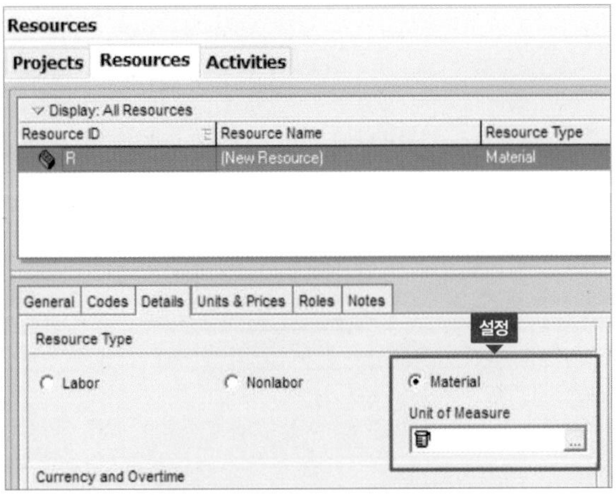

Resources

Projects **Resources** **Activities**

Display: All Resources

Resource ID	Resource Name	Resource Type
R	[New Resource]	Material

General Codes Details Units & Prices Roles Notes

Resource Type   설정

○ Labor   ○ Nonlabor   ● Material

Unit of Measure

Currency and Overtime

▲ [그림4-2-12-7] Material Resource 단위 설정(Unit of Measure)

만일 사용자가 설정하려는 단위가 없다면 Menu Bar에서 [Admin] – [Admin Category]를 선택하여 [Unit of Measure] 탭에서 추가하여 사용할 수 있다.

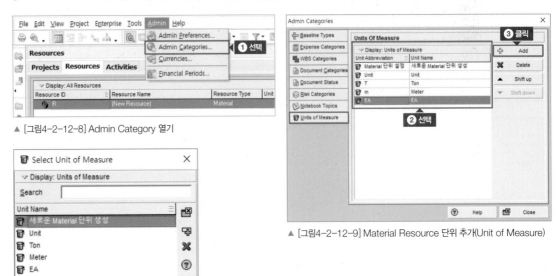

▲ [그림4-2-12-8] Admin Category 열기

▲ [그림4-2-12-9] Material Resource 단위 추가(Unit of Measure)

▲ [그림4-2-12-10] Select Unit of Measure 창

07_ 다음으로 Details 창의 [Units&Prices] 탭에서 'Resource Price/Unit(단가)'과 'Max Units/Time'을 설정할 수 있다. 'Price/Unit' 은 말 그대로 Resource의 단위시간당 비용이 얼마인지에 대한 단가의 개념이며, 단가의 명칭은 앞서 [Admin Preference]에서 설정할 수 있다.

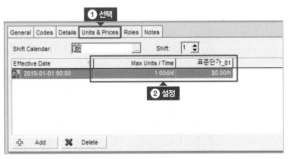

▲ [그림4-2-12-11] Max Units/Time, Price/Unit 입력

'Max Units/Time'은 단위 시간(h, d, m, y)당 최대 투입 가능한 Resource의 양을 의미하며, 프로젝트에서 Resource를 보유하고 있는 수량이라고 할 수 있다. 예를 들어 현 프로젝트에 A장비가 2대 있다고 가정하면 해당 프로젝트에서 A장비는 하루에 최대 2대를 투입할 수 있는 것이다. 만일 A장비가 필요한 업무가 3개 이상 중첩된다면 현재 상태로는 모든 업무를 수행할 수 없을 것이며, 프로젝트 관리자는 이것을 해결하기 위해 적절한 일정 조정이나 장비를 추가로 투입해야 할 것이다.

또한 'Max Units/Time'은 Resource관리 영역에서 Resource Leveling의 중요한 지표이다.

08_ Resource 추가 및 기본 설정을 완료했다면 Activity에 Resource를 할당하기 위하여 Activity 화면으로 이동한다. Menu Bar의 [Project]–[Activities]를 선택하거나 왼쪽 Tool Bar의 [Activities] 아이콘을 클릭한다.

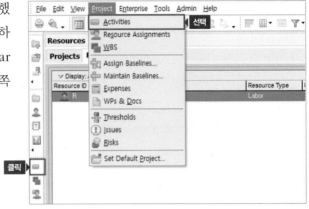

▲ [그림4-2-12-12] Activity 화면 이동

09_ Resource를 투입할 Activity를 선택한 후 Activity 화면 하단 'Details' 창의 [Resources] 탭을 선택한다.

▲ [그림4-2-12-13] Activity Details의 Resource 탭

10_ 하단의 [Add Resource] 버튼을 클릭하면 [Assign Resource] 창이 나타나며 현재 투입 가능한 Resource의 목록을 확인할 수 있다.

▲ [그림4-2-12-14] Resource 할당

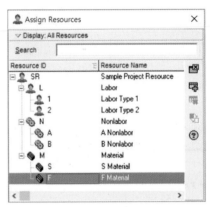

▲ [그림4-2-12-15] Assign Resource에서 Resource 목록 확인

TiP

만일 [Add Resource] 버튼이 활성화 되지 않는다면 Activity가 선택되어 있지 않거나 Resource를 투입할 수 없는 Milestone Activity가 선택되어 있을 수 있다.

11_ 해당 Activity에 투입할 Resource를 선택하고 마우스를 더블 클릭하거나 오른쪽의 [Assign] 버튼을 클릭한다. Primavera 기본 설정으로 Activity에 동일한 Resource가 중복 투입이 가능하므로 사용자 실수로 Resource가 여러 번 투입될 수 있다. 불필요한 Resource를 투입했다면 [Resource] 탭 하단의 [Remove] 버튼을 클릭하여 투입된 Resource를 삭제할 수 있다.

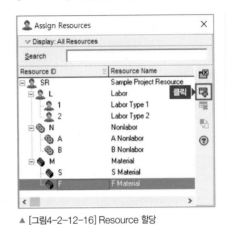

▲ [그림4-2-12-16] Resource 할당

▲ [그림4-2-12-17] 할당된 Resource 삭제

12_ Activity에 Resource가 추가된 것을 확인할 수 있으며 Budgeted Units Column에서 해당 Resource의 투입 양을 입력한다.

▲ [그림4-2-12-18] Budgeted Unit 입력

TiP

Activity별 Resource의 총량이 기산출되어있다면 Budgeted Units에 입력하고, 해당 Activity에 하루마다 투입되는 양을 입력하려면 Remaining Units/Time에 입력한다. 그러면 Activity 기간에 따라 필요한 총량이 Budgeted Unit에 자동 계산되어 입력된다.

13_ 위 과정을 반복하여 Activity에 Resource 할당 및 Unit 양을 입력한다. Resource 할당 반복 작업시 [Assign Resource] 창을 닫지 않아도 Activity를 선택해 가며 투입이 가능하므로 참고하도록 한다.

14_ Resource를 투입하게 되면 앞서 Resource를 정의할 때 Resource의 단가를 설정하였으므로 'Resource 단가×Budgeted Units'의 계산식으로 비용이 산출될 것이다. Activity Table의 'Budgeted Total Cost'에서 비용 정보를 확인할 수 있다.

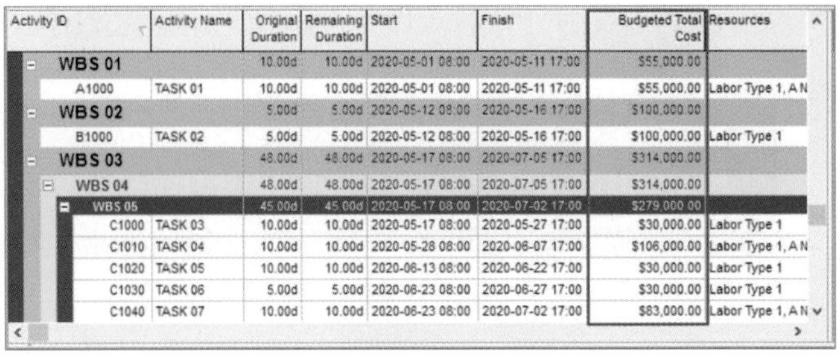

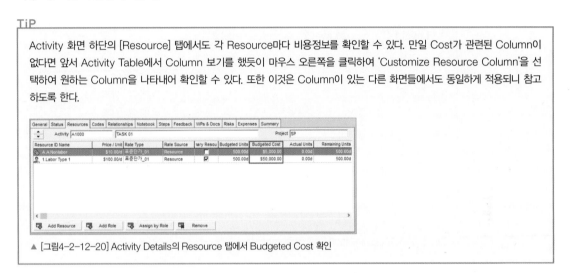

▲ [그림4-2-12-19] Activity Table에서 Budgeted Total Cost 확인

TiP

Activity 화면 하단의 [Resource] 탭에서도 각 Resource마다 비용정보를 확인할 수 있다. 만일 Cost가 관련된 Column이 없다면 앞서 Activity Table에서 Column 보기를 했듯이 마우스 오른쪽을 클릭하여 'Customize Resource Column'을 선택하여 원하는 Column을 나타내어 확인할 수 있다. 또한 이것은 Column이 있는 다른 화면들에서도 동일하게 적용되니 참고하도록 한다.

▲ [그림4-2-12-20] Activity Details의 Resource 탭에서 Budgeted Cost 확인

Resource Define & Assignment

▷ 자원분류체계(RBS) 문서를 참고하여 Resource 구조를 작성합니다.

Resource ID			Name	Resource Type
Level.1	Level.2	Level.3		
SR				
	L		Labor	Labor
		1	Labor Type 1	Labor
		2	Labor Type 2	Labor
	N		Nonlabor	Nonlabor
		A	A Nonlabor	Nonlabor
		B	B Nonlabor	Nonlabor
	M		Material	Material
		S	S Material	Material
		F	F Material	Material

▲ [표4-2-12-1] Resource Define & Assignment 실습

▷ 다음의 Resource의 속성을 정의합니다. (필요시 'Unit of Measure' 추가)

Resource Name	Max Units/Time	Price/Unit	Calendar
Labor Type 1	50d/d	$100/d	7Days_Holidays
A Nonlabor	30d/d	$10/d	7Days_Holidays
S Material	100Ton/d	$100/Ton	7Days_Holidays

▲ [표4-2-12-2] Resource Define & Assignment 실습

▷ 다음의 활동자원 요구사항 문서를 참고하여 Activity에 Resource를 할당합니다.

Activity ID	Activity Name	Resource Name	Budgeted Unit(d)
A1000	TASK 01	Labor Type 1	500
B1000	TASK 02	Labor Type 1	1000
C1000	TASK 03	Labor Type 1	300
C1010	TASK 04	Labor Type 1	300
C1020	TASK 05	Labor Type 1	300
C1030	TASK 06	Labor Type 1	300
C1040	TASK 07	Labor Type 1	300

과제

C2000	TASK 08	Labor Type 1	20
C2010	TASK 09	Labor Type 1	30
A1000	TASK 01	A Nonlabor	500
C1010	TASK 04	A Nonlabor	600
C1040	TASK 07	A Nonlabor	300
C1010	TASK 04	S Material	700 Ton
C1040	TASK 07	S Material	500 Ton
C2000	TASK 08	S Material	300 Ton

▲ [표4-2-12-3] Resource Define & Assignment 실습

▷ Activity Table에서 Resource가 할당되어 계산된 총 비용 정보를 확인합니다.

결과

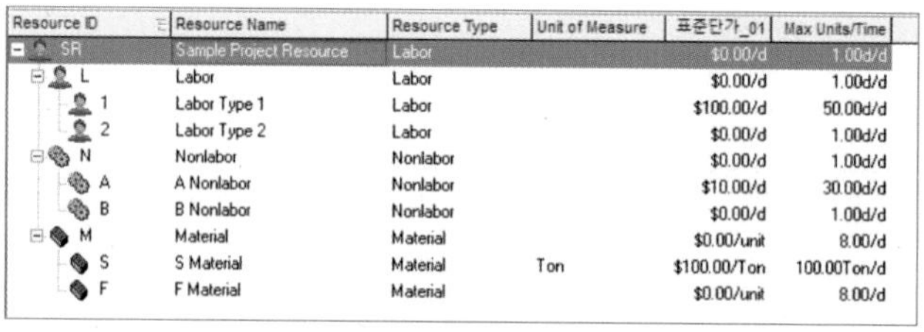

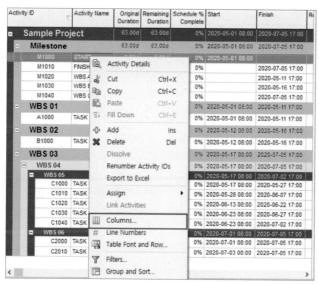

▲ [그림4-2-12-21] Resource Define 실습 결과

▲ [그림4-2-12-22] Resource Assignment 실습 결과

13

Resource Analysis

앞서 일정 계획을 세운 후에 Activity Table과 Bar Chart에서 일정 정보를 검토하였다. 이번에는 Resource 할당 및 Cost 산출 결과를 가지고 Activity Table과 Bar Chart 외에 Usage Spreadsheet, Usage Profile 등의 화면에서 현황을 검토할 수 있다.

01_ Activity Table에서 원하는 정보를 확인하기 위해 Activity Table에서 마우스 오른쪽을 클릭하여 [Columns]를 선택하거나 상단 Tool Bar의 [Columns] 아이콘을 클릭한다.

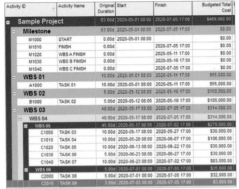

▲ [그림4-2-13-2] Activity Table에서 Column 열기 아이콘

▲ [그림4-2-13-1] Activity Table에서 Column 열기

02_ Column 창이 나타나면 다양한 카테고리 내에서 확인할 정보가 있는 Column명을 오른쪽으로 이동 시킨다. 대부분의 Resource정보는 [Units]에, Cost 정보는 [Costs] 카테고리에서 확인할 수 있다.

▲ [그림4-2-13-3] Units Category Column

▲ [그림4-2-13-4] Costs Category Column

03_ Activity Usage Spreadsheet 화면을 보기 위해 Menu Bar의 [View]–[Show on Bottom]–[Activity Usage Spreadsheet]를 선택하거나 화면 상단의 [Activity Usage Spreadsheet] 아이콘을 클릭한다.

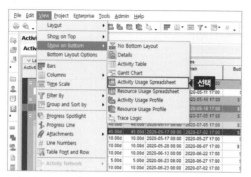

▲ [그림4-2-13-6] Activity Usage Spreadsheet 화면 보기 아이콘

▲ [그림4-2-13-5] Activity Usage Spreadsheet 화면 보기

04_ Activity 화면 하단 오른쪽에 Spreadsheet 형태의 창이 나타나며 단위 기간별 Unit이나 Cost의 정보를 Activity 기준으로 확인 또는 합계 정보를 확인할 수 있다.

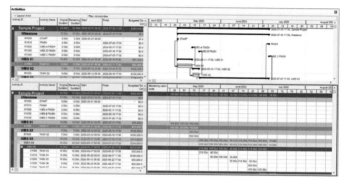

▲ [그림4-2-13-7] Activity Usage Spreadsheet

화면 하단 오른쪽에서 마우스 오른쪽을 클릭하여 [Spreadsheet Fields]를 선택하면 Column 보기와 유사한 [Fields] 창이 나타난다. 크게 두 개의 카테고리로 나뉘며 [Cumulative]는 누적정보, [Time Interval]은 해당기간별 정보로 이해하면 된다. 해당 카테고리를 확장하면 다양한 카테고리 및 Field 정보를 확인할 수 있으며, Column과 마찬가지로 해당 Field를 오른쪽으로 옮기면 'Activity Usage Spreadsheet' 화면에서 정보를 확인할 수 있다.

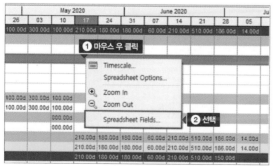

▲ [그림4-2-13-8] Spreadsheet Fields 열기

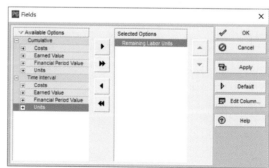

▲ [그림4-2-13-9] Spreadsheet Fields

[Time Interval]-[Costs]-[Budgeted Total Cost] Field와 [Cumulative]-[Costs]-[Cum Budgeted Total Cost] Field를 선택하여 오른쪽으로 이동하고 그 외에 다른 Field는 전부 왼쪽으로 옮긴 후 [OK] 버튼을 클릭하여 창을 닫는다.

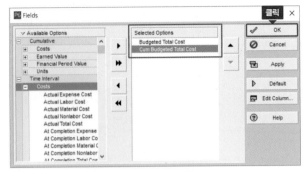

▲ [그림4-2-13-10] Budgeted Cost Field 이동

05_ Activity Usage Spreadsheet에서 Cost가 할당된 현황을 검토한다. 각 Activity에 기간별로 얼만큼씩 투입되었는지, 각 WBS 합계는 기간별로 얼만큼씩 투입되었는지 확인할 수 있다.

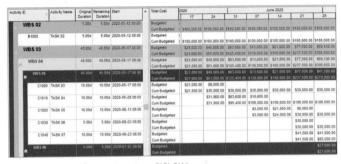

▲ [그림4-2-13-11] Budgeted Cost 현황 확인

> **TiP**
> 앞서 수행해 봤던 Group&Sort와 Filter 를 적용해서 확인할 수도 있다.

06_ Activity Usage Profile 화면을 보기 위해 Menu Bar의 [View]-[Show on Bottom]- [Activity Usage Profile]을 선택하거나 화면 상단의 [Activity Usage Profile] 아이콘을 클릭한다.

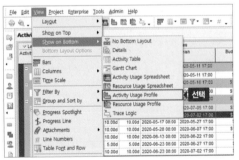

▲ [그림4-2-13-12] Activity Usage Profile 화면 보기

▲ [그림4-2-13-13] Activity Usage Profile 화면 보기 아이콘

07_ Activity 화면 하단 오른쪽에 Histogram 형태의 창이 나타나며 단위 기간별 Unit이나 Cost의 정보를 Activity 기준으로 확인할 수 있다.

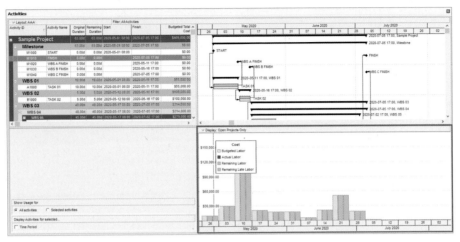

▲ [그림4-2-13-14] Activity Usage Profile

화면 하단 오른쪽에서 마우스 오른쪽을 클릭하여 [Activity Usage Profile Option]을 선택하면 Histogram 보기를 설정할 수 있는 [Activity Usage Profile Option] 창이 나타난다. 크게 두 개의 탭으로 나뉘며 [Data] 탭은 Histogram에 나타낼 정보, [Graph] 탭은 Histogram 꾸미기로 이해하면 된다.

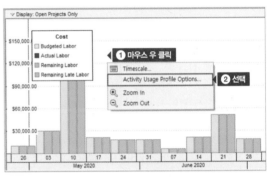

▲ [그림4-2-13-15] Activity Usage Profile Option 열기

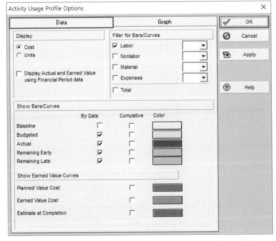

▲ [그림4-2-13-16] Activity Usage Profile Option의 [Data] 탭

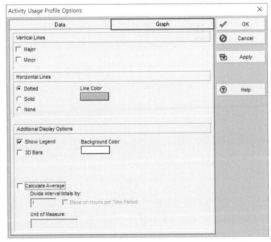

▲ [그림4-2-13-17] Activity Usage Profile Option의 [Graph] 탭

[Data] 탭에서 'Display' 영역은 현재 그려지는 Histogram을 Unit과 Cost 중에서 선택할 수 있다. 'Filter for Bars/Curve' 영역은 해당 데이터를 Labor, Nonlabor, Material 중에 선택해서 나타낼지 전체 합계로 나타낼지 선택할 수 있다.

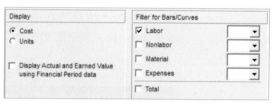

▲ [그림4-2-13-18] [Data] 탭의 'Display', 'Filter for Bars/Curve' 설정

'Show Bars/Curve' 영역은 데이터에 대해 단위 기간별 막대그래프와 누적치 곡선을 그릴 수 있는 설정이며 여기에는 Baseline, Budgeted, Actual, Remaining Early, Remaining Late 중에서 선택할 수 있다. 'By Date'에 체크하면 단위 기간별 막대그래프를, 'Cumulative'에 체크하면 누적치 곡선을 확인할 수 있다. 'Color'를 클릭하면 해당 데이터의 색깔을 설정할 수 있다.

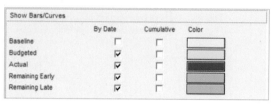

▲ [그림4-2-13-19] [Data] 탭의 'Show Bars/Curve' 설정

'Show Earned Value Curve' 영역은 EVMS 이론 중 PV, EV, EAC 곡선을 표현할 수 있는 설정이다.

▲ [그림4-2-13-20] [Data] 탭의 'Show Earned Value Curve' 설정

Planning 단계에서 기본적으로 Cost에 대한 계획을 검토하려면 'Display' 영역에서 'Cost'를 선택, 'Filter for Bars/Curve' 영역에서 'Total' 체크, 'Show Bars/Curve' 영역에서 'Budgeted'의 'By Date'와 'Cumulative' 체크 박스에 체크한다.

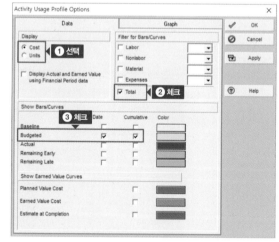

▲ [그림4-2-13-21] Activity Usage Profile Option 설정 예시

설정을 마친 후 오른쪽에 [OK] 버튼을 클릭하여
종료하고 Histogram을 확인한다.

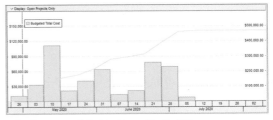

▲ [그림4-2-13-22] Activity Usage Profile 확인

08_ Resource Usage Spreadsheet 화면을 보기 위해 Menu Bar의 [View]–[Show on Bottom]–
[Resource Usage Spreadsheet]을 선택하거나 화면 상단의 [Resource Usage Spreadsheet] 아이콘
을 클릭한다.

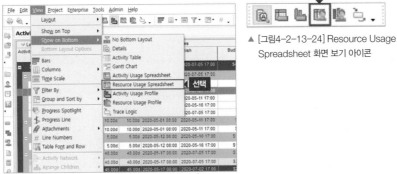

▲ [그림4-2-13-23] Resource Usage Spreadsheet 화면 보기

▲ [그림4-2-13-24] Resource Usage
Spreadsheet 화면 보기 아이콘

09_ Activity 화면 하단 오른쪽에 'Spreadsheet 형태의 창이 나타나며 하단 왼쪽에 Resource를 선택
하면 해당 Resource를 기준으로 단위 기간별 Unit이나 Cost의 정보를 확인 또는 합계 정보를 확인할
수 있다.

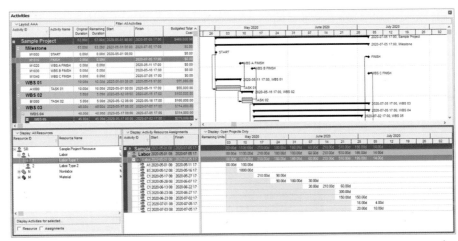

▲ [그림4-2-13-25] Resource Usage Spreadsheet

화면 하단 오른쪽에서 마우스 오른쪽을 클릭하여 [Spreadsheet Fields]-[Customize]를 선택하면 Column 보기와 유사한 [Fields] 창이 나타난다. 크게 두 개의 카테고리로 나뉘며 [Cumulative]는 누적 정보, [Time Interval]은 해당기간별 정보로 이해하면 된다. 해당 카테고리를 확장하면 다양한 카테고리 및 Field 정보를 확인할 수 있으며, Column과 마찬가지로 해당 Field를 오른쪽으로 옮기면 'Resource Usage Spreadsheet' 화면에서 정보를 확인할 수 있다.

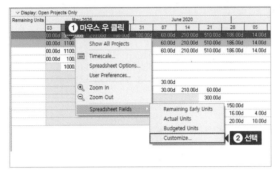

▲ [그림4-2-13-26] Spreadsheet Fields 열기

▲ [그림4-2-13-27] Spreadsheet Fields

[Time Interval]-[Units]-[Budgeted Units] Field와 [Cumulative]- [Units]-[Cum Budgeted Units] Field를 선택하여 오른쪽으로 이동하고 그 외에 다른 Field는 전부 왼쪽으로 옮긴 후 [OK] 버튼을 클릭하여 창을 닫는다.

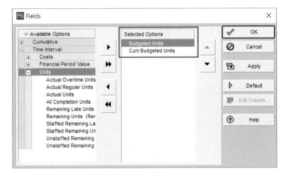

▲ [그림4-2-13-28] Budgeted Unit Field 이동

10_ Resource Usage Spreadsheet에서 Resource가 할당된 현황을 검토한다. 화면 하단 왼쪽에 Resource를 선택하면 해당 Resource가 어느 Activity에, 어느 기간에 얼만큼씩 투입되었는지 확인할 수 있다.

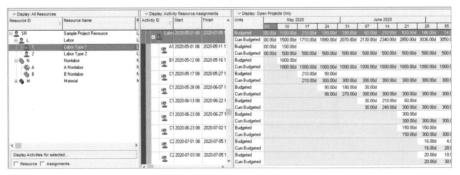

▲ [그림4-2-13-29] Resource별 Budgeted unit 현황 확인

11_ 하단 왼쪽에 [Display Activities for selected] 설정에 두 개의 체크 박스가 있다. [Resource]에 체크하면 Activity Table과 Bar Chart에 선택된 Resource가 할당된 Activity만 자동 filtering이 된다. Assignments에 체크하면 오른쪽에 선택된 Activity 또는 그룹이 할당된 현황만 확인할 수 있도록 Filtering이 된다.

또한 Resource는 특정 프로젝트 외에 여러 프로젝트에 동시 투입될 수 있다. 화면 하단 오른쪽에서 마우스 오른쪽을 클릭하면 [show All Project]가 나타나는데, 여기에 체크하면 현재 열려 있는 프로젝트 외에 모든 프로젝트에 투입된 현황을 Resource를 기준으로 확인할 수 있다. 현재 열려 있는 프로젝트 안에서 할당 현황만 보려면 체크를 해제하면 된다.

TiP

[show All Project]에 체크하면 [Display Activities for selected] 설정은 비활성화 된다.

12_ Resource Usage Profile 화면을 보기 위해 Menu Bar의 [View]-[Show on Bottom]-[Resource Usage Profile]을 선택하거나 화면 상단의 [Resource Usage Profile] 아이콘을 클릭한다.

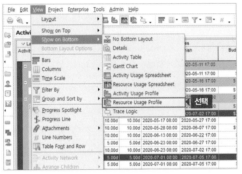

▲ [그림4-2-13-31] Resource Usage Profile 화면 보기 아이콘

▲ [그림4-2-13-30] Resource Usage Profile 화면 보기

13_ Activity 화면 하단 오른쪽에 Histogram 형태의 창이 나타나며 하단 왼쪽에 Resource를 선택하면 해당 Resource를 기준으로 단위 기간별 Unit이나 Cost의 정보를 확인할 수 있다.

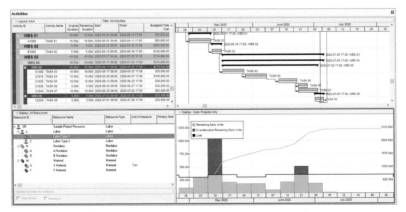

▲ [그림4-2-13-32] Resource Usage Profile

화면 하단 오른쪽에서 마우스 오른쪽을 클릭하여 [Resource Usage Profile Option]을 선택하면 Histogram 보기를 설정할 수 있는 [Resource Usage Profile Option] 창이 나타난다. 크게 두 개의 탭으로 나뉘며 [Data] 탭은 Histogram에 나타낼 정보, [Graph]는 Histogram 꾸미기로 이해하면 된다.

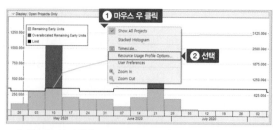

▲ [그림4-2-13-33] Resource Usage Profile Option 열기

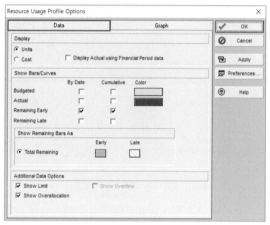

▲ [그림4-2-13-34] Data 탭

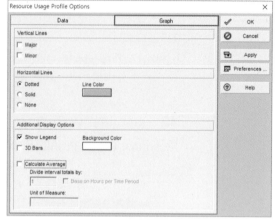

▲ [그림4-2-13-35] Graph 탭

[Data] 탭에서 'Display' 영역은 현재 그려지는 Histogram을 Unit과 Cost 중에서 선택할 수 있다.

▲ [그림4-2-13-36] Data 탭의 'Display' 설정

'Show Bars/Curve' 영역은 데이터에 대해 단위기간별 막대그래프와 누적치 곡선을 그릴 수 있는 설정이며 여기에는 Budgeted, Actual, Remaining Early, Remaining Late 중에서 선택할 수 있다. 'By Date'에 체크하면 단위기간별 막대그래프를, 'Cumulative'에 체크하면 누적치 곡선을 확인할 수 있다. 'Color'를 클릭하면 해당 데이터의 색깔을 설정할 수 있는데, Remaining 에 대한 색깔은 개별적으로 설정할 수 없고 동시에 변경이 가능하다.

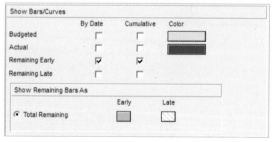

▲ [그림4-2-13-37] Data 탭의 'Show Bars/Curve' 설정

'Additional Data Options' 영역의 'Show Limit'는 Resource 생성 시 정의한 Max Units/Time의 수량을 검은색 실선으로 나타내는 설정이다. 'Show Overallocation'은 Activity에 Resource를 할당할 때 Max Units/Time에 의해 지정된 Limit를 초과하는 부분을 표현하는 것으로 초과분에 대해 붉은색으로 표시된다. 마지막으로 'Show Overtime'은 시간 외 근무에 관한 내용을 표현한다.

▲ [그림4-2-13-38] Data 탭의 'Additional Data Options' 설정

Planning 단계에서 기본적으로 Resource에 대한 계획을 검토하려면 'Display' 영역에서 'Units'를 선택, 'Show Bars/Curve' 영역에서 'Budgeted'의 'By Date'와 'Cumulative' 체크 박스에 체크한다.

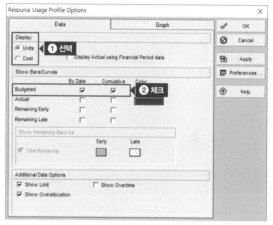

▲ [그림4-2-13-39] Data 탭 설정 예시

설정을 마친 후 오른쪽에 [OK] 버튼을 클릭하여 종료하고 Histogram을 확인한다.

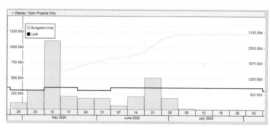

▲ [그림4-2-13-40] Activity Usage Profile 확인

14_ Resource 계획 단계에서는 추가로 검토해야 하는 중요한 수치가 있다. 현재 Resource의 가용 범위 내에서 일정이 계획되었는지 확인하는 것이다. 현재 가용한 Resource의 가용 범위를 초과하였다면 해당 일정은 원활히 수행할 수 없을 것이며 계획 단계에서 대응책을 마련해야 할 것이다.

해당 사항을 확인하기 위해서 다시 [Resource Usage Profile Option] 창을 나타낸다. 'Display' 영역에서 'Units'를 선택, 'Show Bars/Curve' 영역에서 'Remaining Early'의 'By Date' 체크 박스에 체크한다. 'Additional Data Options' 영역에서는 'Show Limit'와 'Show Overallocation'에 체크한 후 [OK] 버튼을 클릭하여 설정을 완료한다.

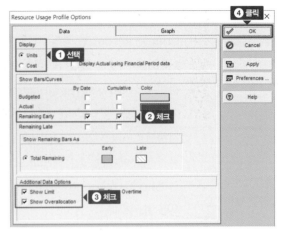

▲ [그림4-2-13-41] Resource 가용 검토를 위한 Overallocation 설정

15_ 화면 하단 왼쪽의 Resource 목록 중에 하나를 선택하면 오른쪽에서 단위기간별 막대그래프를 프로젝트 전체기간에 걸쳐 확인할 수 있다. 'Max Units/Time'의 수치는 가로로 검은색 선으로 표현된다. 해당 Limit(Max Units/Time)보다 초과 투입된 기간에는 검은색 선 위로 빨간색의 막대그래프가 표현된다.

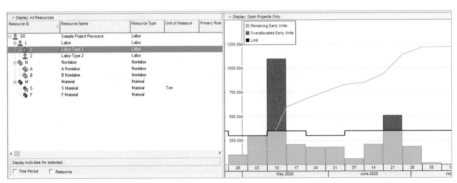

▲ [그림4-2-13-42] Resource 초과 할당(Overallocation) 확인

TiP

> 빨간색 막대그래프가 표현되는 기간에는 현재 Resource 가용 범위 내에서 수행할 수 없는 일정이므로 사전에 대응책을 마련해야 할 것이다. 대응책에는 다음과 같은 방법이 있다.
> - Activity 기간 조정
> - Resource가 중첩된 Activity 순서 조정
> - Resource 추가 보유
> - Resource 연장 근무

Resommce Analysis

실습

과제

▷ 다음의 화면에서 Resource 및 비용 할당 현황을 다양하게 확인합니다.
- Activity Table
- Activity Usage Spreadsheet
- Activity Usage Profile
- Resource Usage Spreadsheet
- Resource Usage Profile

▷ Resource Usage Profile 화면에서 Resource별로 Overallocation을 확인합니다.

▷ Overallocation 되었다면 조정할 수 있는 방안을 수립하고 조정해 봅니다.

결과

Activity ID	Activity Name	Resources	Budgeted Labor Units	Budgeted Nonlabor Units	Budgeted Total Cost
Sample Project			3050.00d	1400.00d	$469,000.00
Milestone			0.00d	0.00d	$0.00
M1000	START		0.00d	0.00d	$0.00
M1010	FINISH		0.00d	0.00d	$0.00
M1020	WBS A FINISH		0.00d	0.00d	$0.00
M1030	WBS B FINISH		0.00d	0.00d	$0.00
M1040	WBS C FINISH		0.00d	0.00d	$0.00
WBS 01			500.00d	500.00d	$55,000.00
A1000	TASK 01	Labor Type 1, A Nonlabor	500.00d	500.00d	$55,000.00
WBS 02			1000.00d	0.00d	$100,000.00
B1000	TASK 02	Labor Type 1	1000.00d	0.00d	$100,000.00
WBS 03			1550.00d	900.00d	$314,000.00
WBS 04			1550.00d	900.00d	$314,000.00
WBS 05			1500.00d	900.00d	$279,000.00
C1000	TASK 03	Labor Type 1	300.00d	0.00d	$30,000.00
C1010	TASK 04	Labor Type 1, A Nonlabor, S Material	300.00d	600.00d	$106,000.00
C1020	TASK 05	Labor Type 1	300.00d	0.00d	$30,000.00
C1030	TASK 06	Labor Type 1	300.00d	0.00d	$30,000.00
C1040	TASK 07	Labor Type 1, A Nonlabor, S Material	300.00d	300.00d	$83,000.00
WBS 06			50.00d	0.00d	$35,000.00
C2000	TASK 08	Labor Type 1, S Material	20.00d	0.00d	$32,000.00
C2010	TASK 09	Labor Type 1	30.00d	0.00d	$3,000.00

▲ [그림4-2-13-43] Resource Analysis 실습 결과(Activity Table)

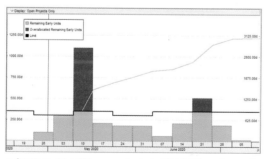

▲ [그림4-2-13-44] Resource Analysis 실습 결과(Overallocation)

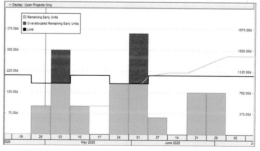

▲ [그림4-2-13-45] Resource Analysis 실습 결과(Overallocation)

실습

Schedule & Resource Review

과제

▷ Group & Sort 기능을 활용하여 다음의 기준으로 일정과 비용 정보를 확인합니다.

- Resource별
- Budgeted Total Cost별(Group Interval : $1,000)

▷ Filter 기능을 활용하여 다음의 Activity들의 일정과 비용 정보를 확인합니다.

- Critical Path Activity
- Budgeted Cost가 $2,000 이상인 Activity

결과

Activity ID	Activity Name	Original Duration	Start	Finish	Budgeted Total Cost
Labor Type 1		53.00d	2020-05-12 08:00	2020-07-05 17:00	$193,000.00
B1000	TASK 02	5.00d	2020-05-12 08:00	2020-05-16 17:00	$100,000.00
C1000	TASK 03	10.00d	2020-05-17 08:00	2020-05-27 17:00	$30,000.00
C1020	TASK 05	10.00d	2020-06-13 08:00	2020-06-22 17:00	$30,000.00
C1030	TASK 06	5.00d	2020-06-23 08:00	2020-06-27 17:00	$30,000.00
C2010	TASK 09	3.00d	2020-07-03 08:00	2020-07-05 17:00	$3,000.00
Labor Type 1, A Nonlabor		10.00d	2020-05-01 08:00	2020-05-11 17:00	$55,000.00
A1000	TASK 01	10.00d	2020-05-01 08:00	2020-05-11 17:00	$55,000.00
Labor Type 1, A Nonlabor, S Material		35.00d	2020-05-28 08:00	2020-07-02 17:00	$189,000.00
C1010	TASK 04	10.00d	2020-05-28 08:00	2020-06-07 17:00	$106,000.00
C1040	TASK 07	10.00d	2020-06-23 08:00	2020-07-02 17:00	$83,000.00
Labor Type 1, S Material		5.00d	2020-07-01 08:00	2020-07-05 17:00	$32,000.00
C2000	TASK 08	5.00d	2020-07-01 08:00	2020-07-05 17:00	$32,000.00
No Resources		63.00d	2020-05-01 08:00	2020-07-05 17:00	$0.00
M1000	START	0.00d	2020-05-01 08:00		$0.00
M1010	FINISH	0.00d		2020-07-05 17:00	$0.00
M1020	WBS A FINISH	0.00d		2020-05-11 17:00	$0.00
M1030	WBS B FINISH	0.00d		2020-05-16 17:00	$0.00
M1040	WBS C FINISH	0.00d		2020-07-05 17:00	$0.00

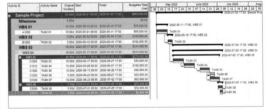

▲ [그림4-2-13-46] Schedule & Resource Review 실습 결과 (Resource별)

Activity ID	Activity Name	Original Duration	Start	Finish	Budgeted Total Cost
$0.00 to $1,000.00		63.00d	2020-05-01 08:00	2020-07-05 17:00	$0.00
M1000	START	0.00d	2020-05-01 08:00		$0.00
M1010	FINISH	0.00d		2020-07-05 17:00	$0.00
M1020	WBS A FINISH	0.00d		2020-05-11 17:00	$0.00
M1030	WBS B FINISH	0.00d		2020-05-16 17:00	$0.00
M1040	WBS C FINISH	0.00d		2020-07-05 17:00	$0.00
$3,000.00 to $4,000.00		3.00d	2020-07-03 08:00	2020-07-05 17:00	$3,000.00
C2010	TASK 09	3.00d	2020-07-03 08:00	2020-07-05 17:00	$3,000.00
$30,000.00 to $31,000.00		40.00d	2020-05-17 08:00	2020-06-27 17:00	$90,000.00
C1000	TASK 03	10.00d	2020-05-17 08:00	2020-05-27 17:00	$30,000.00
C1020	TASK 05	10.00d	2020-06-13 08:00	2020-06-22 17:00	$30,000.00
C1030	TASK 06	5.00d	2020-06-23 08:00	2020-06-27 17:00	$30,000.00
$32,000.00 to $33,000.00		5.00d	2020-07-01 08:00	2020-07-05 17:00	$32,000.00
C2000	TASK 08	5.00d	2020-07-01 08:00	2020-07-05 17:00	$32,000.00
$55,000.00 to $56,000.00		10.00d	2020-05-01 08:00	2020-05-11 17:00	$55,000.00
A1000	TASK 01	10.00d	2020-05-01 08:00	2020-05-11 17:00	$55,000.00
$83,000.00 to $84,000.00		10.00d	2020-06-23 08:00	2020-07-02 17:00	$83,000.00
C1040	TASK 07	10.00d	2020-06-23 08:00	2020-07-02 17:00	$83,000.00
$100,000.00 to $101,000.00		5.00d	2020-05-12 08:00	2020-05-16 17:00	$100,000.00
B1000	TASK 02	5.00d	2020-05-12 08:00	2020-05-16 17:00	$100,000.00
$106,000.00 to $107,000.00		10.00d	2020-05-28 08:00	2020-06-07 17:00	$106,000.00
C1010	TASK 04	10.00d	2020-05-28 08:00	2020-06-07 17:00	$106,000.00

▲ [그림4-2-13-47] Schedule & Resource Review 실습 결과 (Cost별)

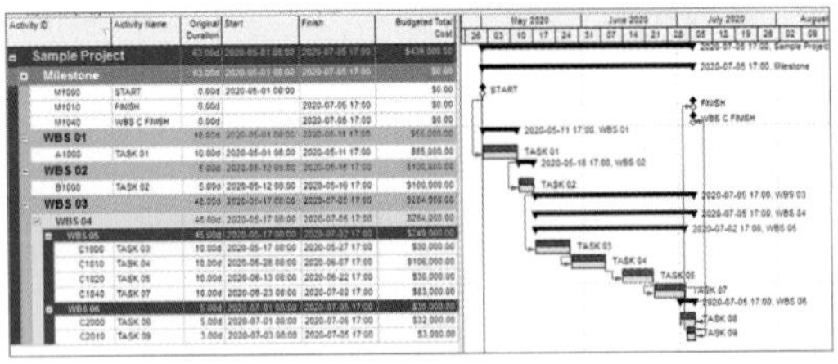

▲ [그림4-2-13-48] Schedule & Resource Review 실습 결과 (Critical Path)

▲ [그림4-2-13-49] Schedule & Resource Review 실습 결과 ($2,000 이상)

14

Baseline(Time & Resource)

일정, 자원, 비용에 대한 검토가 완료되면 프로젝트의 종합기준선을 수립하게 된다. 앞서 일정 계획 검토 후 Baseline을 생성 및 할당하였듯이 현재 데이터가 추가된 상태를 다시 Baseline으로 생성하고 할당하도록 한다.

01_ Menu Bar에서 [Project] - [Maintain Baselines]를 선택하면 Baseline을 생성할 수 있는 [Maintain Baseline] 창이 나타난다. 앞서 Baseline을 생성했었다면 해당 Baseline 목록을 확인할 수 있다.

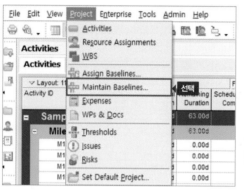

▲ [그림4-2-14-1] Maintain Baseline 열기

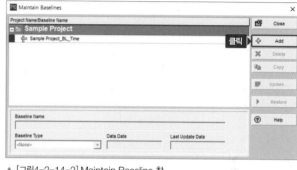

▲ [그림4-2-14-2] Maintain Baseline 창

02_ [Maintain Baseline] 창에서 오른쪽에 [Add] 버튼을 클릭하면 [Add New Baseline] 창이 추가로 나타나고, 여기서 첫 번째인 'Save a copy of the current project as a new baseline'을 선택한 후 [OK] 버튼을 클릭하면 현재 상태의 Project의 정보를 기준으로 〈프로젝트명〉-BXX 라는 Baseline이 생성되는 것을 확인할 수 있다.

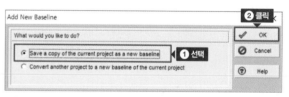

▲ [그림4-2-14-3] Baseline 추가

03_ 생성된 Baseline의 이름을 기존 Baseline과 중복되지 않게 설정하고 [Close] 버튼을 클릭하여 종료한다.

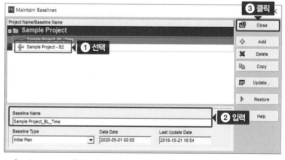

▲ [그림4-2-14-4] Baseline 추가 확인 및 이름 설정

04_ Baseline을 현재 프로젝트에 기준선으로 적용하기 위해 Menu Bar의 [Project]-[Assign Baselines]를 선택한다.

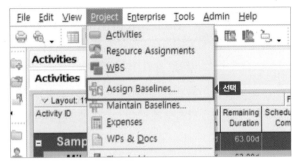

▲ [그림4-2-14-5] Assign Baselines 열기

05_ [Assign Baselines] 창이 나타나면 'Project' 박스에 현재 프로젝트가 선택된 것을 확인하고 'Project Baseline' 박스에 적용할 Baseline을 선택한다.

06_ [OK] 버튼을 클릭하여 'Baseline Assign'을 완료한다.

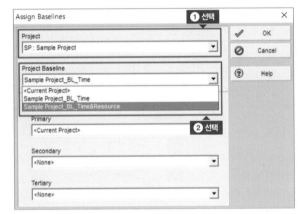

▲ [그림4-2-14-6] Project Baseline 할당

07_ 앞서 Bar Chart에서 Project Baseline 보기를 설정하였다면 이번 단계에서 별도의 설정을 하지 않아도 Baseline bar에 현재 생성하고 Assign한 Baseline 정보가 보이게 된다.

08_ Activity Table에서 Baseline의 Cost 정보를 확인하기 위하여 Activity Table에서 마우스 오른쪽 클릭 후에 [Column]을 선택한다. [Column] 창이 나타나면 왼쪽 카테고리에서 [Cost]-[BL Project Total Cost]를 선택하여 오른쪽으로 옮기고 오른쪽에 [Budgeted Total Cost]를 왼쪽으로 옮긴다.

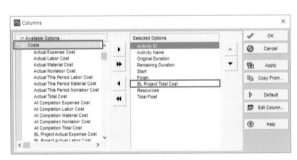

▲ [그림4-2-14-7] 'BL Project Total Cost' Column 이동

TiP

[BL Project Total Cost]는 Baseline 생성 시 저장된 Cost 값으로 현재 일정이나 비용정보를 수정하여도 변경되지 않는 수치이며, [Budgeted Total Cost]는 계획 단계에서 비용정보 변경 시 함께 변경되는 정보이다.

기준선을 수립한 이후에 별도의 특이사항이 없다면 현재까지 수립되고 합의된 Baseline 값인 [BL Project Total Cost]의 수치를 당초 계획 값으로 적용하여 프로젝트를 관리해야 한다.

09_ Activity Usage Spreadsheet에서 Baseline 값 보기를 설정해보자. 앞서 설명한대로 Activity Usage Spreadsheet 화면을 나타내고 Spreadsheet 화면에서 마우스 오른쪽을 클릭하여 [Spreadsheet Fields]를 선택한다. Fields 창의 왼쪽 카테고리에서 [Time Interval]-[Costs]-[BL Project Total Cost] Field와 [Cumulative]-[Costs]-[Cum BL Project Total Cost] Field를 선택하여 오른쪽으로 이동하고 그 외에 다른 Field는 전부 왼쪽으로 옮긴 후 [OK] 버튼을 클릭하여 창을 닫는다.

Activity Usage Spreadsheet에서 Baseline 값을 확인할 수 있다.

▲ [그림4-2-14-8] Activity Usage Spreadsheet에서 Baseline Field 설정

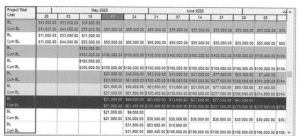

▲ [그림4-2-14-9] Activity Usage Spreadsheet에서 Baseline 값 확인

10_ Activity Usage Profile에서 Baseline 값 보기를 설정해보자. 앞서 설명한대로 Activity Usage Profile 화면을 나타내고 Activity Usage Profile 화면에서 마우스 오른쪽을 클릭하여 [Activity Usage Profile Option]을 선택하면 Histogram 보기를 설정할 수 있는 [Activity Usage Profile Option] 창이 나타난다. 'Display' 영역에서 'Cost'를 선택, 'Filter for Bars/Curve' 영역에서 'Total' 체크, 'Show Bars/Curve' 영역에서 'Baseline'의 'By Date'와 'Cumulative' 체크 박스에 체크하고 그 옆의 'Color'를 클릭하여 Baseline의 색상을 설정한다.

설정을 마친 후 오른쪽에 [OK] 버튼을 클릭하여 종료하고 Histogram을 확인한다.

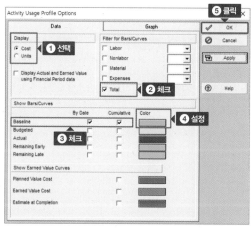

▲ [그림4-2-14-10] Activity Usage Profile에서 Baseline Option 설정

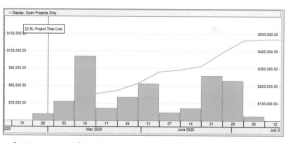

▲ [그림4-2-14-11] Activity Usage Profile에서 Baseline 값 확인

Baseline(Time&Resource)

▷ 다음과 같은 조건으로 Baseline을 생성합니다.

- Baseline Name : Sample Project_BL_Time&Resource
- Baseline Type : Initial Planning Baseline

▷ 생성된 Baseline을 Project Baseline으로 적용합니다.

▷ Activity Table에 'BL Project Total Cost' Column을 나타냅니다.

▷ Activity Usage Spreadsheet에 다음과 같은 Fields를 나타냅니다.

- BL Project Total Cost
- Cum BL Project Total Cost

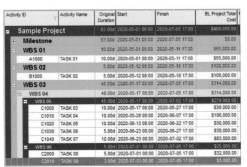

▲ [그림4-2-14-12] Baseline 실습 결과(Activity Table)

▲ [그림4-2-14-13] Baseline 실습 결과(Activity Usage Spreadsheet)

15

Activity Code

Primavera P6에서 Activity Code는 프로젝트의 일정, 자원, 비용 데이터에 영향을 주지는 않지만 프로젝트를 효율적으로 관리하기 위한 중요한 기능이다. 사용자가 Activity Code를 정의하여 'Group&Sort', 'Filter' 등의 기능을 함께 활용하면 Activity를 여러 가지 기준으로 집계, 분류, 그룹화할 수 있다. 즉 사용자 또는 조직의 관리 관점에 따라 프로젝트 현황을 모니터링할 수 있는 것이다.

01_ Activity Code를 생성하기 위하여 Menu Bar의 [Enterprise]–[Activity Codes]를 선택하면 Activity Codes 창이 나타난다.

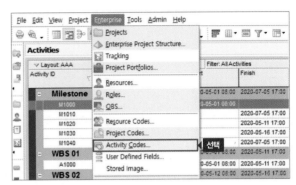

▲ [그림4-2-15-1] Activity Code 열기

Activity Code를 정의하려면 우선 Code 기준(Activity Code)을 생성하고 해당 기준 내에서 기준값(Activity Code Value)들을 생성해야 한다. Code 기준을 추가하기 위해 [Modify]를 클릭하고 [Activity Code Definition] 대화상자가 나타나면 [Add] 버튼을 클릭하여 Activity Code를 생성한다. Activity Code가 생성되면 해당 Activity Code의 이름을 설정하고 [Close] 버튼을 클릭하여 완료한다.

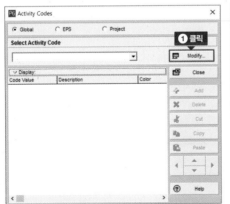

▲ [그림4-2-15-2] Activity Code 기준 추가

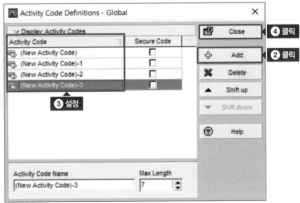

▲ [그림4-2-15-3] Activity Code 기준 추가

TiP

Activity Code 창의 위쪽에는 Global, EPS, Project를 선택할 수 있게 되어 있는데, 이는 Activity Code를 사용할 수 있는 범위를 한정하는 것으로 Global을 선택하면 Primavera P6에 생성되어 있는 모든 Activity에 Code를 할당할 수 있다. EPS를 선택하여 해당 EPS에 포함되어 있는 Activity에만 Code를 할당할 수 있고, Project를 선택한다면 해당 Project의 Activity에만 Code를 할당할 수 있다는 의미를 가진다.

02_ Activity Code를 추가하면 Activity Codes 창의 'Select Activity Code'에 생성된 Activity Code 목록을 확인할 수 있다. Activity Code를 선택하고 오른쪽에 [Add] 버튼을 클릭하여 Code Value를 추가한다. 추가된 Code Value의 이름과 Description을 입력한 후 [Close] 버튼을 클릭하여 완료한다.

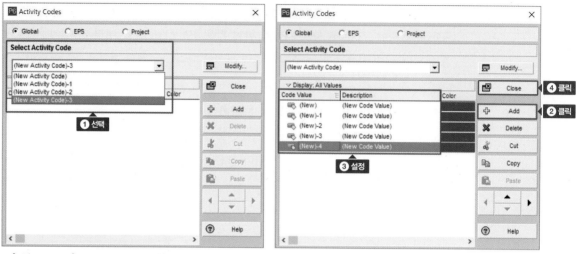

▲ [그림4-2-15-4] Activity Code 기준 선택

▲ [그림4-2-15-5] Activity Code Value 추가

03_ Activity에 Activity Code를 할당하기 위해 Activity Details 화면의 [Code] 탭을 선택한다.

▲ [그림4-2-15-6] Activity Details의 Code 탭

TiP

만일 Activity Details 창이 보이지 않는다면 [Details] 아이콘을 클릭하거나 Menu Bar의 [View]-[Show on Bottom]-[details]를 선택한다.

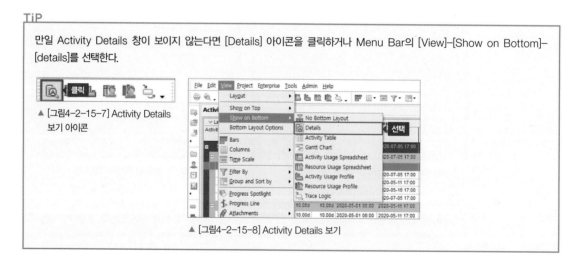

▲ [그림4-2-15-7] Activity Details
보기 아이콘

▲ [그림4-2-15-8] Activity Details 보기

04_ Activity를 선택하고 [Code] 탭 하단의 [Assign] 버튼을 클릭하면 'Assign Activity Codes' 창이 나타나고 Activity Code 목록을 확인할 수 있다. 원하는 Activity Code의 Code Value를 선택하고 더블 클릭하거나 오른쪽의 [Assign] 버튼을 클릭하면 Activity Code를 할당할 수 있다.

▲ [그림4-2-15-9] Activity Code 할당

▲ [그림4-2-15-10] Activity Code 할당 선택

Activity Code는 다수의 Activity Code를 할당할 수 있으나 1개의 Activity Code 내에서는 1개의 Code Value를 Activity에 할당할 수 있다.

Activity Code는 Activity Table에서도 할당 현황을 확인하거나 입력할 수 있다. Activity Table에서 오른쪽을 클릭하여 [Column]을 선택하고, 왼쪽의 Activity Code 카테고리에서 해당 Activity Code Column을 오른쪽으로 이동하면 Activity Table에서 확인 및 입력이 가능하다.

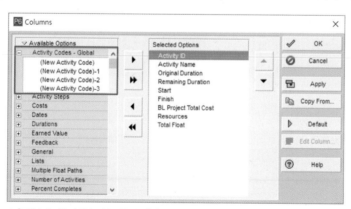

▲ [그림4-2-15-11] Activity Table에서 Activity Code Column 보기

Activity Code

과제

▷ 아래의 표를 참고하여 Activity Code를 정의합니다.

Activity Code : AA		Activity Code : BB	
Code Value	Description	Code Value	Description
AA1	CODE AA1	BB1	CODE BB1
AA2	CODE AA2	BB2	CODE BB2
AA3	CODE AA3	BB3	CODE BB3
AA4	CODE AA4	BB4	CODE BB4
AA5	CODE AA5	BB5	CODE BB5

▲ [표4-2-15-1] Activity Code 실습

▷ 아래의 표를 참고하여 Activity에 Activity Code를 할당합니다.

Activity ID	Activity Code : AA	Activity Code : BB
M1000	AA1	BB5
M1010	AA1	BB3
M1020	AA5	BB1
M1030	AA5	BB1
M1040	AA5	BB1
A1000	AA2	BB5
B1000	AA3	BB4
C1000	AA4	BB1
C1010	AA4	BB1
C1020	AA4	BB1
C1030	AA4	BB1
C1040	AA4	BB1
C2000	AA5	BB2
C2010	AA5	BB2

▲ [표4-2-15-2] Activity Code 실습

결과

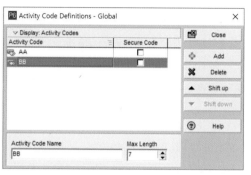

▲ [그림4-2-15-12] Activity Code 실습 결과(Activity Code 추가)

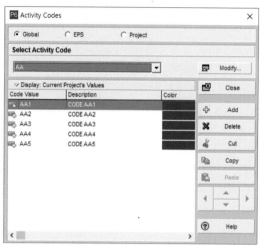

▲ [그림4-2-15-13] Activity Code 실습 결과(Activity Code Value 추가)

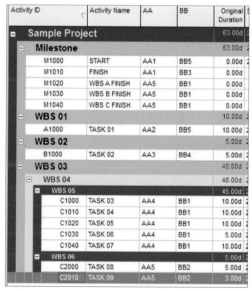

▲ [그림4-2-15-14] Activity Code 실습 결과(Activity Code 할당)

16 Data Review by 'Group & Sort by'

현재 프로젝트 상태를 다양한 관점 및 형태로 집계, 분석, 검토를 하는 데 대표적으로 사용되는 기능이 'Group&Sort by'와 'Filter'이다. 두 기능 모두 기존 Primavera P6에서 제공하는 데이터와 추가로 Activity Code를 적용하여 사용할 수 있다. 앞서 두 기능을 실행하는 방법이 간단히 언급되었지만 이번 장에서는 두 기능에 대해 정확히 이해하여 활용할 수 있도록 한다.

'Group & sort by'는 현재 프로젝트를 사용자가 원하는 기준으로 그룹화해서 집계하는 기능이다. 예를 들어 Activity를 WBS로 Group화 하여 표현할 수 있고, Activity Code와 조합해서 Group화 하여 현황을 분석할 수도 있다. 또한 Group and Sort의 기능은 Activity의 화면에서만 활용되는 것이 아니라 모든 화면에서 사용자의 적용 조건에 따라 다양하게 표현할 수 있다.

01_ [Group and Sort] 대화상자를 활성화하기 위해서는 Activity Table 화면에서 마우스 오른쪽 버튼을 클릭하여 Group and Sort를 선택하거나 Tool Bar의 [Group & Sort] Icon을 클릭한다.

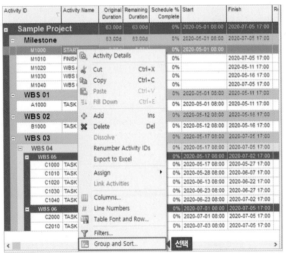

▲ [그림4-2-16-1] Group & Sort 열기

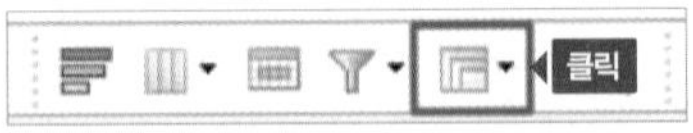

▲ [그림4-2-16-2] Group & Sort 열기 아이콘

02_ [Group and Sort] 대화상자가 활성화되면 Group by의 Drop-down Menu를 활용하여 WBS를 선택한다. 영문의 첫 글자인 'W'를 입력하여 WBS를 찾은 후에 선택할 수도 있다.

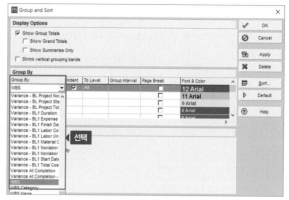

▲ [그림4-2-16-3] Group By(WBS) 설정

03_ Group By에서 WBS를 선택한 후 Indent에 체크 표시를 하고 To Level은 All로 선택한 후 [OK] 버튼을 눌러 보면 Activity Table이 WBS로 Group화 되며 계층으로 표현되는 것을 확인할 수 있다. Indent는 해당 Group 기준을 계층구조로 나타내는 것이며 To level Column의 해당 기준을 어느 레벨까지 계층구조로 나타낼 것인지 설정하는 것이다.

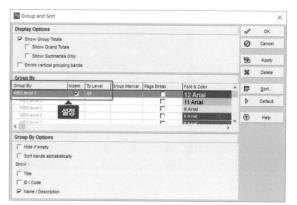

▲ [그림4-2-16-4] Group By(WBS) 설정

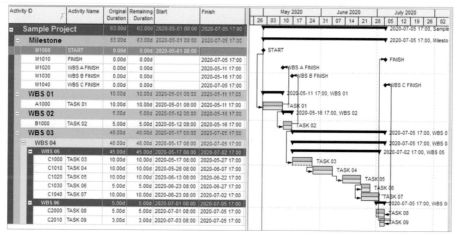

▲ [그림4-2-16-5] Activity Table에서 WBS별 집계 확인

04_ Activity Code를 활용하여 Group화 하려면 Group by의 Drop-down Menu에서 앞서 생성한 Activity Code를 선택하고 [OK] 버튼을 클릭한다. 그러면 Activity Code의 Value가 할당된 Activity들이 Code Value별로 Group화 되는 것을 확인할 수 있다.

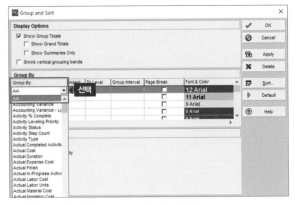

▲ [그림4-2-16-6] Group By(Activity Code) 설정

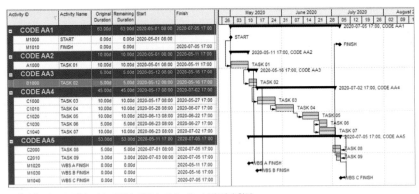

▲ [그림4-2-16-7] Activity Table에서 Activity Code별 집계 확인

TiP

만일 그룹을 해제 하려면 Group by의 Drop-down Menu에서 〈None〉을 선택하거나 해당 Group 기준을 선택하고 오른쪽 [Delete] 버튼을 클릭하여 'None'을 설정할 수 있다.

05_ 두 가지 이상의 항목으로 Group화 할 수도 있다. Group by에서 항목을 하나 선택하고 Intend의 체크를 해제하면 바로 아래에 항목을 추가할 수 있다. 예를 들면 WBS로 우선 그룹화를 하고 하위에 Activity Code로 추가 그룹할 수 있다. 단 이 경우에 WBS 기준으로 그룹화한 것은 계층구조를 나타낼 수 없다.

▲ [그림4-2-16-8] Group By(WBS, Activity Code) 설정

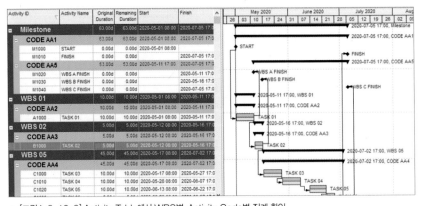

▲ [그림4-2-16-9] Activity Table에서 WBS별, Activity Code별 집계 확인

06_ Group by Column에 Group Interval은 기간이나 비용과 같이 수치로 표현되는 데이터를 일정 구간으로 표현하는 Option으로, 예를 들면 Remaining Duration으로 그룹화한 경우 5일 간격으로 Group화 되어 표현할 수 있는 것이다.

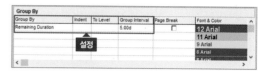
▲ [그림4-2-16-10] Group By(Original Duration) 설정

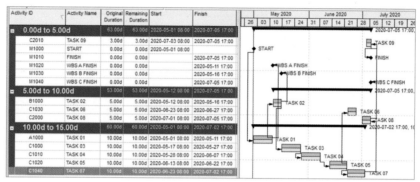
▲ [그림4-2-16-11] Activity Table에서 Original Duration별 집계 확인

Page Break는 Primavera P6에서 화면 인쇄 시 Group으로 나누어 출력하는 기능으로 Page Break가 설정되어 있는 각 그룹이 각 페이지로 나누어 인쇄되는 것이다. 또한 Font & Color는 Group Band의 글꼴과 색상을 설정하는 Option으로 더블 클릭하면 설정 창이 나타난다.

▲ [그림4-2-16-12] Group By(Page Break) 설정

▲ [그림4-2-16-13] Group Band의 Font & Color 설정

07_ Group by 외의 영역에 대해 알아보자. [Group & Sort] 대화상자의 Display Options의 Show Grand Totals에 체크 표시를 하게 되면 Group By 항목의 최상위에 Total이라는 항목이 표현되면서 Total이라는 Band가 화면에 표현된다. Total은 Activity Table에서 모든 Activity들의 Grand Total을 나타낸다. 만약 사용자가 2개 이상의 Project를 Open하고 있다면 모든 Project들에 대한 Grand Total을 표현한다.

Show Summaries Only는 Activity Table에 현재 그룹된 기준의 Summary만을 표현하는 Display Option으로 Activity는 숨김 처리되고 해당 기준의 band에 Summary 값만 표시된다.

Shrink Vertical Grouping Bands는 Group Band의 새로 줄 두께를 줄이는 것이다.

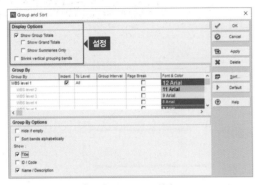

▲ [그림4-2-16-14] Display Options 설정

Group By Option 영역의 설정은 다음과 같다.

- Hide if empty : 특정 그룹 기준에 Activity가 없는 경우 해당 그룹기준을 안 보이게 하는 설정으로 예를 들어 Filter를 적용했을 경우 Filter의 조건에 부합되지 않는 Activity가 포함된 그룹기준을 안 보이게 하는 것이다.

- Sort band alphabetically : Group By에서 설정한 Group이 알파벳 오름차순으로 정렬되는 것이다.

- Show : 해당 그룹 Band에 Title, ID, Code, Name, Description 등을 나타내거나 안 보이게 하는 설정이다.

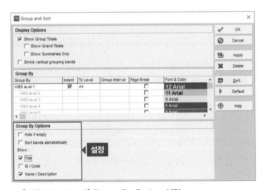

▲ [그림4-2-16-15] Group By Option 설정

17 | Data Review by 'Filter'

Filter는 현재 프로젝트에서 사용자가 원하는 데이터만 골라보는 기능이다. EPS, Project Portfolio, WBS, Project Expense 등의 몇몇 화면을 제외한 모든 화면에서 사용 가능하며 Primavera P6에서의 Default(기본 값)로 주어지는 Filter가 있고, 사용자의 요구에 맞게 간단한 함수를 이용해서 활용할 수 있다.

01_ [Filter] 대화상자로 이동하려면 Activity Table 화면에서 마우스 오른쪽 버튼을 클릭하여 Filters를 선택하거나, Tool Bar의 Filter를 선택한다.

Filters 창이 활성화되고 Default Filter 목록을 확인할 수 있다. Default Filter는 Primavera P6에서 기본적으로 제공하는 Filter로 수정(Modify)이 불가하다. Default filter를 적용하려면 해당 Filter의 select에 체크하면 된다. Default Filter 목록 중 'Milestone' Filter의 Select를 체크하고 오른쪽에 [OK] 버튼을 클릭하면 Activity Table과 Bar Chart에 Milestone Activity만 나타나게 된다.

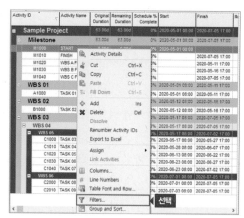

▲ [그림4-2-17-1] Filter 열기

▲ [그림4-2-17-2] Filter 열기 아이콘

▲ [그림4-2-17-3] Milestone Filter 적용

TiP

Filter는 여러 개를 동시에 적용시킬 수 있다. Select에 다중 선택이 가능하며 Filter 창 위쪽에 [show activities that match]에서 다중 filter 적용 설정을 할 수 있다. 'All selected filers'는 다중 선택된 filter를 동시에 만족하는 Activity를 골라보는 것이고, 'Any selected filter'는 다중 선택된 Filter 중 한 개라도 만족하는 Activity를 골라보는 설정이다.

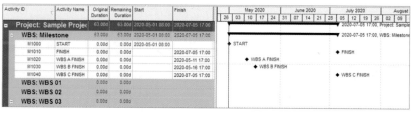

▲ [그림4-2-17-4] Milestone Filter 적용 확인

02_ 이번에는 사용자가 직접 Filter를 생성
하는 방법을 알아보자. [Filters] 대화상자의
[New] 버튼을 클릭하여 새로운 Filter를 생성
하면 Filter 함수를 설정할 수 있는 대화상자가
활성화된다.

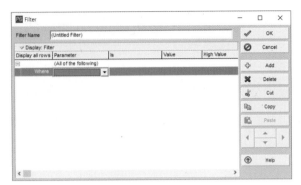

▲ [그림4-2-17-5] 사용자 Filter 추가

03_ 사용자 Filter를 생성하는 것은 사용자가 보기를 원하는 Activity만 골라내기 위한 조건을 생성한
다는 의미이다. [Parameter]에서 Activity를 골라내기 위한 기준을 선택하고 [Is], [Value]에 해당 기준
에 부합하는 값의 범위나 일치 여부를 설정해주면 된다. 추가로 Filter Name을 입력하고 설정이 완료되
면 오른쪽의 [OK] 버튼을 클릭하여 사용자 Filter 설정을 완료한다. Filter 창의 User Defined 카테고리
에 Filter가 추가된 것을 확인할 수 있다.

예를 들어 Default Filter에 'Critical'이라는 Filter가 있지만 Filter 생성의 이해를 돕기 위해 별도로 현재
프로젝트에서 Critical Path Activity만 골라보는 Filter를 생성해보자. 기본적인 Critical Path의 정의는
프로젝트 내에서 프로젝트 전체 종료일을 결정 짓는 여유기간이 없는 Activity들의 Path이다. 즉 Total
Float이 0 이하인 Activity들의 Path인 것이다.

이것을 Filter에 적용 시키려면 [Parameter]는 'Total Float', [Is]는 'is less than or equals', [Value]
는 숫자 '0'을 입력하면 된다. Filter Name에 'Critical Path'라고 입력한 후 오른쪽에 [OK] 버튼을 클릭
하여 창을 닫으면 Filter 창의 User Defined 카테고리에 'critical Path' Filter가 추가된 것을 확인할 수
있다. 'critical Path' Filter에만 오른쪽에 select 박스에 체크한 후에 [OK] 버튼을 클릭하여 창을 닫으면
Critical Path Activity만 나타나는 것을 확인할 수 있다.

▲ [그림4-2-17-6] 사용자 Filter(Critical Path) 수식 설정

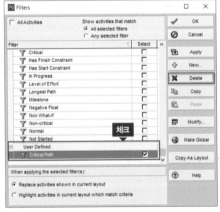

▲ [그림4-2-17-7] 사용자 Filter(Critical Path) 적용

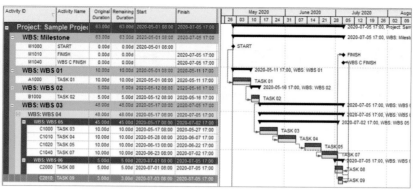

▲ [그림4-2-17-8] 사용자 Filter(Critical Path) 적용 확인

04

TiP

> 사용자 Filter를 생성할 때도 두 가지 이상 조건을 추가해서 생성할 수 있다. [Filters] 대화상자의 [New] 버튼을 클릭하여 새로운 Filter를 생성하면 Filter 함수를 설정할 수 있는 대화상자가 활성화되는데, 이때 기본적으로 한 줄이 생성된다. 오른쪽에 [Add] 버튼을 클릭하면 추가로 함수를 입력할 수 있는 줄이 생성되며 함수를 추가 입력할 수 있다. 또한 [Parameter]에서 앞서 설명한 'All selected filers', 'Any selected filer' 적용을 설정할 수 있는데, 여기서는 'All of the following', 'Any of the following' 으로 표현된다.

TiP

> 참고 : 다음은 사용자 Filter 이해를 돕기 위한 예시이다.
>
> – 베이스라인보다 종료날짜가 늦어진 Activity

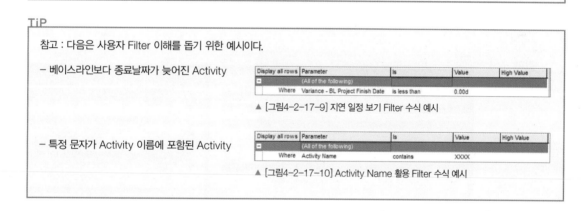

▲ [그림4-2-17-9] 지연 일정 보기 Filter 수식 예시

> – 특정 문자가 Activity 이름에 포함된 Activity

▲ [그림4-2-17-10] Activity Name 활용 Filter 수식 예시

04_ Filter가 적용되면 Activity Table 위쪽에 Filter명이 나타나게 된다. 모든 Filter 적용을 해제하려면 Filter 창에서 [All Activities]에 체크하면 된다.

▲ [그림4-2-17-11] Filter 해제(All Activity 체크)

실습

Schedule & Resource Review(Activity Code)

과제

▷ Group & Sort 기능을 활용하여 다음의 기준으로 일정과 비용 정보를 확인합니다.

- Activity Code별
- 순서대로 Grand Total, AA별, BB별, WBS별

▷ Filter 기능을 활용하여 다음의 Activity들의 일정과 비용 정보를 확인합니다.

- AA1 Code의 Activity
- BB4 Code의 Activity
- AA1 Code의 Activity 중 BB4 code를 가지고 있는 Activity

결과

Activity ID	Activity Name	AA	BB	Original Duration	Start	Finish	BL Project Total Cost
CODE AA1				63.00d	2020-05-01 08:00	2020-07-05 17:00	$0.00
M1000	START	AA1	BB5	0.00d	2020-05-01 08:00		$0.00
M1010	FINISH	AA1	BB3	0.00d		2020-07-05 17:00	$0.00
CODE AA2				10.00d	2020-05-01 08:00	2020-05-11 17:00	$55,000.00
A1000	TASK 01	AA2	BB5	10.00d	2020-05-01 08:00	2020-05-11 17:00	$55,000.00
CODE AA3				5.00d	2020-05-12 08:00	2020-05-16 17:00	$100,000.00
B1000	TASK 02	AA3	BB4	5.00d	2020-05-12 08:00	2020-05-16 17:00	$100,000.00
CODE AA4				45.00d	2020-05-17 08:00	2020-07-02 17:00	$279,000.00
C1000	TASK 03	AA4	BB1	10.00d	2020-05-17 08:00	2020-05-27 17:00	$30,000.00
C1010	TASK 04	AA4	BB1	10.00d	2020-05-28 08:00	2020-06-07 17:00	$106,000.00
C1020	TASK 05	AA4	BB1	10.00d	2020-06-13 08:00	2020-06-22 17:00	$30,000.00
C1030	TASK 06	AA4	BB1	5.00d	2020-06-23 08:00	2020-06-27 17:00	$30,000.00
C1040	TASK 07	AA4	BB1	10.00d	2020-06-23 08:00	2020-07-02 17:00	$83,000.00
CODE AA5				53.00d	2020-05-11 17:00	2020-07-05 17:00	$35,000.00
C2000	TASK 08	AA5	BB2	5.00d	2020-07-01 08:00	2020-07-05 17:00	$32,000.00
C2010	TASK 09	AA5	BB2	3.00d	2020-07-03 08:00	2020-07-05 17:00	$3,000.00
M1020	WBS A FINISH	AA5	BB1	0.00d		2020-05-11 17:00	$0.00
M1030	WBS B FINISH	AA5	BB1	0.00d		2020-05-16 17:00	$0.00
M1040	WBS C FINISH	AA5	BB1	0.00d		2020-07-05 17:00	$0.00

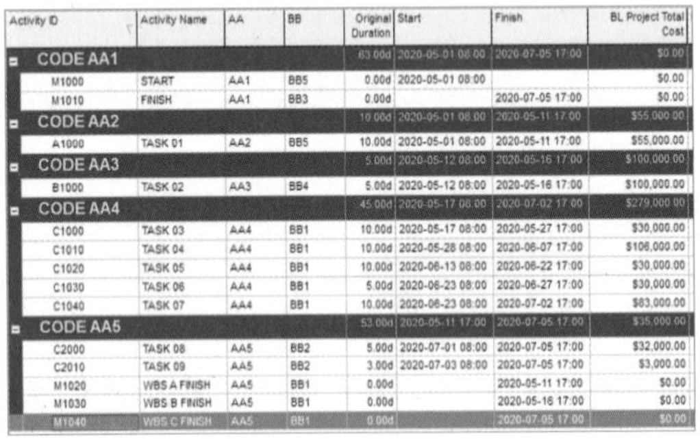

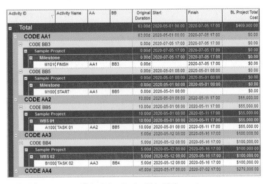

▲ [그림4-2-17-12] Activity Code 실습 결과(AA Code별 Grouping)

Activity ID	Activity Name	AA	BB	Original Duration	Start	Finish	BL Project Total Cost
Total				63.00d	2020-05-01 08:00	2020-07-05 17:00	$469,000.00
CODE AA1				63.00d	2020-05-01 08:00	2020-07-05 17:00	$0.00
CODE BB3				0.00d	2020-07-05 17:00	2020-07-05 17:00	$0.00
Sample Project				0.00d	2020-07-05 17:00	2020-07-05 17:00	$0.00
Milestone				0.00d	2020-07-05 17:00	2020-07-05 17:00	$0.00
M101(	FINISH	AA1	BB3	0.00d		2020-07-05 17:00	$0.00
CODE BB5				0.00d	2020-05-01 08:00	2020-05-01 08:00	$0.00
Sample Project				0.00d	2020-05-01 08:00	2020-05-01 08:00	$0.00
Milestone				0.00d	2020-05-01 08:00	2020-05-01 08:00	$0.00
M100(	START	AA1	BB5	0.00d	2020-05-01 08:00		$0.00
CODE AA2				10.00d	2020-05-01 08:00	2020-05-11 17:00	$55,000.00
CODE BB5				10.00d	2020-05-01 08:00	2020-05-11 17:00	$55,000.00
Sample Project				10.00d	2020-05-01 08:00	2020-05-11 17:00	$55,000.00
WBS 01				10.00d	2020-05-01 08:00	2020-05-11 17:00	$55,000.00
A100(	TASK 01	AA2	BB5	10.00d	2020-05-01 08:00	2020-05-11 17:00	$55,000.00
CODE AA3				5.00d	2020-05-12 08:00	2020-05-16 17:00	$100,000.00
CODE BB4				5.00d	2020-05-12 08:00	2020-05-16 17:00	$100,000.00
Sample Project				5.00d	2020-05-12 08:00	2020-05-16 17:00	$100,000.00
WBS 02				5.00d	2020-05-12 08:00	2020-05-16 17:00	$100,000.00
B1000	TASK 02	AA3	BB4	5.00d	2020-05-12 08:00	2020-05-16 17:00	$100,000.00
CODE AA4				45.00d	2020-05-17 08:00	2020-07-02 17:00	$279,000.00

▲ [그림4-2-17-13] Activity Code 실습 결과
(Grand Total, AA별, BB별, WBS별 Grouping)

Activity ID	Activity Name	AA	BB	Original Duration	Start	Finish	BL Project Total Cost
Sample Project				63.00d	2020-05-01 08:00	2020-07-05 17:00	$0.00
Milestone				63.00d	2020-05-01 08:00	2020-07-05 17:00	$0.00
M1000	START	AA1	BB5	0.00d	2020-05-01 08:00		$0.00
M1010	FINISH	AA1	BB3	0.00d		2020-07-05 17:00	$0.00
WBS 01				0.00d			$0.00
WBS 02				0.00d			$0.00
WBS 03				0.00d			$0.00
WBS 04				0.00d			$0.00
WBS 05				0.00d			$0.00
WBS 06				0.00d			$0.00

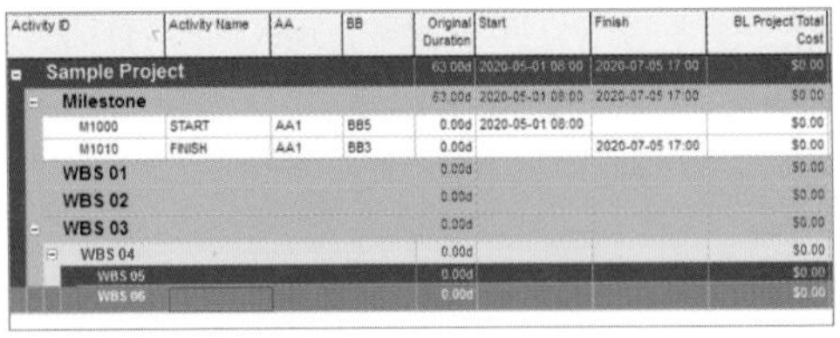

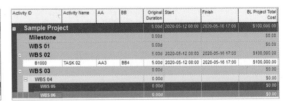

▲ [그림4-2-17-14] Activity Code 실습 결과(AA1 Code Filter)

Activity ID	Activity Name	AA	BB	Original Duration	Start	Finish	BL Project Total Cost
Sample Project				5.00d	2020-05-12 08:00	2020-05-16 17:00	$100,000.00
Milestone				0.00d			$0.00
WBS 01				0.00d			$0.00
WBS 02				5.00d	2020-05-12 08:00	2020-05-16 17:00	$100,000.00
B1000	TASK 02	AA3	BB4	5.00d	2020-05-12 08:00	2020-05-16 17:00	$100,000.00
WBS 03				0.00d			$0.00
WBS 04				0.00d			$0.00
WBS 05				0.00d			$0.00
WBS 06				0.00d			$0.00

▲ [그림4-2-17-15] Activity Code 실습 결과(BB4 Code Filter)

18 Layout

Primavera P6에서는 사용자의 필요에 의해 Group, Column, Chart, Profile, Timescale, Filter 등을 조합하여 사용자가 원하는 분석 형태로 화면을 배치하거나 저장할 수 있는 Layout 기능을 제공한다. 이와 같이 저장된 Layout을 상황에 따라 바로 Open한 후 사용자에게 필요한 다양한 화면 형태로 데이터를 분석할 수 있다. 또한 Layout에는 뒤에서 다룰 출력 설정도 저장되므로 Layout을 잘 활용하여 프로젝트를 효율적으로 관리할 수 있도록 한다.

Primavera P6의 Layout은 크게 Project, WBS, Activity, Resource Assignment, Tracking 등의 화면을 Primavera P6에서 Default로 제공하는 Layout을 불러오는 방식과 사용자의 조합에 의해 Layout을 생성하여 사용하는 방식이 있다. 이번에는 Activity 화면을 바탕으로 Layout을 생성하거나 활용하는 방법을 알아보도록 한다.

01_ Layout을 저장하기 전에 먼저 현재 Primavera P6 화면 구성을 해야 한다. 화면 상단에는 Activity Table과 Bar Chart를 배치하고 화면 하단에는 Activity usage Profile을 배치한다.

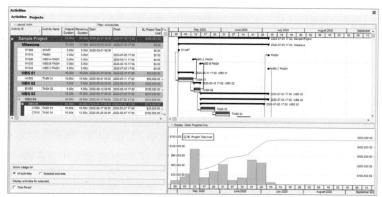

▲ [그림4-2-18-1] Activity 창 화면 구성

02_ Layout을 저장하기 위하여 Menu Bar에 [view]-[Layout]-[Save Layout As]를 선택한다. 'Save Layout As', 창이 나타나면 layout Name을 입력하고 Available to에는 Current User로 설정하고 [Save] 버튼을 클릭하여 창을 닫는다. Activity Table 바로 윗줄에 현재 적용된 Layout명을 확인할 수 있다.

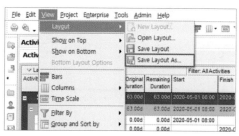

▲ [그림4-2-18-2] Save Layout As 실행

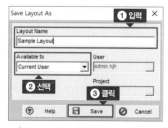

▲ [그림4-2-18-3] Save Layout As 실행

Activities							
Activities **Projects**							
∨ Layout: Sample Layout				Filter: All Activities			
Activity ID		Activity Name	Original Duration	Remaining Duration	Start	Finish	BL Project Total Cost	F ∧
M1040		WBS C FINISH	0.00d	0.00d		2020-07-05 17:00	$0.00
WBS 01			10.00d	10.00d	2020-05-01 08:00	2020-05-11 17:00	$55,000.00

▲ [그림4-2-18-4] 현재 Layout명 확인

03_ Primavera P6에서 기본 제공하거나 기존에 만들었던 Layout을 보려면 [View]-[Layout]-[Open Layout]을 선택하면 된다.

이때 'Would you like to save the changes to this layout?' 대화상자가 나타날 수도 있는데, 이것은 현재까지 작업한 화면 구성을 현재 적용되어 있는 Layout에 덮어쓰기로 저장할 것인지 물어보는 메시지이다. 특별히 Layout을 수정, 저장하지 않으려면 [No] 버튼을 클릭하도록 한다.

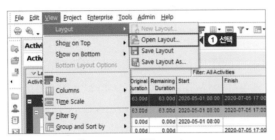

▲ [그림4-2-18-5] Open Layout 실행

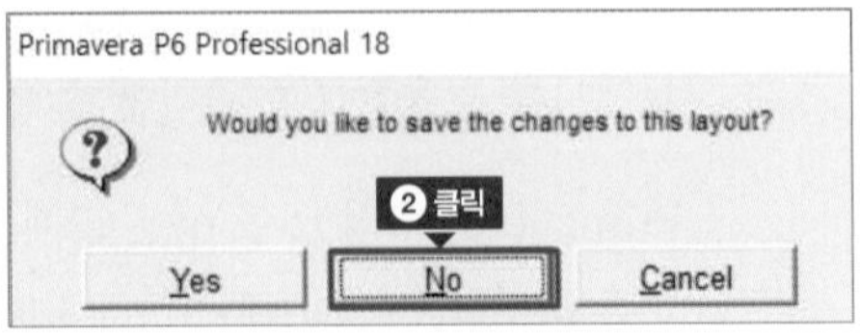

▲ [그림4-2-18-6] 현재 Layout 저장 여부

04_ 기존 Layout목록을 확인할 수 있으며 Global은 기본 저장되어 있는 Layout, User-XXX는 사용자가 새로 저장한 Layout 목록이다. Global Layout 목록에서 'Classic Schedule Layout'을 선택하고 [Open] 버튼을 클릭한다.

현재 화면 구성이 바뀌며 Activity Table 윗줄에 Layout 명도 바뀌는 것을 확인할 수 있다. 화면 상·하단에 배치된 화면을 포함하여 Activity Table의 Column, barchart의 Bar 보기 설정, Timescale, activity Details 창에 나와 있는 탭의 개수 등의 설정이 모두 바뀐 것을 확인할 수 있다.

▲ [그림4-2-18-7] 기존 Layout 열기

▲ [그림4-2-18-8] Layout 적용 확인

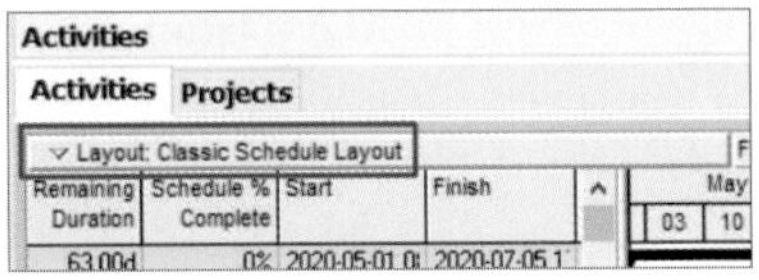

▲ [그림4-2-18-9] 현재 Layout명 확인

05_ 다시 사용자가 저장한 Layout을 적용하려면 [View]-[Layout]-Open Layout]을 선택하여 Layout 목록 중 사용자가 저장한 Layout을 선택하고 [Open] 버튼을 클릭한다.

실습

Layout

과제

▷ 아래의 화면 구성으로 Layout을 생성 및 저장합니다.

〈 Layout Name : 01.Basic Schedule View 〉

- 화면 상단에 Activity Table과 Bar Chart 표시
- Activity Table은 WBS로 Grouping, Bar Chart의 Timescale은 Month/Week로 설정
- 화면 하단에 Activity Usage Profile 표시

〈 Layout Name : 02.AA4 Code Analysis 〉

- 화면 상단에 Activity Table과 Bar Chart 표시 및 AA4 Code로 Filtering
- Activity Table은 AA Code로 Grouping, Bar Chart의 Timescale은 Week/Day1로 설정
- Activity Table의 Column은 Activity ID, Activity Name, Start, Finish, Total Float만 표시
- 화면 하단에 Resource Usage Profile 표시

결과

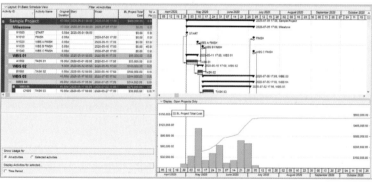

▲ [그림4-2-18-10] Layout 실습 결과(01.Basic Schedule View)

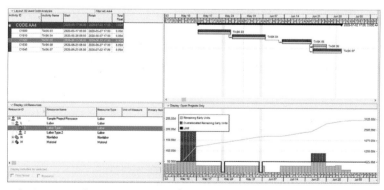

▲ [그림4-2-18-11] Layout 실습 결과(02.AA4 Code Analysis)

Executing in P6 – Basic

PMBOK의 프로세스 그룹 중 Executing 그룹은 요구사항에 맞게 프로젝트관리 계획서에 정의된 작업을 완료하는 과정에서 수행되는 프로세스들로 구성된다. 즉 프로젝트 목표를 달성하기 위해 Planning 단계에서 수립했던 모든 계획 업무들을 수행하고, 그에 대한 실적 정보를 수집하여 관리하는 일련의 활동이 포함된다. 여기서 중요한 것은 승인된 계획(Baseline)에 근거하여 업무를 수행하고 해당 수행 실적에 대한 정확한 정보(일정, 자원, 비용)를 수집 및 기록하는 것이다. 그 과정에서 Primavera P6를 활용할 수 있으며, 수집되는 정보의 신뢰도가 낮다면 Primavera P6의 산출물도 활용 가치가 낮아질 것이다. 본 Chapter에서는 프로젝트 계획이 완료된 이후 해당 시점에 도래한 계획 업무의 실적에 대한 정보를 수집 및 기록을 Primavera P6를 활용하여 수행하는 방법에 대해 알아보도록 한다.

1 Actual Update(Duration %)

프로젝트가 시작되는 시점부터 프로젝트 목표를 달성하기 위하여 계획이 완료된 작업을 실제로 수행하며, 수행된 작업의 실적 정보(일정, 자원, 비용 등)를 수집 및 기록해야 한다.

Basic 단계에서는 기본적인 일정에 대한 실적 정보에 대해서만 설명하도록 하며 추가 정보에 대한 사항은 Advanced에서 설명하도록 한다.

Primavera P6에서 일정에 대한 프로젝트 진행률은 'Duration% Complete'에서 관리하며 계산식은 다음과 같다.

"Duration% Complete=(Original Duration−Remaining Duration)/Original Duration×100"

위 계산식에서 알 수 있듯이 기준이 되는 값은 당초 계획 공기(Original Duration)와 현재 시점에서의 잔여 공기(Remaining Duration)이다. 이는 해당 작업이 착수한 후 얼마의 기간이 지났는지가 중요한 것이 아니라 앞으로 얼마의 기간이 남았는지가 중요한 지표로 되는 것이다. 예를 들면 10일짜리 계획 작업이 착수한 지 5일이 지났어도 작업 진척이 없어 앞으로 5일 이상의 작업기간이 필요하다고 판단되면 해당 작업의 일정상 진행률은 50%가 되지 않는 것이다. 반대로 착수한 지 5일이 지난 시점에 작업 생산성이 좋아 앞으로 5일 이내에 완료될 것으로 예상된다면 해당 작업의 진행률은 50% 이상이 되는 것이다.

앞서 설명한 것처럼 Activity의 정보는 Details 창이나 Column에서 입력하거나 조회해 볼 수 있다. 이번 장에서는 Activity Details 창에서 입력하는 방법에 대해 설명한다.

01_ Activity의 실적을 입력하기 위하여 Activity 화면으로 이동한 후 Activity Details 창의 [Status] 탭을 선택한다. 여러 가지 상태 정보를 확인할 수 있으며 실적 정보는 'Status' 영역에서 입력할 수 있다.

▲ [그림4-3-1-1] Activity Details 창의 [Status] 탭

02_ 실제 시작일이나 실제 종료일을 입력하려면 Activity를 선택한 후 'Started' 또는 'Finished' 체크 박스에 우선 체크하고 그 옆에 실제 시작 또는 실제 종료 날짜를 입력하면 된다.

프로젝트 내의 현재 시점에서 실적 정보를 취합하면 Activity 상태에 따라 완료된 것, 진행 중인 것, 아 직 시작하지 않은 것으로 나눌 수 있을 것이다. 이것을 Primavera P6에서는 'Activity Status'라는 카테 고리에서 각각 'Completed', 'In-Progress', 'Not Started'로 구분 짓는다.

03_ 'Completed' Activity, 즉 완료된 작업은 실제 시작일과 실제 종료일을 입력해야 하며 실제 종료 일을 입력하게 되면 'Duration %'가 100%가 되는 것을 확인할 수 있다.

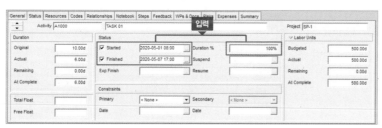

▲ [그림4-3-1-2] 실제 시작일, 실제 종료일 입력

04_ 'In-Progress' Activity, 즉 현재 진행 중인 작업은 실제 시작일은 입력하지만 실제 종료일은 입 력하지 않는다. 대신 현재 기준으로 잔여 작업일수를 입력해야 한다. 잔여 작업일수는 'Remaining Duration'이라 하며 [Duration]영역의 'Remaining'에 입력하면 된다.

'In-Progress' Activity는 'Duration %' 값을 가지게 되며 Remaining Duration이 변경됨에 따라 자동 으로 계산된다.

▲ [그림4-3-1-3] 실제 시작일, 잔여 작업일수 입력

05_ 'Not Started' Activity의 경우 별도의 실적 정보는 입력할 필요가 없으며 현재 입력된 실적 정보로 스케줄을 재계산 한 후에 그 결과에 따라 필요시 계획 수정 작업을 하면 된다.

06_ 실적 입력을 완료한 후에는 프로젝트 내의 실적이 반영되는 날짜를 기준으로 스케줄을 재계산해야 한다. 프로젝트 지연/단축 여부 및 잔여 작업의 일정 조정의 필요 여부는 스케줄을 재계산한 후에 정확히 알 수 있는 것이다.

스케줄을 재계산하기 위하여 화면 상단의 [Schedule] 아이콘을 클릭하거나 단축키 F9 를 누른다.

▲ [그림4-3-1-4] Schedule 실행 아이콘

07_ Schedule 창이 나타나면 [Current Data Date]의 날짜를 실적반영의 기준날짜로 수정한 후에 [Schedule] 버튼을 클릭한다.

▲ [그림4-3-1-5] Data Date 입력 및 Schedule 재계산 실행

08_ 실적이 반영되어 재계산된 현황을 Bar Chart 및 Activity Table에서 확인한다.

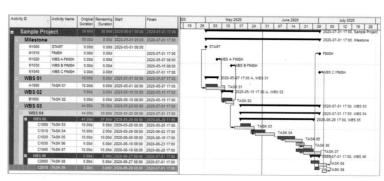

▲ [그림4-3-1-6] Schedule 재계산 결과 확인

TiP

Primavera P6의 기본 설정으로 일정 실적이 입력되면 Duration %의 진행률과 동일하게 Resource의 Actual Unit과 Activity의 Actual Cost가 입력되도록 설정되어 있다. 즉 별도 설정이 없으면 Actual Unit과 Actual Cost가 자동 입력되는 것이다. 해당 설정은 Project Details 창에서 [Calculation] 탭의 'Recalculate Actual units and Cost when duration % complete change'의 체크 유무로 변경할 수 있다.

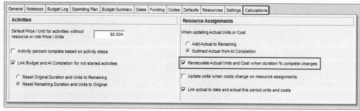

▲ [그림4-3-1-7] Project Option

Actual Update(Duration %)

과제

▷ 실적 입력을 위하여 현재 프로젝트를 복사합니다.

　(Project Baseline 함께 복사)

▷ 다음의 작업성과 자료를 참고하여 5월 실적을 입력합니다.

Activity ID	Activity Name	Actual Start	Actual Finish	Remaining
M1000	START	2020-05-01	–	0d
A1000	TASK 01	2020-05-01	2020-05-07	0d
B1000	TASK 02	2020-05-10	2020-05-15	0d
C1000	TASK 03	2020-05-20	2020-05-25	0d
C1010	TASK 04	2020-05-26		2d

▲ [표4-3-1-1] Actual Update 실습

▷ Activity의 실적정보를 바탕으로 필요시 Milestone Activity의 실적을 입력합니다.

▷ Data Date를 2020-06-01로 변경 후 Schedule(F9)을 실행합니다.

▷ Activity Table과 Bar Chart에 실적이 반영된 상태를 확인합니다.

결과

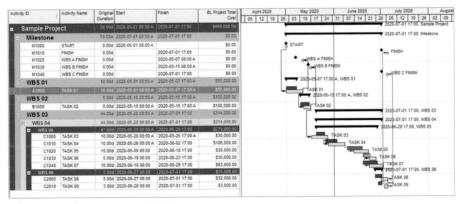

▲ [그림4-3-1-8] Actual Update 실습 결과

Monitoring & Controlling in P6 – Basic

PMBOK의 프로세스 그룹 중 Monitoring & Controlling 그룹은 프로젝트의 진척과 성과를 추적, 검토 및 조절하고, 계획에 변경이 필요한 영역을 식별하여, 이에 상응하는 변경을 착수하는 과정에서 필요한 프로세스들로 구성된다. 여기서 중요한 활동은 현재 실적 성과 측정치를 산출하고 해당 성과 정보를 보고 및 배포하며 계획 대비 현재 상태를 정확히 파악하여 비교, 분석 및 향후를 예측하는 것이다. 그리하여 현재 시점 이후부터 프로젝트 종료 시점까지 개선 및 유지해야 할 요소들을 선별하고 향후 계획에 반영해야 할 것이다. 이 과정에서 Primavera P6를 활용하여 계획에서 벗어난 활동들을 식별하고, 그 벗어난 정도에 따라 시정조치가 필요한 활동들을 선별하여 프로젝트 종료 시점의 목표를 달성할 수 있도록 향후 계획을 수정할 수 있다. 또한 Primavera P6 산출물은 이해관계자들 간의 주기적인 보고 형태의 의사소통 수단으로 활용될 수 있는 것이다. 본 Chapter에서는 각 주기별로 실적을 업데이트하며 현재 상태를 계획과 비교하여 현황을 파악하고 보고하는 활동을 Primavera P6를 활용하여 수행하는 방법에 대해 알아보도록 한다.

1 Project Status Analysis-Plan vs Actual

앞서 언급한 것처럼 프로젝트가 진행되는 동안 실적을 업데이트하면서 현재 프로젝트가 계획대로 잘 진행되고 있는지, 수정 및 변경 필요가 있는지 등 프로젝트의 현황을 정확히 파악하고 향후를 예측할 수 있어야 한다. 또한 이해관계자들 간의 현황 공유를 위하여 주기적인 보고 활동이 필요하다. 또한 보고자료에는 서술형 보고를 포함하여 Bar Chart, S-Curve, Histogram 등 다양한 분석 및 현황 자료가 활용될 수 있다.

프로젝트의 계획 대비 현재 실적이 반영된 상태를 파악할 시 Primavera P6에서는 계획에 해당하는 데이터로 Baseline Data를 적용한다.

01_ Activity Table에서 현황을 파악하기 위하여 관련 Column을 확인하도록 한다. Activity Table에서 마우스 오른쪽을 클릭하여 [Columns]를 선택한다.

02_ 앞서 설명했듯이 Column명 앞에 'BL'이라는 약자가 붙은 것은 Baseline의 데이터를 나타내며, Baseline과 현재 상태의 차이 값을 나타내는 Column은 Column명 앞에 'Variance-BL'이 붙는다.

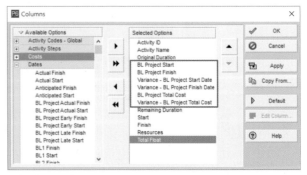

▲ [그림4-4-1-1] Activity Table의 Baseline 비교 Column 이동

예를 들어 Baseline상의 계획 종료일을 확인하려면 Column 창 왼쪽의 Date 카테고리에서 'BL Project Finish Date'를 오른쪽으로 옮겨 확인하고, Baseline상의 계획 종료일과 현재 상태의 종료일의 차이 값을 확인하려면 Duration 카테고리에 있는 'Variance – BL Project Finish Date' Column을 오른쪽으로 옮겨 확인하면 된다.

Activity ID	Activity Name	Original Duration	BL Project Start	BL Project Finish	Variance - BL Project Start Date	Variance - BL Project Finish Date	BL Project Total Cost	Variance - BL Project Total Cost	R
Sample Project		59.00d	2020-05-01 08:00	2020-07-05 17:00	0.00d	4.00d	$469,000.00	$0.00	
Milestone		59.00d	2020-05-01 08:00	2020-07-05 17:00	0.00d	4.00d	$0.00	$0.00	
M1000	START	0.00d	2020-05-01 08:00		0.00d	0.00d	$0.00	$0.00	
M1010	FINISH	0.00d		2020-07-05 17:00	4.00d	4.00d	$0.00	$0.00	
M1020	WBS A FINISH	0.00d		2020-05-11 17:00	5.00d	5.00d	$0.00	$0.00	
M1030	WBS B FINISH	0.00d		2020-05-16 17:00	2.00d	2.00d	$0.00	$0.00	
M1040	WBS C FINISH	0.00d		2020-07-05 17:00	4.00d	4.00d	$0.00	$0.00	
WBS 01		10.00d	2020-05-01 08:00	2020-05-11 17:00	0.00d	4.00d	$55,000.00	$0.00	
A1000	TASK 01	10.00d	2020-05-01 08:00	2020-05-11 17:00	0.00d	4.00d	$55,000.00	$0.00	
WBS 02		5.00d	2020-05-12 08:00	2020-05-16 17:00	2.00d	1.00d	$100,000.00	$0.00	
B1000	TASK 02	5.00d	2020-05-12 08:00	2020-05-16 17:00	2.00d	1.00d	$100,000.00	$0.00	
WBS 03		44.00d	2020-05-17 08:00	2020-07-05 17:00	-3.00d	4.00d	$314,000.00	$0.00	
WBS 04		44.00d	2020-05-17 08:00	2020-07-05 17:00	-3.00d	4.00d	$314,000.00	$0.00	
WBS 05		41.00d	2020-05-17 08:00	2020-07-02 17:00	-3.00d	4.00d	$279,000.00	$0.00	
C1000	TASK 03	10.00d	2020-05-17 08:00	2020-05-27 17:00	-3.00d	2.00d	$30,000.00	$0.00	
C1010	TASK 04	10.00d	2020-05-28 08:00	2020-06-07 17:00	2.00d	4.00d	$106,000.00	$0.00	
C1020	TASK 05	10.00d	2020-06-13 08:00	2020-06-22 17:00	4.00d	4.00d	$30,000.00	$0.00	
C1030	TASK 06	5.00d	2020-06-23 08:00	2020-06-27 17:00	4.00d	4.00d	$30,000.00	$0.00	
C1040	TASK 07	10.00d	2020-06-23 08:00	2020-07-02 17:00	4.00d	4.00d	$83,000.00	$0.00	
WBS 06		5.00d	2020-07-01 08:00	2020-07-05 17:00	4.00d	4.00d	$35,000.00	$0.00	
C2000	TASK 08	5.00d	2020-07-01 08:00	2020-07-05 17:00	4.00d	4.00d	$32,000.00	$0.00	
C2010	TASK 09	3.00d	2020-07-03 08:00	2020-07-05 17:00	4.00d	4.00d	$3,000.00	$0.00	

▲ [그림4-4-1-2] Activity Table의 Baseline 비교 Column 확인

03_ Activity Table에서 계획 대비 현재 상태를 수치적으로 확인했다면 Bar Chart에서는 계획 대비 현재 상태의 차이를 그래픽적으로 확인할 수 있다.

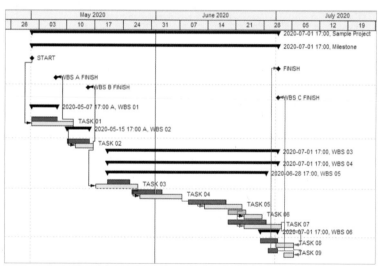

▲ [그림4-4-1-3] Bar Chart에서 Baseline vs Actual 비교

이번에는 Spreadsheet에서 현황을 확인해 보도록 하자.

04_ Activity Usage Spreadsheet를 확인하기 위하여 Menu Bar의 [View]-[Show on Bottom]-[Activity Usage Spreadsheet]를 선택하거나 화면 상단의 [Activity Usage Spreadsheet] 아이콘을 클릭한다.

05_ Spreadsheet 화면에서 마우스 오른쪽을 클릭하여 [Spreadsheet Fields] 창이 나타나면 Baseline(계획) 및 Actual(실적) 관련 Fields를 오른쪽으로 옮겨 확인할 수 있다. Baseline 데이터는 Field 앞에 'BL', Actual 데이터는 Filed 앞에 'Actual'이 붙는다.

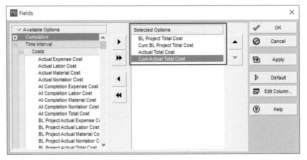

▲ [그림4-4-1-4] Activity Usage Spreadsheet의 Baseline 비교 Field

Cost		June 2020					July 2020				
	24	31	07	14	21	28	05	12	19	26	02
BL Project Total	$40,800.00	$63,600.00	$13,600.00	$21,000.00	$77,500.00	$41,500.00					
Cum BL Project Total	$61,800.00	$125,400.00	$139,000.00	$160,000.00	$237,500.00	$279,000.00	$279,000.00	$279,000.00	$279,000.00	$279,000.00	$279,000.00
Actual Total	$76,666.67	$14,133.33									
Cum Actual Total	$100,666.67	$114,800.00	$114,800.00	$114,800.00	$114,800.00	$114,800.00	$114,800.00	$114,800.00	$114,800.00	$114,800.00	$114,800.00
BL Project Total	$9,000.00										
Cum BL Project Total	$30,000.00	$30,000.00	$30,000.00	$30,000.00	$30,000.00	$30,000.00	$30,000.00	$30,000.00	$30,000.00	$30,000.00	$30,000.00
Actual Total	$6,000.00										
Cum Actual Total	$30,000.00	$30,000.00	$30,000.00	$30,000.00	$30,000.00	$30,000.00	$30,000.00	$30,000.00	$30,000.00	$30,000.00	$30,000.00
BL Project Total	$31,800.00	$63,600.00	$10,600.00								
Cum BL Project Total	$31,800.00	$95,400.00	$106,000.00	$106,000.00	$106,000.00	$106,000.00	$106,000.00	$106,000.00	$106,000.00	$106,000.00	$106,000.00
Actual Total	$70,666.67	$14,133.33									
Cum Actual Total	$70,666.67	$84,800.00	$84,800.00	$84,800.00	$84,800.00	$84,800.00	$84,800.00	$84,800.00	$84,800.00	$84,800.00	$84,800.00
BL Project Total			$3,000.00	$21,000.00	$6,000.00						
Cum BL Project Total			$3,000.00	$24,000.00	$30,000.00	$30,000.00	$30,000.00	$30,000.00	$30,000.00	$30,000.00	$30,000.00
Actual Total											
Cum Actual Total											
BL Project Total					$30,000.00						
Cum BL Project Total					$30,000.00	$30,000.00	$30,000.00	$30,000.00	$30,000.00	$30,000.00	$30,000.00
Actual Total											
Cum Actual Total											
BL Project Total					$41,500.00	$41,500.00					

▲ [그림4-4-1-5] Activity Usage Spreadsheet의 Baseline vs Actual Field 확인

앞서 설명했듯이 [Cumulative]는 누적정보, [Time Interval]은 해당기간별 정보를 나타내며 Spreadsheet에서는 Variance 값은 확인할 수 없다.

다음으로 히스토그램 및 Curve 형태로 현황을 확인해보도록 하자.

06_ Activity Usage Profile로 이동하기 위해 Menu Bar의 [View]-[Show on Bottom]-[Activity Usage Profile]을 선택하거나 화면 상단의 [Activity Usage Profile] 아이콘을 클릭한다.

07_ Activity Usage Profile 화면에서 마우스 오른쪽을 클릭하여 [Activity Usage Profile Option] 창이 나타나면 Baseline과 Actual의 'By Date', 'Cumulative' 체크박스에 체크하면 Baseline(계획) 및 Actual(실적) 정보를 히스토그램 및 Curve로 확인할 수 있다.

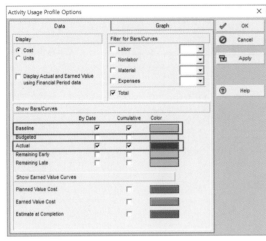

▲ [그림4-4-1-6] Activity Usage Profile Option의 Baseline vs Actual 설정

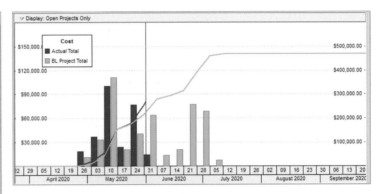

▲ [그림4-4-1-7] Activity Usage Profile에서 Baseline vs Actual 확인

실습

Project Status Analysis-Plan vs Actual

과제

▷ Activity Table에 다음과 같은 Column을 나타내어 확인합니다.
  - Variance-BL Start Date, Variance-BL Finish Date, Variance-BL Duration
  - Variance-BL Project Total Cost

▷ Activity Usage Spreadsheet에 다음과 같은 Fields를 나타내어 확인합니다.
  - BL Project Total Cost, Cum BL Project Total Cost

- Actual Total Cost, Cum Actual Total Cost
- 'BL vs Actual 01' 이름으로 Layout 저장

▷ Activity Usage Profile에 에 다음과 같이 Option을 설정하여 확인합니다.
- Total Cost 확인 가능하도록 설정
- Baseline과 Actual의 By Date와 cumulative에 체크
- 'BL vs Actual 02' 이름으로 Layout 저장

결과

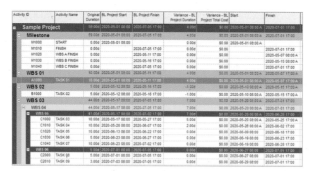

▲ [그림4-4-1-8] Project Status Analysis 실습 결과(Activity Table)

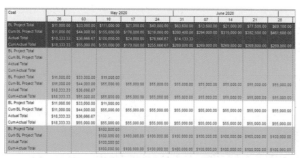

▲ [그림4-4-1-9] Project Status Analysis 실습 결과(Activity Usage Spreadsheet)

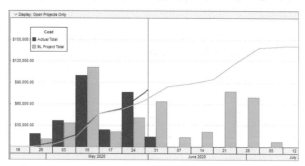

▲ [그림4-4-1-10] Project Status Analysis 실습 결과(Activity Usage Profile)

계획 대비 현재 상태를 전체적으로 확인한 후에는 차이가 발생하는 Activity에 대해 별도로 확인할 필요가 있다. 예를 들어 전체 프로젝트에서 일정 차이가 발생하는 Activity나 비용 차이가 나는 Activity를 별도로 Filtering하면 이해관계자들 간의 협의나 해당 Activity에 대한 조치에 있어 업무 효율을 높일 수 있다.

01_ 앞서 설명했듯이 전체 프로젝트에서 특정 Activity만 골라보기를 할 경우 'Filter' 기능을 사용하면 된다. Activity Table에서 마우스 오른쪽을 클릭하여 [Filter]를 선택한 후 [Filters] 대화상자의 [New] 버튼을 클릭하여 새로운 Filter를 생성한다.

Baseline과 차이가 발생하는 Activity를 Filtering하기 위해서는 [Parameter]에서 'Variance' 관련된 값을 사용하면 된다. 일반적으로 사용되는 Variance 관련 지표는 아래 표와 같으며 Variance 값이 음수인 경우 현재 계획 일정보다 늦거나, 계획 기간보다 늘어나거나, 계획 비용을 초과한다는 의미이며, 양수의 경우 그 반대의 의미(단축, 절감 등)인 것이다.

Parameter	의미
Variance BL Project Start Date	계획과 시작일 차이 비교
Variance BL Project Finish Date	계획과 종료일 차이 비교
Variance BL Project Duration	계획과 공기 차이 비교
Variance BL Project Total Cost	계획과 비용 차이 비교

▲ [표4-4-2-1] Variance 관련 Column 의미

02_ 계획보다 종료일이 늦어진 Activity를 Filtering하는 함수는 다음과 같다. [Parameter]는 'Variance BL Project Finish Date', [Is]는 'is less than', [Value]는 '0'을 입력하면 된다.

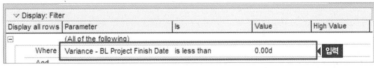

▲ [그림4-4-2-1] Baseline 보다 종료일이 늦어진 Activity Filter 함수

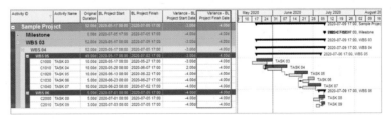

▲ [그림4-4-2-2] Baseline 보다 종료일이 늦어진 Activity Filter 결과

Filter를 활용하면 위의 조건 외에도 여러 가지 조건으로 프로젝트 상황에 맞는 분석 및 검토를 할 수 있으므로 Filter의 각 [Parameter]를 적용하는 연습을 할 수 있도록 한다.

Project Status Analysis-Variance Filtering

과제

▷ Baseline(계획)과 비교하여 Start Date가 늦어진 Activity를 Filtering합니다.

▷ Baseline(계획)과 비교하여 Finish Date가 늦어진 Activity를 Filtering합니다.

▷ Baseline(계획)과 비교하여 Duration이 줄어든 Activity를 Filtering합니다.

▷ Baseline(계획)과 비교하여 Cost가 늘어난 Activity를 Filtering합니다.

결과

▽ Display: Filter				
Display all rows	Parameter	Is	Value	High Value
⊟	(All of the following)			
Where	Variance - BL Project Start Date	is less than	0.00d	

▲ [그림4-4-2-3] Project Status Analysis 실습 결과(Start Date 비교 Filter 함수)

▽ Display: Filter				
Display all rows	Parameter	Is	Value	High Value
⊟	(All of the following)			
Where	Variance - BL Project Finish Date	is less than	0.00d	

▲ [그림4-4-2-4] Project Status Analysis 실습 결과(Finish Date 비교 Filter 함수)

▽ Display: Filter				
Display all rows	Parameter	Is	Value	High Value
⊟	(All of the following)			
Where	Variance - BL Project Duration	is greater than	0.00d	

▲ [그림4-4-2-5] Project Status Analysis 실습 결과(Duration 비교 Filter 함수)

▽ Display: Filter				
Display all rows	Parameter	Is	Value	High Value
⊟	(All of the following)			
Where	Variance - BL Project Total Cost	is less than	$0.00	

▲ [그림4-4-2-6] Project Status Analysis 실습 결과(Cost 비교 Filter 함수)

과제

▷ 아래와 같은 조건으로 Filter를 생성합니다.

- Filter Name : 2 Weeks Lookahead
- Data Date부터 2주 후까지 Start Date가 계획된 Activity Filtering
- Data Date 기준으로 현재 진행 중인 Activity Filtering
- 두 개 함수는 'Any of the following' 관계 설정

▷ Filtering 된 Activity를 확인합니다.

▷ '2 Weeks Lookahead Schedule' 이름으로 Layout을 저장합니다.

결과

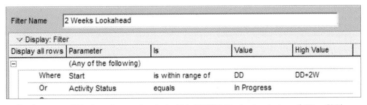

▲ [그림4-4-2-7] Project Status Analysis 실습 결과('2 Weeks Lookahead' Filter 함수)

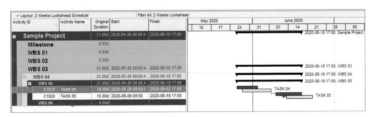

▲ [그림4-4-2-8] Project Status Analysis 실습 결과('2 Weeks Lookahead')

3 Project Status Reporting-Printing

여러 이해관계자들과 프로젝트 진행 상태, 각종 이슈 등의 공유 및 문제해결을 위하여 프로젝트 초기부터 종료까지 주기적인 현황보고는 매우 중요하다. 보고에는 여러 가지 형태가 있으며 이번 장에서는 Primavera P6 화면을 인쇄물이나 파일 형태로 출력하는 방법에 대해 알아보도록 한다.

Primavera P6에서 화면 출력은 [Print Preview]라는 미리 보기 기능에서 각종 설정을 한 후 인쇄 및 파일 형태로 저장할 수 있다. 단, 화면 출력은 현재 Primavera P6의 화면에 나타나는 데이터를 그대로 출력하는 것으로 미리 보기 설정 전 Primavera P6 화면을 먼저 구성해야 한다.

01_ [Print Preview] 화면을 실행하기 위하여 Menu Bar의 [File] – [Print Preview]를 선택하거나 위쪽 Tool Bar의 [Print Preview] 아이콘을 클릭한다.

▲ [그림4-4-3-1] Print Preview 열기

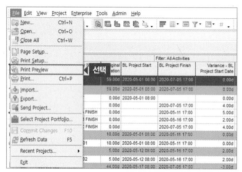

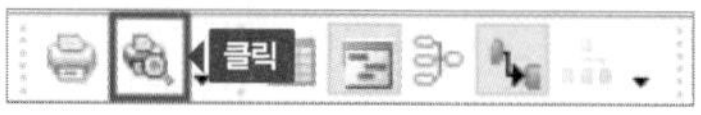

▲ [그림4-4-3-2] Print Preview 열기 아이콘

[Print Preview] 화면이 나타나며 Print를 위한 설정 및 미리보기를 지원하기 위한 위쪽의 Tool Bar와 실제 설정에 따른 인쇄 형태를 보여주는 Preview 화면으로 구성되어 있다.

출력 화면을 설정하기 위하여 위쪽의 [Page Setup] 아이콘을 클릭하면 [Page Setup] 대화상자가 활성화된다. [Page Setup] 대화상자는 'Page', 'Margins', 'Header', 'Footer', 'Options'의 5개 Tab으로 구성되어 있다.

▲ [그림4-4-3-3] Print Preview 확인

▲ [그림4-4-3-4] Page Setup 아이콘

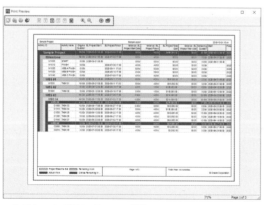

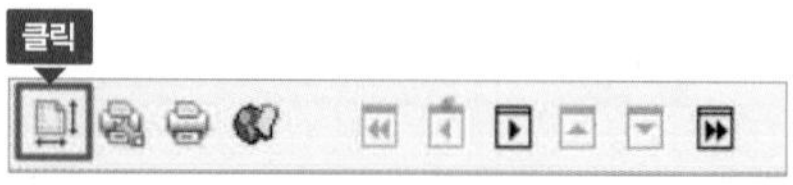

02_ [Page] 탭은 인쇄 방향을 설정하는 Orientation, 확대 및 축소를 설정하는 Scaling, 인쇄할 종이의 크기를 설정하는 Paper Size로 구분된다.

Orientation은 Portrait(세로)와 Landscape(가로) 형태로 출력할 수 있다.

▲ [그림4-4-3-6] [Page] 탭의 'Orientation'

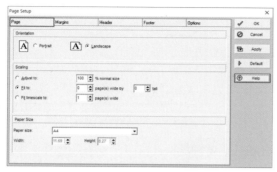

▲ [그림4-4-3-5] [Page] 탭

Scaling은 출력물에 대한 확대, 축소 비율을 결정하는 Option으로, 전체적인 비율로 설정하는 Adjust to와 가로, 세로를 몇 페이지로 설정하는 Fit to, 화면상에 보이는 Timescale을 Page Wide로 설정하는 Fit Timescale to로 구분된다.

Paper Size는 A4, A3와 같은 출력할 인쇄물의 크기를 설정하는 Option으로, A0 용지까지 설정할 수 있으나 현재 컴퓨터에 설치된 프린터 드라이버의 영향을 받는다.

▲ [그림4-4-3-7] [Page] 탭의 'Scaling'

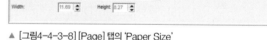

▲ [그림4-4-3-8] [Page] 탭의 'Paper Size'

03_ [Margins] 탭은 인쇄물의 여백을 설정하는 Option으로, 기본 값은 상하좌우 0.5이고, 최대값과 최소값은 '2.125'와 '0.16'이다. 여기서 이 값들은 화살표를 클릭하여 설정할 수 있다.

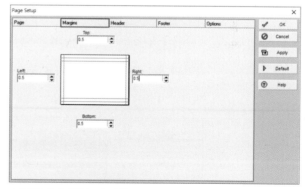

▲ [그림4-4-3-9] [Margins] 탭

04_ [Header], [Footer]는 인쇄물의 머리
글과 바닥글을 설정하는 Option이다.

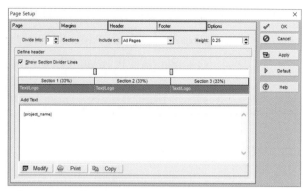

▲ [그림4-4-3-10] [Header], [Footer] 탭

Divide into Option은 Header와 Footer를 몇 개의 Section으로 나눌 것인지에 대한 설정으로 최대 '5'
로 설정할 수 있고, 기본 값은 '3'으로 설정되어 있다.

Include on은 First Page, Last Page, All Pages, No Pages의 네 가지로 구성되어 있고, 설정된 Page
에 적용된다.

Height는 Header와 Footer의 높이를 설정하는 부분으로, 0~1.965 범위의 값을 가지고 있으며, 기본
값은 Header는 0.25, Footer는 0.5로 설정되어 있다.

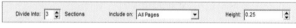

▲ [그림4-4-3-11] [Header], [Footer] 탭 설정

Show Section Divider Lines는 Header와 Footer의 각 Section의 구분선을 보이게 하는 설정이다.
Section은 기본 비율로 구분되어 있지만, 사용자가 Section의 비율을 다르게 설정할 수 있다.

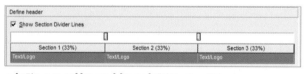

▲ [그림4-4-3-12] [Header], [Footer] 탭의 Section 설정

각각의 Section을 선택하면 Drop down Menu에서 (None), Gantt Chart Legend, Picture,
Revision Box, Stored Images Text/Logo를 설정할 수 있다.

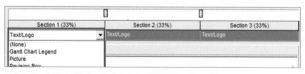

▲ [그림4-4-3-13] [Header], [Footer] 탭의 Section 내용

Text/Logo 선택 시 하단의 [Modify] 버튼을 클릭하면 Text를 입력할 수 있는 창이 나타난다. Text를 직접 입력할 수 있으며 Primavera P6 Database에 저장되어 있는 Data를 Section 하단의 [Add] 버튼으로 간편하게 입력할 수도 있다.

▲ [그림4-4-3-14] [Header], [Footer] 탭의 'Text/Logo' 설정

▲ [그림4-4-3-15] [Header], [Footer] 탭의 'Text/Logo' 설정

▲ [그림4-4-3-16] [Header], [Footer] 탭의 'Text/Logo' 설정

Gantt Chart Legend 선택 시 Bar Chart의 범례가 표시된다.

▲ [그림4-4-3-17] [Header], [Footer] 탭의 'Gantt Chart Legend' 설정

Picture 선택 시 'Select Filename'을 클릭하여 이미지 파일 경로를 설정하면 회사 로고와 같은 이미지 파일을 삽입할 수 있다. 단, PC의 파일 경로가 변경되면 해당 파일을 인식하지 못하게 된다.

▲ [그림4-4-3-18] [Header], [Footer] 탭의 'Picture' 설정

Stored Images를 선택 시 'Select Filename'을 클릭하면 이미지 파일을 저장할 수 있는 창이 나타난다. [Add] 버튼을 클릭하여 PC 내 이미지 파일 경로를 설정하여 이미지 파일들을 추가 및 저장하고 해당 이미지를 선택하여 [Select] 버튼을 클릭하면 해당 이미지가 삽입된다. 이는 해당 이미지 파일의 저장경로가 PC 내에서 변경되어도 Primavera P6 내에 저장된다는 장점이 있다.

▲ [그림4-4-3-19] [Header], [Footer] 탭의 'Store Image' 설정

Revision Box 선택 시 Revision Box Title 및 내용을 직접 입력할 수 있으며 표 형태의 박스가 표시된다.

▲ [그림4-4-3-20] [Header], [Footer] 탭의 'Revision Box' 설정

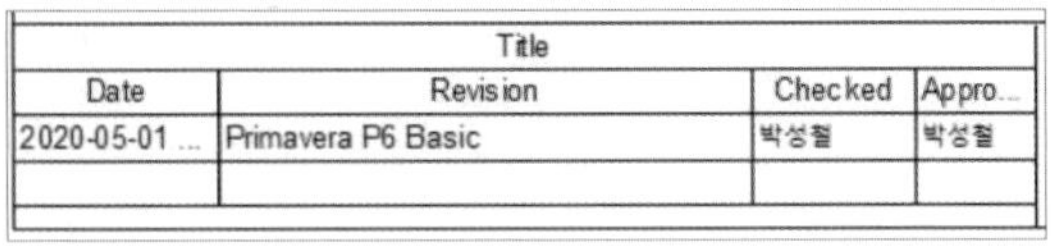

▲ [그림4-4-3-21] [Header], [Footer] 탭의 'Revision Box' 설정

05_ [Option] 탭은 Gantt Chart나 Spreadsheet의 표시할 기간과 출력 화면을 설정한다.

▲ [그림4-4-3-22] [Option] 탭

Timescale Start와 Timescale Finish는 출력 시에 나타나는 Timescale의 시작과 끝을 설정하는 Option이며, 예를 들어 기준일 (DD : Data Date) 한 달 이전부터 프로젝트 종료일까지 보고 싶다면 Timescale Start에서 'DD'를 선택한 후 '−1M'을 입력하고 Timescale Finish에서 'PF'를 선택하여 설정할 수 있다.

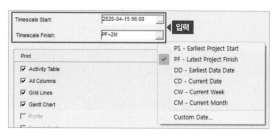

▲ [그림4-4-3-23] [Option] 탭의 'Timescale' 설정

Print는 출력 시 표시할 화면을 설정하는 Option으로, Activity Table, All Columns, Grid Lines, Gantt Chart, Profile, Spreadsheet, Trace Logic의 7가지 항목이 있다. 이 중에서 Profile, Spreadsheet, Trace Logic 항목은 Primavera P6 화면의 하단에 각 화면이 활성화되어 있는 상태에서만 활성화된다.

▲ [그림4-4-3-24] [Option] 탭의 'Print' 설정

Page Settings의 Break Page Every Group Option은 Group and Sort by의 Page Break의 Option과 동일한 기능으로, 최상위 Group의 항목으로 Page를 나누어 출력할 수 있는 Option이다.

실습

Project Status Reporting-Printing

과제

▷ 아래와 같은 조건으로 화면을 구성하여 저장합니다.

- SAMPLE PROJECT를 A3 크기 1장으로 jpg 파일로 저장. (인쇄 여백은 기본값)
- Activity Table과 Gantt Chart가 상단에, Resource Usage Profile을 하단에 배치
  (Labor Resource 확인 가능하도록)
- Activity Table의 Column은 다음을 확인 가능하게 설정
  (Activity ID, Activity Name, Original Duration, Start, Finish, Budgeted Total Cost, Total Float)
- Header Height는 0.5, Footer Height는 0.75
- Header의 왼쪽에는 Client Logo 또는 소속기관
- 중앙에는 Layout Name으로 작성자의 이름과 출력물이 무엇을 표현하는지를 확인
- Header 오른쪽에는 작성자의 회사(또는 학교) Logo
- Footer의 왼쪽에는 Gantt Chart Legend
- Footer 중앙에는 Page number
- Footer 오른쪽에는 Revision Box를 배치 및 입력
  (Revision Box에는 작성날짜, Primavera Basic Training Report, 작성자는 Check란에 입력)
- Gantt Chart의 Timescale 시작일과 종료일을 각각 PS보다 1주 이른 시점, PF보다 2주 늦은 시점으로 설정

결과

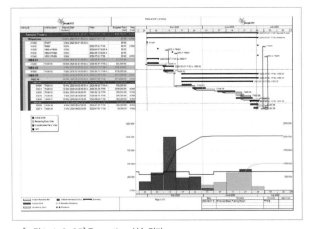

▲ [그림4-4-3-25] Reporting 실습 결과

Closing in P6 – Basic

PMBOK의 프로세스 그룹 중 Closing 그룹은 프로젝트를 공식적으로 종료하는 과정에서 수행되는 프로세스들로 구성된다. PMBOK에서는 프로젝트 통합관리 영역(4장)에서의 프로젝트 또는 단계 종료(4.7장) 프로세스가 유일하며, 이때 프로젝트를 공식적으로 완료함을 확정 짓는 것 외에 해당 프로젝트의 정보가 저장되며 교훈관리대장이 업데이트된다는 것이 중요하다. Primavera P6를 활용하면 프로젝트의 모든 일정, 자원, 비용 정보(계획, 실적)가 저장되며 프로젝트 수행 간에 도출되었던 문제점 및 개선점을 Database화하여 보관 및 향후 유사 프로젝트에 활용할 수 있다. 본 Chapter에서는 프로젝트 정보를 저장하는 데 Primavera P6를 활용하여 수행하는 방법에 대해 알아보도록 한다.

1 Export/Import(File type : XER)

프로젝트를 종료한다는 것은 프로젝트 업무 및 각종 계약에 속한 활동이 종료되는 것이다. 이때 프로젝트 및 단계 정보가 보관되는데 Primavera P6에서는 해당 프로젝트의 정보를 보관하기 위하여 파일 형태로 저장할 수 있다. 또한 파일 형태로 관리를 하면 여러 이해관계자들 간에 프로젝트 정보를 쉽게 공유할 수 있으며, 이는 보고의 일환으로도 사용되며 Primavera P6 협업 작업에 있어서도 효율적이다. Export 및 Import 기능을 통해 Primavera P6에서 지원하는 XER 파일 형태로 프로젝트 정보를 변환하는 방법을 알아보도록 하자.

01_ 우선 XER 형태로 Export하기 위해서는 해당 프로젝트가 열려 있어야 한다. 현재 작업 중이거나 별도 프로젝트를 열려면 해당 프로젝트를 선택하고 마우스 오른쪽 클릭 후에 [Open Project]를 선택하거나 Menu Bar의 [File]-[Open] 버튼을 선택한다.

▲ [그림4-5-1-1] Open Project

▲ [그림4-5-1-2] Open Project 메뉴

프로젝트가 열리면 기본적으로 해당 프로젝트의 Activity 화면으로 이동하게 되며, 프로젝트 화면에서는 프로젝트 아이콘이 열려 있는 것을 확인할 수 있다.

D2	DEPARTMENT 2	0	500
BL	Baseline	0	500
SP	Sample Project	0	500
AC	Actual	0	500
WI	What-If	0	500

▲ [그림4-5-1-3] Project Open 상태 확인

02_ Export할 프로젝트가 열려 있는 상태에서 Menu Bar의 [File]–[Export]를 클릭한다.

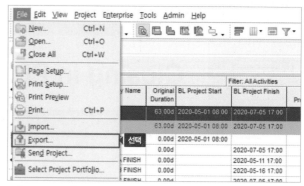

▲ [그림4-5-1-4] Export 실행

03_ XER 파일로 Export하기 위해 'Primavera PM–(XER)'를 선택하고, 해당하는 Primavera P6의 버전을 선택한 후 [Next] 버튼을 클릭한다.

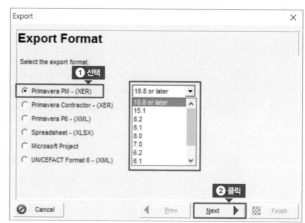

▲ [그림4-5-1-5] Export Format

04_ Export하기 위한 Data의 유형을 선택한다. 작성된 Project 전체를 Export하기 위해 Project를 선택하고 [Next] 버튼을 클릭한다.

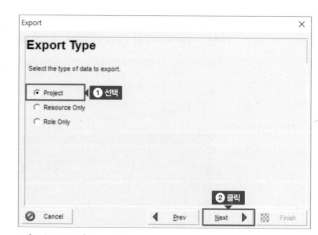

▲ [그림4-5-1-6] Export Type

05_ Export할 Project에 체크 표시를 한
후 [Next] 버튼을 클릭한다.

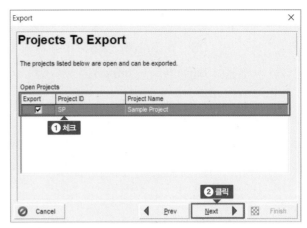

▲ [그림4-5-1-7] Project To Export

06_ 파일 저장 경로 및 이름을 설정하고
[Finish] 버튼을 클릭한다.

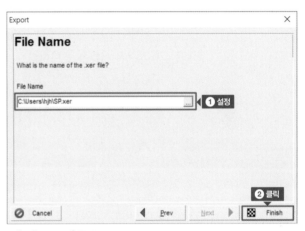

▲ [그림4-5-1-8] File Name

07_ 성공적으로 Export 되었다는 메시지
를 확인한 후 [Close] 버튼을 클릭하여 마법
사를 종료한다.
저장 경로에 Primavera P6 아이콘으로 생
성된 파일을 확인할 수 있다.

▲ [그림4-5-1-9]
　Export File 확인

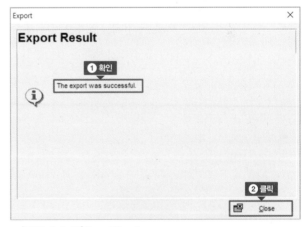

▲ [그림4-5-1-10] Export Result

다음으로 Import를 실행해보도록 한다.

08_ Import를 실행하기 위해서 Menu Bar의 [File]-[Import]를 클릭한다.

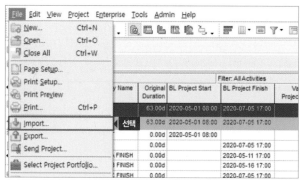

▲ [그림4-5-1-11] Import 실행

09_ Import 마법사 화면에서 XER 파일을 불러오기 위해 'Primavera PM-(XER)'를 선택한 후 [Next] 버튼을 클릭한다.

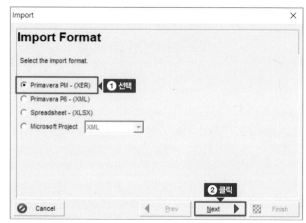

▲ [그림4-5-1-12] Import Format

10_ Import할 Data의 유형을 선택하는 것으로, Project 전체를 불러오기 위해 Project를 선택한 후 [Next] 버튼을 클릭한다.

▲ [그림4-5-1-13] Import Type

11_ Import할 파일을 불러오기 위해서 해당 경로와 파일을 선택한 후 [Next] 버튼을 클릭한다.

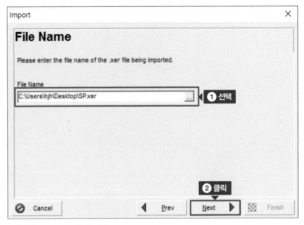

▲ [그림4-5-1-14] File Name

12_ Import할 Project의 Options을 설정한 후 [Next] 버튼을 클릭한다.

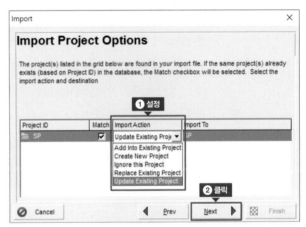

▲ [그림4-5-1-15] Import Project Option

TiP

Import 시 Import Action에는 아래와 같은 5가지 유형이 있다.

Import Action	의미
Add Into Existing Project	기존 프로젝트의 특정 WBS에 추가한다.
Create New Project	새로운 프로젝트로 만든다.
Ignore this Project	선택된 프로젝트는 제외하고 그 밖의 프로젝트만 Import한다.
Replace Existing Project	기존의 프로젝트를 대체한다.
Update Existing Project	기존의 프로젝트에 변경된 데이터를 Update한다.

▲ [표4-5-1-1] Import Project Option

13_ Import Action(12번 단계)에서 'Create New Project'를 선택한 경우 'Import to'에서 해당 프로젝트를 새로 생성할 EPS를 지정한 후 [Next] 버튼을 클릭한다.

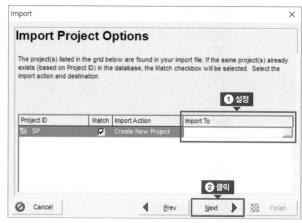

▲ [그림4-5-1-16] Import Project Option의 'Create New Project'

14_ 'Update Project Option'은 Import 할 Data에 대해 좀 더 상세한 Option을 설정할 수 있는 단계이다. [Add] 버튼으로 새로운 설정을 추가하거나 [Modify] 버튼으로 현재 설정을 수정할 수 있다.

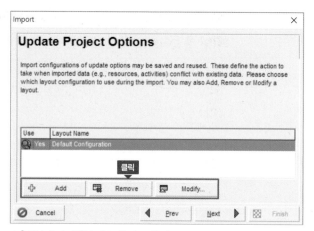

▲ [그림4-5-1-17] Update Project Option

15_ [Modify] 버튼을 클릭하면 각 Data에 대해 Import Option을 설정할 수 있는 창이 나타난다. Data Type은 크게 'Activity', 'Global', 'Project'로 구분되며 각 Data에 대해 아래와 같은 4가지 Import Option을 설정할 수 있다.

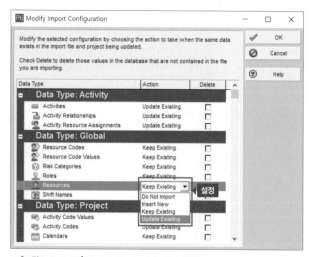

▲ [그림4-5-1-18] Update Project Option 설정

Import Action	의미
Do not Import	Import하려는 XER 파일의 Data를 반영하지 않음
Insert New	Import하려는 XER 파일의 Data를 기존 P6에 새로운 Data로 인식하여 추가함
Keep Existing	기존 P6의 Data를 보존함
Update Existing	기존 P6의 Data를 Update함

▲ [표4-5-1-2] Modify Import Configuration

16_ 설정이 완료되면 [Next] 버튼을 클릭하고 다음 단계에서 [Finish] 버튼을 클릭하여 Import를 진행한다.

▲ [그림4-5-1-19] Finish

17_ 성공적으로 Import 되었다는 메시지를 확인한 후 [Close] 버튼을 클릭하여 마법사를 종료한다.

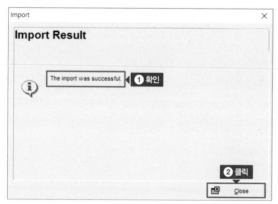

▲ [그림4-5-1-20] Import Result

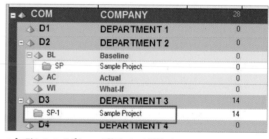

▲ [그림4-5-1-21] Import한 Project 확인

TiP

Import Action(12번 단계)에서 'Update Existing Project'를 선택한 경우 'Import to'(13번 단계)에서 Update를 할 기존 프로젝트를 지정하게 되며, 이후 단계는 동일하게 진행하면 된다.

Export/Import(File type : XER)

과제

▷ 실적이 입력되지 않은 최종 계획 프로젝트를 XER 파일로 Export 합니다.

- XER File Name : Sample Project_BL_OO월OO일

▷ 5월 실적이 입력된 프로젝트에 다음의 교훈 사항을 Project Notebook으로 추가합니다.

- Notebook Topic : Lesson Learned
- Notebook 내용 : "Primavera Training Lesson Learned"

▷ 5월 실적이 입력된 프로젝트를 XER 파일로 Export 합니다.

- XER File Name : Sample Project_5월실적_OO월OO일

MEMO

Primavera P6 Advanced
Course Preparation

Advanced Course Workshop을 진행하기 전에 Basic Course 내용을 참고하여 기본 Primavera P6 Data를 구축하는 단계이다. Advanced Course 내용을 기능별로 개별 학습하는 것이 아니라면 본 Part를 필히 수행 후 Advanced Course 내용 이해 및 실습을 진행하도록 한다.

Enterprise Data Preparation

CHAPTER 01

프로젝트 관리 조직 내에서 여러 프로젝트에 공통으로 적용하여 사용할 수 있는 데이터를 Primavera P6에서는 Enterprise Data라고 한다. 예를 들면 각종 규칙 및 설정, 프로그램 및 포트폴리오 관리 구조, 인적/물적 자원, 달력, 각종 코드 등이 그러하다. 개별 프로젝트 관리 시 필요에 따라 Enterprise Data를 일부 추가 및 수정이 가능하나 기본적으로 상위 관리조직 수준에서 Enterprise Data를 우선 구축하는 것이 프로젝트를 통합관리 하는 데 효율적이다. 본 Chapter에서는 Advanced Course 수행 전 Enterprise Data를 구축하도록 한다.

1 Admin/User Preference

본 교재 Part 04 → Chapter 02 → 01. Admin Preference, 02. User Preference 내용을 참고하여 다음의 실습을 진행한다.

실습

Admin/User Preference

과제

▷ 아래의 기준대로 Admin Preference를 설정합니다.

- Data Limit 및 ID 길이를 최대값으로 설정

- 달력의 시작 요일을 일요일로 설정

- Hour per Time Periods를 Calendar별로 설정 및 적용 가능하지 않도록 설정

- Report Header & Footer의 Third Set 설정 변경

  1. Header : 실습자 이름 / 2. Footer : 실습자 소속 / 3. Custom : 실습자 메일 주소

- Resource 단가 이름을 아래와 같이 설정

  1. Cost per Qty : 표준단가_01 / 2. Cost per Qty2 : 표준단가_02

▷ 아래의 기준대로 User Preference를 설정합니다.

- 날짜 표기 방법을 YYYY-MM-DD 형식으로 하고 시간단위는 표시하지 않도록 설정
- Duration과 Unit에 대한 표기 방법을 00d로 설정
- 화폐 단위는 $로 하고 소수점 둘째 자리까지 표시하도록 설정
- Activity, Resource 마법사를 사용하지 않도록 설정
- 사용자별 Password 설정

결과

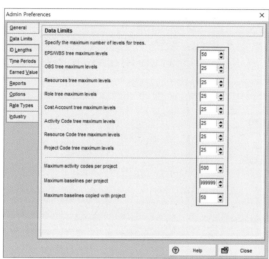

▲ [그림5-1-1-1] Admin Preference 실습 결과

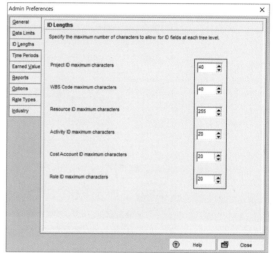

▲ [그림5-1-1-2] Admin Preference 실습 결과

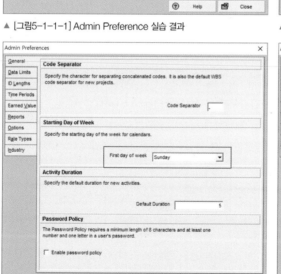

▲ [그림5-1-1-3] Admin Preference 실습 결과

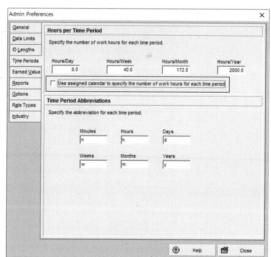

▲ [그림5-1-1-4] Admin Preference 실습 결과

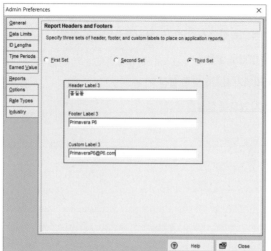

▲ [그림5-1-1-5] Admin Preference 실습 결과

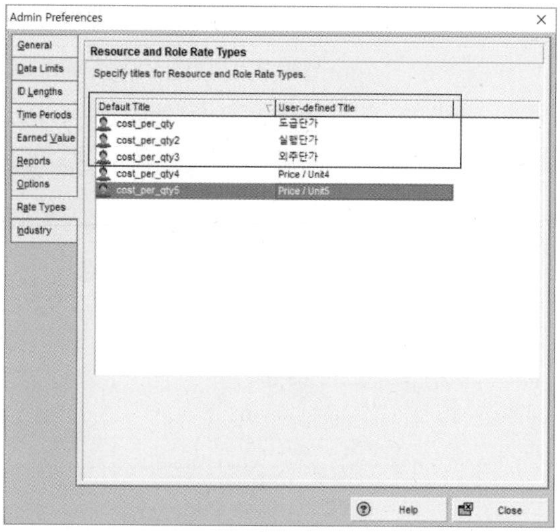

▲ [그림5-1-1-6] Admin Preference 실습 결과

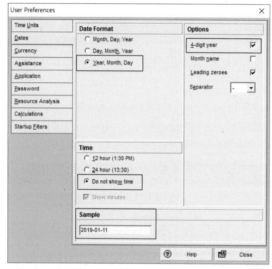

▲ [그림5-1-1-7] User Preference 실습 결과

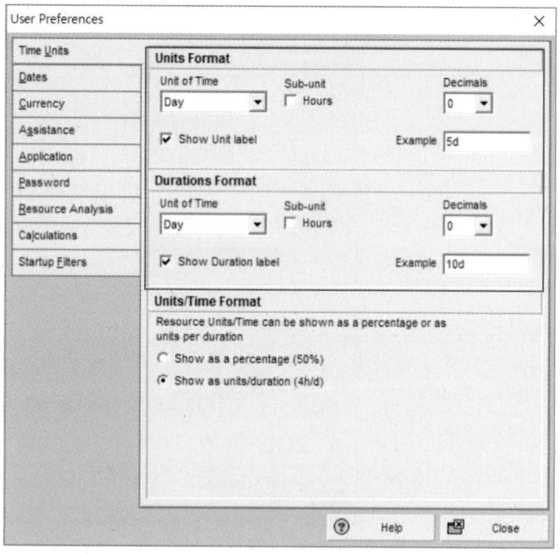

▲ [그림5-1-1-8] User Preference 실습 결과

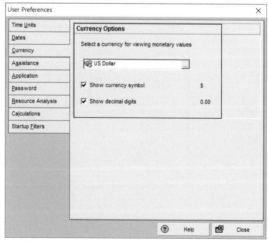

▲ [그림5-1-1-9] User Preference 실습 결과

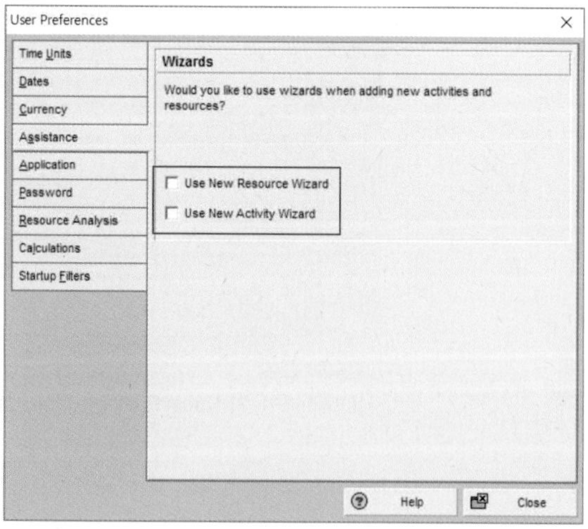

▲ [그림5-1-1-10] User Preference 실습 결과

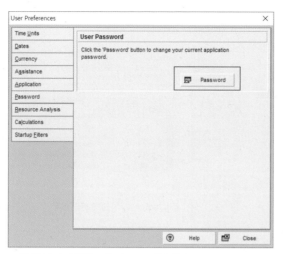

▲ [그림5-1-1-11] User Preference 실습 결과

2 Enterprise Project Structure(EPS)

본 교재 Part 04 → Chapter 02 → 03. Enterprise Project Structure(EPS) 내용을 참고하여 다음의 실습을 진행한다.

실습

Enterprise Project Structure(EPS)

과제

▷ 아래의 구조로 EPS를 작성합니다.

• 괄호 안의 문자는 EPS ID, 괄호 밖의 문자는 EPS Name

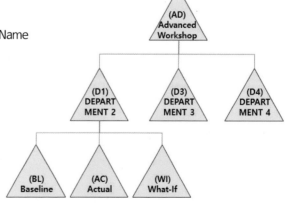

▲ [그림5-1-2-1] EPS 실습

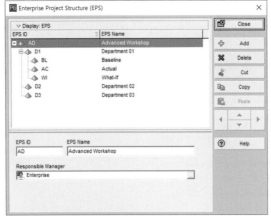

▲ [그림5-1-2-2] EPS 실습 결과

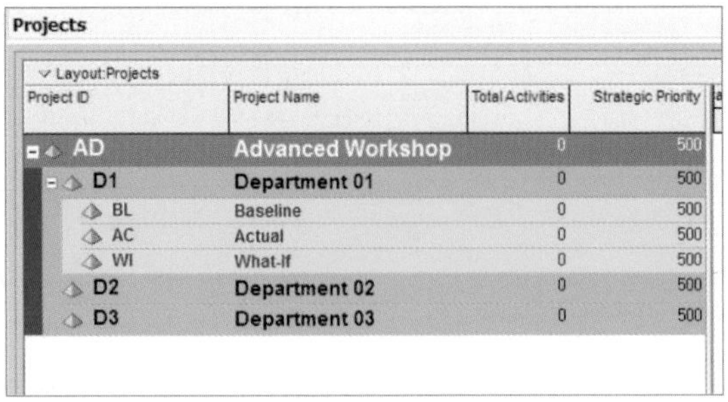

▲ [그림5-1-2-3] EPS 실습 결과

3 Calendar

본 교재 Part 04 → Chapter 02 → 05. Calendar 내용을 참고하여 다음의 실습을 진행한다.

실습

Calendar

과제

▷ 아래의 Calendar를 작성합니다.

• 하루의 업무 시작 시간 및 종료 시간은 실습생 임의로 설정

• 주6일 : 매주 일요일 휴무, 주5일 : 매주 토, 일요일 휴무

달력 이름	속성	공휴일
AD 01_6D8H_공휴일	주 6일 8시간 작업/공휴일 적용	배포된 'Holiday List'를 참고
AD 02_7D8H	주 7일 8시간 작업/공휴일 미적용	–
AD 03_5D8H	주 5일 8시간 작업/공휴일 미적용	–

▲ [표5-1-3-1] Calendar 실습

** Holiday List

년도	월	공휴일	년도	월	공휴일
2020년	1월	1	2021년	1월	1,23,24,25
	2월	2,3,4		2월	–
	3월	1		3월	1
	4월	–		4월	–
	5월	1,5		5월	1,5
	6월	6		6월	6
	7월	–		7월	–
	8월	15		8월	15
	9월	12,13		9월	29,30
	10월	3,9		10월	1,3,9
	11월	–		11월	–
	12월	25		12월	25

▲ [표5-1-3-2] Calendar 실습

결과

▲ [그림5-1-3-1] Calendar 실습 결과(Calendar 목록)

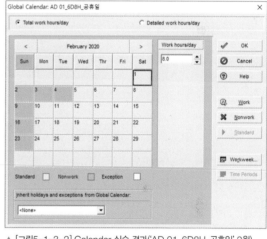

▲ [그림5-1-3-2] Calendar 실습 결과('AD 01_6D8H_공휴일' 2월)

본 교재 Part 04 → Chapter 02 → 12. Resource Define & assignment 내용을 참고하여 다음의 실습을 진행한다.

실습

Resource

과제

▷ 아래의 Labor Resource를 추가합니다.

Resource ID	Resource Name	Price/Unit	Max Units/Time	Calendar
1	Civil Engineer	$120.00/d	25d/d	AD 01_6D8H_공휴일
2	Structure Engineer	$150.00/d	20d/d	AD 01_6D8H_공휴일
3	Procurement Service for Civil	$80.00/d	3d/d	AD 01_6D8H_공휴일
4	Procurement Service for Structure	$90.00/d	5d/d	AD 01_6D8H_공휴일
5	Civil Labor	$120.00/d	125d/d	AD 01_6D8H_공휴일
6	Mechanical Labor	$130.00/d	60d/d	AD 01_6D8H_공휴일
7	Welder	$150.00/d	35d/d	AD 01_6D8H_공휴일
8	Welder Assist	$80.00/d	180d/d	AD 01_6D8H_공휴일

▲ [표5-1-4-1] Resource 실습

결과

Display: All Resources					
Resource ID	Resource Name	도급단가	Max Units/Time	Calendar	Resource Type
1	Civil Engineer	$120.00/d	25d/d	AD 01_6D8H_공휴일	Labor
2	Structure Engineer	$150.00/d	20d/d	AD 01_6D8H_공휴일	Labor
3	Procurement Service for Civil	$80.00/d	3d/d	AD 01_6D8H_공휴일	Labor
4	Procurement Service for Structure	$90.00/d	5d/d	AD 01_6D8H_공휴일	Labor
5	Civil Labor	$120.00/d	125d/d	AD 01_6D8H_공휴일	Labor
6	Mechanical Labor	$130.00/d	60d/d	AD 01_6D8H_공휴일	Labor
7	Welder	$150.00/d	35d/d	AD 01_6D8H_공휴일	Labor
8	Welder Assist	$80.00/d	180d/d	AD 01_6D8H_공휴일	Labor

▲ [그림5-1-4-1] Resource 실습 결과

5 Activity Code

본 교재 Part 04 → Chapter 02 → 15. Activity Code 내용을 참고하여 다음의 실습을 진행한다.

실습

Activity Code

과제

▷ 아래의 Activity Code를 생성합니다.

Activity Code : Work Type		Activity Code : Sub Con.	
Code Value	Description	Code Value	Description
M	Milestone	A	A건설사
E	Engineering	B	B전기사
P	Procurement	C	C토건
C	Construction	D	D설계사
S	Pre-Commissioning	E	E배관주식회사
—	—	F	F중공업

▲ [표5-1-5-1] Activity Code 실습

결과

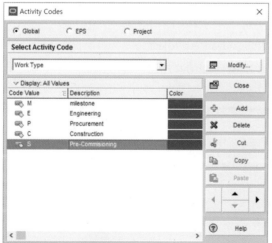

▲ [그림5-1-5-1] Activity Code 실습 결과(Work Type Code)

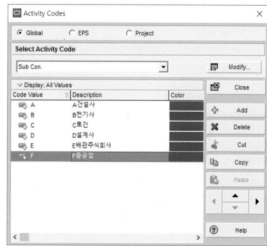

▲ [그림5-1-5-2] Activity Code 실습 결과(Sub Con. Code)

Project Data Preparation

프로젝트 내에서 해당 프로젝트에서만 구축 및 관리되는 데이터를 Primavera P6에서는 Project Data라고 한다. 예를 들면 해당 프로젝트, 작업분류체계, 활동 목록, 연관관계, 자원 할당치, 각종 코드 할당치, 프로젝트 이슈 등이 그러하다. Project Data는 프로젝트 기준선 수립 이전에는 필요에 따라 언제든지 추가, 삭제 및 수정이 가능하지만 프로젝트 기준선 수립 이후의 변경은 공식적인 변경 절차에 따라 변경하는 것이 중요하다. 본 Chapter에서는 Advanced Course 수행 전 일부 Project Data를 구축하도록 한다.

1 Project Define

본 교재 Part 04 → Chapter 01 → 02. Project Define 내용을 참고하여 다음의 실습을 진행한다.

실습

Project Define

과제

▷ 프로젝트를 아래와 같은 정보로 생성합니다.

- Project ID : SP, Project Name : Sample Advanced Project
- Project Plan Start : 2020년 5월 1일, Must Finish By : 2020년 7월 31일

▷ 프로젝트를 Baseline EPS로 위치합니다.

▷ 'AD 01_6D8H_공휴일' Calendar를 Project Default Calendar로 설정합니다.

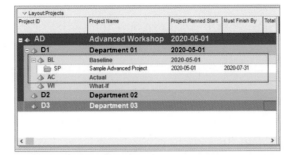

▲ [그림5-2-1-1] Project 실습 결과

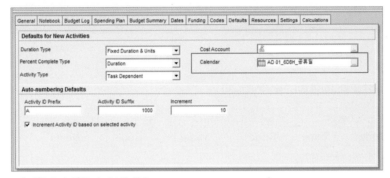

▲ [그림5-2-1-2] Project 실습 결과

2 | Work Breakdown Structure(WBS)

본 교재 Part 04 → Chapter 02 → 06. Work Breakdown Structure(WBS) 내용을 참고하여 다음의 실습을 진행한다.

실습

Work Breakdown Structure(WBS)

과제

▷ 아래 작업분류체계를 참고하여 WBS를 작성합니다.

Level 1	Level 2		Level 3		Level 4		Level 5	
	Code	Name	Code	Name	Code	Name	Code	Name
Sample Advanced Workshop	M	Milestone						
	E	Engineering	CI	Civil, Architecture & Structure	SP	Specification		
					DR	Drawings		
					EP	Engineering for Procurement		
	P	Procurement	CI	Civil, Architecture & Structure	PS	Procurement Service	PL	Pile
							SS	Steel Structure
	C	Construction	CI	Civil	PL	Piling		
					FO	Foundation		
			PI	Piping	PF	Piping Fabrication		
					PS	A/G Pipe Support		
					PW	A/G Piping Work		
			ME	Mechanical	PE	Packaged Equipment Install		
			HT	Hydro-TEST				
	S	Pre-Commissioning						

▲ [표5-2-2-1] WBS 실습

결과

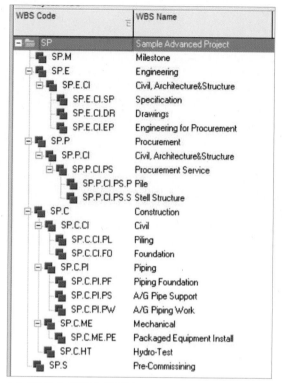

WBS Code	WBS Name
SP	Sample Advanced Project
SP.M	Milestone
SP.E	Engineering
SP.E.CI	Civil, Architecture&Structure
SP.E.CI.SP	Specification
SP.E.CI.DR	Drawings
SP.E.CI.EP	Engineering for Procurement
SP.P	Procurement
SP.P.CI	Civil, Architecture&Structure
SP.P.CI.PS	Procurement Service
SP.P.CI.PS.P	Pile
SP.P.CI.PS.S	Stell Structure
SP.C	Construction
SP.C.CI	Civil
SP.C.CI.PL	Piling
SP.C.CI.FO	Foundation
SP.C.PI	Piping
SP.C.PI.PF	Piping Foundation
SP.C.PI.PS	A/G Pipe Support
SP.C.PI.PW	A/G Piping Work
SP.C.ME	Mechanical
SP.C.ME.PE	Packaged Equipment Install
SP.C.HT	Hydro-Test
SP.S	Pre-Commissining

▲ [그림5-2-2-1] WBS 실습 결과

Basic Course에서 학습했던 기능들에 대한 상세 정보 및 활용 방법과 함께 Basic Course에서 다루지 않았던 Primavera P6의 추가 기능으로 Project 관리에 적용하는 방법에 대해 설명한다.

Advanced Course는 Basic Course보다는 Data 양이 많은 예제 프로젝트를 구축하여 Basic Course의 반복 학습 및 추가 기능별 실습을 할 수 있도록 구성하였으며, Primavera P6에서 지원하는 Excel Import 기능을 활용하여 정보를 입력할 수 있는 방법을 설명하여 사용자가 보다 더 효율적으로 Primavera P6에서 다량의 Schedule 작업을 할 수 있도록 하였다. Excel Import는 Activity 정보에만 적용되며 Excel Import가 가능한 데이터는 각 Chapter 재목에 'Excel Import'가 쓰여 있으므로 학습에 참고하도록 한다.

Initiating in P6 – Advanced

Initiating 단계에서 공식적으로 새로 시작하도록 승인받는 프로젝트는 해당 조직의 전략적인 목표를 충족할 수 있도록 다양한 관점에서 분석 및 평가되어 결정된 프로젝트일 것이다. 이때 재무적인 정보가 중요한 분석 및 평가 요소가 될 수 있으며, 재무적인 정보에는 프로젝트를 위해 투입되는 자본의 출처부터 투자수익률(ROI : Return On Investment), 자본회수기간(Payback Period), 자본에 대한 현재 가치(PV : Present Value) 및 순현재가치(NPV : Net Present Value), 내부수익률(IRR : Internal Rate of Return) 등 다양한 지표들이 있으며, Primavera P6를 활용하여 재무 정보를 입력 및 해당 지표에 대해 일부 시뮬레이션을 해볼 수 있다. 본 Chapter에서는 프로젝트 상세 계획 전에 프로젝트 자본 정보를 Primavera P6를 활용하여 입력 및 조회하는 방법에 대해 알아보도록 한다.

1 Project Budget

01_ 프로젝트 예산 정보를 입력하기 위하여 Project Details 창의 [Budget Log] 탭을 선택한다.

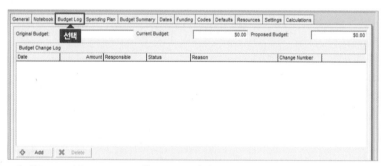

▲ [그림6-1-1-1] Project Details의 [Budget Log] 탭

02_ 예산을 입력하는 방법은 두 가지가 있는데 먼저 이미 확정된 예산은 'Original Budget'에 입력할 수 있으며 'Original Budget'에 입력된 금액은 'Current Budget'과 'Proposed Budget'에 동일하게 반영된다.

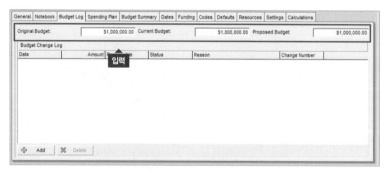

▲ [그림6-1-1-2] Project Details의 [Budget Log] 탭

03_ 아직 확정되지 않거나, 제안되어 검토 중이거나, 추가 또는 절감되는 예산은 'Budget Change Log' 영역에서 관리할 수 있으며 입력을 하기 위해 하단의 [Add] 버튼을 클릭한다.

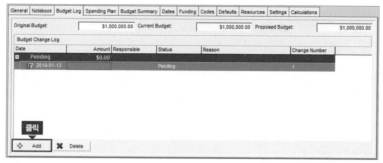

▲ [그림6-1-1-3] Budget 입력

04_ 기본적으로 'Pending' 상태로 추가가 되며 'Amount'에 해당 금액을 입력하고 검토 결과에 따라 'Status'에서 다음의 3가지 상태를 설정할 수 있다.

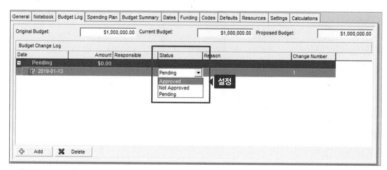

▲ [그림6-1-1-4] Budget Status

Status	Current Budget	Proposed Budget
Pending	미반영	반영
Approved	반영	반영
Not Approved	미반영	미반영

▲ [표6-1-1-1] Budget Status

05_ WBS 화면에서도 1~4의 방법으로 동일하게 각 WBS에 대한 예산 정보를 입력할 수 있다.

06_ Project 및 WBS에 예산 정보를 입력하고 나면 [Budget Summary] 탭에서 현황을 확인할 수 있다.

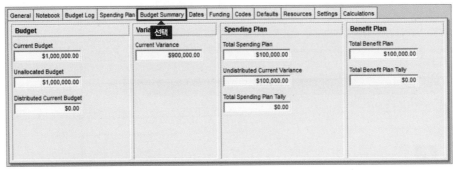

▲ [그림6-1-1-5] Budget Summary 탭

07_ 예산에 대한 income/outcome의 월별 예측 계획은 [Spending Plan]에서 입력할 수 있다.

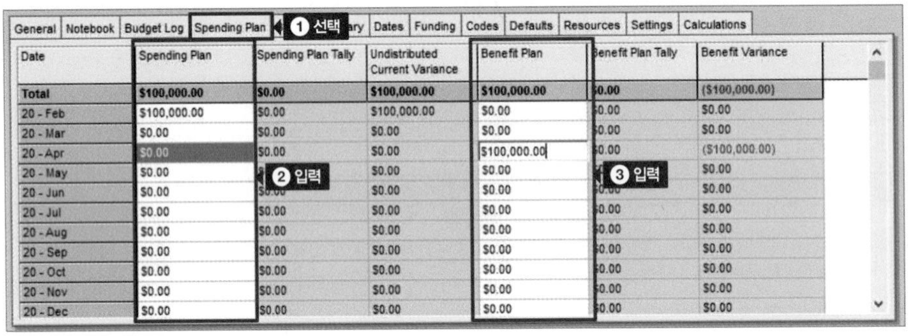

Date	Spending Plan	Spending Plan Tally	Undistributed Current Variance	Benefit Plan	Benefit Plan Tally	Benefit Variance
Total	**$100,000.00**	**$0.00**	**$100,000.00**	**$100,000.00**	**$0.00**	**($100,000.00)**
20 - Feb	$100,000.00	$0.00	$100,000.00	$0.00	$0.00	$0.00
20 - Mar	$0.00	$0.00	$0.00	$0.00	$0.00	$0.00
20 - Apr	$0.00	$0.00	$0.00	$100,000.00	$0.00	($100,000.00)
20 - May	$0.00	$0.00	$0.00	$0.00	$0.00	$0.00
20 - Jun	$0.00	$0.00	$0.00	$0.00	$0.00	$0.00
20 - Jul	$0.00	$0.00	$0.00	$0.00	$0.00	$0.00
20 - Aug	$0.00	$0.00	$0.00	$0.00	$0.00	$0.00
20 - Sep	$0.00	$0.00	$0.00	$0.00	$0.00	$0.00
20 - Oct	$0.00	$0.00	$0.00	$0.00	$0.00	$0.00
20 - Nov	$0.00	$0.00	$0.00	$0.00	$0.00	$0.00
20 - Dec	$0.00	$0.00	$0.00	$0.00	$0.00	$0.00

▲ [그림6-1-1-6] Spending Plan 탭

Project Budget(Budget Log, Spending Plan, Budget Summary)

과제

▷ 다음과 같이 Project와 WBS에 Original Budget을 입력합니다.

WBS Code	Original Budget
SP	$5,000,000.00
SP.E	$1,000,000.00
SP.P	$1,500,000.00
SP.C	$2,500,000.00

▲ [표6-1-1-2] Project Budget 실습

▷ 다음과 같이 Project에 월별 Spending Plan과 Benefit Plan을 입력합니다.

Spending Plan	Spending Plan	Benefit Plan
2020-03	$100,000	$0
2020-04	$100,000	$220,000
2020-05	$150,000	$0
2020-06	$200,000	$0
2020-07	$200,000	$605,000
2020-08	$150,000	$0
2020-09	$300,000	$0
2020-10	$300,000	$825,000
2020-11	$300,000	$0
2020-12	$500,000	$0
2021-01	$700,000	$1,650,000
2021-02	$600,000	$0
2021-03	$300,000	$0
2021-04	$150,000	$1,155,000
2021-05	$150,000	$0
2021-06	$200,000	$0
2021-07	$200,000	$605,000
2021-08	$100,000	$0
2021-09	$100,000	$0
2021-10	$100,000	$330,000
2021-11	$0	$0
2021-12	$100,000	$0

▲ [표6-1-1-3] Spending Plan 실습

▷ Budget Summary 값을 확인합니다.

▷ 입력된 값을 기준으로 다음의 값을 계산합니다.

- ROI : (투자금 : Spending Plan 합계, 회수금 : Benefit Plan 합계)
- Benefit Plan의 PV : (Benefit Plan의 합계를 2021년 말에 회수하는 조건에서 2020년 초 시점의 PV, 이자율 년 10%)
- NPV : (초기 투자금 : Spending Plan 합계, 년별 회수금 : Benefit Plan의 년별 합계, 이자율 년 5%)
- IRR(연 이자율, 반올림하여 소수점 2자리) : (초기 투자금 : Spending Plan 합계, 년별 회수금 : Benefit Plan의 년별 합계)

결과

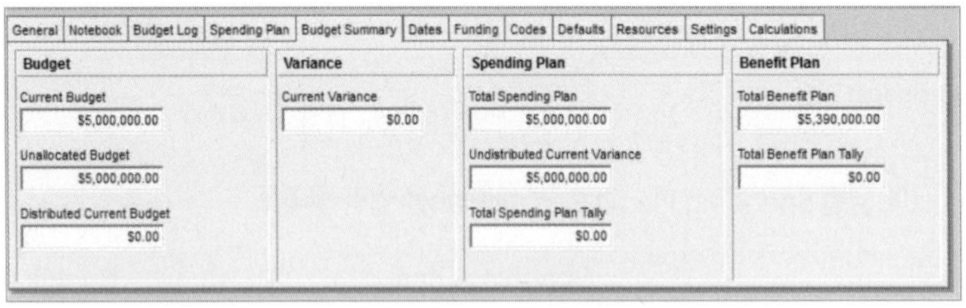

▲ [그림6-1-1-7] Project Budget 실습 결과(Project Budget Summary)

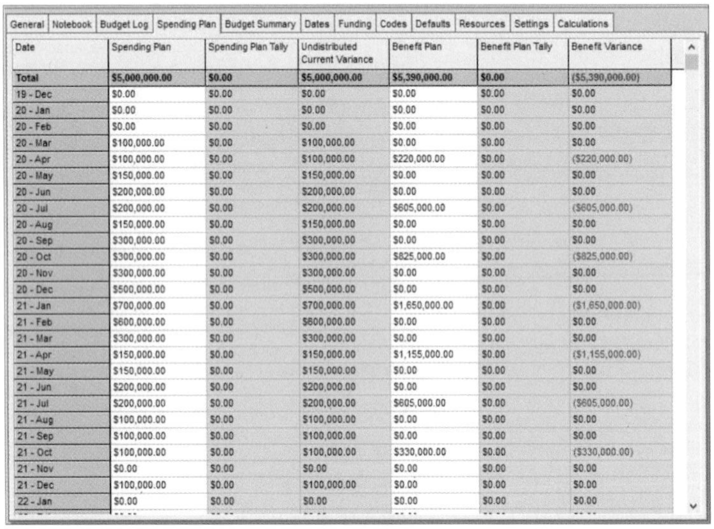

Date	Spending Plan	Spending Plan Tally	Undistributed Current Variance	Benefit Plan	Benefit Plan Tally	Benefit Variance
Total	$5,000,000.00	$0.00	$5,000,000.00	$5,390,000.00	$0.00	($5,390,000.00)
19 - Dec	$0.00	$0.00	$0.00	$0.00	$0.00	$0.00
20 - Jan	$0.00	$0.00	$0.00	$0.00	$0.00	$0.00
20 - Feb	$0.00	$0.00	$0.00	$0.00	$0.00	$0.00
20 - Mar	$100,000.00	$0.00	$100,000.00	$0.00	$0.00	$0.00
20 - Apr	$100,000.00	$0.00	$100,000.00	$220,000.00	$0.00	($220,000.00)
20 - May	$150,000.00	$0.00	$150,000.00	$0.00	$0.00	$0.00
20 - Jun	$200,000.00	$0.00	$200,000.00	$0.00	$0.00	$0.00
20 - Jul	$200,000.00	$0.00	$200,000.00	$605,000.00	$0.00	($605,000.00)
20 - Aug	$150,000.00	$0.00	$150,000.00	$0.00	$0.00	$0.00
20 - Sep	$300,000.00	$0.00	$300,000.00	$0.00	$0.00	$0.00
20 - Oct	$300,000.00	$0.00	$300,000.00	$825,000.00	$0.00	($825,000.00)
20 - Nov	$300,000.00	$0.00	$300,000.00	$0.00	$0.00	$0.00
20 - Dec	$500,000.00	$0.00	$500,000.00	$0.00	$0.00	$0.00
21 - Jan	$700,000.00	$0.00	$700,000.00	$1,650,000.00	$0.00	($1,650,000.00)
21 - Feb	$600,000.00	$0.00	$600,000.00	$0.00	$0.00	$0.00
21 - Mar	$300,000.00	$0.00	$300,000.00	$0.00	$0.00	$0.00
21 - Apr	$150,000.00	$0.00	$150,000.00	$1,155,000.00	$0.00	($1,155,000.00)
21 - May	$150,000.00	$0.00	$150,000.00	$0.00	$0.00	$0.00
21 - Jun	$200,000.00	$0.00	$200,000.00	$0.00	$0.00	$0.00
21 - Jul	$200,000.00	$0.00	$200,000.00	$605,000.00	$0.00	($605,000.00)
21 - Aug	$100,000.00	$0.00	$100,000.00	$0.00	$0.00	$0.00
21 - Sep	$100,000.00	$0.00	$100,000.00	$0.00	$0.00	$0.00
21 - Oct	$100,000.00	$0.00	$100,000.00	$330,000.00	$0.00	($330,000.00)
21 - Nov	$0.00	$0.00	$0.00	$0.00	$0.00	$0.00
21 - Dec	$100,000.00	$0.00	$100,000.00	$0.00	$0.00	$0.00
22 - Jan	$0.00	$0.00	$0.00	$0.00	$0.00	$0.00

▲ [그림6-1-1-8] Spending Plan 실습 결과

- ROI = (순이익 / 투자금) × 100 = ($390,000 / $5,000,000) × 100 = 7.8
- Benefit Plan의 PV = FV / $(1+r)^n$ = $5,390,000 / $(1+0.1)^2$ = $4,454,545
- NPV = $\sum_{t=0}^{n} \frac{C_t}{(1+r)^t} - C_0$ = $1,571,429 + $3,392,290 − $5,000,000 = −$36,281
- IRR → $C_0 = \sum_{t=0}^{n} \frac{C_t}{(1+IRR)^t}$ → 4.55%

Planning in P6 – Advanced

Planning 단계에서의 프로젝트 상세 계획 수립 시 제한 또는 제약사항이 발생할 수 있다. 기본적으로 프로젝트 전체에 대한 제한된 범위, 일정, 비용부터 각 업무별 일정에 대한 제약, 특정 자원의 가용성, 프로젝트 특성별 일정 계산 방식 등이 그러하다. 또한 프로젝트 기준선 수립 시 신뢰도 있는 계획인지 다양한 관점에서 평가할 필요가 있다. 이는 단순히 전체적인 일정 및 비용 계획을 약속된 값에 맞추었다는 것이 아닌 약속된 값에 도달할 수 있는 계획인지 검토함을 의미한다. Primavera P6에서는 다양한 제한 및 제약 조건을 설정 및 그에 따른 결괏값을 도출할 수 있으며, 국제적으로 널리 쓰이는 프로젝트 스케줄 평가 방법을 손쉽게 적용할 수 있도록 하였다. 본 Chapter에서는 프로젝트 계획 수립의 기본부터 여러 제약 조건(일정, 자원 등)의 설정 및 그에 따른 계획 수정, 다양한 평가 결과에 따른 기준선(Baseline) 수립을 Primavera P6를 활용하여 수행하는 방법에 대해 알아보도록 한다.

1 Threshold & Issue

프로젝트 관리 계획 수립 시 관리 가능한 통제 기준을 설정하는 것이 중요하다. 통제 기준은 프로젝트 특성이나 관리 조직에 따라 다르겠지만 일정 수준의 통제 기준을 수립하여 프로젝트가 통제 가능한 범위 내에서 진행 되고 있는지 지속적으로 모니터링해야 한다.

통제 기준의 일환으로 Primavera P6에서는 Threshold와 Issue라는 기능을 활용할 수 있다. Threshold는 Project Data에서 설정된 범위에 벗어나는 경우를 모니터링 하는 기능이다. Total Float 이나 Finish Date Variance 등과 같이 모니터링 할 Threshold Parameter를 설정하고 범위 하한 값과 상한 값을 설정하고 이후 범위 밖의 데이터를 확인한다.

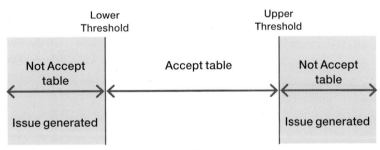

▲ [그림6-2-1-1] Threshold 의미

Threshold는 Activity와 WBS 수준에서 설정이 가능하며, 만약 Data값이 Threshold의 상한 값을 초과하거나 하한 값에 못 미치는 경우 Issue를 생성시킨다. 본 장에서는 통제 기준을 설정하는, 즉 상한 값과 하한 값을 설정하는 방법에 대해 알아보고 해당 기준에 대한 모니터링은 'Monotoring&Controlling'에서 다루도록 한다.

01_ Threshold 창으로 이동하기 위하여 Menu Bar의 [Project]-[Thresholds]를 선택하거나 왼쪽 Toolbar의 Threshold 아이콘을 클릭한다.

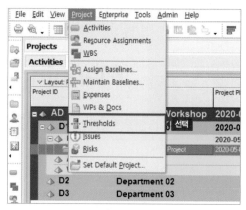

▲ [그림6-2-1-2] Threshold 창 열기

02_ 화면 오른쪽의 [Add] 버튼을 클릭하면 Threshold가 추가되고 Monitoring할 WBS를 선택하고 Status와 Priority(우선순위)를 설정한다.

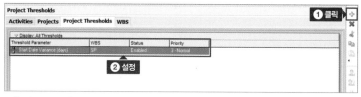

▲ [그림6-2-1-3] Threshold 추가

03_ Threshold Parameter를 선택하면 14개의 Parameter가 나타나며 각각의 Parameter 계산은 아래 표와 같다.

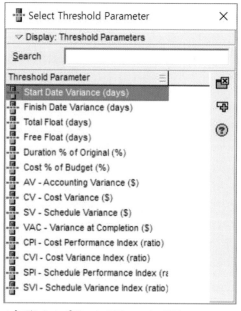

▲ [그림6-2-1-4] Threshold Parameter 종류

Parameter	계산법
Start Date Variance (days)	Baseline – Current Start
Start Date Variance (days)	Baseline – Current Start
Finish Date Variance (days)	Baseline Finish – Current Finish
Total Float (days)	Late Finish – Early Finish
Free Float (days)	Successor Early Start – Predecessor Early Finish
Duration % of Original (%)	Actual Duration / Baseline Duration
Cost % of Budget (%)	Actual Cost / Budget at Completion
AV – Accounting Variance ($)	Planned Value – Actual Cost
CV – Cost Variance ($)	Earned Value – Actual Cost
SV – Schedule Variance ($)	Earned Value – Planned Value
VAC – Variance at Completion ($)	Budget at Completion – Estimate at Completion
CPI – Cost Performance Index (ratio)	Earned Value Cost / Actual Cost
CVI – Cost Variance Index (ratio)	Cost Variance / Earned Value
SPI – Schedule Performance Index (ratio)	Earned Value Cost / Planned Value Cost
SVI – Schedule Variance Index (ratio)	Schedule Variance / Planned Value

▲ [표6-2-1-1] Threshold Parameter 종류

04_ Parameter 선택을 완료하면 Details 창에서 추가 설정 값을 입력한다.

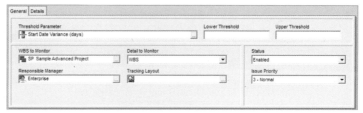

▲ [그림6-2-1-5] Threshold Details의 [General] 탭

– Lower/Upper threshold : 상/하한 값 입력

– WBS to Monitor : 모니터링 할 WBS 선택

– Detail to Monitor : WBS와 Activity 중 어느 정도로 Detail하게 볼지 선택

05_ Threshold 설정 후 해당 기준에 벗어나는 WBS 나 Activity를 모니터링하려면 Menu Bar의 [Tools]– [Monitor Thresholds]를 실행하면 된다. [Monitor Thresholds]는 본 교재 Monotoring&Controlling– Advanced 부분에서 상세히 다루도록 한다.

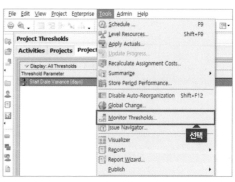

▲ [그림6-2-1-6] Monitor Thresholds 실행

Threshold

과제

▷ 일정관리 계획서의 통제 한계선 내용을 참고하여 WBS 레벨의 Threshold에 반영합니다.

• 적용은 Project 전체에 적용

일정관리 계획서	Primavera P6 Threshold		
	Parameter	Lower	upper
누적 계획공정률 대비 실적 공정률 10% 지연	SPI – Schedule Performance Index(ratio)	0.9	–
프로젝트 총 여유일 30일 지연	Total Float(days)	–30d	–

▲ [표6-2-1-2] WBS Threshold 실습

▷ 다음의 내용을 Activity 레벨의 Threshold에 추가합니다.

• 적용은 Project 전체에 적용

Primavera P6 Threshold		
Parameter	Lower	upper
Start Date Variance(days)	–10d	10d
Finish Date Variance(days)	–10d	10d

▲ [표6-2-1-3] Activity Threshold 실습

결과

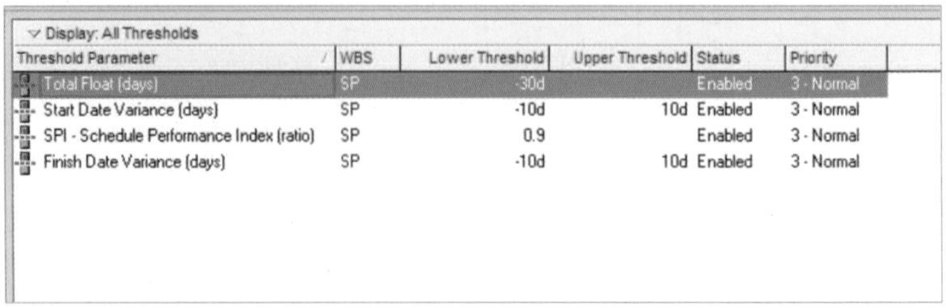

▽ Display: All Thresholds					
Threshold Parameter	WBS	Lower Threshold	Upper Threshold	Status	Priority
Total Float (days)	SP	-30d		Enabled	3 - Normal
Start Date Variance (days)	SP	-10d	10d	Enabled	3 - Normal
SPI - Schedule Performance Index (ratio)	SP	0.9		Enabled	3 - Normal
Finish Date Variance (days)	SP	-10d	10d	Enabled	3 - Normal

▲ [그림6-2-1-7] Threshold 실습 결과

2 Project Details

프로젝트를 생성할 때 기본적인 정보(ID, Name, 계획 시작일, 필수 종료일, 기본 설명 등) 외에 해당 프로젝트에서 각종 진도율 적용 기준이나 Resource 투입에 대한 설정, Critical Path 계산 기준 등을 포함한 상세 정보들을 추가로 설정하거나 입력할 수 있다.

본 장에서는 Basic Course에서 다루지 않았던 프로젝트 상세 정보에 대한 설명과 활용 방법을 알아보도록 한다.

대부분의 주요 상세 정보는 Project 화면 하단의 Details 창에서 설정하거나 입력할 수 있다.

01_ [General] 탭에서는 Project 수치 정보(일정 및 비용)에는 영향을 주지 않는 일반적인 정보를 입력 및 설정할 수 있다.

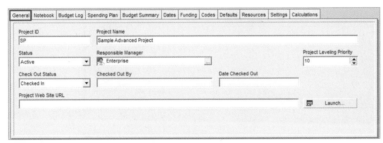

▲ [그림6-2-2-1] Project Details 창의 [General] 탭

- Project ID : Project ID를 확인하거나 수정할 수 있다.
- Project Name : Project의 이름을 확인하거나 수정할 수 있다.
- Status : Project의 상태를 Active, Inactive, Planned, What if의 네 가지로 구분할 수 있다.
- Responsible Manager : Project의 책임자를 지정할 수 있으며, 이는 OBS 목록에서 지정할 수 있다.
- Project Leveling Priority : 프로젝트 우선순위를 지정하는 것으로서 자원 분배 시의 우선권을 적용할 수 있고 작은 숫자일수록 우선권을 가진다.
- Check Out Status : Checked In, Checked Out의 2가지 설정이 있고, Checked Out을 설정하면 Check Out By에서는 Check Out한 User ID가 표시되며, Date Checked Out에서는 Check Out을 실행한 날짜를 확인할 수 있다.
- Project Web Site URL : Project Web Site가 있다면 URL을 설정할 수 있고, [Launch] 버튼을 클릭하면 웹 브라우저를 통해 해당 Site로 바로 이동이 가능하다.

02_ [Notebook] 탭에서는 'Notebook Topic'을 활용하여 Category별로 프로젝트 주요 정보를 입력 및 조회할 수 있다.

▲ [그림6-2-2-2] Project Details 창의 [Notebook] 탭

03_ [Budget Log] 탭에서는 Project의 예산 정보를 입력 및 조회할 수 있다.

▲ [그림6-2-2-3] Project Details 창의 [Budget Log] 탭

– Original Budget : 초기 예산을 입력할 수 있다.

– Current Budget : 현재 확보된 예산을 표시할 수 있다.

– Proposed Budget : 예산 추가 요청분을 표시할 수 있다.

– Budget Change Log : 예산 추가 요청에 대한 내용을 입력할 수 있다.

> **TiP**
>
> Part 06→Chapter 01→01. Project budget을 참고하고, 여기서 입력되는 예산 금액은 해당 WBS의 예산 현황을 의미하는 것이며, 이것이 Activity Cost 에 영향을 주거나 관련 있는 수치는 아 니다.

04_ [Spending Plan] 탭에서는 프로젝트 예산의 Income/Outcome에 대한 계획을 월별로 입력 및 조회할 수 있다.

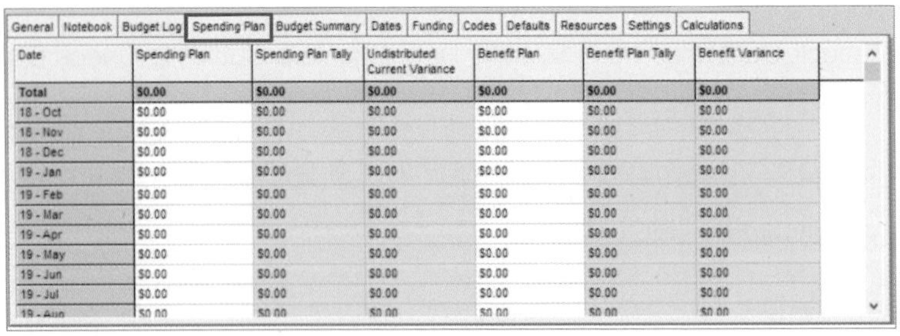

Date	Spending Plan	Spending Plan Tally	Undistributed Current Variance	Benefit Plan	Benefit Plan Tally	Benefit Variance
Total	**$0.00**	**$0.00**	**$0.00**	**$0.00**	**$0.00**	**$0.00**
18 - Oct	$0.00	$0.00	$0.00	$0.00	$0.00	$0.00
18 - Nov	$0.00	$0.00	$0.00	$0.00	$0.00	$0.00
18 - Dec	$0.00	$0.00	$0.00	$0.00	$0.00	$0.00
19 - Jan	$0.00	$0.00	$0.00	$0.00	$0.00	$0.00
19 - Feb	$0.00	$0.00	$0.00	$0.00	$0.00	$0.00
19 - Mar	$0.00	$0.00	$0.00	$0.00	$0.00	$0.00
19 - Apr	$0.00	$0.00	$0.00	$0.00	$0.00	$0.00
19 - May	$0.00	$0.00	$0.00	$0.00	$0.00	$0.00
19 - Jun	$0.00	$0.00	$0.00	$0.00	$0.00	$0.00
19 - Jul	$0.00	$0.00	$0.00	$0.00	$0.00	$0.00
19 - Aug	$0.00	$0.00	$0.00	$0.00	$0.00	$0.00

▲ [그림6-2-2-4] Project Details 창의 [Spending Plan] 탭

05_ [Budget Summary] 탭에서는 Budget Summary는 Budget Log와 Spending Plan에서 입력한 예산에 대해 요약된 정보를 확인할 수 있다.

▲ [그림6-2-2-5] Project Details 창의 [Budget Summary] 탭

06_ [Date] 탭에서는 Project Schedule에 대한 날짜 정보를 설정 및 확인할 수 있다.

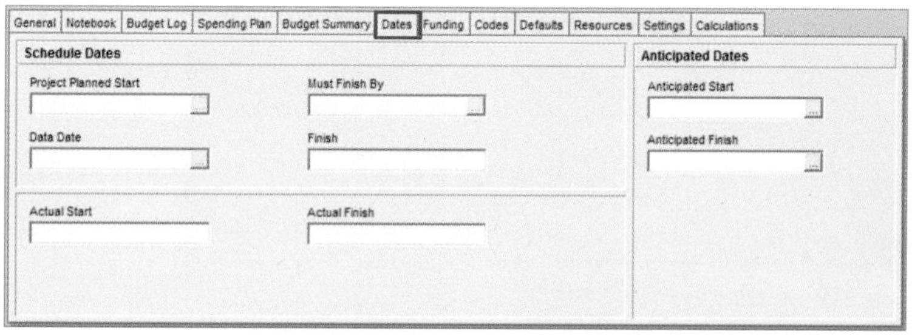

▲ [그림6-2-2-6] Project Details 창의 [Date] 탭

- Project Planned Start : Project의 계획된 시작 일자를 지정할 수 있으며, CPM 관점에서 첫 번째 Activity의 ES(Early Start Date)가 될 수 있는 날짜이다.
- Must Finish By : Project가 반드시 종료되어야 하는 일자를 지정할 수 있으며, CPM 관점에서 마지막 Activity의 LF(Late Finish Date)를 지정하는 것으로 Constraints의 한 종류이다.
- Data Date : 현재 데이터 작성 기준 일자를 지정할 수 있으며, CPM 관점에서 CPM 계산이 되는 기준 날짜이다.
- Finish : Schedule(F9)을 실행하여 계산된 Project의 종료일로서 CPM 계산을 통해 산출된 Project Early Finish 날짜이다.
- Actual Start/Finish : Project의 실제 시작일과 종료일을 나타낸다.
- Anticipated Start/Finish : 예상 시작일/종료일을 입력할 수 있다.

07_ [Funding] 탭에서는 Project에 필요한 자금 조달에 대한 부분을 정리할 수 있다.

▲ [그림6-2-2-7] Project Details 창의 [Funding] 탭

08_ [Code] 탭에서는 Project Code를 할당할 수 있다.

▲ [그림6-2-2-8] Project Details 창의 [Code] 탭

09_ [Defaults] 탭에서는 해당 Project에서 Activity 추가 시 기본적으로 적용될 데이터에 대한 설정을 할 수 있다.

▲ [그림6-2-2-9] Project Details 창의 [Defaults] 탭

10_ [Resource] 탭에서는 Activity에 Resource 할당 시 기본적으로 적용될 설정을 할 수 있다.

▲ [그림6-2-2-10] Project Details 창의 [Resource] 탭

11_ [Settings] 탭에서는 해당 Project 내에서 EVMS 계산에 적용되는 Baseline 및 Critical Path 계산 기준 등에 대한 설정을 할 수 있다.

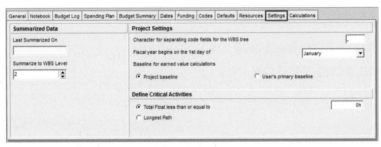

▲ [그림6-2-2-11] Project Details 창의 [Settings] 탭

12_ [Calculations] 탭에서는 Activity의 Duration 및 투입된 Unit에 대한 Original, Remaining의 계산 방식이나 Actual Unit과 At Completion Unit의 계산 방식 등에 대한 설정을 할 수 있다.

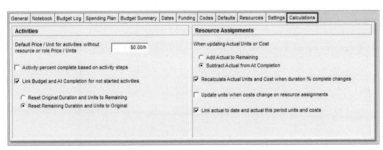

▲ [그림6-2-2-12] Project Details 창의 [Calculations] 탭

Project Details

과제

▷ 아래의 내용으로 Project Detail 창의 정보를 입력합니다.

- Notebook을 추가하여 다음과 같이 입력(Notebook Topic = Comments)

  '20xx년 xx월 xx일 : Advanced 교육용 프로젝트 추가'

- Activity에 동일 Resource의 중복 투입을 허용하지 않도록 설정
- Duration %에 따라 Unit %가 연동되어 재계산 되지 않도록 설정
- Activity의 Physical % Complete의 계산을 Step을 기준으로 계산되도록 변경
- WBS Summary Level을 3으로 수정
- Project 계획 시작일과 Data Date를 2020년 3월 1일로 수정
- Project의 목표 종료일을 2021년 12월 31일로 설정

결과

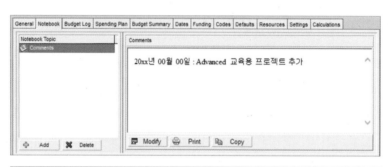

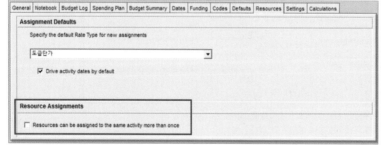

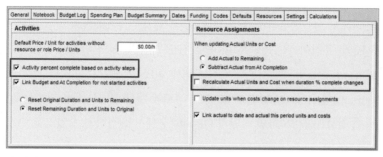

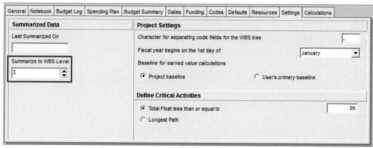

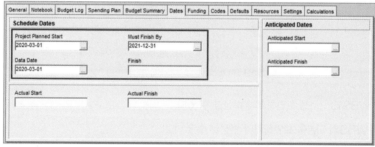

▲ [그림6-2-2-13] Project Details 실습 결과

앞서 Basic Course에서 설명했듯이 WBS는 작업 분류 체계로, Project의 업무 범위 산출물을 중심으로 표현한 것이다. 산출물 중심이라는 것은 WBS별로 진도 측정 및 성과 관리가 가능하다는 의미이다.

본 장에서는 WBS Code, Name 등 기본적인 정보 외에 WBS별 진도 측정 및 성과 관리의 기준 설정을 포함하여 Basic Course에서 다루지 않았던 WBS 상세 정보에 대한 설명과 활용 방법을 알아보도록 한다.

대부분의 주요 상세 정보는 WBS 화면 하단의 Details 창에서 설정하거나 입력할 수 있다.

01_ [General] 탭에서는 WBS 수치 정보(일정 및 비용)에는 영향을 주지 않는 일반적인 정보를 입력 및 설정할 수 있다.

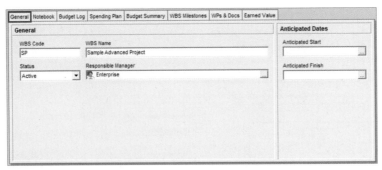

▲ [그림6-2-3-1] WBS Details 창의 [General] 탭

– WBS Code : WBS Code를 확인하거나 수정할 수 있다.

– WBS Name : WBS의 이름을 확인하거나 수정할 수 있다.

– Status : WBS의 상태를 Active, Inactive, Planned, What if로 구분할 수 있다.

– Responsible Manager : WBS의 책임자를 지정할 수 있으며, 이는 OBS 목록에서 지정할 수 있다.

– Anticipated Start/Finish : 예상 시작일/종료일을 입력할 수 있다.

02_ [Notebook] 탭에서는 'Notebook Topic'을 활용하여 Category별로 WBS 주요 정보를 입력 및 조회할 수 있다.

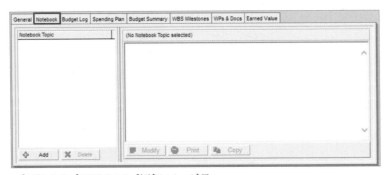

▲ [그림6-2-3-2] WBS Details 창의 [Notebook] 탭

03_ [Budget Log] 탭에서는 WBS의 예산 정보를 입력 및 조회할 수 있다.

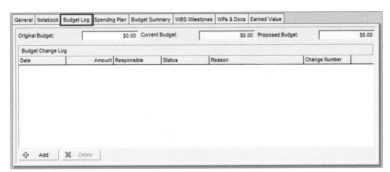

TiP

Project Details의 [Budget Log] 탭과 동일한 의미이다.

▲ [그림6-2-3-3] WBS Details 창의 [Budget Log] 탭

04_ [Spending Plan] 탭에서는 WBS 예산의 Income/Outcome에 대한 계획을 월별로 입력 및 조회할 수 있다.

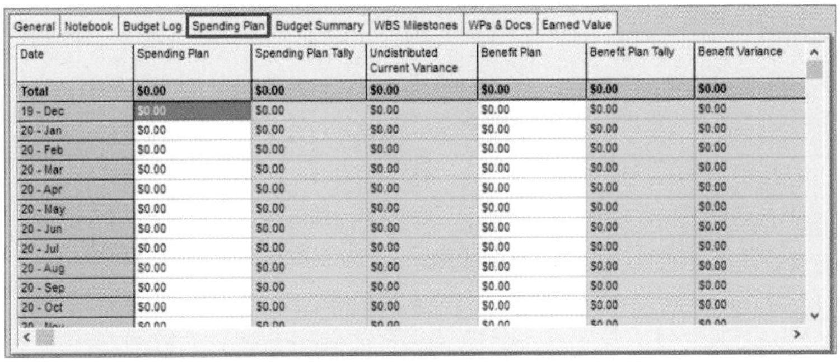

▲ [그림6-2-3-4] WBS Details 창의 [Spending Plan] 탭

05_ [Budget Summary] 탭에서는 Budget Summary는 Budget Log와 Spending Plan에서 입력한 예산에 대한 요약된 정보를 확인할 수 있다.

| General | Notebook | Budget Log | Spending Plan | Budget Summary | WBS Milestones | WPs & Docs | Earned Value |

Budget	Variance	Spending Plan	Benefit Plan
Current Budget $0.00	Current Variance $0.00	Total Spending Plan $0.00	Total Benefit Plan $0.00
Unallocated Budget $0.00		Undistributed Current Variance $0.00	Total Benefit Plan Tally $0.00
Distributed Current Budget $0.00		Total Spending Plan Tally $0.00	

▲ [그림6-2-3-5] WBS Details 창의 [Budget Summary] 탭

06_ [WBS Milestone] 탭에서는 WBS 업무 특성에 맞게 Milestone의 개념을 이용하여 WBS 전체의 Performance를 측정할 수 있다. 해당 WBS를 선택하고 하단의 [Add] 버튼을 클릭하면 WBS Milestone을 추가할 수 있으며, 추가된 WBS Milestone별로 Weight(가중치)를 설정할 수 있다.

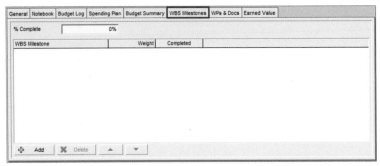

▲ [그림6-2-3-6] WBS Details 창의 [WBS Milestone] 탭

07_ [WPs&Docs] 탭에서는 해당 WBS 및 Project 레벨에 관련 정보 및 산출물에 대한 문서 파일을 저장 및 공유할 수 있다.

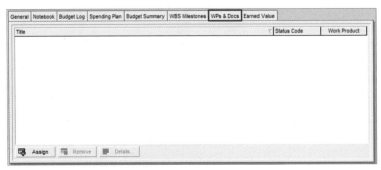

▲ [그림6-2-3-7] WBS Details 창의 [WPs&Docs] 탭

08_ [Earned Value] 탭에서는 EVMS(Earned Value Management System) 이론이 적용된 항목들에 대한 계산 방식을 설정할 수 있다.

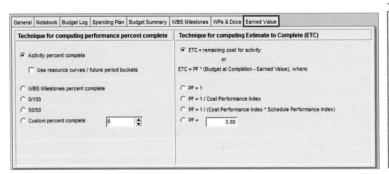

TiP

> 본 항목과 동일한 설정을 Admin Preference의 [Earned Value] 탭에서 설정할 수 있으며, Admin Preference에서 설정 이후 생성한 프로젝트나 WBS는 Admin Preference의 설정을 적용받는다. 하지만 WBS Details 창에서 별도로 재설정이 가능하며 WBS별로 설정할 수 있다는 차이가 있다.

▲ [그림6-2-3-8] WBS Details 창의 [Earned Value] 탭

본 설정의 자세한 사항은 'Earned Value Analysis' 내용을 참고하도록 한다.

WBS Details

과제

▷ Drawing(SP.E.CI.DR) WBS에 다음과 같이 설정합니다.

- Notebook을 추가하여 다음과 같이 입력(Notebook Topic = Comments)

'EV 산정을 위한 WBS Milestone 설정'

▷ Drawing(SP.E.CI.DR) WBS에 다음과 같이 WBS Milestone을 추가합니다.

WBS Milestone	Weight
Basic Drawing	10%
First Approval	20%
Detail Drawing	40%
Final Approval	30%

▲ [표6-2-3-1] WBS Details 실습(WBS Milestone 설정)

▷ 아래의 표대로 WBS별 Performance % Complete와 ETC 기준을 설정합니다.

WBS	Performance %	ETC
Engineering	Activity Percent Complete	PF=1/CPI
Procurement	Activity Percent Complete	PF=1/CPI
Construction	Activity Percent Complete	PF=1/CPI

▲ [표6-2-3-2] WBS Details 실습(Earned Value 설정)

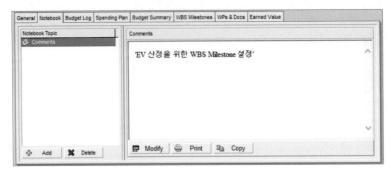

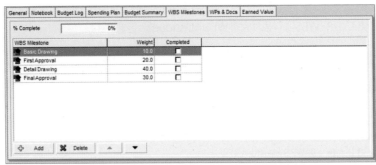

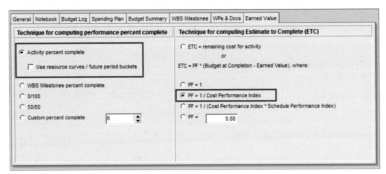

▲ [그림6-2-3-9] WBS Details 실습 결과

Activity Details(with Excel Import)

Activity는 Project 내에서 최하위 WBS의 범위를 수행하는 활동으로 실질적으로 모든 일정과 비용에 대한 상세 정보가 입력 및 관리된다. WBS, Project에 조회되는 일정과 비용 정보는 Activity에 투입되거나 계산된 수치에 대한 합계와 요약정보를 조회해 보는 것이다.

그러므로 Activity에서 각종 일정, 비용, 자원에 대한 투입 및 관리 기준에 대한 상세 설정을 할 수 있으며, 본 장에서 Basic Course에서 다루지 않았던 Activity 상세 정보에 대한 설명 및 활용 방법과 다량의 Activity 목록을 Excel Import를 활용하여 입력하는 방법을 알아보도록 한다.

대부분의 주요 상세 정보는 Activity 화면 하단의 Details 창에서 설정하거나 입력할 수 있다.

01_ [General] 탭에서는 Activity 업무 특성에 따른 여러 가지 데이터 유형을 설정할 수 있다.

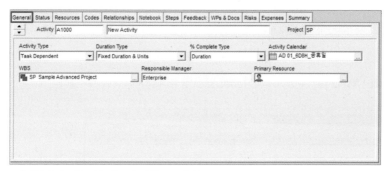

▲ [그림6-2-4-1] Activity Details의 [General] 탭

- Activity : Activity ID, Name을 확인하거나 수정할 수 있다.
- Activity Type : Activity Type을 설정할 수 있다.
- Duration Type : Duration Type을 설정할 수 있다.
- % Complete Type : Activity의 진도율을 적용할 % Complete Type을 설정할 수 있다.
- Activity Calendar : Activity의 Calendar를 설정할 수 있다.
- WBS : Activity가 위치하는 WBS를 설정할 수 있다.
- Responsible Manager : Activity가 해당된 WBS의 책임자를 확인할 수 있으며, 이는 OBS 목록에서 지정할 수 있다.
- Primary Resource : Activity 작업 실무 책임 Resource를 설정할 수 있다.

02_ [Status] 탭에서는 Activity Status에 따른 현재 현황(일정, 비용, Unit)을 입력 및 확인할 수 있다.

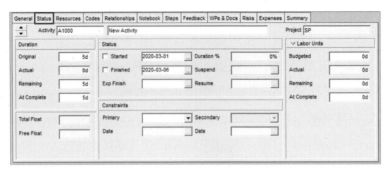

▲ [그림6-2-4-2] Activity Details의 [Status] 탭

- Duration : Original, Actual, Remaining, At Complete를 확인할 수 있다.

- Status : Activity 시작일, 종료일 및 진도율 등을 입력할 수 있다.

- Total Float & Free Float : Activity의 TF와 FF를 확인할 수 있다.

- Constraints : Activity의 날짜에 대한 제약 조건을 지정할 수 있다.

- Units & Cost : Activity에 할당된 Units와 Cost를 입력할 수 있다.

03_ [Resource] 탭에서는 Activity에 Resource 및 Role을 할당할 수 있다.

▲ [그림6-2-4-3] Activity Details의 [Resource] 탭

04_ [Codes] 탭에서는 Activity에 Activity Code를 할당할 수 있다.

▲ [그림6-2-4-4] Activity Details의 [Codes] 탭

TiP

Activity Status는 Complete,
In Progress, Not Started로
구분된다.

05_ [Relationships] 탭에서는 Activity에 선/후행 Activity를 할당할 수 있다.

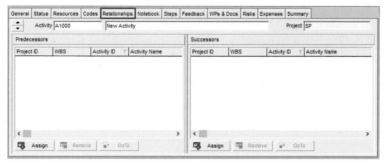

▲ [그림6-2-4-5] Activity Details의 [Relationships] 탭

06_ [Notebook] 탭에서는 'Notebook Topic'을 활용하여 Category별로 Activity 주요 정보를 입력 및 조회할 수 있다.

▲ [그림6-2-4-6] Activity Details의 [Notebook] 탭

07_ [Step] 탭에서는 Activity의 진도 측정을 단계별로 설정할 수 있는 Activity Step을 할당할 수 있다.

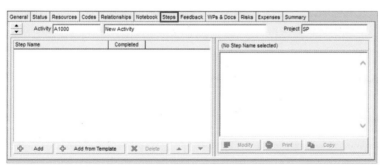

▲ [그림6-2-4-7] Activity Details의 [Step] 탭

08_ [Feedback] 탭에서는 해당 Activity의 Resource 담당자들 간 Comment를 주고받을 수 있다.

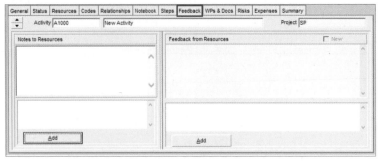

▲ [그림6-2-4-8] Activity Details의 [Feedback] 탭

09_ [WPs&Docs] 탭에서는 해당 Activity에 관련 정보 및 산출물에 대한 문서 파일을 저장 및 공유할 수 있다.

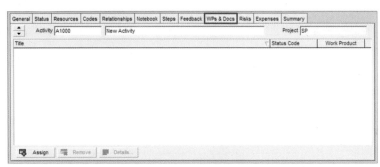

▲ [그림6-2-4-9] Activity Details의 [WPs&Docs] 탭

10_ [Risk] 탭에서는 Activity에 발생 가능한 Risk 요소를 추가하여 관리할 수 있다.

▲ [그림6-2-4-10] Activity Details의 [Risk] 탭

11_ [Expense] 탭에서는 Resource 투입 없이 발생되는 비용을 할당할 수 있다.

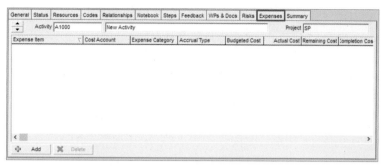

▲ [그림6-2-4-11] Activity Details의 [Expense] 탭

12_ [Summary] 탭에서는 Activity에 투입된 Unit(Labor, Nonlabor)과 Duration에 대한 요약정보를 확인할 수 있다.

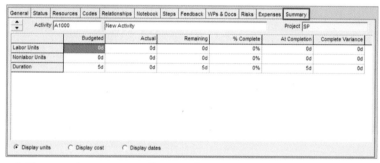

▲ [그림6-2-4-12] Activity Details의 [Summary] 탭

13_ [Discussion] 탭에서는 해당 Activity의 담당 Resource가 아니더라도 프로젝트 이해관계자로서 Primavera P6에 접속 가능한 사용자가 별도 Comment를 제시할 수 있다.

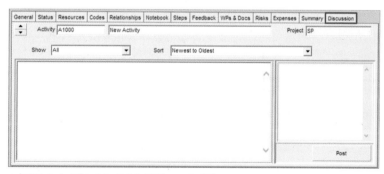

▲ [그림6-2-4-13] Activity Details의 [Discussion] 탭

다음으로 Excel Import를 활용하여 Activity를 생성하는 방법에 대해 알아본다.

14_ Excel import를 하려면 Excel로 Import할 수 있는 양식에 맞춰 작성해야 한다. 초보자에게 가장 쉬운 방법은 Excel Import 실행 전 Excel Export를 우선 실행하여 양식을 고정시킨 후 작업하는 것이다.

15_ 먼저 Excel Export를 실행하기 위해 Menu Bar의 [File]-[Export]를 선택한다.

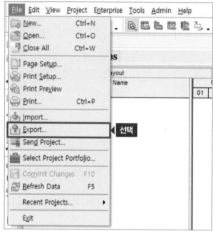

▲ [그림6-2-4-14] Excel Export 실행

16_ Export 창이 나타나면 'Export Format'을 'Spreadsheet-(XLXS)'로 선택한 후 [Next] 버튼을 클릭한다.

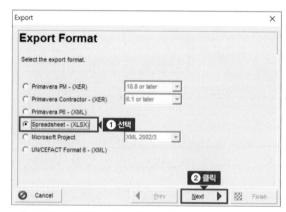

▲ [그림6-2-4-15] Excel Export(Export Format)

17_ 'Export Type' 화면에서는 'Activity'를 선택한 후 [Next] 버튼을 클릭한다.

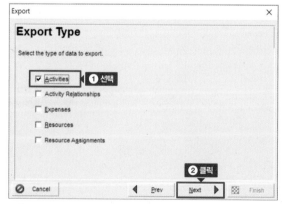

▲ [그림6-2-4-16] Excel Export(Export Type)

18_ 'Projects to Export' 화면에서 현재 Export할 프로젝트를 확인 후 'Export'를 체크하고 [Next] 버튼을 클릭한다.

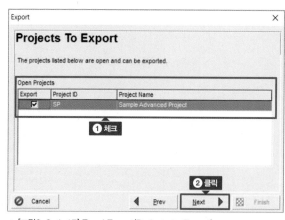

▲ [그림6-2-4-17] Excel Export(Projects to Export)

19_ 'Select Template' 화면에서 기존 사용하던 Template이 없다면 [Add] 버튼을 클릭하여 새로 생성하고 [Modify] 버튼으로 설정할 수 있다.

▲ [그림6-2-4-18] Excel Export(Select Template)

20_ 'Modify Template'에서 Activity 생성 시 입력할 Column을 선택할 수 있으며, 기본적으로 다음과 같은 정보를 포함하여 Export하도록 한다. Column 설정이 완료되면 [Ok] 버튼을 클릭한다.

– Activity ID, WBS Code, Activity Name, Original Duration

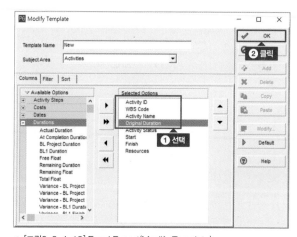

▲ [그림6-2-4-19] Excel Export(Modify Template)

21_ 'Select Template' 화면에서 Template 설정 완료 후 [Next] 버튼을 클릭한다.

▲ [그림6-2-4-20] Excel Export(Select Template)

22_ 'Select XLXS File' 화면에서 Excel 파일을 저장할 경로를 설정한 후 [Next] 버튼을 클릭한다.

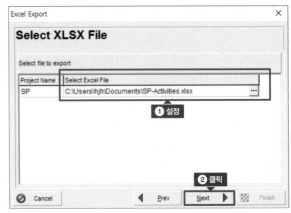

▲ [그림6-2-4-21] Excel Export(Select XLXS File)

23_ 'Summary' 화면에서 Export의 요약 정보를 확인한 후 [Finish] 버튼을 클릭하면 Export가 실행된다.

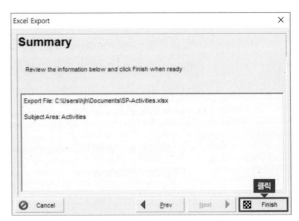

▲ [그림6-2-4-22] Excel Export(Summary)

24_ 'Export Result' 화면에서 'The export was successful.' 문구를 확인한 후 [Close] 버튼을 클릭하여 종료한다.

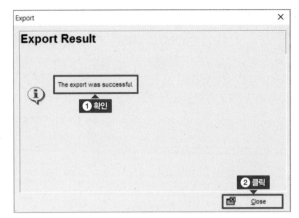

▲ [그림6-2-4-23] Excel Export(Export Result)

25_ Export 한 Excel 파일을 열어 양식을 확인하고 각 셀에 Activity 정보를 입력하여 작성한다.

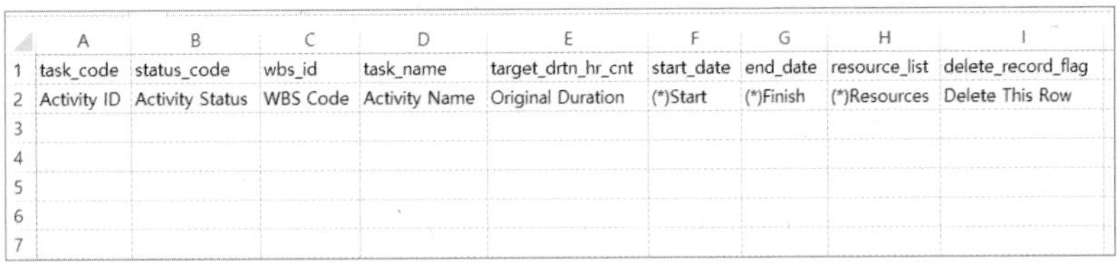

	A	B	C	D	E	F	G	H	I
1	task_code	status_code	wbs_id	task_name	target_drtn_hr_cnt	start_date	end_date	resource_list	delete_record_flag
2	Activity ID	Activity Status	WBS Code	Activity Name	Original Duration	(*)Start	(*)Finish	(*)Resources	Delete This Row
3									
4									
5									
6									
7									

▲ [그림6-2-4-24] Excel Export(Excel 데이터 작성)

TiP

WBS Code 셀에 정보를 입력하지 않으면 Activity 생성 시 최상위 WBS인 Project 하위에 Activity가 생성된다. 특히 기존 Activity 수정 시 WBS Code 셀을 누락시키면 기존 WBS 할당 정보가 삭제되므로 주의하도록 한다. 이 경우 Export하여 자동 입력된 WBS Code 셀을 유지한 채 다른 정보를 수정하는 방법을 추천한다.

26_ Excel 작성이 완료되면 해당 정보로 Activity를 생성하기 위하여 Excel import를 실행한다. Excel Import를 실행하기 위하여 Menu Bar의 [File]-[Import]를 선택한다.

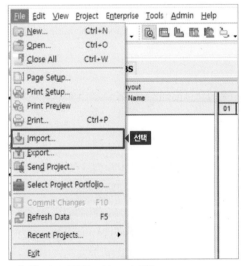

▲ [그림6-2-4-25] Excel Import 실행

27_ 'Import Format' 화면에서 'Spreadsheet-
(XLXS)'로 선택한 후 [Next] 버튼을 클릭한다.

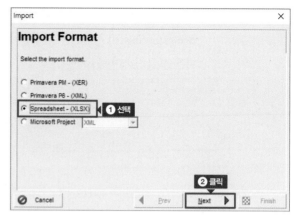

▲ [그림6-2-4-26] Excel Import(Import Format)

28_ 'Select Excel File' 화면에서 Import할
Excel 파일을 선택한 후 [Next] 버튼을 클릭한다.

▲ [그림6-2-4-27] Excel Import(Select Excel File)

29_ 'Import Type' 화면에서 'Activity'에 체
크를 하고 [Next] 버튼을 클릭한다.

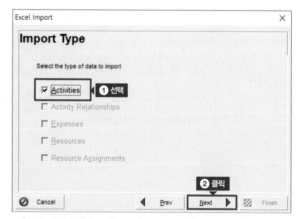

▲ [그림6-2-4-28] Excel Import(Import Type)

30_ 'Import Project Option' 화면에서 'Import to'의 Project를 선택하고 [Next] 버튼을 클릭한다.

TiP

Excel import 시 'Import Action'은 'Update Existing Project'만 적용된다. 이것은 Activity에 대한 정보를 추가, 삭제, 수정할 수 있다는 의미이며 Project나 WBS에 대한 작업은 불가능하다. 그러므로 Excel로 activity 데이터를 구축하기 위해서는 사전에 Project와 WBS는 Primavera P6에서 선작업되어야 한다.

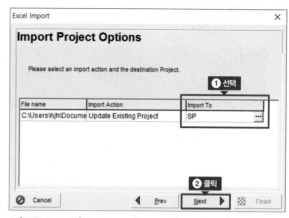

▲ [그림6-2-4-29] Excel Import(Import Project Option)

31_ 'Summary' 화면에서 Import의 요약 정보를 확인한 후 [Finish] 버튼을 클릭하면 Import가 실행된다.

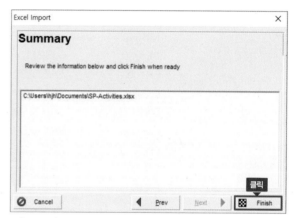

▲ [그림6-2-4-30] Excel Import(Summary)

32_ 'Import Result' 화면에서 'The Import was successful.' 문구를 확인한 후 [Close] 버튼을 클릭하여 종료한다.

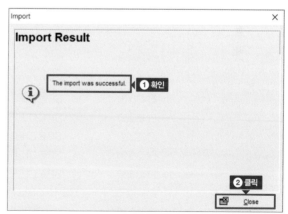

▲ [그림6-2-4-31] Excel Import(Import Result)

33_ Primavera P6의 Activity 화면에서 Activity가 추가 및 수정된 것을 확인한다.

Activity Details

▷ Excel Export/Import를 활용하여 다음의 Activity를 생성합니다.

참고 : Activity Type은 Excel import가 되지 않으므로 Import 후 Primavera P6에서 변경합니다.

Activity ID	WBS Code	Activity Name	OD(d)	Activity Type
MI1000	SP.M	Milestone 01	0	Finish Milestone
MI1010	SP.M	Milestone 02	0	Finish Milestone
MI1020	SP.M	Milestone 03	0	Finish Milestone
MI1030	SP.M	Milestone 04	0	Finish Milestone
MI1040	SP.M	Milestone 05	0	Finish Milestone
MI1050	SP.M	Milestone 06	0	Start Milestone
EN1000	SP.E.CI.SP	Engineering 01	8	Task Dependent
EN1010	SP.E.CI.SP	Engineering 02	15	Task Dependent
EN1020	SP.E.CI.SP	Engineering 03	8	Task Dependent
EN1030	SP.E.CI.SP	Engineering 04	15	Task Dependent
EN1040	SP.E.CI.SP	Engineering 05	15	Task Dependent
EN1050	SP.E.CI.SP	Engineering 06	15	Task Dependent
EN1060	SP.E.CI.SP	Engineering 07	10	Task Dependent
EN2000	SP.E.CI.DR	Engineering 08	70	Task Dependent
EN2010	SP.E.CI.DR	Engineering 09	15	Task Dependent
EN2020	SP.E.CI.DR	Engineering 10	100	Task Dependent
EN2030	SP.E.CI.DR	Engineering 11	20	Task Dependent
EN2040	SP.E.CI.DR	Engineering 12	20	Task Dependent
EN2050	SP.E.CI.DR	Engineering 13	70	Task Dependent
EN2060	SP.E.CI.DR	Engineering 14	15	Task Dependent
EN3000	SP.E.CI.EP	Engineering 15	5	Task Dependent
EN3010	SP.E.CI.EP	Engineering 16	10	Task Dependent
EN3020	SP.E.CI.EP	Engineering 17	10	Task Dependent
EN3030	SP.E.CI.EP	Engineering 18	20	Task Dependent
EN3040	SP.E.CI.EP	Engineering 19	10	Task Dependent
EN3050	SP.E.CI.EP	Engineering 20	20	Task Dependent
PR1000	SP.P.CI.PS.PL	Procurement 01	3	Task Dependent
PR1010	SP.P.CI.PS.PL	Procurement 02	7	Task Dependent
PR1020	SP.P.CI.PS.PL	Procurement 03	4	Task Dependent

PR1030	SP.P.CI.PS.PL	Procurement 04	30	Task Dependent
PR1040	SP.P.CI.PS.PL	Procurement 05	5	Task Dependent
PR2000	SP.P.CI.PS.SS	Procurement 06	5	Task Dependent
PR2010	SP.P.CI.PS.SS	Procurement 07	10	Task Dependent
PR2020	SP.P.CI.PS.SS	Procurement 08	5	Task Dependent
PR2030	SP.P.CI.PS.SS	Procurement 09	10	Task Dependent
CO1000	SP.C.CI.PL	Construction 01	30	Task Dependent
CO1010	SP.C.CI.PL	Construction 02	30	Task Dependent
CO1020	SP.C.CI.PL	Construction 03	20	Task Dependent
CO1030	SP.C.CI.PL	Construction 04	40	Task Dependent
CO2000	SP.C.CI.FO	Construction 05	50	Task Dependent
CO2010	SP.C.CI.FO	Construction 06	60	Task Dependent
CO2020	SP.C.CI.FO	Construction 07	30	Task Dependent
CO2030	SP.C.CI.FO	Construction 08	20	Task Dependent
CO2040	SP.C.CI.FO	Construction 09	20	Task Dependent
CO2050	SP.C.CI.FO	Construction 10	30	Task Dependent
CO2060	SP.C.CI.FO	Construction 11	90	Task Dependent
CO3000	SP.C.PI.PF	Construction 12	31	Task Dependent
CO3010	SP.C.PI.PF	Construction 13	30	Task Dependent
CO4000	SP.C.PI.PS	Construction 14	77	Task Dependent
CO4010	SP.C.PI.PS	Construction 15	61	Task Dependent
CO5000	SP.C.PI.PW	Construction 16	61	Task Dependent
CO6000	SP.C.ME.PE	Construction 17	60	Task Dependent
CO6010	SP.C.ME.PE	Construction 18	20	Task Dependent
CO7000	SP.C.HT	Construction 19	42	Task Dependent
SU1000	SP.S	Commissioning 01	121	Task Dependent

▲ [표6-2-4-1] Activity Details 실습(Excel Import)

▷ Primavera P6에서 다음과 같은 Activity를 추가합니다.

WBS Code	Activity ID	Activity Name	Activity Type
SP.E	WS1000	ENGINEERING	WBS Summary
SP.P	WS1010	PROCUREMENT	WBS Summary
SP.C	WS1020	CONSTRUCTION	WBS Summary
SP.M	LC1000	Construction LOE	Level of Effort

▲ [표6-2-4-2] Activity Details 실습(Activity 추가)

Project Details

과제

▷ Primavera P6에서 다음의 Activity Type을 변경합니다.

Activity ID	Activity Name	Activity Type
CO3000	Construction 12	Resource Dependent
CO3010	Construction 13	Resource Dependent
CO4000	Construction 14	Resource Dependent
CO4010	Construction 15	Resource Dependent
CO5000	Construction 16	Resource Dependent
CO7000	Construction 19	Resource Dependent

▲ [표6-2-4-3] Activity Details 실습(Activity Type 변경)

결과

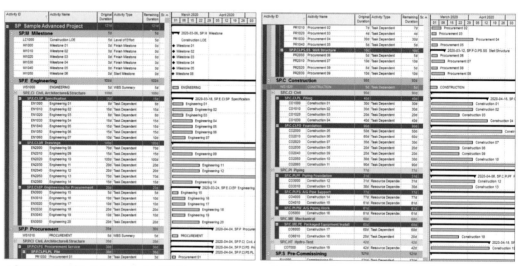

▲ [그림6-2-4-32] Activity Details 실습 결과 01   ▲ [그림6-2-4-33] Activity Details 실습 결과 02

Activity Relationship & Scheduling(With Excel Import)

Activity 사이에 선/후행 정보를 설정하는 Relationship은 Basic Course에서 알아본 것처럼 Activity Details 창의 [Relationship] 탭에서 입력하는 것이 일반적이지만, 경우에 따라 특정 Activity는 Activity Table이나 Bar Chart에서 입력 및 수정하는 것이 효율적일 수 있다.

본 장에서는 Basic Course에서 다루지 않았던 Relationship 입력 및 수정 방법에 대해 알아보도록 한다.

먼저 Activity Details 창의 [Relationship] 탭 하단의 버튼에 대해 추가로 알아본다.

01_ [Assign] 버튼을 클릭하면 Basic Course에서 설명했듯이 선행이나 후행을 할당하고 Relationship Type과 Lag를 설정할 수 있다.

▲ [그림6-2-5-1] Relationship 탭의 [Assign]

02_ Activity의 선/후행 정보를 삭제하려면 해당 Activity를 선택한 후에 [Relationship] 탭에서 선/후 행으로 할당된 목록을 선택하고 [Remove] 버튼을 클릭하여 삭제한다.

▲ [그림6-2-5-2] Relationship 탭의 [Remove]

03_ [GoTo] 버튼을 클릭하면 해당 선/후행 정보의 Activity로 이동이 가능하며, 주로 특정 Activity의 선/후행 경로를 추적하여 수정하는 경우에 사용된다.

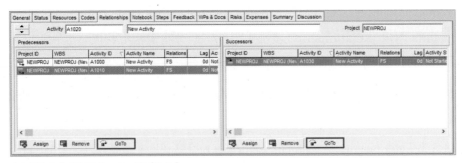

▲ [그림6-2-5-3] Relationship 탭의 [GoTo]

04_ Predecessors나 Successors 화면에서 마우스 오른쪽 클릭 후 Column 창을 나타내어 General 카테고리의 'Critical'과 'Driving' Column을 나타낸다. 'Critical'과 'Driving' Column은 사용자가 입력하거나 설정할 수 있는 정보가 아니며, Activity 간 선/후행 연결관계에 따른 CPM 계산으로 자동으로 표시되는 것이다. Primavera P6에서 CPM 계산이란 Schedule(F9) 기능을 실행하는 것을 의미한다.

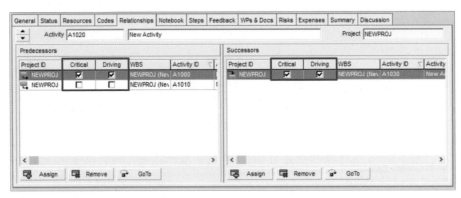

▲ [그림6-2-5-4] Critical, Driving 로직 확인

'Critical'은 앞서 설명했듯이 CPM 계산 시 기본적으로 TF값이 0 이하인 로직으로 Bar Chart에 보통 빨간색의 실선으로 표시된다.

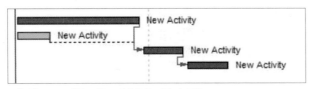

▲ [그림6-2-5-5] Bar Chart에서 Critical Path 표현

'Driving'은 후행 Activity의 Early Start Date를 결정 짓는 것으로 Free Float 값이 0이 되는 로직으로 Bar Chart에 실선으로 표시되며, 그렇지 않은 로직은 'Non Driving'이라 하며 Bar Chart에 점선으로 표시된다.

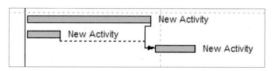

▲ [그림6-2-5-6] Bar Chart에서 Driving, Non Driving 표현

'Critical', 'Driving' 로직은 [Goto] 기능과 함께 주로 사용된다.

다음으로 Bar Chart에서 Relationship 정보를 입력 및 수정하는 방법에 대해 알아본다.

05_ Bar Chart에서 해당 Activity Bar의 앞이나 뒷부분에 마우스 커서를 위치하면 마우스 커서가 검정색 꺾인 화살표로 변경된다. 이때 마우스를 클릭한 상태로 드래그하여 선행이나 후행으로 연결할 Activity Bar의 앞이나 뒷부분에 위치하면 노란색 박스로 현재 연결 가능한 Relationship 정보가 표시되며, 마우스 클릭을 놓으면 해당 Activity의 Relationship이 추가된다.

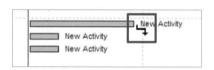

▲ [그림6-2-5-7] Bar Chart에서 Relationship 추가

마우스 커서를 Activity Bar의 앞부분에 위치하면 Start 관계, 뒷부분에 위치하면 Finish 관계가 설정된다. 예를 들어 A Activity와 B Activity 사이에 'Start to Start' 관계를 설정하려면 A Activity Bar의 앞부분에서 시작하여 B Activity Bar의 앞부분으로 연결시키면 된다.

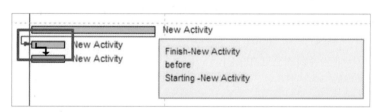

▲ [그림6-2-5-8] Bar Chart에서 Relationship 추가

위와 같은 방법으로 추가한 후에 [Relationship] 탭에서 추가된 선/후행 목록을 확인하고 Relationship Type과 Lag를 설정할 수 있다.

06_ Bar Chart에서 Relationship 정보는 점선 또는 실선으로 확인되며 특정 Relationship을 Bar Chart에서 수정할 수 있다. Relationship의 선에 마우스를 위치하여 하얀색의 수직 화살표로 변경되면 Relationship 선을 클릭하여 선택한다. 이후 Relationship 선을 더블 클릭하면 해당 Relationship 선의 선/후행 정보를 확인할 수 있는 창이 나타나며 Relationship Type, Lag 수정 및 해당 Relationship 정보를 삭제할 수 있다.

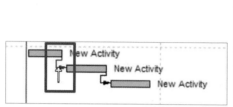

▲ [그림6-2-5-9] Bar Chart에서 Relationship 수정

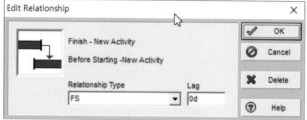

▲ [그림6-2-5-10] Bar Chart에서 Relationship 수정

다음으로 Activity Table에서도 Relationship 정보를 입력할 수 있다.

07_ Activity Table에서 특정 Activity를 선택하고 키보드 Ctrl 키를 사용하여 후행으로 연결할 Activity를 동시에 선택한다. 이후 마우스 오른쪽을 클릭하여 [Link Activities]를 선택하면 두 Activity 사이에 'Finish to Start' 관계가 추가된다.

[Link Activities] 기능은 1개 이상의 Relationship 정보를 일괄로 입력할 수 있으며, 사용자가 키보드 Ctrl 키를 사용하여 선택하는 Activity 순서대로 'Finish to Start' 관계가 추가된다. 또한 키보드 Shift 키를 사용하여 한꺼번에 여러 Activity를 선택하면 현재 Activity Table의 목록에 있는대로 순차적으로 'Finish to Start' 관계가 추가된다.

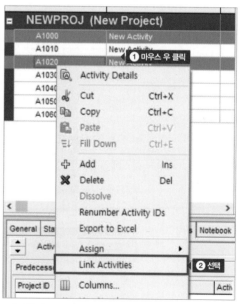

▲ [그림6-2-5-11] Link Activities

TiP

[Link Activities] 기능은 중복으로 실행이 가능하며 순차적으로 FS, FF, SS, SF 관계가 중복으로 추가된다. 주로 편의상 FS 관계를 일괄로 추가하는 경우 사용된다.

다음으로 Excel Import를 활용하여 Relationship을 설정하는 방법에 대해 알아본다.

08_ 앞서 설명한 Excel Export의 방법과 동일하게 Export 작업을 수행하되 다음과 같은 설정으로 진행한다.

09_ 'Export Type' 화면에서 'Activity Relationships'를 선택한다.

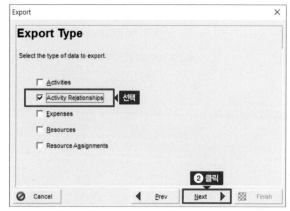
▲ [그림6-2-5-12] Excel Export(Export Type)

10_ 'Modify Template'에서 기본적으로 다음과 같은 정보를 포함하여 Export한다.

– Predecessor, Predecessor Activity Name, Successor, Successor Activity Name, Relationship Type, Lag

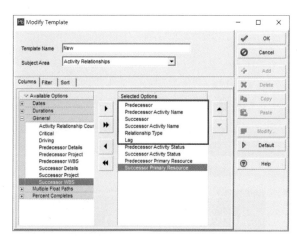
▲ [그림6-2-5-13] Excel Export(Modify Template)

11_ Export 한 Excel 파일을 열어 양식을 확인하고 각 셀에 Relationship 정보를 입력하여 작성한다.

A	B	C	D	E	F
pred_task_id	predtask_task_name	task_id	task_task_name	pred_type	lag_hr_cnt
Predecessor	(*)Predecessor Activity Name	Successor	(*)Successor Activity Name	Relationship Type	Lag(d)

▲ [그림6-2-5-14] Excel Export(데이터 작성)

12_ Excel 작성이 완료되면 앞서 설명한 Excel Import의 방법과 동일하게 Import 작업을 수행하되 'Import Type' 화면에서 'Activity Relationship'에 체크하고 진행한다.

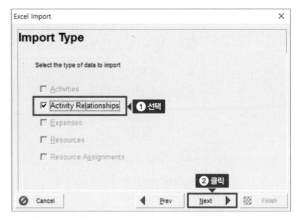

▲ [그림6-2-5-15] Excel Import(Import Type)

13_ Primavera P6의 Activity 화면에서 Relationship이 추가 및 수정된 것을 확인한 후 Schedule(F9)기능을 실행한다.

실습

Activity Relationship

과제

▷ Excel Export/Import를 활용하여 다음의 Relationship을 추가합니다.

Predecessor ID	Predecessor Name	Successor ID	Successor Name	Type	Lag(d)
EN1000	Engineering 01	CO2020	Construction 07	FS	0
EN1000	Engineering 01	EN1010	Engineering 02	FS	0
EN1000	Engineering 01	EN1020	Engineering 03	SS	0
EN1000	Engineering 01	EN2050	Engineering 13	FS	10
EN1010	Engineering 02	EN2060	Engineering 14	FS	0
EN1020	Engineering 03	EN1030	Engineering 04	FS	0
EN1020	Engineering 03	EN2000	Engineering 08	FS	0
EN1020	Engineering 03	EN2020	Engineering 10	FS	0

EN1020	Engineering 03	EN2050	Engineering 13	FF	0
EN1030	Engineering 04	EN2010	Engineering 09	FS	0
EN1030	Engineering 04	EN2030	Engineering 11	FS	0
EN1030	Engineering 04	EN2060	Engineering 14	FS	0
EN1040	Engineering 05	EN3020	Engineering 17	FS	0
EN1050	Engineering 06	EN3040	Engineering 19	FS	0
EN1060	Engineering 07	EN3000	Engineering 15	FS	0
EN2000	Engineering 08	EN1060	Engineering 07	SS	0
EN2000	Engineering 08	EN2010	Engineering 09	FS	0
EN2010	Engineering 09	CO1000	Construction 01	FS	0
EN2010	Engineering 09	MI1020	Milestone 03	FF	0
EN2020	Engineering 10	CO2010	Construction 06	FS	0
EN2020	Engineering 10	CO2040	Construction 09	FS	0
EN2020	Engineering 10	EN1040	Engineering 05	FS	0
EN2020	Engineering 10	EN2030	Engineering 11	FS	0
EN2020	Engineering 10	EN2040	Engineering 12	FS	0
EN2030	Engineering 11	EN1050	Engineering 06	FS	0
EN2030	Engineering 11	MI1030	Milestone 04	FF	0
EN2040	Engineering 12	CO2000	Construction 05	FS	0
EN2050	Engineering 13	EN2060	Engineering 14	FS	0
EN2060	Engineering 14	CO2060	Construction 11	FS	25
EN3000	Engineering 15	MI1000	Milestone 01	FF	0
EN3000	Engineering 15	PR1000	Procurement 01	FS	0
EN3010	Engineering 16	PR1020	Procurement 03	FS	0
EN3020	Engineering 17	MI1010	Milestone 02	FF	0
EN3020	Engineering 17	PR2000	Procurement 06	FS	0
EN3040	Engineering 19	PR2020	Procurement 08	FS	0
PR1000	Procurement 01	PR1010	Procurement 02	FS	0
PR1010	Procurement 02	EN3010	Engineering 16	FS	0
PR1020	Procurement 03	PR1030	Procurement 04	FS	0
PR1030	Procurement 04	PR1040	Procurement 05	FS	0
PR1040	Procurement 05	CO1000	Construction 01	FS	0
PR2000	Procurement 06	PR2010	Procurement 07	FS	0
PR2010	Procurement 07	EN3030	Engineering 18	FS	0
PR2020	Procurement 08	PR2030	Procurement 09	FS	0
PR2030	Procurement 09	EN3050	Engineering 20	FS	0
CO1000	Construction 01	CO1030	Construction 04	FS	0
CO1000	Construction 01	CO2000	Construction 05	FS	0

CO1010	Construction 02	CO2010	Construction 06	FS	0
CO1020	Construction 03	CO2020	Construction 07	FS	0
CO1030	Construction 04	CO1010	Construction 02	SS	5
CO1030	Construction 04	CO1020	Construction 03	FS	0
CO1030	Construction 04	CO2050	Construction 10	FS	0
CO2000	Construction 05	CO2050	Construction 10	FS	0
CO2030	Construction 08	CO2040	Construction 09	SS	10
CO2030	Construction 08	CO6000	Construction 17	FS	0
CO2030	Construction 08	CO3000	Construction 12	FS	0
CO2040	Construction 09	CO6010	Construction 18	FS	0
CO2050	Construction 10	CO2020	Construction 07	FF	7
CO2060	Construction 11	SU1000	Commissioning 01	FS	0
CO2060	Construction 11	CO2030	Construction 08	FS	40
CO3000	Construction 12	CO3010	Construction 13	FS	0
CO3000	Construction 12	CO4000	Construction 14	SS	15
CO3010	Construction 13	CO5000	Construction 16	SS	0
CO4000	Construction 14	CO4010	Construction 15	FF	0
CO4010	Construction 15	CO7000	Construction 19	FF	0
CO5000	Construction 16	CO4010	Construction 15	SS	0
CO5000	Construction 16	CO4010	Construction 15	FF	0
CO5000	Construction 16	CO7000	Construction 19	FS	0
CO6000	Construction 17	SU1000	Commissioning 01	FS	0
CO6010	Construction 18	SU1000	Commissioning 01	FS	0
CO7000	Construction 19	SU1000	Commissioning 01	FS	0
CO7000	Construction 19	MI1040	Milestone 05	FF	0
SU1000	Commissioning 01	MI1050	Milestone 06	FS	0

▲ [표6-2-5-1] Relationship 추가 실습(Excel Import)

▷ LC1000 Activity에 다음과 같이 Relationship을 설정합니다.

선행 Activity ID	후행 Activity ID	Type	Lag
CO1000	LC1000	SS	0d
CO7000	LC1000	FF	0d

▲ [표6-2-5-2] Relationship 추가 실습(Excel Import)

▷ Schedule(F9)를 실행하여 Activity의 날짜를 계산합니다.

▷ Project Must Finish by Date를 삭제 후 Schedule(F9)를 재실행하여 날짜를 계산합니다.

▷ 현재 스케줄로 Baseline을 생성하고 Project Baseline으로 설정합니다.

• Baseline Name : Sample Advanced Project_BL_01

TiP

Bar Chart에 Level Of Effort Type의 Activity가 보이지 않는 경우
Bar Chart에서 마우스 오른쪽 클릭 후에 [Bars] 선택 → Bar Name 중 'Remaining Level of Effort' Bar 앞의 Display를 체크 표시한다.

TiP

Bar Chart의 Time Scale을 조정해야 하는 경우
Bar Chart에서 마우스 오른쪽 클릭 후에 [Time Scale] 선택 → 화면 중간의 Date Interval에서 조정하도록 한다.

결과

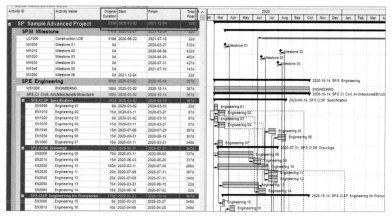

▲ [그림6-2-5-16] Relationship 실습 결과(Project Must Finish by Date 삭제 전)

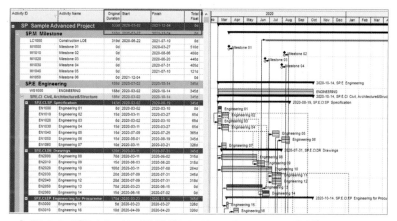

▲ [그림6-2-5-17] Relationship 실습 결과(Project Must Finish by Date 삭제 후)

Activity의 일정은 Activity 간 선/후행 연결관계에 따른 CPM 계산으로 도출되는 것이 기본이지만 경우에 따라 반드시 지켜야 하는 제약 일정이 발생할 수 있다. 예를 들면 고객과 약속된 Project 종료일이나 특정 납품일, 또는 프로젝트 외부 환경에 따른 일정 제약 등이 있다. 즉 특정 날짜 이전, 이후 또는 특정 날짜에 반드시 시작하거나 종료해야 하는 상황이 발생할 수 있다.

Primavera P6의 Constraint는 해당 Activity에 시작이나 종료시점에 제약을 설정하는 것으로 그에 따라 Logic의 준수여부, Float의 계산이 달라지며 Activity Constraint, Project Constraint로 구분할 수 있다.

01_ Activity Constraint는 Activity Details 창의 [Status] 탭에서 설정할 수 있으며, Primary에서 Constraint 종류를 선택하고 Date에 해당 기준 날짜를 설정한다.

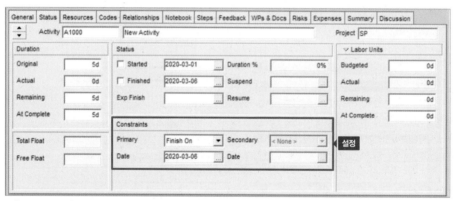

▲ [그림6-2-6-1] Activity Constraint 설정

TiP

> Activity에 Constraint가 적용되면 해당 Activity Table의 Date 컬럼에 * 표시가 나타난다.

Activity Constraint는 Primary, Secondary 두 개까지 중복 설정할 수 있으며, 종류 및 의미는 다음과 같다.

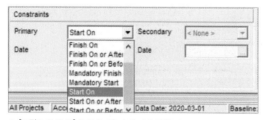

▲ [그림6-2-6-2] Activity Constraint 설정

Constraint	의미
Start On	해당 날짜에 시작
Start On or After	해당 날짜 또는 이후에 시작
Start On or Before	해당 날짜 또는 이전에 시작
Mandatory Start	해당 날짜에 시작(로직 무시)
Finish On	해당 날짜에 종료
Finish On or After	해당 날짜 또는 이후에 종료
Finish On or Before	해당 날짜 또는 이전에 종료
Mandatory Finish	해당 날짜에 종료(로직 무시)
AS Late As Possible	가능한(Free Float=0) 늦게 시작
Finish On or Before	해당 날짜 또는 이전에 종료
Mandatory Finish	해당 날짜에 종료(로직 무시)
AS Late As Possible	가능한(Free Float=0) 늦게 시작

▲ [표6-2-6-1] Activity Constraint 종류와 의미

02_ Project Constraint는 본 교재 Part 04 → Chapter 01 → 02 Project Define에서 설명한 Project 의 'Must Finished by'이므로 해당 내용을 참고하도록 한다.

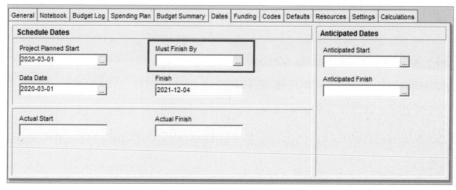

▲ [그림6-2-6-3] Project Constraint(Must Finish By)

각 Constraint에 따라 Activity의 Early Date, Late Date의 제약이 다르며, 그에 따라 Total Float의 계산도 달라진다. 다음은 Constraint 종류에 따른 상세 속성에 대해 알아본다.

03_ 다음의 그림은 Start Constraint의 예시를 비교한 것으로 각각의 Start와 Total Float을 비교해 볼 수 있다. Finish Constraint는 다음의 설명과 같은 기준으로 Finish Date에 영향을 받는다.

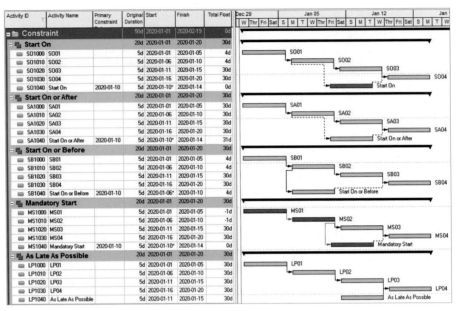

▲ [그림6-2-6-4] Activity Constraint 설정

04_ 'Start On' Constraint는 SO1040의 경우 선행(SO1010, SS)에 Driving이 걸리지 않고 Start On 날짜(2020-01-10)에 시작하도록 계산되었으며 TF는 0이다. 만일 선행의 영향을 받아 2020-01-10 뒤로 밀린다면 그만큼 음수값의 TF가 계산되어질 것이다.

또한 SO1040의 선행이 SO1040의 Start On 날짜(2020-01-10)로부터 TF가 계산되어진 것을 확인할 수 있다.

05_ 'Start On or After' Constraint는 SA1040의 경우 Start On과 마찬가지로 선행(SA1010, SS)에 Driving이 걸리지 않고 Start On or After 날짜(2020-01-10)에 시작하도록 계산되었으나 TF는 Project 전체 일정과 계산되어 31d이다. 만일 선행의 영향을 받아 2020-01-10 뒤로 밀린다면 TF는 그만큼 31d에서 줄어들 것이다.

06_ 'Start On or Before' Constraint는 SB1040의 경우 선행(SB1010, SS)에 Driving이 걸렸으나 Start On or Before 날짜(2020-01-10)보다 전에 시작하므로 TF는 2020-01-10으로부터 계산되어 4d이다. 만일 선행의 영향을 받아 2020-01-10 뒤로 밀린다면 TF는 2020-01-10보다 밀린 만큼 음수 값이 계산되어질 것이다.

또한 SB1040의 선행이 SB1040의 Start On or Before 날짜(2020-01-10)로부터 TF가 계산되어진 것을 확인할 수 있다.

07_ 'Mandatory Start' Constraint는 MS1040의 경우 선행(MS1010, FS)의 종료일(2020-01-11)보다 먼저 시작하도록 계산되며 TF는 0이다. 이는 Mandatory Start 특성상 선후행 관계에 영향을 받지 않고 해당 Mandatory Start 날짜(2020-01-10)에 시작하도록 계획되었기 때문이다.

또한 MS1040의 선행이 MS1040의 Mandatory Start 날짜(2020-01-10)로부터 TF가 계산되어 음수 값이 나타남을 확인할 수 있다.

08_ 'As Late As Possible' Constraint는 LP1040의 경우 선행은 없지만 후행의 관계에 따라 LP1030이 시작하는 날짜 바로 전에 종료될 수 있도록 계산되어 졌다. 즉 LP1030의 시작 시점을 기준으로 가장 늦게 종료될 수 있도록 계산되어진 것이다. TF는 Project 전체 일정과 계산되어 30d이다.

TiP

Constraint 및 Constraint Date는 Activity Table의 컬럼에서도 설정할 수 있으며, Secondary Constraint는 Primary Constraint에 따라 선택할 수 있는 항목이 결정된다.

Constraint

과제

▷ 다음과 같이 Activity에 Constraint를 적용합니다.

Activity ID	Activity Name	Constraint	Constraint Date
CO6000	Construction 17	As Late As Possible	–
CO6010	Construction 18	Start On or Before	2021-02-01

▲ [표6-2-6-2] Constraint 실습

▷ CO6000 후행의 SU1000 사이에 Lag 30d를 추가합니다.

▷ Schedule(F9)을 실행하여 결과를 확인합니다.

▷ 현재 스케줄로 Baseline을 생성하고 Project Baseline으로 설정합니다.
- Baseline Name : Sample Advanced Project_BL_02

결과

▲ [그림6-2-6-5] Constraint 실습 결과

7 Schedule Evaluation

프로젝트 특성 및 회사나 조직에 따라 프로젝트 스케줄 작성 수준이 다를 수 있다. 작성 수준이라 함은 WBS 분개, Activity 분개(기간 및 개수), Relationship 설정, Constraint 설정 등을 포함하여 다양한 지표가 있다. 예를 들어 Activity마다 기간을 길게 설정해 놓는 경우 상대적으로 Activity 개수가 적어 관리가 쉬울 수 있으나 Activity 작업 중간에 발생하는 이슈에 대해 파악하기가 어려울 수 있다.

본 장에서는 계획단계에서 국제적으로 통용되는 작성 및 평가 기준 중 일부에 대해 소개하도록 한다. 다음의 내용이 필수는 아니며 프로젝트에 따라 스케줄 작성 기준 및 평가 방식은 다를 수 있지만, 프로젝트 및 회사나 조직마다 작성 기준을 수립하는 것이 중요하다.

01_ Activity Duration이 기준 범위 이상 계획된 Activity에 대해 평가할 수 있다. 일반적으로 Duration 을 크게 계획하는 것은 Schedule Level에 있어 상위 Level임을 의미하고, 이럴 경우 Status와 Progress 측정이 어렵다. 그러므로 관리 가능한 범위의 Duration 기준을 수립하고 해당 범위를 벗어난 Activity 를 식별해야 한다. 또한 Duration이 기준 범위를 벗어난 원인 파악과 해당 Activity를 관리 하는데 문제 가 없는지 확인해야 한다.

또한 Activity Duration이 클 경우 Activity 간 Relationship이 실제 업무 진행을 반영하지 못하게 될 수 있다.

02_ Activity의 Relationship 누락에 대해 평가할 수 있다. 특히 Activity에 후행 Relationship이 누락되면 CPM 일정 계산 시 Late Finish가 Project Finish 시점으로 되며, 이렇게 산출 된 TF는 실 제 Activity 수행 간 적용할 수 없는 TF 값이 될 수 있다. Activity별 타당한 여유시간 관리를 위해 Relationship 누락 여부를 확인한다.

또한 Relationship이 누락되어 계획된 Activity는 Constraint를 적용하여 강제로 일정을 조정할 가능성 이 있으므로 Constraint도 함께 검토하도록 한다.

03_ Activity 선/후행 간 Lag 및 Lead에 대해 평가할 수 있다. Lag 및 Lead도 기간 값을 가지고 있는 Data로서 일반적인 Activity와는 다르게 상세한 작업에 대한 정보를 숨기게 된다. 그러므로 가능한 해당 Lag 및 Lead를 식별할 수 있도록 Activity화 하는 것이 좋다. 대표적인 방법으로 Lag는 Activity로 생성 하고, Lead는 Activity를 분할하는 방법이 있다.

또한 일정을 맞추기 위해 불필요한 Lag 및 Lead가 적용되었는지 함께 검토하도록 한다.

04_ Constraint에 대해 평가해야 한다. Constraint는 Activity 일정을 강제로 제한하는 것으로서 Constraint가 적용된 Activity를 식별하고 필요에 의한 것인지, 단순 일정을 맞추기 위한 것인지 파악한다.

Constraint가 설정되면 CPM 일정 계산 시 연관관계에 의한 프로젝트 전체 일정이 아닌 해당 Constraint Date를 기준으로 Total Float이 계산되며, 특정 Constraint는 일정 계산 시 연관관계에 영향을 받지 않을 수도 있다. 정확한 CPM 계산 및 일정 도출 확인을 위해 Constraint 적용 여부를 확인해야 한다.

실습

Schedule Evaluation

과제

▷ 아래의 선/후행이 누락된 Activity의 Relationship을 추가합니다.

Activity ID	Successors	Type	Lag
EN3030	EN3050	FS	0d
CO2010	CO3000	FS	0d
CO2020	CO2010	FF	0d
CO2010	CO2030	FS	0d
EN3050	CO2060	FF	0d

▲ [표6-2-7-1] Schedule Evaluation 실습(Relationship 누락 수정)

▷ 아래의 내용으로 EN2020 Activity를 분할합니다.

- SP.E.CI.DR WBS에 Activity 추가(ID : EN2015, Name : Engineering 10-1, OD : 50d)
- EN2015의 Relationship 추가(선행 : EN1020 FS Lag 0d, 후행 : EN2020 FS Lag 0d)
- EN2020의 OD를 50d로 수정 및 Name 변경(Engineering 10 → Engineering 10-2)
- EN2020의 선행 관계(EN1020 FS Lag 0d) 삭제
- Schedule(F9) 실행

▷ 아래의 내용으로 CO2060과 CO2030 사이의 Lag(40d)를 Activity로 변경합니다.

- SP.C.CI.FO WBS에 Activity 추가(ID : CO2065, Name : LAG, OD : 40d)

- CO2065의 Relationship 추가(선행 : CO2060 FS Lag 0d, 후행 : CO2030 FS Lag 0d)

- CO2060과 CO2030사이의 Relationship 삭제

- Schedule([F9]) 실행

▷ CO6010의 Constraint를 제거 후 Schedule([F9])을 실행합니다.

▷ 현재 스케줄로 Baseline을 생성하고 Project Baseline으로 설정합니다

- Baseline Name : Sample Advanced Project_BL_03

결과

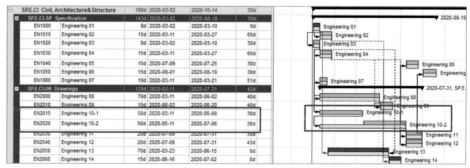

▲ [그림6-2-7-1] Schedule Evaluation 실습 결과(EN2020 분할)

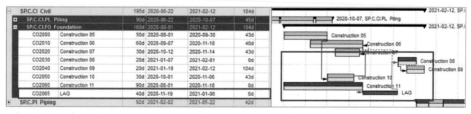

▲ [그림6-2-7-2] Schedule Evaluation 실습 결과(Lag를 Activity로 만들기)

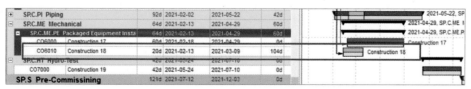

▲ [그림6-2-7-3] Schedule Evaluation 실습 결과(Constraint 해제)

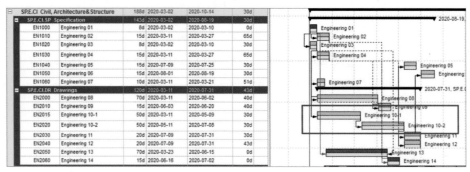

▲ [그림6-2-7-4] Schedule Evaluation 실습 결과(Baseline 재설정)

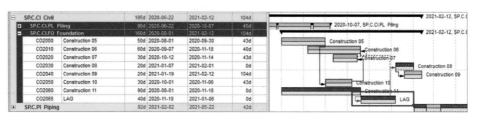

▲ [그림6-2-7-5] Schedule Evaluation 실습 결과(Baseline 재설정)

Primavera Schedule 계산 시 기본설정으로 Schedule 결과를 도출할 수 있지만 프로젝트 상황에 따라서 타 프로젝트와의 연관관계 고려, Out of Sequence 설정 등 해당 프로젝트의 Schedule 계산에 고려해야 할 사항들이 있다. 또한 일정 모델링과 분석에도 다양한 Option 설정으로 여러 가지 Schedule을 비교할 수 있다.

본 장에서는 Primavera P6의 다양한 Option 설정으로 여러 가지 Schedule 결과 값을 도출 및 분석하는 방법에 대해 알아본다.

Primavera의 Schedule($\boxed{\text{F9}}$) 실행 시 [Option]을 클릭하면 Schedule Option 창이 나타난다. [General]과 [Advanced] 탭이 있으며 체크 박스가 있는 Option은 해당 박스의 체크 유무에 따라 설정이 적용되거나 되지 않는다.

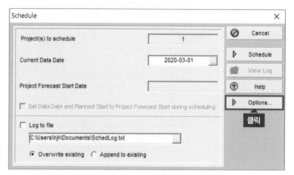

▲ [그림6-2-8-1] Schedule Option 열기

01_ 먼저 [General] 탭의 설정에 대해 알아본다.

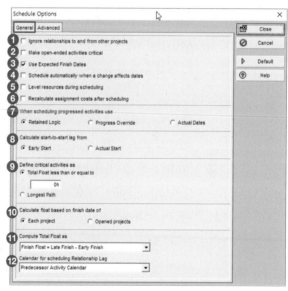

▲ [그림6-2-8-2] Schedule Option [General] 탭

❶ 'Ignore relationships to and from other projects' Option은 현재 Open되어 있는 프로젝트의 Activity가 다른 프로젝트의 Activity와 Relationship이 있는 경우 Schedule 계산 시 해당 Relationship을 고려 할 것인지 안 할 것인지 선택할 수 있다.

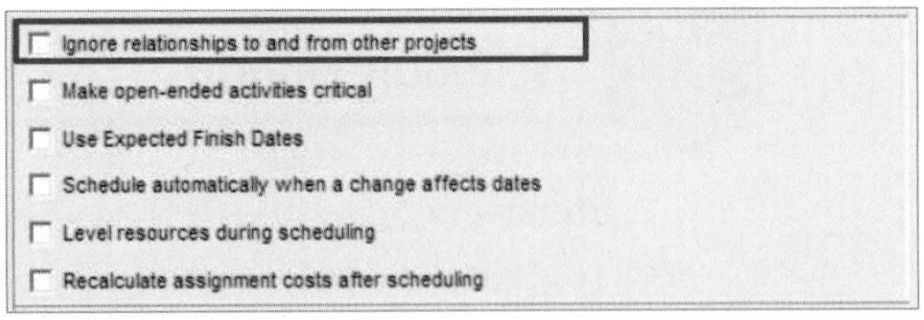

▲ [그림6-2-8-3] 'Ignore relationships to and from other projects'

❷ 'Make open-ended activities critical' Option은 후행이 없는(open-ended) Activity의 TF를 0으로 계산되게 하여 Critical Path로 표현할 수 있다. 이 경우 해당 Activity의 선행 Activity들도 Critical Path로 표현된다.

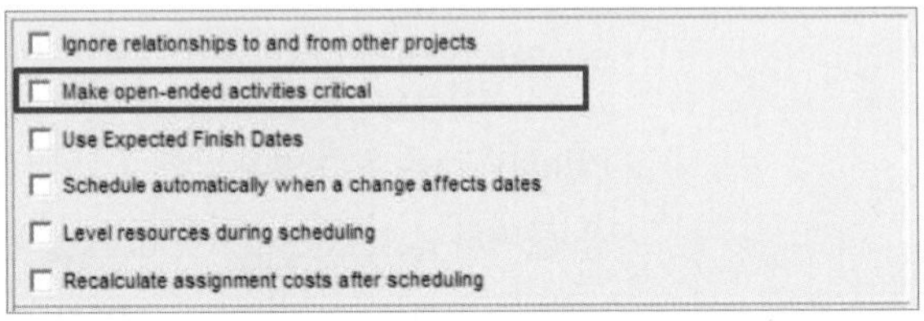

▲ [그림6-2-8-4] 'Make open-ended activities critical'

❸ 'Use Expected Finish Dates' Option은 Activity의 Expected Finish Date에 날짜를 입력한 경우 해당 날짜를 준수하여 Remaining Duration이 재계산되도록 설정할 수 있다. 본 Option은 Expected Finish Date가 입력된 Activity에만 적용되며, 그렇지 않은 Activity는 영향을 받지 않는다.

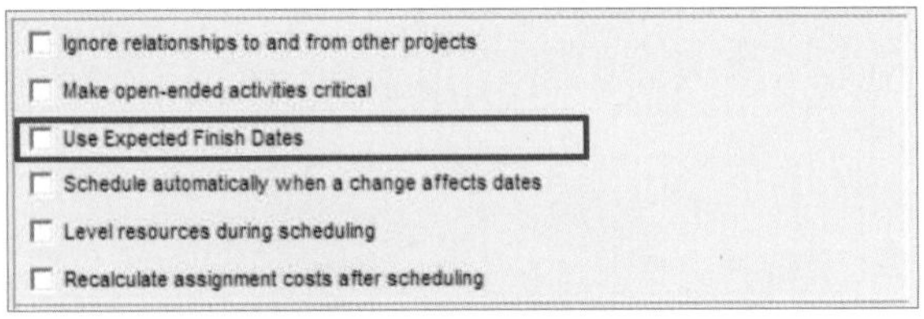

▲ [그림6-2-8-5] 'Use Expected Finish Dates'

❹ 'Schedule automatically when a change affects dates' Option은 일정 관련 Data 작업(기간 수정, 연관관계 수정 등) 시 자동으로 Schedule(F9)이 실행되도록 설정할 수 있으며, 이 경우 Schedule(F9) 창이 나타나지 않는다. Activity 개수가 적은 프로젝트에서 일정 Data 수정에 따른 결괏값을 바로 확인하는 경우는 편리할 수 있지만, Activity 개수가 많은 복잡한 프로젝트에서는 Schedule(F9)이 실행되는 시간이 오래 걸릴 수 있으며, 결과 값이 바로 도출되어 사용자가 불편할 수 있다.

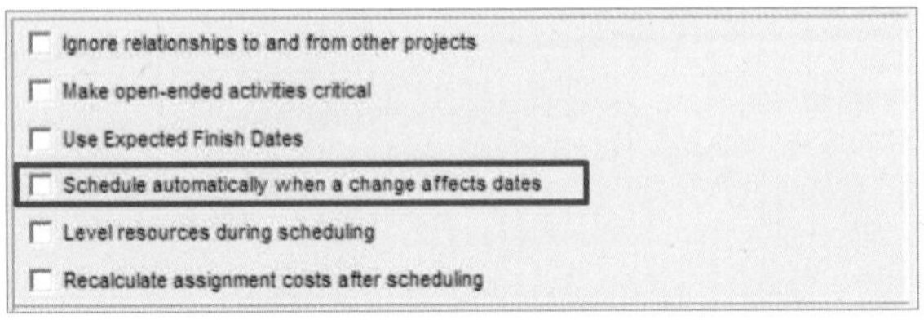

▲ [그림6-2-8-6] 'Schedule automatically when a change affects dates'

❺ 'Level resource during scheduling' Option은 Schedule(F9) 실행 시 자동으로 'Level Resource' 기능이 실행되도록 설정할 수 있다.

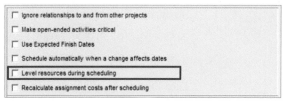

▲ [그림6-2-8-7] 'Level resource during scheduling'

❻ 'Recalculate assignment cost after scheduling' Option은 Schedule(F9) 실행 시 자동으로 'Recalculate assignment cost' 기능을 실행하도록 설정할 수 있다. 'Recalculate assignment cost'기능은 Resource 또는 Role의 단가나 overtime factor가 변경됐을 시 최신의 정보로 Cost를 재계산해 주는 기능으로 메뉴 바의 Tools 메뉴에서 별도로 실행할 수 있다.

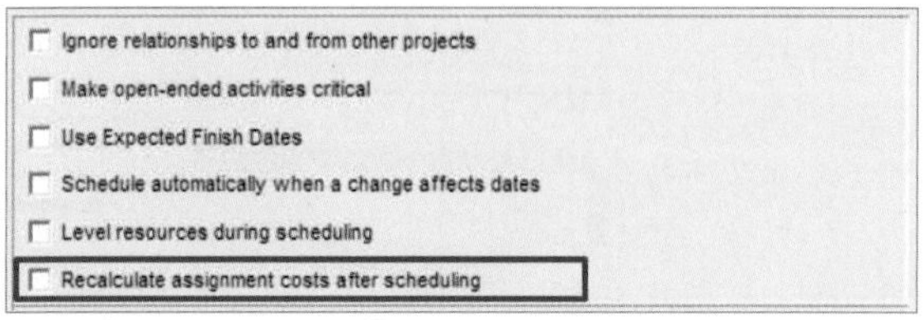

	Ignore relationships to and from other projects
	Make open-ended activities critical
	Use Expected Finish Dates
	Schedule automatically when a change affects dates
	Level resources during scheduling
	Recalculate assignment costs after scheduling

▲ [그림6-2-8-8] 'Recalculate assignment cost after scheduling'

❼ 'When scheduling to progressed activities use' Option은 프로젝트 실적 입력 시 적용되는 설정으로 총 세 가지가 있으며, 이 option은 특히 Out of Sequence가 발생할 경우 주로 활용할 수 있다.

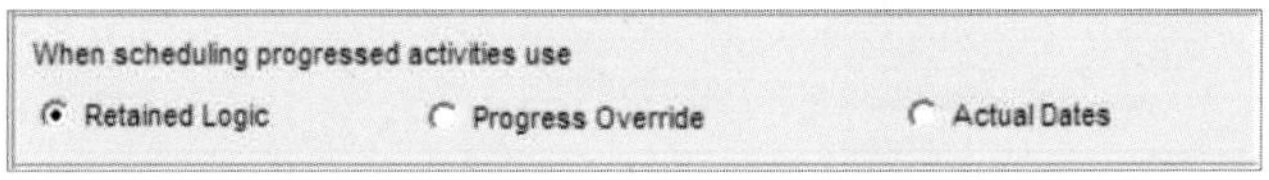

When scheduling progressed activities use
⦿ Retained Logic   ○ Progress Override   ○ Actual Dates

▲ [그림6-2-8-9] 'When scheduling to progressed activities use'

'Retained Logic'은 Activity 간 설정된 로직을 준수하는 설정으로 해당 Activity의 모든 선행의 로직을 고려한다. 즉 선행의 선행의 선행을 모두 고려하는 것으로 이 경우 TF의 계산에 이용되는 Late Date는 프로젝트 종료일로부터 계산된다.

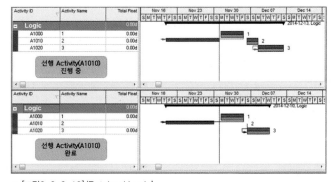

▲ [그림6-2-8-10] 'Retained Logic'

'Progress Override'는 Retained Logic과 달리 선행보다 먼저 진행되는 Activity에 대하여 기본 로직보다 실적이 입력된 상태를 우선 반영하게 된다. 선행의 선행이 아직 진행이 되지 않더라도 해당 Activity의 바로 앞 선행의 실적을 기준으로 일정 계산이 되는 것이다. 이 경우 TF의 계산에 이용되는 Late Date는 프로젝트 종료일로부터 계산된다.

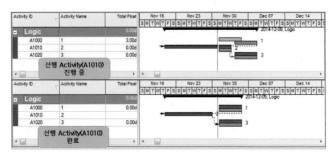

▲ [그림6-2-8-11] 'Progress Override'

'Actual Date'는 Retained Logic과 비슷하게 일정 계산이 되지만 차이점은 해당 Activity의 선행 로직만 고려한다. 즉 전체 선행이 아닌 바로 앞 선행의 로직만 고려하는 것으로, 이 경우 후행보다 진행이 늦어지는 Activity는 후행의 실제 시작일로부터 Late Date가 계산된다. 즉 현재 후행보다 얼마나 늦어지고 있는지 계산되는 것이다.

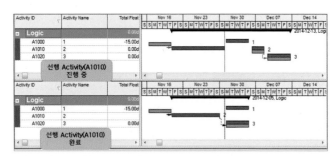

▲ [그림6-2-8-12] 'Actual Date'

❽ 'Calculate Start-to-Start lag From' Option은 Out of Sequence가 발생한 경우 해당 Activity의 후행이 SS로 연결되었을 시 일정 계산(Lag 포함)을 잔여 작업의 Early Start를 기준으로 할지 Actual Start를 기준으로 할지 선택할 수 있다.

▲ [그림6-2-8-13] 'Calculate Start-to-Start lag From'

❾ 'Define Critical Activities As' Option은 Schedule(F9) 계산 시 Primavera에서 적용되는 CP에 대한 조건을 선택할 수 있다. 기본 설정은 TF가 0 이하인 Activity가 CP로 적용되지만 적용되는 TF의 한계 값을 설정할 수 있으며, 이는 CP에 대한 관리 수준을 조절할 수 있다는 의미이다.

Longest Path는 프로젝트 시작부터 종료까지 가장 긴 경로를 의미하는 것으로 보통 TF가 0 이하인 경로와 동일한 경우가 대부분이다. 하지만 Longest Path 선택 시 로직은 CP에 속하지만 Activity 간 할당된 달력이 달라 TF가 0보다 크게 계산되어 CP로 적용되지 않는 Activity를 CP로 적용되게 할 수 있다.

Define critical activities as
◉ Total Float less than or equal to

0h

○ Longest Path

▲ [그림6-2-8-14] 'Define Critical Activities As'

❿ 'Calculate float based on finish date of' Option은 Primavera에서 연관된 프로젝트를 여러 개 Open하고 전체적으로 Schedule(F9) 계산을 할 때 Float 계산에 대한 기준을 선택할 수 있다. 각각의 프로젝트별로 계산을 할지 전체를 하나로 인식하고 계산을 할지 선택할 수 있으며, 후자의 경우 Late Date는 가장 종료일이 늦은 프로젝트를 기준으로 계산되어 진다.

Calculate float based on finish date of
◉ Each project   ○ Opened projects

▲ [그림6-2-8-15] 'Calculate float based on finish date of'

⓫ 'Compute Total Float as' Option은 Schedule(F9) 계산 시 TF의 계산을 다음의 세 가지로 설정할 수 있다.

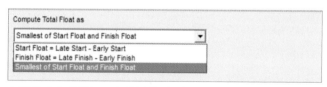

Compute Total Float as

Smallest of Start Float and Finish Float   ▼

Start Float = Late Start - Early Start
Finish Float = Late Finish - Early Finish
Smallest of Start Float and Finish Float

▲ [그림6-2-8-16] 'Compute Total Float as'

- Start Float = Late Start - Early Start

- Finish Float = Late Finish - Early Finish

- Smallest of Start Float and Late Float

기본 설정은 Finish Float으로 설정되어 있으며 보통의 Activity는 Start Float과 Finish Float의 값이 같지만 Activity Type 중 Level of Effort, WBS Summary는 다를 수 있다.

⓬ 'Calendar for Scheduling Relationship Lag' Option은 Activity 간 Lag 계산에 적용될 달력을 다음의 네 가지 중 선택할 수 있다.

▲ [그림6-2-8-17] 'Calendar for Scheduling Relationship Lag'

– Predecessor Activity Calendar

– Successor Activity Calendar

– 24 Hour Calendar

– Project Default Calendar

02_ 다음으로 [Advanced] 탭에 대해 알아본다.

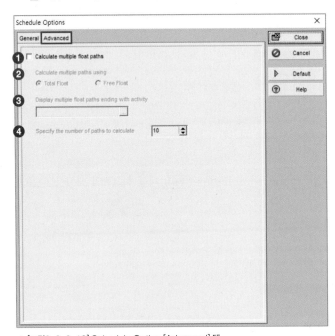

▲ [그림6-2-8-18] Schedule Option [Advanced] 탭

❶ 'Calculate multiple float paths' Option
은 해당 box에 체크하면 Schedule([F9]) 실
행 시 Multiple Float Path를 계산할 수 있다.
Multiple Float Path란 CP 경로가 여러 개일
경우 또는 CP와 근접한 Activity들의 로직 간
우선순위를 설정하는 것을 의미한다.

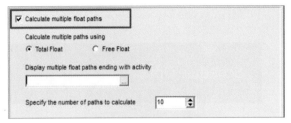

▲ [그림6-2-8-19] 'Calculate multiple float paths'

❷ 'Calculate multiple paths using' Option
은 Multiple Float Path 계산 시 우선순위 설
정에 대한 기준을 Total Float을 기준 할지
Free Float을 기준으로 할지 선택할 수 있다.

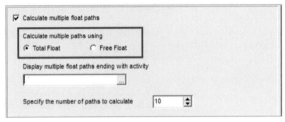

▲ [그림6-2-8-20] 'Calculate multiple paths using'

❸ 'Display multiple float paths ending
with activity' Option은 Multiple Float Path
를 계산할 경로의 마지막 Activity를 선택할 수
있다. 프로젝트 전체로 계산하거나 특정 마일
스톤 일정까지의 Multiple Float Path를 계산
할 수 있으며, 특정 마일스톤 일정까지 주요 관
리해야 할 Activity를 도출할 수 있다.

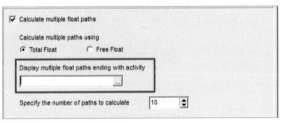

▲ [그림6-2-8-21] 'Display multiple float paths ending with activity'

❹ 'Specify the number of paths to
calculate' Option은 Multiple Float Path를
계산할 경로의 개수를 설정할 수 있다.

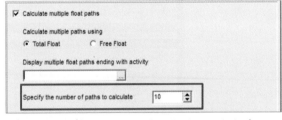

▲ [그림6-2-8-22] 'Specify the number of paths to calculate'

TiP

Schedule Option은 Project Data이므로 프로젝트마다 다르게 설정할 수 있으며 xer 파일에도 해당 Option 설정이 저장된
다. 또한 Multiple Float Path 계산 후 Activity Table에서 'Float Path', 'Float Path Order' 컬럼을 확인하거나 해당 값으로
Grouping 하여 분석할 수 있다.

Schedule Option

▷ 다음의 설정으로 각각 Schedule(F9)을 실행하고 결과를 확인합니다.

- 'Make open-ended activities critical' 체크
- 'Define Critical Activities as'의 Total Float, Longest Path 체크 변경
- 'Calendar for Scheduling Relationship Lag'의 4가지 설정 변경
- 최종적으로 'Default' Schedule Option 설정

▷ 'Calculate Multiple float path'를 Total Float을 기준으로 3개 Path를 계산한다고 설정 후 Schedule(F9) 실행합니다.

▷ Activity Grouping을 Float Path, Sorting은 Start Date로 오름차순하여 결괏값을 확인합니다

▷ 현재 화면을 Layout으로 저장합니다. (Layout Name : Float Path View)

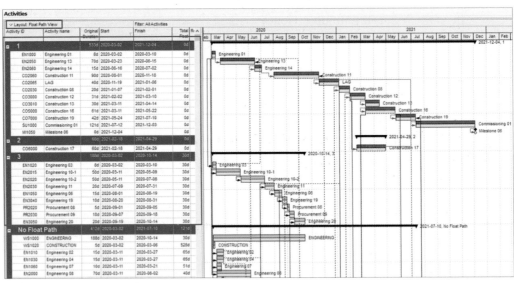

▲ [그림6-2-8-23] Schedule Option 실습 결과(Float Path)

실습

Schedule Log

과제

▷ 프로젝트의 Schedule Log 파일을 열어 다음의 내용을 확인합니다.

- 프로젝트 Activity 개수
- 프로젝트 Relationship 개수
- 선행을 가지고 있지 않은 Activity 개수
- 후행을 가지고 있지 않은 Activity 개수
- Critical Activity 개수

결과

```
SchedLog.txt - 메모장
파일(F) 편집(E) 서식(O) 보기(V) 도움말(H)
==========================================================

        Default Project..............................................SP

        Projects:
                SP.................................................Sample Advanced Project

Scheduling/Leveling Settings:
-----------------------------
        General
        -------
        Scheduling ..................................................Yes
        Leveling ....................................................No
        Ignore relationships to and from other projects ...............No
        Make open-ended activities critical ...........................No
        Use Expected Finish Dates .....................................Yes
        Schedule automatically when a change affects dates ............No
        Level resources during scheduling .............................No
        Recalculate assignment costs after scheduling .................No
        When scheduling progressed activities use .....................Retained Logic
        Calculate start-to-start lag from .............................Early Start
        Define critical activities as Total Float less than or equal to .0
        Compute Total Float As ........................................Finish Float
        Calculate float based on finish date of .......................Each project
        Calendar for scheduling Relationship Lag ......................Predecessor Activity Calendar

        Advanced
        --------
        Calculate multiple float paths.................................Yes
        Calculate multiple float paths using...........................Total Float
        Number of paths to calculate...................................3

Statistics:
-----------
        # Projects.....................................................1
        # Activities...................................................61
        # Not Started..................................................61
        # In Progress..................................................0
        # Completed....................................................0
        # Relationships................................................81
        # Activities with Constraint...................................1
                Project:        SP      Activity:       C06000  Construction 17
Errors:
-------
Warnings:
```

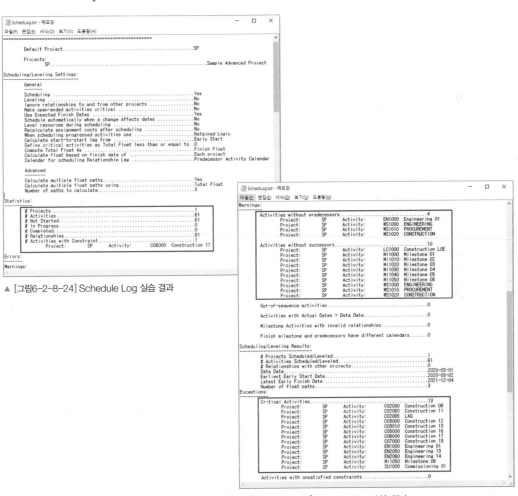

▲ [그림6-2-8-24] Schedule Log 실습 결과

```
SchedLog.txt - 메모장
파일(F) 편집(E) 서식(O) 보기(V) 도움말(H)
Warnings:
---------
        Activities without predecessors..............................4
                Project:        SP      Activity:       EN1000  Engineering 01
                Project:        SP      Activity:       WS1000  ENGINEERING
                Project:        SP      Activity:       WS1010  PROCUREMENT
                Project:        SP      Activity:       WS1020  CONSTRUCTION

        Activities without successors................................10
                Project:        SP      Activity:       LC1000  Construction LOE
                Project:        SP      Activity:       MI1000  Milestone 01
                Project:        SP      Activity:       MI1010  Milestone 02
                Project:        SP      Activity:       MI1020  Milestone 03
                Project:        SP      Activity:       MI1030  Milestone 04
                Project:        SP      Activity:       MI1040  Milestone 05
                Project:        SP      Activity:       MI1050  Milestone 06
                Project:        SP      Activity:       WS1000  ENGINEERING
                Project:        SP      Activity:       WS1010  PROCUREMENT
                Project:        SP      Activity:       WS1020  CONSTRUCTION

        Out-of-sequence activities...................................0

        Activities with Actual Dates > Data Date.....................0

        Milestone Activities with invalid relationships..............0

        Finish milestone and predecessors have different calendars.......0

Scheduling/Leveling Results:
----------------------------
        # Projects Scheduled/Leveled..................................1
        # Activities Scheduled/Leveled................................61
        # Relationships with other projects...........................0
        Data Date.....................................................2020-03-01
        Earliest Early Start Date.....................................2020-03-02
        Latest Early Finish Date......................................2021-12-04
        Number of float paths.........................................3
Exceptions:
-----------
        Critical Activities..........................................13
                Project:        SP      Activity:       C02030  Construction 08
                Project:        SP      Activity:       C02060  Construction 11
                Project:        SP      Activity:       C02065  LAG
                Project:        SP      Activity:       C03000  Construction 12
                Project:        SP      Activity:       C03010  Construction 13
                Project:        SP      Activity:       C05000  Construction 16
                Project:        SP      Activity:       C06000  Construction 17
                Project:        SP      Activity:       C07000  Construction 19
                Project:        SP      Activity:       EN1000  Engineering 01
                Project:        SP      Activity:       EN2050  Engineering 13
                Project:        SP      Activity:       EN2060  Engineering 14
                Project:        SP      Activity:       MI1050  Milestone 06
                Project:        SP      Activity:       SU1000  Commissioning 01

        Activities with unsatisfied constraints......................0
```

▲ [그림6-2-8-25] Schedule Log 실습 결과

Primavera P6에서 Baseline은 Project Baseline과 User Baseline으로 구분하여 관리할 수 있다. Basic Course에서 알아본 Project Baseline은 고객의 Confirm이 적용된 계약 초기의 약속으로 특별한 변경(Change Order) 승인이 발생하지 않는 한 잘 변경되지 않는 특성이 있다. User Baseline은 실행 관리용 Baseline으로 주기적으로 변경에 대응하면서 관리하는 Baseline의 의미이다. 또한 Project Baseline은 프로젝트에 할당되면 Admin User 외에 수정 권한이 없지만, User Baseline은 사용자별로 생성 및 할당하여 관리할 수 있다.

본 장에서는 User Baseline 활용 방안 및 Primavera P6의 Baseline에 대한 상세 설정에 대해 알아본다.

01_ Baseline 생성 창에서 Basic Course에서는 'Save a copy of the current project as a new baseline'을 선택하여 프로젝트의 현재 상태를 Baseline으로 생성하였다.

두 번째 옵션 'Convert another project to a new baseline of the current project'는 다른 프로젝트를 현재 프로젝트의 Baseline으로 사용하겠다는 의미이며, 선택 후 [OK] 버튼을 클릭하면 프로젝트 목록이 나타난다.

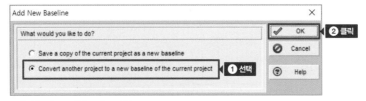

▲ [그림6-2-9-1] Baseline 생성

02_ Baseline으로 적용할 프로젝트를 선택하고 [Select] 아이콘을 클릭하면 해당 프로젝트가 Baseline화 되며, 프로젝트 목록에서 사라지게 된다.

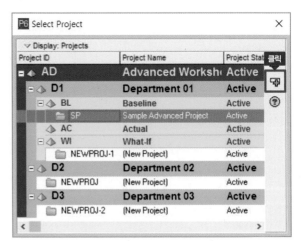

TiP

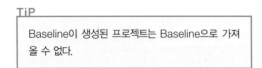
Baseline이 생성된 프로젝트는 Baseline으로 가져올 수 없다.

▲ [그림6-2-9-2] Baseline 생성

다음은 User Baseline에 대해 알아본다.

03_ Assign Baseline 실행 시 Project Baseline 아래에 User Baseline 항목이 있다. User Baseline은 Primary, Secondary, Tertiary 3개까지 할당이 가능하며 해당 항목을 클릭하여 Baseline을 할당할 수 있다.

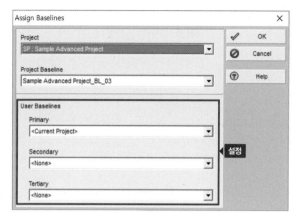

▲ [그림6-2-9-3] User Baseline Assign

04_ Primary를 클릭하면 Primary Baseline을 할당할 수 있다.

TiP

이후 설명은 Primary Baseline을 기준으로 하며 Secondary, Tertiary도 동일한 방법으로 설정이 가능하다.

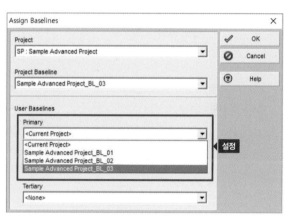

▲ [그림6-2-9-4] Primary Baseline Assign

05_ Primary Baseline 할당 후 Bar Chart에서 Primary Baseline을 확인하기 위해서 Bar Chart에서 마우스 오른쪽을 클릭하여 [Bars]를 선택한다.

▲ [그림6-2-9-5] Bars 열기

06_ [Bars] 창이 나타나면 현재 기본 설정되어 있는 Bar의 목록을 확인할 수 있다.

▲ [그림6-2-9-6] Bars 목록

07_ 오른쪽에 [Add] 버튼을 클릭하여 새로운 Bar 목록을 추가한다.

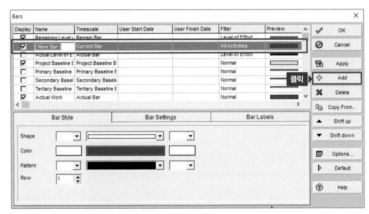

▲ [그림6-2-9-7] Bars 추가

08_ 'Display에 체크된 것을 확인하고 Name을 설정한다(예시 Name : Primary BL).

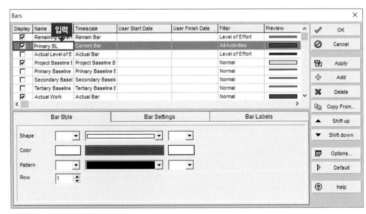

▲ [그림6-2-9-8] Bars Name 설정

09_ Timescale을 클릭하면 해당 Bar에 표현할 Data를 선택할 수 있으며, 목록 중에 해당 'Primary Baseline Bar'를 선택한다.

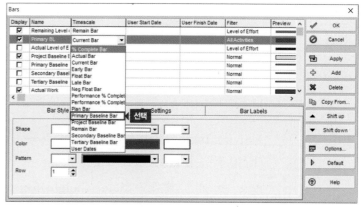

▲ [그림6-2-9-9] Bars Data 설정

10_ 해당 Bar를 선택하고 하단의 [Bar Style] 탭에서 Bar 모양, 색, Pattern을 설정할 수 있으며, Preview에서 해당 Bar Style을 미리 확인할 수 있다.

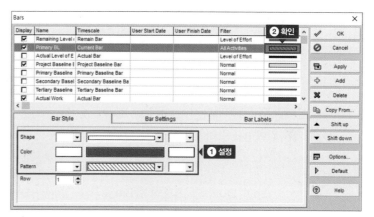

▲ [그림6-2-9-10] Bars Style 설정

11_ Row는 Bar Chart에 표시되는 Bar의 Row 위치로서 최대 3Row까지 설정할 수 있다.

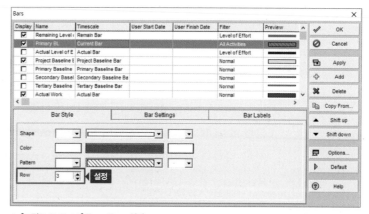

▲ [그림6-2-9-11] Bars Row 설정

12_ 설정이 완료된 후 오른쪽의 [OK] 버튼을 클릭하여 종료한다. Bar Chart에 Primary Baseline이 나타나는 것을 확인할 수 있다.

13_ Bar의 Row를 설정할 때 3Row의 경우 Bar Chart에서 보이지 않을 수 있다. 이는 Activity Table 및 Bar Chart에서 3Row Bar가 표현될 Height가 부족한 것으로 늘려주면 된다.

Activity Table에서 마우스 오른쪽 클릭 → [Table Font & Row] 선택 → 'Keep Current Row Heights' 해제 → 'Select height for all rows'에 27 입력 후 확인할 수 있다(Row Height는 사용자 임의로 설정 가능).

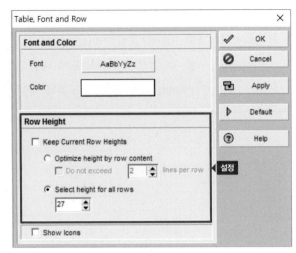
▲ [그림6-2-9-12] Table Font & Row 설정

14_ Row가 동일한 Bar의 경우에도 Bar Chart에서 보이지 않을 수 있다. 이는 동일한 Row의 Bar가 겹친 것이다.

이 경우 Bar 목록에서 Shift UP, Shift Down을 사용하여 Bar를 상대적으로 목록 아래에 위치시키면 우선 보이게 된다.

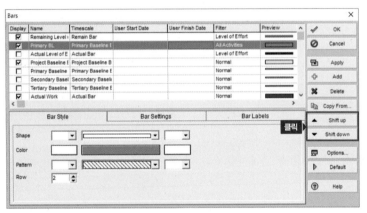
▲ [그림6-2-9-13] Shift UP, Shift Down 설정

15_ Activity Table에서도 Primary Baseline의 정보를 확인할 수 있다. 앞서 설명했듯이 Activity Table에서 마우스 오른쪽 클릭 후에 [Column]을 선택하면 [Column] 창이 나타나며 왼쪽 카테고리 내 Primary Baseline 관련 Column을 오른쪽으로 옮겨 확인할 수 있다.

Primary Baseline 관련 Column은 Column 명 앞에 'BL1'이라는 약자가 붙으므로 참고하도록 한다.

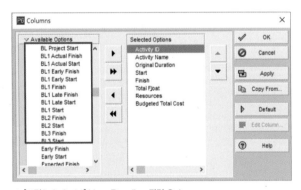
▲ [그림6-2-9-14] User Baseline 관련 Column

TiP

Secondary Baseline은 'BL2', Tertiary Baseline은 'BL3' 약자가 붙으며 'BL2', 'BL3'관련 Column은 제한적이므로 참고하도록 한다.

실습

Baseline Detail(User Baseline)

과제

▷ 다음과 같은 내용으로 일정 변경 후 Schedule([F9])을 실행하고 Baseline을 생성합니다.

- CO2065 Activity의 기간을 30d로 수정합니다.

- CO7000 Activity의 기간을 52d로 수정합니다.

- Schedule([F9])을 실행합니다.

- 현재 스케줄로 Baseline을 생성합니다.(Baseline Name : Sample Advanced Project_BL_04)

▷ 다음과 같이 Baseline을 적용합니다.

Project Baseline	Project_BL_04
Primary Baseline	Project_BL_03
Secondary Baseline	Project_BL_02

▲ [표6-2-9-1] User Baseline 실습

▷ 현재 일정과 Primary Baseline, Secondary Baseline을 Bar Chart에 나타내어 비교합니다.

▷ 현재 화면을 Layout으로 저장합니다.(Layout Name : Multi BL View)

결과

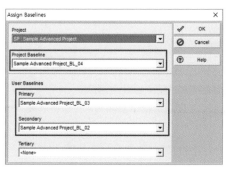

▲ [그림6-2-9-15] User Baseline 실습 결과(Baseline Assign)

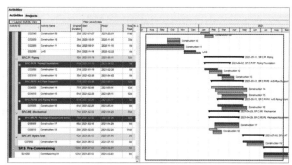

▲ [그림6-2-9-16] User Baseline 실습 결과(Baseline 비교)

10 Role & Resource 생성

Resource 중에는 특별한 기술을 보유하고 있거나 프로젝트에서 특정 역할을 부여받을 수 있다. 예를 들면 상급/중급/하급 기술자, 관리자, 특정 직업이 있으며, 그에 따라 생산성 및 단가도 달라질 수 있다. Primavera P6에서 Role은 엔지니어, 관리자, 연구원, 목수 등 특정 기술이나 직책을 의미하며, 실제 Activity에 투입되어 업무를 수행하는 것은 Resource이지만, 해당 Resource는 한 가지 또는 그 이상의 기술이나 직책을 부여받을 수 있다.

Role은 Labor, Nonlabor Resource에 할당하여 Role의 고유 단가와 최대 가용량을 설정할 수 있으며, 별도의 메뉴에서 Role을 정의한 후에 Resource 또는 Activity Resource Assignment에 할당하게 된다.

01_ Role을 생성하기 위하여 Menu Bar에서 [Enterprise] → [Role]을 선택한다.

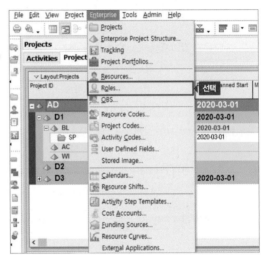

▲ [그림6-2-10-1] Role 창 열기

02_ Role 창이 나타나면 [Add] 버튼을 클릭하여 Role을 추가하고 Role의 창 하단에서 해당 Role의 속성을 설정한다.

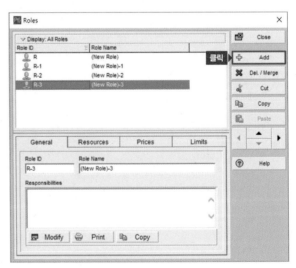

▲ [그림6-2-10-2] Role 창

03_ [General] 탭에서는 Role ID, Role Name을 설정하고 Responsibilities에서 해당 Role에 대한 역할, 직위 등 상세 설명을 입력한다.

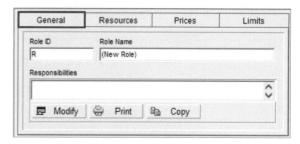

▲ [그림6-2-10-3] Role [General] 탭

04_ [Resource] 탭에서는 해당 Role을 부여 받는 Resource를 할당할 수 있다. 창 하단의 [Assign] 버튼을 클릭하면 해당 Role에 Resource가 할당되며 [Proficiency]에서 Role에 대한 숙련도를 설정할 수 있다.

[Proficiency]는 다섯 가지로 구분되며(1-Master, 2-Expert, 3-Skilled, 4-Proficient, 5-Inexperienced), 해당 Role이 Resource의 주요 Role인지 Primary Role의 체크로 구분할 수 있다.

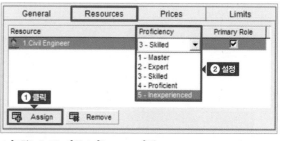

▲ [그림6-2-10-4] Role [Resources] 탭

05_ [Price] 탭에서는 해당 Role의 단가를 설정할 수 있다. Resource와 마찬가지로 단가를 5개까지 설정할 수 있으며, 이후 Activity에 Role 및 Resource를 할당하는 경우 Role과 Resource 단가 중에 적용할 단가를 선택할 수 있다.

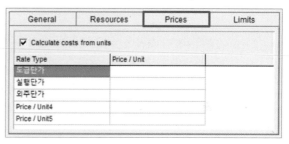

▲ [그림6-2-10-5] Role [Prices] 탭

06_ [Limits] 탭에서는 Role의 단위시간당 최대가용량을 설정할 수 있다. 이것은 Resource의 'Max units/Time'과 같은 의미이며, 이후 Activity에 Role 및 Resource를 할당하는 경우 Role과 Resource의 Max units/Time 중에 적용할 Max units/Time을 선택할 수 있다.

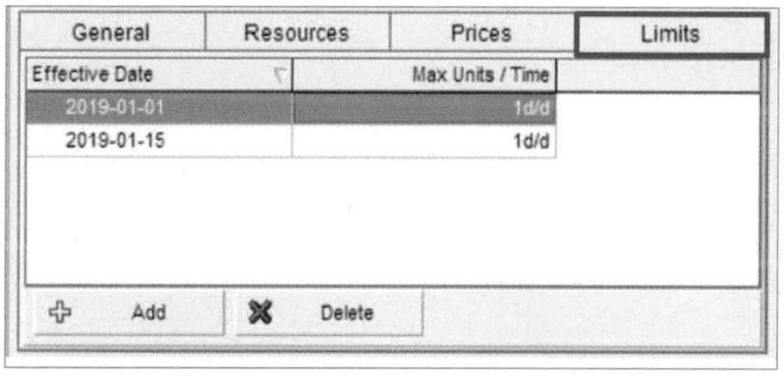

▲ [그림6-2-10-6] Role [Lmits] 탭

07_ 만일 Resource를 Role보다 늦게 생성했다면 Resource 화면에서 Resource에 Role을 할당할 수 있다. Resource Details 창의 Role 탭에서 [Assign] 버튼을 클릭하여 Role 추가 후 Proficiency 및 Primary Role 여부를 설정할 수 있다.

▲ [그림6-2-10-7] Resource Details의 [Roles] 탭

Role & Resource 생성

과제

▷ 아래와 같은 Role을 생성합니다.

Role ID	Role Name	Price/Unit	Max Units/Time
WD	Welder	$180/d	150d/d
CI	Civil	$150/d	25d/d
ST	Structure	$200/d	20d/d
ME	Mechanical	$150/d	60d/d
PR	Procurement	$100/d	8d/d
AS	Assistant	$120/d	150d/d

▲ [표6-2-10-1] Role 생성 실습

▷ 아래와 같이 Role에 Resource 를 적용합니다.

Role ID	Resource Name	Proficiency	Primary Role
WD	Welder	1 – Master	Yes
	Welder Assist	3 – Skilled	No
CI	Civil Engineer	1 – Master	Yes
	Procurement Service for Civil	3 – Skilled	No
	Civil Labor	3 – Skilled	No

ST	Structure Engineer	1 – Master	Yes
	Procurement Service for Structure	3 – Skilled	No
ME	Mechanical Labor	1 – Master	Yes
PR	Procurement Service for Civil	1 – Master	Yes
	Procurement Service for Structure	1 – Master	Yes
AS	Civil Labor	3 – Skilled	Yes
	Welder Assist	3 – Skilled	Yes

▲ [표6-2-10-2] Role & Resource 적용 실습

▷ 아래와 같은 Resource 를 생성합니다.

ID	Name	Type	Calendar	Max Unit/Time	Price/Unit
MM	Mechanical Material	Material	Default	60EA/d	$130/EA
WM	Welding Machine	Non Labor	Default	180d/d	$80/d

▲ [표6-2-10-3] Resource 생성 실습

결과

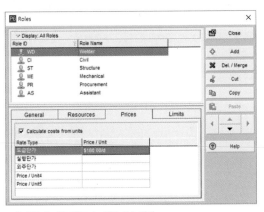

▲ [그림6-2-10-8] Role 생성 실습 결과

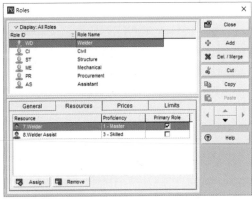

▲ [그림6-2-10-9] Role & Resource 적용 실습 결과

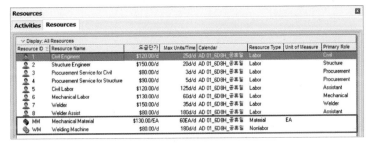

▲ [그림6-2-10-10] Resource 생성 실습 결과

프로젝트 계획 초기에 해당 Project 내에서 업무를 수행할 Resource에 요구되는 역할이나 능력은 명확하지만, 실제 투입될 Resource가 확정되지 않는 경우가 있다. 예를 들면 고급 능력의 Designer가 필요한 업무는 존재하지만, 실제로 어떤 인원을 투입할지 결정되지 않은 상황이 그러하다. 이러한 경우 Resource를 선정하기 전 Role을 투입하여 프로젝트 예산 및 투입 물량을 산정해 볼 수 있다.

또한 Activity에 Role을 우선 투입하면 Resource 할당 시 Resource 선택에 대한 기준 및 범위를 명확하게 할 수 있다.

01_ Activity에 Role을 할당하기 위하여 Activity Details 창의 [Resource] 탭을 선택한다.

02_ [Resource] 탭 하단의 [Add Role] 버튼을 클릭하면 Role 목록이 나타나며 해당 Role 선택 후 [Assign]을 클릭하여 Role을 할당한다. Role을 할당하면 관련 Resource는 할당되지 않고 해당 Role에 대한 물량 정보를 'Budgeted Units'에 입력할 수 있다. 이 경우 Role에 설정된 단가를 적용하여 Cost가 산정된다.

▲ [그림6-2-11-1] Role 할당

▲ [그림6-2-11-2] Role 할당 목록

▲ [그림6-2-11-3] Role 할당(Budgeted Unit)

03_ Role을 할당한 후에도 Basic Course에서 진행했던 것처럼 Usage Profile과 Usage Spreadsheet에서 Cost와 Unit의 현황을 확인 및 검토할 수 있다.

Activity Usage Profile과 Activity Usage Spreadsheet에서 현황 보기의 일반적인 설정은 Basic Course에서 설명한 것과 동일하며, Resource Usage Profile과 Resource Usage Spreadsheet 화면에서 Role 현황을 확인하려면 각 화면에서 왼쪽 Resource 목록의 Display Bar를 클릭 후 [Select View]−[By Role]을 선택한다.

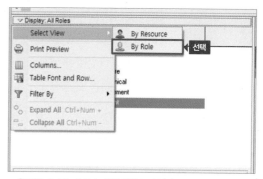

▲ [그림6-2-11-4] Role 할당 현황 보기 설정

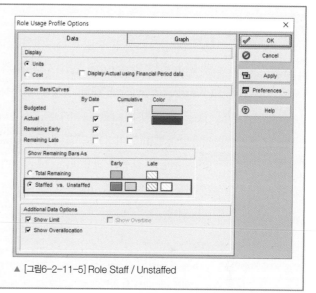
04_ Project에 가용한 Resource가 정의되었다면 Activity에 할당한 Role 정보를 기반으로 Activity에 Resource를 할당할 수 있다.

▲ [그림6-2-11-6] Assign by Role

05_ Role이 할당된 Activity를 선택하고 Activity Details 창의 Resource 탭에서 [Assign by Role]을 클릭한다. 해당 Activity에 할당된 Role에 속한 Resource 목록이 나타나며 Activity에 투입할 Resource를 선택하여 할당할 수 있다.

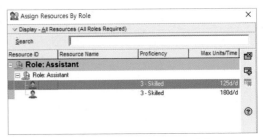

▲ [그림6-2-11-7] Assign by Role(Resource 선택)

06_ Resource를 할당하면 다음과 같은 메시지가 나타나는데, Activity에 투입된 Unit에 적용할 단가를 선택하는 것이며 'Yes' 선택 시 Resource의 단가를, 'No' 선택 시 Role의 단가가 적용되어 Cost가 계산된다.

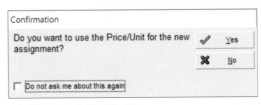

▲ [그림6-2-11-8] 단가 적용 선택

07_ 다음으로 다음과 같은 메시지가 나타나는데 해당 Role관련 Resource 투입 시 Unit의 투입량 및 Overtime Factor에 대한 설정을 선택하는 것이며, 'Yes' 선택 시 Resource의 Default Unit/Time을 적용받아 Unit양이 재할당되며 Overtime Factor도 Resource의 설정이 적용된다. 'No' 선택 시 Unit양은 변동 없으며 Overtime Factor도 Role의 설정이 적용된다.

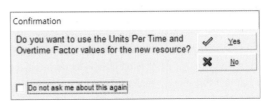

▲ [그림6-2-11-9] 투입량 적용 선택

TiP

Role을 이용한 Activity Resource 할당 시 단가 및 Units/Time 선택에 대한 메시지 화면의 보기 유무, Default로 선택할 단가 설정은 User Preference에서 설정할 수 있다.

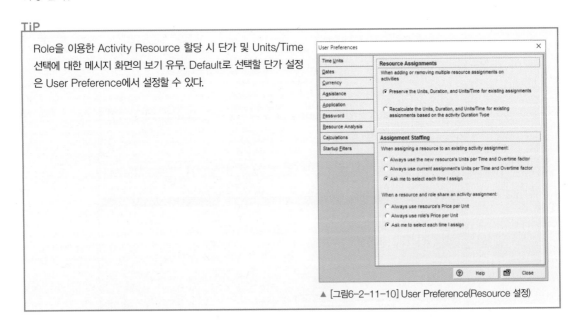

▲ [그림6-2-11-10] User Preference(Resource 설정)

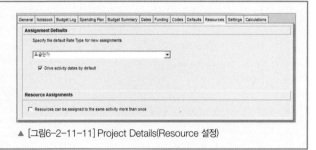
다음으로 Excel Import를 활용하여 Activity에 Resource를 할당하는 방법에 대해 알아본다.

08_ 앞서 설명한 Excel Export의 방법과 동일하게 Export 작업을 수행하되 다음과 같은 설정으로 진
행 한다.

09_ 'Export Type' 화면에서 'Resource
Assignments'를 선택한다.

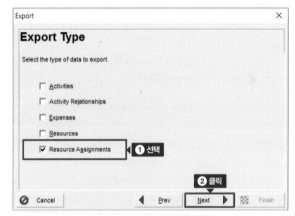

▲ [그림6-2-11-12] Excel Export(Export Type)

10_ 'Modify Template'에서 기본적으로 다
음과 같은 정보를 포함하여 Export한다.

– Activity ID, Activity Name, Resource ID,
  Resource Name, Budgeted Units
– Role을 할당할 경우 Role ID, Role Name 추가

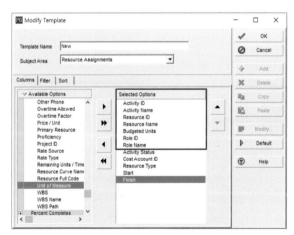

▲ [그림6-2-11-13] Excel Export(Modify Template)

11_ Export 한 Excel 파일을 열어 양식을 확인하고 각 셀에 Resource 할당 정보를 입력하여 작성한다.

A	B	C	D	E	F	G
task_id	task_task_name	rsrc_id	rsrc_rsrc_name	role_id	roles_role_name	target_qty
Activity ID	(*)Activity Name	Resource ID	(*)Resource Name	Role ID	(*)Role Name	Budgeted Units(d)

▲ [그림6-2-11-14] Excel Export(Excel 데이터 입력)

TiP

> Material Resource는 Excel Import로 Budgeted Unit 입력 시 Activity에 할당된 Calendar의 Hours/Time Periods의 설정에 영향을 받는다. 즉 1d가 8h로 설정된 달력의 경우 Excel에 입력한 Budgeted Unit의 8배로 Primavera P6에 입력되니 주의하도록 한다.

12_ Excel 작성이 완료되면 앞서 설명한 Excel Import의 방법과 동일하게 Import 작업을 수행하되 'Import Type' 화면에서 'Resource Assignment'에 체크하고 진행한다.

TiP

> Excel Export/Import 시 'Export Type' 또는 'Import Type'에 'Resource' 항목이 있는데, 이는 Resource나 Role의 목록 확인용이며 Resource나 Role은 Excel로 생성할 수 없다.

▲ [그림6-2-11-15] Excel Import(Import Type)

Role & Resource Assignment

과제

▷ Excel Export/Import를 활용하여 Activity에 다음의 Resource를 할당합니다.

Activity ID	Activity Name	Resource ID	Role ID	Resource Name	Budgeted Units(d)
Labor Resource					
EN1000	Engineering 01	1	CI	Civil Engineer	150
EN1010	Engineering 02	1	CI	Civil Engineer	150
EN1020	Engineering 03	1	CI	Civil Engineer	135
EN1030	Engineering 04	1	CI	Civil Engineer	135
EN1040	Engineering 05	2	ST	Structure Engineer	45
EN1050	Engineering 06	2	ST	Structure Engineer	45
EN1060	Engineering 07	1	CI	Civil Engineer	45
EN2000	Engineering 08	1	CI	Civil Engineer	210
EN2010	Engineering 09	1	CI	Civil Engineer	140
EN2020	Engineering 10	1	CI	Civil Engineer	300
EN2030	Engineering 11	1	CI	Civil Engineer	200
EN2040	Engineering 12	1	CI	Civil Engineer	120
EN2050	Engineering 13	1	CI	Civil Engineer	105
EN2060	Engineering 14	1	CI	Civil Engineer	120
EN3000	Engineering 15	1	CI	Civil Engineer	10
EN3010	Engineering 16	1	CI	Civil Engineer	20
EN3020	Engineering 17	2	ST	Structure Engineer	10
EN3030	Engineering 18	2	ST	Structure Engineer	20
EN3040	Engineering 19	2	ST	Structure Engineer	10
EN3050	Engineering 20	2	ST	Structure Engineer	20
PR1000	Procurement 01	3	PR	Procurement Service for Civil	9
PR1010	Procurement 02	3	PR	Procurement Service for Civil	4
PR1020	Procurement 03	3	PR	Procurement Service for Civil	12
PR1030	Procurement 04	3	PR	Procurement Service for Civil	45
PR1040	Procurement 05	3	PR	Procurement Service for Civil	5
PR2000	Procurement 06	4	PR	Procurement Service for Structure	20
PR2010	Procurement 07	4	PR	Procurement Service for Structure	5
PR2020	Procurement 08	4	PR	Procurement Service for Structure	20

PR2030	Procurement 09	4	PR	Procurement Service for Structure	5
CO1000	Construction 01	5	AS	Civil Labor	1800
CO1010	Construction 02	5	AS	Civil Labor	2250
CO1020	Construction 03	5	AS	Civil Labor	1350
CO1030	Construction 04	5	AS	Civil Labor	1800
CO2000	Construction 05	5	AS	Civil Labor	2000
CO2010	Construction 06	5	AS	Civil Labor	2400
CO2020	Construction 07	5	AS	Civil Labor	1350
CO2030	Construction 08	5	AS	Civil Labor	600
CO2040	Construction 09	5	AS	Civil Labor	600
CO2050	Construction 10	5	AS	Civil Labor	1350
CO2060	Construction 11	5	AS	Civil Labor	3125
CO6000	Construction 17	6	ME	Mechanical Labor	360
CO6010	Construction 18	6	ME	Mechanical Labor	160
CO3000	Construction 12	7	WD	Welder	800
CO3010	Construction 13	7	WD	Welder	1200
CO5000	Construction 16	7	WD	Welder	1400
CO4000	Construction 14	7	WD	Welder	900
CO4010	Construction 15	7	WD	Welder	1500
CO3010	Construction 13	8	AS	Welder Assist	600
CO4010	Construction 15	8	AS	Welder Assist	900
CO4000	Construction 14	8	AS	Welder Assist	1200
CO7000	Construction 19	7	WD	Welder	1800
Non Labor Resource					
CO3000	Construction 12	WM	-	Welding Machine	600
CO3010	Construction 13	WM	-	Welding Machine	600
CO4000	Construction 14	WM	-	Welding Machine	900
CO4010	Construction 15	WM	-	Welding Machine	1200
Material Resource					
CO6000	Construction 17	MM	-	Mechanical Material	360EA
CO6010	Construction 18	MM	-	Mechanical Material	160EA

▲ [표6-2-11-1] Resource Assignment 실습

▷ 아래와 같이 Activity에 Role을 할당합니다.

Activity ID	Role ID	Budgeted Unit
EN2040	AS	60d
CO5000	AS	700d

▲ [표6-2-11-2] Role Assignment 실습

▷ Activity에 할당 된 Role 중 해당하는 Resource를 다음과 같이 할당합니다.

Activity ID	Resource Name	Price/Unit	Unit/Time
EN2040	Civil Labor	Resource Data	Role Data
CO5000	Welder Assist	Resource Data	Role Data

▲ [표6-2-11-3] Role & Resource Assignment 실습

▷ Material Resource가 할당된 Activity를 식별하고 Budgeted Unit값을 확인하여 필요시 수정합니다.

결과

Activity ID	Activity Name	Original Duration	Budgeted Labor Cost	Budgeted Nonlabor Cost	Budgeted Material Cost	Budgeted Total Cost
SP Sample Advanced Project		533d	$3,975,600.00	$264,000.00	$67,600.00	$4,307,200.00
SP.M Milestone		510d	$0.00	$0.00	$0.00	$0.00
SP.E Engineering		188d	$250,500.00	$0.00	$0.00	$250,500.00
WS1000	ENGINEERING	188d	$0.00	$0.00	$0.00	$0.00
SP.E.CI Civil, Architecture& Structure		188d	$250,500.00	$0.00	$0.00	$250,500.00
SP.E.CI.SP Specification		143d	$87,300.00	$0.00	$0.00	$87,300.00
SP.E.CI.DR Drawings		120d	$150,600.00	$0.00	$0.00	$150,600.00
SP.E.CI.EP Engineering for Procurer		170d	$12,600.00	$0.00	$0.00	$12,600.00
SP.P Procurement		145d	$10,500.00	$0.00	$0.00	$10,500.00
WS1010	PROCUREMENT	145d	$0.00	$0.00	$0.00	$0.00
SP.P.CI Civil, Architecture& Structure		145d	$10,500.00	$0.00	$0.00	$10,500.00
SP.P.CI.PS Procurement Service		145d	$10,500.00	$0.00	$0.00	$10,500.00
SP.P.CI.PS.PL Pile		59d	$6,000.00	$0.00	$0.00	$6,000.00
SP.P.CI.PS.SS Stell Structure		35d	$4,500.00	$0.00	$0.00	$4,500.00
SP.C Construction		412d	$3,714,600.00	$264,000.00	$67,600.00	$4,046,200.00
WS1020	CONSTRUCTION	5d	$0.00	$0.00	$0.00	$0.00
SP.C.CI Civil		185d	$2,235,000.00	$0.00	$0.00	$2,235,000.00
SP.C.CI.PL Piling		90d	$864,000.00	$0.00	$0.00	$864,000.00
SP.C.CI.FO Foundation		150d	$1,371,000.00	$0.00	$0.00	$1,371,000.00
SP.C.PI Piping		92d	$1,142,000.00	$264,000.00	$0.00	$1,406,000.00
SP.C.PI.PF Piping Foundation		61d	$348,000.00	$96,000.00	$0.00	$444,000.00
SP.C.PI.PS A/G Pipe Support		77d	$528,000.00	$168,000.00	$0.00	$696,000.00
SP.C.PI.PW A/G Piping Work		61d	$266,000.00	$0.00	$0.00	$266,000.00
SP.C.ME Mechanical		74d	$67,600.00	$0.00	$67,600.00	$135,200.00
SP.C.ME.PE Packaged Equipment In		74d	$67,600.00	$0.00	$67,600.00	$135,200.00
SP.C.HT Hydro-Test		52d	$270,000.00	$0.00	$0.00	$270,000.00
SP.S Pre-Commissining		121d	$0.00	$0.00	$0.00	$0.00

▲ [그림6-2-11-16] Role & Resource Assignment 실습 결과

본 장에서는 Primavera P6에서 Resource에 대한 상세 정보 및 설정에 대해 Resource Details 창을 기준으로 알아본다.

01_ [General] 탭은 Resource의 기본 정보에 대해 입력 및 설정할 수 있다.

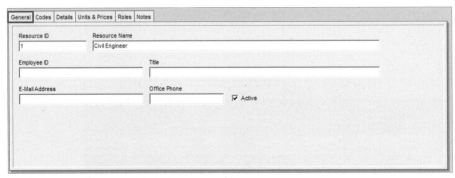

▲ [그림6-2-12-1] Resource Details의 [General] 탭

- Resource ID : Resource ID를 확인하거나 수정할 수 있다.

- Resource Name : Resource의 이름을 확인하거나 수정할 수 있다.

- Employee ID : Employee ID를 입력할 수 있다.

- Title : Resource의 직책 또는 담당 업무를 입력할 수 있다.

- E-Mail Address : Resource의 E-mail 정보를 입력할 수 있다.

- Office Phone : Resource의 연락 가능한 전화번호를 입력할 수 있다.

02_ [Code] 탭은 Resource Code를 할당할 수 있다. Resource Code는 Resource의 속성을 구분해 주는 정보이며 생성, 할당, 활용은 Activity에서의 Activity Code와 동일하다.

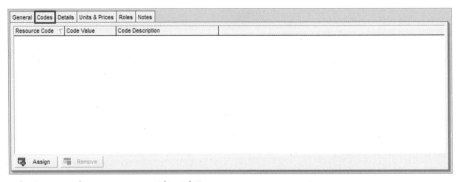

▲ [그림6-2-12-2] Resource Details의 [Code] 탭

03_ [Details] 탭은 Resource Type(labor, Nonlabor, Material)을 포함한 Resource의 상세 정보를 설정할 수 있다.

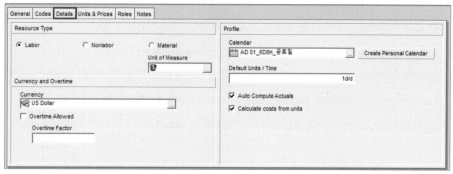

▲ [그림6-2-12-3] Resource Details의 [Details] 탭

- Resource Type : Resource Type을 Labor(인력), Nonlabor(기계/장비), Material(자재)로 구분하여 설정할 수 있다.
- Unit of Measure : Resource Type이 Material일 경우 Material의 단위를 설정할 수 있다. Unit of Measure 는 Menu Bar의 [Admin]-[Admin Categories]의 Units of Measure에서 생성할 수 있다.
- Currency : Resource 단가에 적용할 통화 단위를 설정할 수 있다.
- Overtime Allowed : 기본 투입 시간을 초과하여 투입 가능 여부를 설정할 수 있다.
- Overtime Factor : 초과 투입의 경우, 비용에 대한 초과 비율을 설정할 수 있다.
- Calendar : Resource에게 적용시킬 Calendar를 설정할 수 있다.
- Default Units/Time : 단위 시간당 기본 투입 양을 설정할 수 있다.
- Auto Compute Actual : Apply Actual, Update Progress를 실행 시 자동으로 Resource 계획량을 실적으로 반영할 것인지를 설정하는 Option이다.
- Calculate cost from units : Activity에 신규 Resource를 투입할 경우, Resource의 Cost 계산을 Unit양을 기준으로 하여 계산할 것인지를 설정하는 Option이다.

04_ [Units&Prices] 탭은 Resource의 단위시간당 최대 투입량과 Resource 단가를 설정할 수 있다.

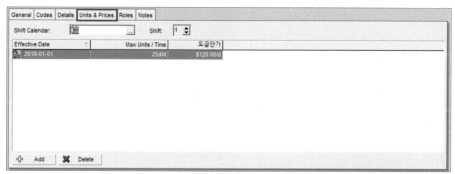

▲ [그림6-2-12-4] Resource Details의 [Units&Prices] 탭

- Effective Date : Resource의 단가 및 최대 투입량이 적용되기 시작하는 날짜로 단가 및 최대 투입량 변경 시 그 시점을 추가로 설정할 수 있다.
- Price/Unit : Resource의 Unit당 단가를 설정할 수 있으며 단가의 대표 이름은 Admin Preference에서 설정할 수 있다. Primavera P6에서는 최대 다섯 개까지 단가 종류를 설정할 수 있다.
- Max Units/Time : 단위 시간당 최대 투입 가능한 양을 설정할 수 있다.
- Shift Calendar : Resource가 일일 교대 작업을 하는 경우(2교대, 3교대 등) Shift Calendar를 적용하며, Shift Calendar는 Menu Bar의 [Enterprise] - [Resource Shifts]에서 설정할 수 있다.
- Shift : Shift Calendar에서 설정된 각 Shift에 대하여 Max Units/Time과 Price/Unit을 지정할 수 있다.

05_ [Role] 탭은 해당 Resource의 Role 정보를 할당할 수 있다.

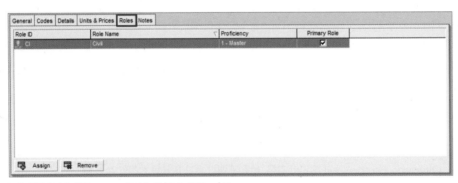

▲ [그림6-2-12-5] Resource Details의 [Units&Prices] 탭

- Role ID : Resource에 할당된 Role의 ID를 확인할 수 있다.
- Role Name : Resource에 할당된 Role의 Name을 확인할 수 있다.
- Proficiency : 할당된 Role에 대한 숙련도를 5단계 중에서 설정할 수 있다.
- Primary Role : Resource에 두 가지 이상의 Role이 지정되었을 경우, 어떤 Role이 주 업무인지 설정할 수 있다.

06_ [Note] 탭은 Resource의 추가적인 설명 및 정보를 메모장처럼 입력할 수 있다.

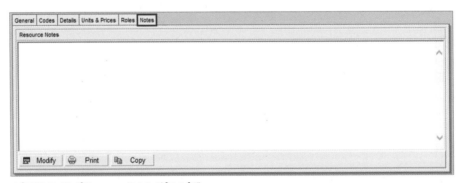

▲ [그림6-2-12-6] Resource Details의 [Note] 탭

Resource Calendar

프로젝트 내에서 업무 특성에 따라 그에 맞는 Resource를 투입하여 Activity에 산정된 기간 내에 완료하는 것이 일반적이다. 하지만, 업무 수행상 특정 Resource의 유용성이 중요한 비중을 차지하는 업무는 해당 Activity의 공기 산정이나 일정계산이 Resource의 유용성에 의존적일 수 있다.

일반적으로 Activity에 할당된 Activity Calendar에 의해 Scheduling 되지만, 이러한 경우 Resource Calendar에 의해 Scheduling되도록 설정할 수 있다.

01_ 우선 Resource에 Calendar를 할당하기 위해 Resource Details 창의 [Details] 탭으로 이동한다.

02_ 'Calendar'에서 해당 Resource에 할당할 Calendar를 입력한다.

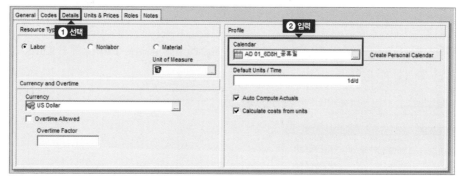

▲ [그림6-2-13-1] Resource Details의 [Details] 탭

03_ Resource Calendar 할당 전 Menu Bar의 [Enterprise]-[Calendar]에서 우선 Calendar를 생성하는 것이 일반적이지만, [Create Personal Calendar]를 클릭하여 새로운 Calendar를 바로 생성할 수도 있다.

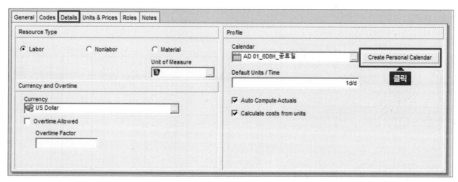

▲ [그림6-2-13-2] Create Personal Calendar

04_ 이 경우 Resource ID 및 Resource Name으로 Calendar가 생성 및 할당되며, Menu Bar의 [Enterprise]-[Calendar]에서 Resource Calendar 목록에서 생성된 것을 확인할 수 있다.

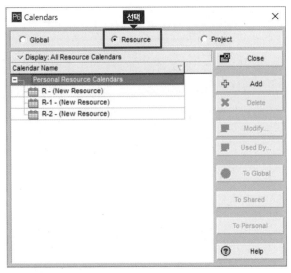

▲ [그림6-2-13-3] Resource Calendar 생성

05_ Resource에 별도 할당된 Calendar는 Resource Usage Profile에서 Limit 값에도 반영이 되는 것을 확인할 수 있다.

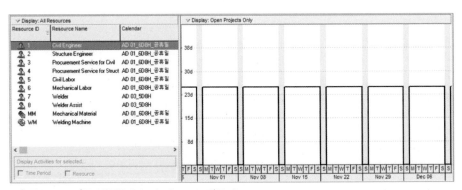

▲ [그림6-2-13-4] 주 6일 근무 Calendar Resource의 Limit

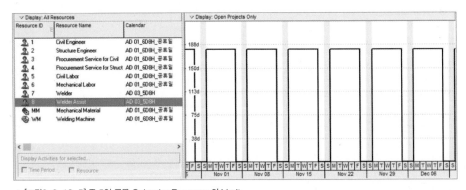

▲ [그림6-2-13-5] 주 5일 근무 Calendar Resource의 Limit

TiP

Resource의 Calendar를 Activity 일정 계산에 반영하려면 Activity Type을 Resource Dependent로 설정해야 한다.

실습

Resource Calendar

과제

▷ 아래의 Resource의 Calendar를 'AD 03_5D8H'로 변경합니다.

- 'Welder' Resource
- 'Welder Assist' Resource

▷ Schedule(F9)을 실행하고 결과를 확인합니다.

▷ 일정에 영향을 받은 Activity를 식별합니다.

▷ 현재 스케줄로 BL 생성 후 Project Baseline에 적용합니다.

- Baseline Name : Sample Advanced Project_BL_05

결과

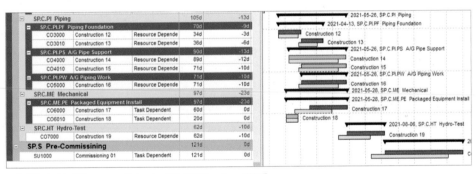

▲ [그림6-2-13-6] Resource Calendar 실습 결과(Baseline 생성 전)

프로젝트에 투입되는 Cost는 Labor Cost, Non-Labor Cost, Material Cost, Expense 등이 있다. 이렇게 투입된 Cost에 각 계정 Code를 할당하면 전체 Cost에 대한 계정별 현황을 확인할 수 있다. Primavera P6에서는 Activity에 투입된 각 비용에 대해 Code와 같은 역할을 하는 Cost Account를 활용하여 Grouping, Filtering, Reporting 등으로 비용에 대한 비용 계정별 현황을 확인할 수 있다. 또한 조직의 원가분류체계 및 회계체계 등을 Cost Account에 적용하여 사용할 수도 있다.

01_ Cost Account를 생성하기 위하여 Menu Bar 에서 [Enterprise]-[Cost Accounts]를 선택한다.

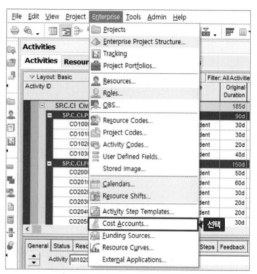

▲ [그림6-2-14-1] Cost Account 열기

02_ 오른쪽의 [Add] 버튼을 클릭하여 Cost Account의 계정 코드를 추가하고 Cost Account ID, Cost Account Name, Cost Account Description을 입력한다. Cost Account도 계층구조가 가능하므로 화면 오른쪽의 화살표 버튼으로 계정 코드의 계층구조를 설정한다.

Cost Account는 Labor Cost, Non-Labor Cost, Material Cost, Expense Cost에 할당할 수 있으며, 방법은 Activity Details 창, Resource Usage Spreadsheet 창, Resource Assignment 화면에서 할당할 수 있다.

▲ [그림6-2-14-2] Cost Account 작성

03_ Activity Detail 창에서의 작업은 해당 Activity를 기준으로 할당된 Resource 또는 Expense별로 Cost Account를 할당할 수 있다. Activity Details 창의 [Resource] 탭에서 'Cost Account' Column 을 더블 클릭한다.

▲ [그림6-2-14-3] Cost Account 할당(Activity Details)

Cost Account Column이 보이지 않는다면 [Resource] 탭 하단에서 마우스 오른쪽 클릭 → [Customize Resource Columns]를 선택하여 [General] 탭의 [Cost Account] Column이 보이도록 설정한다.

04_ 'Cost Account' Column을 더블 클릭하여 Cost Account 목록이 나타나면 적용할 계정 코드를 선택 후 [Assign] 버튼을 클릭한다. Activity Detail 창의 [Expense] 탭에서도 동일하게 작업할 수 있다.

▲ [그림6-2-14-4] Cost Account 할당(Activity Details)

05_ Resource Usage Spreadsheet 창에서의 작업은 Resource를 기준으로 Resource가 할당된 Activity별로 Cost Account를 할당할 수 있다. Resource Usage Spreadsheet의 왼쪽 Activity 목록 화면에서 Cost Account 컬럼을 더블 클릭하여 계정 코드를 적용한다.

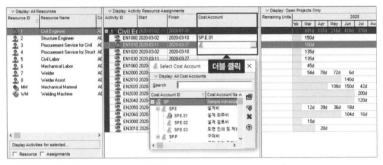

▲ [그림6-2-14-5] Cost Account 할당(Resource Usage Spreadsheet)

마찬가지로 Cost Account 컬럼이 보이지 않는다면 마우스 우 클릭→[Column]-[Customize]를 선택하여 [General] 탭의 [Cost Account] 컬럼이 보이도록 설정한다.

06_ Resource Assignment 화면에서 작업하려면 Menu Bar의 [Project]-[Resource Assignment]를 선택하거나 화면 왼쪽 Tool Bar의 [Resource Assignment] 아이콘을 클릭하여 Resource Assignment 화면으로 이동한다.

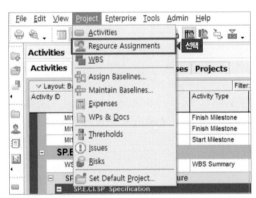

▲ [그림6-2-14-6] Resource Assignment 화면 이동

07_ 현재 Resource가 Activity에 할당된 목록을 확인할 수 있으며 Cost Account 컬럼을 더블 클릭하여 계정 코드를 할당할 수 있다.

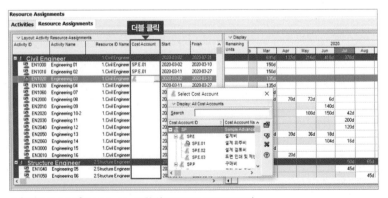

▲ [그림6-2-14-7] Cost Account 할당(Resource Assignment)

마찬가지로 Cost Account 컬럼이 보이지 않는다면 마우스 우 클릭 → [Column]–[Customize]를 선택하여 [General] 탭의 [Cost Account] 컬럼이 보이도록 설정한다.

08_ Cost Account 할당 완료 후 현황을 확인하기 위하여 Resource Assignments 화면으로 이동한다.(Menu Bar의 [Project]–[Resource Assignment])

09_ 기본적으로 Resource 별로 Grouping이 되어있는 것을 확인할 수 있으며 Cost Account별로 집계하기 위하여 마우스 우 클릭→[Group & Sort]를 선택한다. 'Group by'를 Cost Account로 선택하고 [OK] 버튼을 클릭한다. 현재 Resource Assignment 현황을 Cost 계정 코드별로 확인할 수 있다.

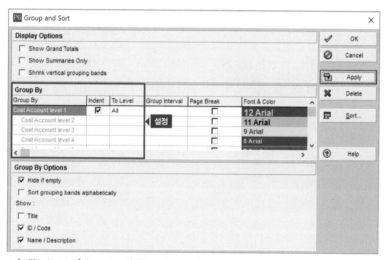

▲ [그림6-2-14-8] Grouping 설정(Cost Account)

TiP

Basic Course에서 설명했던 Primavera P6의 'Group & Sort', 'Filter' 기능으로 Resource Assignment 화면 외에 Activity Table, Usage Spreadsheet 화면에서도 Cost Account별로 집계 또는 Filtering하여 현황을 분석할 수 있다.

Cost Account

▷ 아래의 계층 구조로 Cost Account를 작성합니다.

Cost Account ID	Cost Account Name
SP	Sample Advanced Project
SP.E	설계비
SP.E.01	설계 외주비
SP.E.02	설계 검토비
SP.E.03	도면 인쇄 및 제반 비용
SP.P	구매비
SP.P.01	구매 입찰 진행비
SP.P.02	설비 구매비
SP.P.03	기타 제반비
SP.C	시공비
SP.C.01	노무비
SP.C.02	자재비
SP.C.03	장비비
SP.C.04	기타 제반비
SP.M	관리 지원비
SP.M.01	교육비
SP.M.02	현장 복지비

▲ [표6-2-14-1] Cost Account 실습(Cost Account 작성)

▷ 아래 표대로 Cost Account를 할당합니다. (Excel Import 가능)

Activity ID	Resource Name	Cost Account
EN1000	Civil Engineer	SP.E.01
EN1010	Civil Engineer	SP.E.01
EN1020	Civil Engineer	SP.E.01
EN1030	Civil Engineer	SP.E.01
EN1040	Structure Engineer	SP.E.01
EN1050	Structure Engineer	SP.E.01
EN1060	Civil Engineer	SP.E.01
EN2000	Civil Engineer	SP.E.01

EN2010	Civil Engineer	SP.E.01
EN2020	Civil Engineer	SP.E.01
EN2030	Civil Engineer	SP.E.01
EN2040	Civil Engineer	SP.E.01
EN2040	Civil Labor	SP.E.01
EN2050	Civil Engineer	SP.E.01
EN2060	Civil Engineer	SP.E.01
EN3000	Civil Engineer	SP.E.01
EN3010	Civil Engineer	SP.E.01
EN3020	Structure Engineer	SP.E.01
EN3030	Structure Engineer	SP.E.01
EN3040	Structure Engineer	SP.E.01
EN3050	Structure Engineer	SP.E.01
PR1000	Procurement Service for Civil	SP.P.01
PR1010	Procurement Service for Civil	SP.P.01
PR1020	Procurement Service for Civil	SP.P.02
PR1030	Procurement Service for Civil	SP.P.02
PR1040	Procurement Service for Civil	SP.P.02
PR2000	Procurement Service for Structure	SP.P.01
PR2010	Procurement Service for Structure	SP.P.01
PR2020	Procurement Service for Structure	SP.P.01
PR2030	Procurement Service for Structure	SP.P.01
CO1000	Civil Labor	SP.C.01
CO1010	Civil Labor	SP.C.01
CO1020	Civil Labor	SP.C.01
CO1030	Civil Labor	SP.C.01
CO2000	Civil Labor	SP.C.01
CO2010	Civil Labor	SP.C.01
CO2020	Civil Labor	SP.C.01
CO2030	Civil Labor	SP.C.01
CO2040	Civil Labor	SP.C.01
CO2050	Civil Labor	SP.C.01
CO2060	Civil Labor	SP.C.01
CO3000	Welder	SP.C.01
CO3000	Welding Machine	SP.C.03
CO3010	Welder	SP.C.01
CO3010	Welder Assist	SP.C.01
CO3010	Welding Machine	SP.C.03

CO4000	Welder	SP.C.01
CO4000	Welder Assist	SP.C.01
CO4000	Welding Machine	SP.C.03
CO4010	Welder	SP.C.01
CO4010	Welder Assist	SP.C.01
CO4010	Welding Machine	SP.C.03
CO5000	Welder	SP.C.01
CO5000	Welder Assist	SP.C.01
CO6000	Mechanical Labor	SP.C.01
CO6000	Mechanical Material	SP.C.02
CO6010	Mechanical Labor	SP.C.01
CO6010	Mechanical Material	SP.C.02
CO7000	Welder	SP.C.01

▲ [표6-2-14-2] Cost Account 실습(Cost Account 할당)

▷ Resource Assignment 화면에서 Cost Account별 비용 집계를 확인합니다

결과

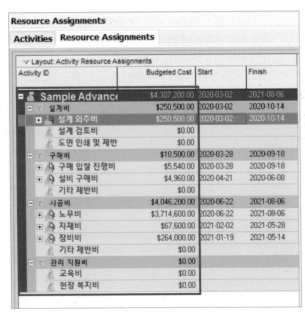

▲ [그림6-2-14-9] Cost Account 실습 결과

15 Tracking

하나의 프로젝트에서는 Activity의 상세 현황 및 Project 내 WBS 간의 현황을 비교 분석하지만, 여러 프로젝트를 관리할 경우 프로젝트 간, 또는 프로그램이나 포트폴리오 안에서 현황을 비교 분석할 필요가 있다.

Primavera P6의 Tracking 기능은 다양한 Tracking Layout을 활용하여 EPS, Project, WBS의 Level에서 Time, Cost, Resource, Earned Value 등의 정보를 분석할 수 있다.

01_ Tracking 화면으로 이동하기 위하여 Menu Bar의 [Enterprise]−[Tracking]을 선택한다.

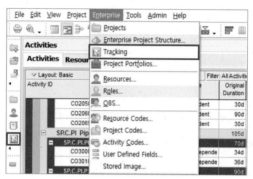

▲ [그림6-2-15-1] Tracking 열기

02_ Tracking의 기본 화면은 다음과 같으며 왼쪽 테이블에서 EPS, Project, WBS를 선택하면 우측에서 선택된 레벨의 Duration, Units, Cost 등 정보를 확인할 수 있다.

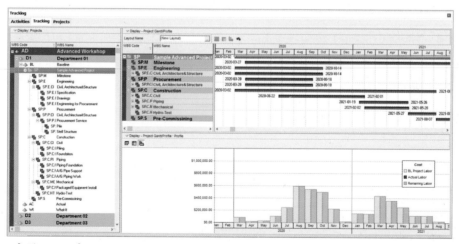

▲ [그림6-2-15-2] Tracking 기본 화면

> **TiP**
>
> Open한 Project에 대해서는 Data 정보들이 하위 레벨까지 Display가 가능하지만, Close된 Project에 대해서는 Summary 정보를 확인할 수 있다.

03_ 새로운 Layout을 설정하기 위하여 [Display Option] - [Layout] - [New]를 선택한다. 새로 추가할 Layout Name을 설정하고 Display Type을 선택한다.

Display Type은 4가지 중에 선택할 수 있으며 Layout별 Name을 설정할 수 있다.

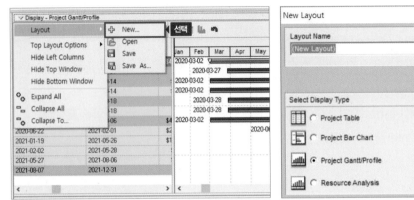

▲ [그림6-2-15-3] Layout 추가   ▲ [그림6-2-15-4] Tracking Display Type

Display Type	화면 구성
Project Table	Project Data를 테이블의 형태로 구성
Project Bar Chart	Project 정보를 Bar 형태로 구성
Project Gantt/Profile	상단의 Gantt chart와 하단에 Spreadsheet나 Histogram으로 구성
Resource analysis	상단의 Gantt/Spreadsheet/Profile과 하단에 Resource를 기준으로 한 Spreadsheet나 Histogram으로 구성

▲ [표6-2-15-1] Tracking Display Type

04_ Display Type을 'Project Table' Type을 선택하고 오른쪽의 [OK] 버튼을 클릭하면 Column을 선택할 수 있는 창이 나타나며 원하는 Column을 오른쪽으로 이동하여 Layout을 생성한다.

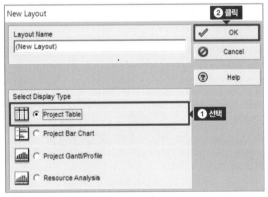 

▲ [그림6-2-15-5] 'Project Table' Type 생성   ▲ [그림6-2-15-6] 'Project Table' Type Column 설정

왼쪽에서 선택한 EPS, Project, WBS별로 오른쪽에서 Table 형태로 현황을 확인할 수 있다.

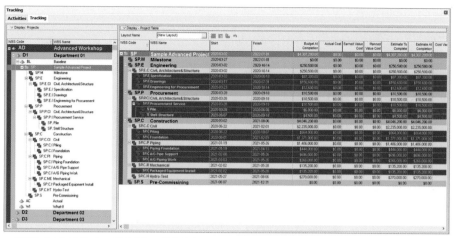

▲ [그림6-2-15-7] 'Project Table' Type 화면 예시

05_ Display Type에서 'Project Bar Chart' Type을 선택하고 오른쪽의 [OK] 버튼을 클릭하면 Bar에 대한 설정을 하도록 나타난다.

'Display'에서 Data를 표시할 기준을 선택하고 Field에서 표시할 데이터를 선택한다. Display는 Cost/Earned Value/Earned Value Labor Units/Total Activities/Units 중에서 선택이 가능하며 Field는 3개까지 선택하여 Bar에 나타낼 수 있다. Show Stacked를 체크하면 쌓아 올린 그래프로 표현이 가능하다.

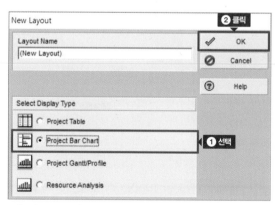

▲ [그림6-2-15-8] 'Project Bar Chart' Type 생성

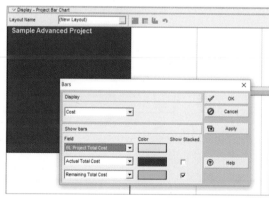

▲ [그림6-2-15-9] 'Project Bar Chart' Type Field 설정

Bar Cahrt 영역에서 마우스 우 클릭 후에 [Group and Sort By]-[EPS/WBS]를 선택하면 WBS 레벨까지 Bar Chart를 확인할 수 있다.

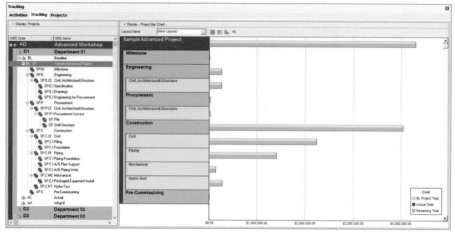

▲ [그림6-2-15-10] 'Project Bar Chart' Type 화면 예시

06_ Display Type에서 'Project Gantt/Profile' Type을 선택하고 오른쪽의 [OK] 버튼을 클릭하면 Bar를 설정할 수 있는 창이 나타나며 설정은 앞서 진행했던 Bar 설정과 동일하다. 원하는 Bar의 데이터 및 Style을 설정하여 Layout을 생성한다.

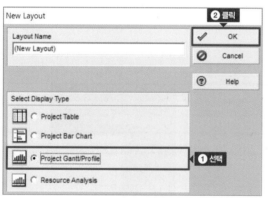

▲ [그림6-2-15-11] 'Project Gantt/Profile' Type 생성   ▲ [그림6-2-15-12] 'Project Gantt/Profile' Type Bar 설정

Layout 설정이 완료되면 화면 우측 하단에서는 Project Profile로 그래프를 확인할 수 있다. Profile뿐만 아니라 Spreadsheet까지 전환하여 확인이 가능하다. 또한, Layout Name 우측에 화살표 모양의 Reset Forecast Date 기능이 활성화된다.

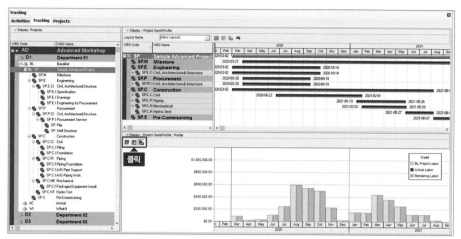

▲ [그림6-2-15-13] 'Project Gantt/Profile' Type 화면 예시

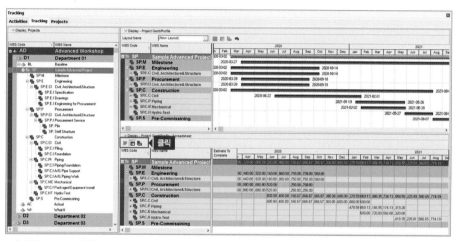

▲ [그림6-2-15-14] 'Project Gantt/Profile' Type 화면 예시

07_ Display Type에서 'Resource analysis' Type을 선택하고 오른쪽의 [OK] 버튼을 클릭하면 Project Gantt/Profile과 같이 Bar를 설정할 수 있는 창이 나타난다.

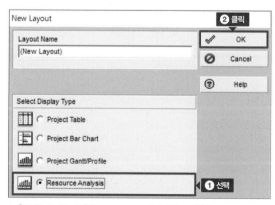

▲ [그림6-2-15-15] 'Resource analysis' Type 생성

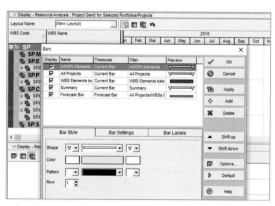

▲ [그림6-2-15-16] 'Resource analysis' Type Bar 설정

Resource Analysis Layout은 Gantt/Spreadsheet/Resource Profile별로 Resource를 Tracking할 수 있는 것으로, 화면 우측 상단에서 Gantt/Spreadsheet/Resource Profile별로 Resource를 Tracking을 하면서 화면 우측 하단에서는 각각 Resource별로 Spreadsheet/Resource Profile을 병행해서 표현이 가능하다.

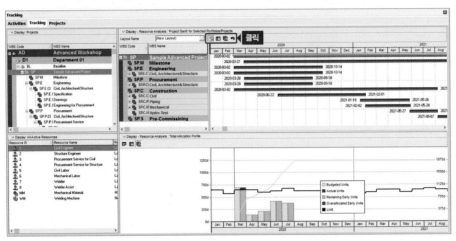

▲ [그림6-2-15-17] 'Resource analysis' Type 화면 예시

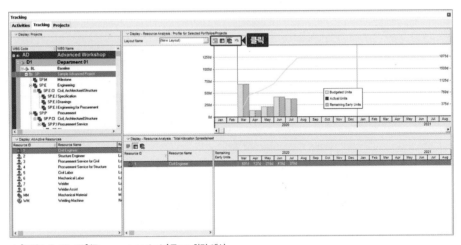

▲ [그림6-2-15-18] 'Resource analysis' Type 화면 예시

Tracking

과제

▷ 아래의 설정으로 Layout을 생성하여 각 화면별로 비교, 분석합니다.

▷ Select Display Type : Project Table
- Layout Name : Project Table_Sample
- Columns : Default
- WBS별 Data 확인

▷ Select Display Type : Project Bar Chart
- Layout Name : Project Bar Chart_Sample
- Display : Cost
- Field : BL Project Total Cost, Actual Total Cost, Remaining Total Cost
- Group & Sort : EPS/WBS

▷ Select Display Type : Project Gantt/Profile
- Layout Name : Project Gantt/Profile_Sample
- Bars : Default
- Group & Sort : EPS/WBS
- WBS별, Spreadsheet, Profile Data 확인

▷ Select Display Type : Resource Analysis
- Layout Name : Resource Analysis_Sample
- Bars : Default
- Group & Sort : EPS/WBS
- WBS별, Resource별 Spreadsheet, Profile Data 확인

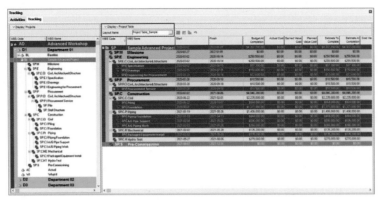

▲ [그림6-2-15-19] Tracking 실습 결과(Project Table_Sample)

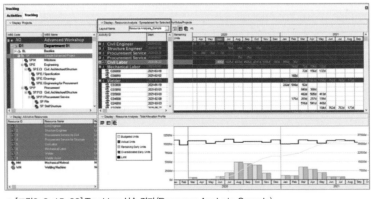

▲ [그림6-2-15-20] Tracking 실습 결과
(Project Bar Chart_Sample)

▲ [그림6-2-15-21] Tracking 실습 결과(Project Gantt/Profile_Sample)

▲ [그림6-2-15-22] Tracking 실습 결과(Resource Analysis_Sample)

16 Level Resource

앞페이지 Basic Course에서 Resource 할당 후 Resource의 단위시간당 최대 가용량(Max Units/Time)에 따라 특정 기간에 Resource가 초과할당(Over Allocation)되는지 검토하였다. 초과 할당 중에 하나는 동일한 Resource가 여러 작업에 중복 투입됐을 수 있다. 이는 동일한 능력의 대체 Resource를 보유하지 않은 이상 계획 일정을 소화할 수 없다. 이러한 경우 업무에 대한 우선순위를 검토하여 Resource를 우선 투입하여 일정을 조정해야 한다.

Primavera P6에서는 이러한 Resource 초과할당에 대해 최대 가용량(Max unit/Time)을 초과하지 않도록 leveling 작업과 설정한 조건에 따라 자동적으로 Activity Schedule을 변경할 수 있고, Leveling option에 따라 level 되는 우선순위를 설정할 수 있는 기능을 제공한다.

이러한 작업은 Level Resource라고 하며, 동일한 Resource를 가지고 있는 Project의 Activity 충돌을 예방 관리할 수 있으며 원활한 Resource 운영 및 업무 수행을 가능하게 한다.

Primavera P6의 Level Resource는 간단히 다음과 같이 설명할 수 있다.

B업무와 C업무에 동일한 홍길동이라는 Resource가 할당되고 다음과 같이 Scheduling 되었다고 가정한다. 홍길동은 하루 최대 투입 가능한 시간이 8시간이며 Activity들 또한 하루 8시간 근무 기준이다. 이 경우 동일한 Resource가 중복 투입되어 있으므로 현 일정상으로는 정상적인 업무 수행이 불가할 것이다.

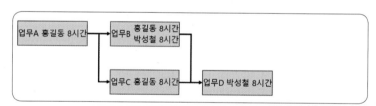

▲ [그림6-2-16-1] Resource Leveling 전

업무 우선순위상 B가 C보다 우선이라면 홍길동이라는 Resource에 대해 Level Resource 기능을 실행하면 다음과 같은 결과를 얻을 수 있다.

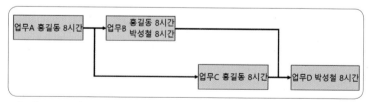

▲ [그림6-2-16-2] Resource Leveling 후

TiP

Level Resource 기능 실행 후 Schedule(F9)을 실행하면 원래 일정대로 재계산되어진다. 즉 Level Resource 기능은 현재 Resource 가용 상태 및 설정에 따라 최적의 일정 수정 방안을 제시해 주는 것이며, 사용자는 이것을 참고하여 일정 수정 및 Resource 할당 조정을 해야 한다.

01_ Level Resource 기능을 실행하기 위하여 Menu Bar의 [Tools]-[Level Resource]를 선택하거나 'Level Resource' 아이콘을 클릭한다.

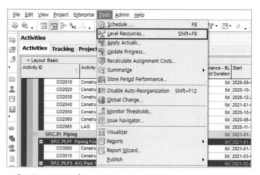

▲ [그림6-2-16-3] Level Resource 열기

02_ Level Resource 창이 나타나며 각 설정은 다음과 같다.

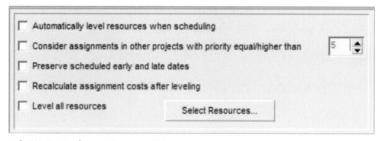

▲ [그림6-2-16-4] Level Resource 설정

- Automatically level resource when scheduling

  : Scheduling(F9) 실행 시 자동으로 Leveling을 진행한다.

- Consider assignments in other projects with priority equal/higher than

  : Closed된 프로젝트 중 일정 순위 이상의 Priority가 설정된 프로젝트의 Resource 할당을 고려하여 수행한다. Priority는 1이 가장 높은 순위이다. (1~100까지 설정 가능)

- Preserve scheduled early and late dates

  : Leveling 진행 시 Early/Late date를 유지한다. 체크 해제 시 Early/Late date는 Leveling의 결과로 재계산되며, Total Float도 Leveled date로부터 재계산 된다.

- Recalculate assignment costs after leveling

  : 기간에 따라 Resource의 단가(price/unit)가 다를 경우 Leveling된 Activity의 date에 대해 해당 기간의 단가가 적용된다.

- Level all resources

  : Leveling 진행 시 모든 Resource에 대하여 Leveling을 진행한다. 체크 해제 시 해당 Resource를 선택하여 Leveling을 진행할 수 있다.

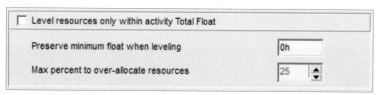

▲ [그림6-2-16-5] Level Resource 설정

– Leveling 후 프로젝트가 지연되어 Late Finish Date와 충돌이 일어날 경우 그에 대한 Option을 설정할 수 있다.

– Preserve minimum float when leveling : 최소로 유지할 Total Float 값을 지정할 수 있다.

– Max percent to over-allocate resources : 초과 할당량에 대한 %를 설정할 수 있다.

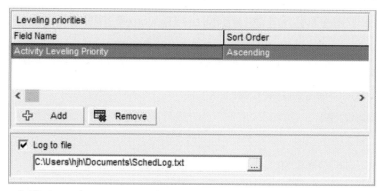

▲ [그림6-2-16-6] Level Resource 설정

– Leveling priorities

: Leveling이 진행하는 동안 Project 및 Activity 간의 충돌을 예방하기 위하여 Leveling에 대한 우선순위를 설정할 수 있다. Add를 클릭하여 Priority 생성 → Field Name을 더블 클릭하여 Priority 선택 → Sort Order에서 해당 Priority에 대하여 오름차순/내림차순을 설정한다.

– Log to file

: Leveling 진행 후 Schedule Log 파일에 Leveling 진행 결과를 기록하여 확인할 수 있다.

03_ 설정이 완료되면 오른쪽의 [Level] 버튼을 클릭하여 Leveling을 실행한다.

04_ Leveling된 결과를 확인하고 일정 수정이 필요한 Activity를 검토한다. 이때 Baseline을 생성하면 현재 Leveling 결과로 수정된 일정을 Baseline으로 저장할 수 있으며, Schedule(F9) 실행 후 해당 Baseline과 비교하여 일정 수정에 참고할 수 있다.

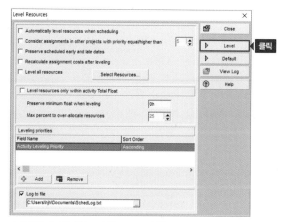

▲ [그림6-2-16-7] Level Resource 실행

Level Resource

▷ 'Welder' Resource의 Max Units/Time을 35d/d로 변경 또는 확인합니다.

▷ Level Resource의 기본 설정에 다음과 같이 설정하여 Level Resource를 실행합니다.

▷ Level Resource 1.

- Preserve scheduled early and late dates 선택
- Level all resource 선택
- Level 실행
- 현재 상태로 Baseline 생성 후 'SP_Level Resource_R1' 이름 설정
- Schedule(F9) 실행

▷ Level Resource 2.

- Preserve scheduled early and late dates 선택
- Level all resource 선택
- Level resources only within activity Total Float 선택 후 Float : 10d, Max Percent : 0으로 설정
- Level 실행
- 현재 상태로 Baseline 생성 후 'SP_Level Resource_R2' 이름 설정
- Schedule(F9) 실행

▷ 각 Baseline을 프로젝트에 적용하여 현재 스케줄과 비교합니다.

결과

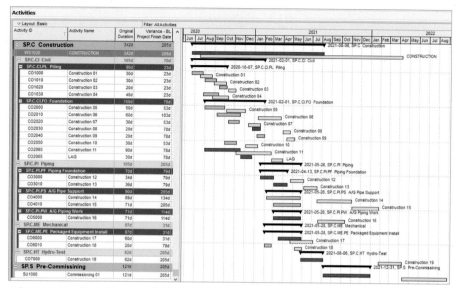

▲ [그림6-2-16-8] Level Resource 실습 결과(SP_Level Resource_R1 Construction WBS 비교)

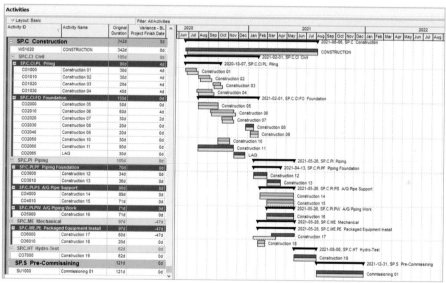

▲ [그림6-2-16-9] Level Resource 실습 결과(SP_Level Resource_R2 Construction WBS 비교)

프로젝트를 수행하는 수많은 작업들 중에서 정해진 기간 내에 총 물량을 수행해야 하는 경우 해당 기간에 업무를 완료하려면 하루에 얼마만큼의 자원을 투입해야 하는지 추정해야 할 것이다. 반대로 하루에 투입 가능한 자원의 양이 정해져 있다면 해당 단위시간당 투입량으로 전체 물량을 수행하려면 얼마만큼의 기간이 필요한지 추정해야 할 수도 있다.

이와 같이 업무 특성상 Activity의 기간, 총 물량, 단위시간당 투입량 중 우선 제약되는 요소가 달라질 수 있는데, 이 경우 Primavera P6에서는 Duration Type 기능을 활용할 수 있다.

Duration, Unit, Units/Time은 기본적으로 'Unit' / 'Duration' = 'Unit/Time'의 상관관계가 있으며 각 요소들 중 어느 것이 우선 고정되는지, 즉 해당 Activity가 준수해야 하는 제약사항이 어느 것인지에 따라 다음 4가지의 Duration Type이 구분된다.

- Fixed Duration & Units
- Fixed Duration & Units/Time
- Fixed Units
- Fixed Units/Time

01_ Primavera P6에서 Activity의 Duration Type은 Activity Details 창의 [General] 탭 또는 Activity Table의 'Duration Type' Column에서 선택할 수 있다.

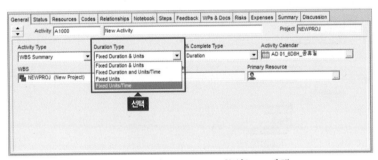

▲ [그림6-2-17-1] Duration Type 설정(Activity Details 창의 [General] 탭)

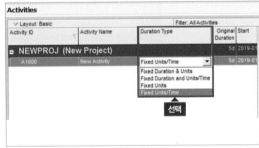

▲ [그림6-2-17-2] Duration Type 설정(Activity Table)

02_ 'Fixed Duration & Units' Type은 Activity의 일정요소에 제약이 있는 것으로 Duration과 총 Unit의 양이 우선 고정된다. 일반적으로 공기가 정해져 있고 총 물량이 정해져 있는 작업의 경우 본 Type을 적용한다. Duration이나 총 Unit의 양이 변경되면 Units/Time이 재계산되어 우선 변경되며, Units/Time이 변경되는 경우에는 Duration은 고정되고 총 Unit의 양이 변경된다.

Type	Constraint	Duration	Units/Time	Unit
Fixed Duration & Units	Schedule	Change	Result	Fix
		Fix	Change	Result
		Fix	Result	Change

▲ [표6-2-17-1] Fixed Duration & Units

03_ 'Fixed Duration & Units/Time' Type은 Activity의 일정요소에 제약이 있는 것으로 Duration과 Units/Time이 우선 고정된다. 일반적으로 공기가 정해져 있고 단위시간당 투입량이 정해져 있는 작업의 경우 본 Type을 적용한다. Duration이나 Units/Time이 변경되면 총 Unit의 양이 재계산되어 우선 변경되며, 총 Unit의 양이 변경되는 경우에는 Duration은 고정되고 Units/Time이 변경된다.

Type	Constraint	Duration	Units/Time	Unit
Fixed Duration & Units/Time	Schedule	Change	Fix	Change
		Fix	Change	Result
		Fix	Result	Change

▲ [표6-2-17-2] Fixed Duration & Units/Time

04_ 'Fixed Units' Type은 Activity에 투입되는 자원의 양이나 Cost에 제약이 있는 것으로 총 Unit의 양이 우선 고정된다. 일반적으로 인력이나 장비의 총투입량이 정해져 있는 작업의 경우 본 Type을 적용한다. Unit의 총량이 변경되면 Duration이 재계산되어 우선 변경되며, Duration 또는 Units/Time이 변경되는 경우에는 Unit의 총량은 고정되고 나머지 두 요소가 변경된다.

Type	Constraint	Duration	Units/Time	Unit
Fixed Units	Schedule	Change	Change	Fix
		Result	Change	Fix
		Result	Fix	Change

▲ [표6-2-17-3] Fixed Units

05_ 'Fixed Units/Time' Type은 Activity에 투입되는 단위시간당 투입 가능한 양(자원, Cost)에 제약이 있는 것으로 Units/Time이 우선 고정된다. 일반적으로 인력이나 장비의 단위시간당 투입량이 정해져 있는 작업의 경우 본 Type을 적용한다. Units/Time이 변경되면 Duration이 재계산되어 우선 변경되며, Duration 또는 Unit의 총량이 변경되는 경우에는 Units/Time은 고정되고 나머지 두 요소가 변경된다.

Type	Constraint	Duration	Units/Time	Unit
Fixed Units/Time	Schedule	Change	Fix	Change
		Result	Change	Fix
		Result	Fix	Change

▲ [표6-2-17-4] Fixed Units/Time

TiP

Primavera P6에서 기본 설정으로 Activity 생성 시 'Fixed Duration & Units'가 설정되며 Project Details의 [Default] 탭에서 기본값을 변경할 수 있다.

Duration Type

과제

▷ 다음과 같은 Resource를 생성합니다.

ID	Name	Type	Default Units/Time	Max Units/Time	Price/Unit	Calendar
MG	Management Cost	Labor	1.00d/d	1.00d/d	$2000/d	AD 02_7D8H

▲ [표6-2-17-5] Duration Type 실습

▷ 다음과 같이 수행합니다.

- 'LC1000' Activity에 'MG' Resource를 할당하고 Budgeted Unit을 자동 투입 값 유지
- 'LC1000' Activity의 Duration Type을 Fixed Unit/Time으로 설정
- 'LC1000' Activity의 Budgeted Unit과 Total Cost 확인
- 'CO2030' Activity의 Original Duration을 30d로 변경 후 Schedule(F9) 실행
- 'LC1000' Activity의 변경된 Budgeted Unit과 Total Cost 확인
- 'Recalculate Assignment Cost' 실행 후 Total Cost 확인

▷ 현재 스케줄로 Baseline을 생성하고 Project Baseline으로 설정합니다.

- Baseline Name : Sample Advanced Project_BL_06

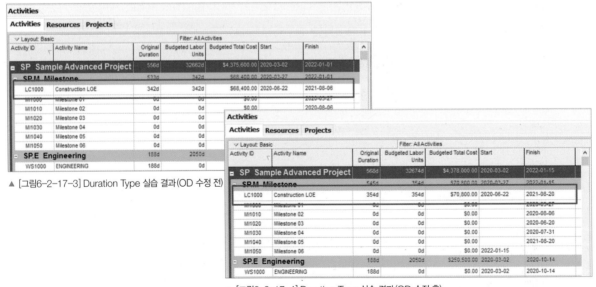

▲ [그림6-2-17-3] Duration Type 실습 결과(OD 수정 전)

▲ [그림6-2-17-4] Duration Type 실습 결과(OD 수정 후)

Activity Code(with Excel Import)

Basic Course에서 Activity Code를 활용하여 다양한 관점으로 Activity를 집계, 분류, 필터링을 해보았으며, 이것은 사용자 또는 조직의 관리 관점에 따라 Activity Code를 활용하여 프로젝트 현황을 모니터링할 수 있다는 의미이다.

본 장에서는 Excel Import를 활용하여 Activity에 Activity Code를 할당하는 방법에 대해 알아본다.

01_ 앞서 설명한 Excel Export의 방법과 동일하게 Export 작업을 수행하되 다음과 같은 설정으로 진행한다.

02_ 'Export Type' 화면에서 'Activity'를 선택한다.

> **TiP**
>
> Activity Code는 Activity의 일반적인 정보이므로 'Export Type'에서 'Activity'를 선택하는 것이다. 이 외에 Activity Status, Calendar, Primary Constraint, Constraint date 등의 정보도 Activity 범주에서 Export 및 Import하여 데이터를 구축할 수 있다.

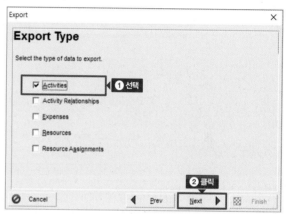

▲ [그림6-2-18-1] Excel Export(Export Type)

03_ 'Modify Template'에서 [Activity Code] 탭에 있는 Column을 포함하여 Export한다.

> **TiP**
>
> Activity Code Library는 Primavera P6에서 사전 정의한 후 Activity에 Activity Code 할당만 Excel로 Import할 수 있다.

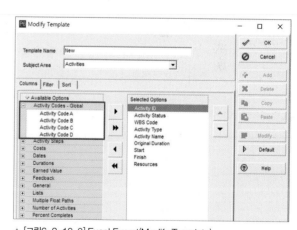

▲ [그림6-2-18-2] Excel Export(Modify Template)

04_ Export한 Excel 파일을 열어 양식을 확인하고 각 셀에 Activity Code 할당 정보를 입력하여 작성한다.

A	B	C	D	E	F
task_code	task_name	actv_code_activity_code_a_id	actv_code_activity_code_b_id	actv_code_activity_code_c_id	actv_code_activity_code_d_id
Activity ID	Activity Name	Activity Code A	Activity Code B	Activity Code C	Activity Code D

▲ [그림6-2-18-3] Excel 데이터 입력

Excel Export 시 해당 정보 이름에 (✳) 표시가 있는 정보는 Excel Import로 입력할 수 없다. 일반적으로 초보자가 헷갈리는 입력 불가 데이터에는 Activity Type, Start Date, Finish Date 등이 있다.

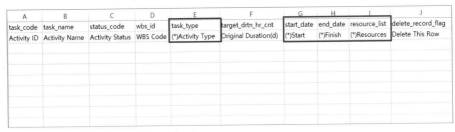

A	B	C	D	E	F	G	H	I	J
task_code	task_name	status_code	wbs_id	task_type	target_drtn_hr_cnt	start_date	end_date	resource_list	delete_record_flag
Activity ID	Activity Name	Activity Status	WBS Code	(✳)Activity Type	Original Duration(d)	(✳)Start	(✳)Finish	(✳)Resources	Delete This Row

▲ [그림6-2-18-4] Excel Import 불가 데이터 예시

> **TiP**
>
> Excel Import로 기존 Activity의 정보 입력 및 수정 시 WBS Code가 할당된 셀을 삭제하거나 입력하지 않으면 Import 시 WBS 정보가 삭제되므로 WBS Code가 사전 할당되었다면 WBS Code Column 및 셀은 항상 유지하도록 한다.

05_ Excel 작성이 완료되면 앞서 설명한 Excel Import의 방법과 동일하게 Import 작업을 수행하되 'Import Type' 화면에서 'Activity'에 체크하고 진행한다.

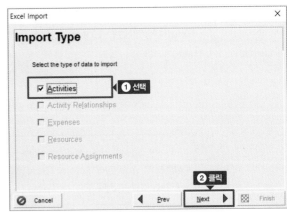

▲ [그림6-2-18-5] Excel Import(Import Type)

06_ Primavera P6의 Activity 화면에서 Activity Code가 추가 및 수정된 것을 확인한다.

Activity Code

과제

▷ Excel Export/Import를 활용하여 아래의 표대로 Activity에 Activity Code를 할당합니다.
(Primavera P6에서 직접 입력 가능)

Activity ID	Activity Name	Work Type	Sub Con.
MI1000	Milestone 01	M	A
MI1010	Milestone 02	M	A
MI1020	Milestone 03	M	A
MI1030	Milestone 04	M	A
MI1040	Milestone 05	M	A
MI1050	Milestone 06	M	F
EN1000	Engineering 01	E	D
EN1010	Engineering 02	E	D
EN1020	Engineering 03	E	D
EN1030	Engineering 04	E	D
EN1040	Engineering 05	E	D
EN1050	Engineering 06	E	D
EN1060	Engineering 07	E	D
EN2000	Engineering 08	E	D
EN2010	Engineering 09	E	D
EN2015	Engineering 10–1	E	D
EN2020	Engineering 10–2	E	D
EN2030	Engineering 11	E	D
EN2040	Engineering 12	E	D
EN2050	Engineering 13	E	D
EN2060	Engineering 14	E	D
EN3000	Engineering 15	E	D
EN3010	Engineering 16	E	D
EN3020	Engineering 17	E	D
EN3030	Engineering 18	E	D
EN3040	Engineering 19	E	D
EN3050	Engineering 20	E	D
PR1000	Procurement 01	P	C
PR1010	Procurement 02	P	C
PR1020	Procurement 03	P	C

PR1030	Procurement 04	P	C
PR1040	Procurement 05	P	C
PR2000	Procurement 06	P	C
PR2010	Procurement 07	P	C
PR2020	Procurement 08	P	C
PR2030	Procurement 09	P	C
CO1000	Construction 01	C	C
CO1010	Construction 02	C	C
CO1020	Construction 03	C	C
CO1030	Construction 04	C	C
CO2000	Construction 05	C	C
CO2010	Construction 06	C	C
CO2020	Construction 07	C	C
CO2030	Construction 08	C	C
CO2040	Construction 09	C	C
CO2050	Construction 10	C	C
CO2060	Construction 11	C	C
CO2065	LAG	C	C
CO3000	Construction 12	C	E
CO3010	Construction 13	C	E
CO4000	Construction 14	C	E
CO4010	Construction 15	C	E
CO5000	Construction 16	C	E
CO6000	Construction 17	C	A
CO6010	Construction 18	C	A
CO7000	Construction 19	C	A
LC1000	Construction LOE	M	A
SU1000	Commissioning 01	S	F

▲ [표6-2-18-1] Activity Code 실습

▷ Group & Sort 기능을 활용하여 다음의 기준으로 일정과 비용 정보를 확인합니다.

- Activity Code별
- 순서대로 Grand Total, Work Type별, Sub Con.별

▷ Filter 기능을 활용하여 다음의 Activity들의 일정과 비용 정보를 확인합니다.

- A 건설사 Activity
- C토건의 Activity 중 Construction Activity

결과

Activities						
∨ Layout: Basic				Filter: All Activities		
Activity ID	Activity Name	Work Type	Sub Con.	Original Duration	Start	Finish
SP Sample Advanced Project				568d	2020-03-02	2022-01-15
SP.M Milestone				545d	2020-03-27	2022-01-15
LC1000	Construction LOE	M	A	354d	2020-06-22	2021-08-20
MI1000	Milestone 01	M	A	0d		2020-03-27
MI1010	Milestone 02	M	A	0d		2020-08-06
MI1020	Milestone 03	M	A	0d		2020-06-20
MI1030	Milestone 04	M	A	0d		2020-07-31
MI1040	Milestone 05	M	A	0d		2021-08-20
MI1050	Milestone 06	M	F	0d	2022-01-15	
SP.E Engineering				188d	2020-03-02	2020-10-14
WS1000	ENGINEERING			188d	2020-03-02	2020-10-14
SP.E.CI Civil, Architecture& Structure				188d	2020-03-02	2020-10-14
SP.E.CI.SP Specification				143d	2020-03-02	2020-08-19
EN1000	Engineering 01	E	D	8d	2020-03-02	2020-03-10
EN1010	Engineering 02	E	D	15d	2020-03-11	2020-03-27
EN1020	Engineering 03	E	D	8d	2020-03-02	2020-03-10
EN1030	Engineering 04	E	D	15d	2020-03-11	2020-03-27
EN1040	Engineering 05	E	D	15d	2020-07-09	2020-07-25
EN1050	Engineering 06	E	D	15d	2020-08-01	2020-08-19
EN1060	Engineering 07	E	D	15d	2020-03-11	2020-03-21
SP.E.CI.DR Drawings				120d	2020-03-11	2020-07-31
EN2000	Engineering 08	E	D	70d	2020-03-11	2020-06-02
EN2010	Engineering 09	E	D	15d	2020-06-03	2020-06-20
EN2015	Engineering 10-1	E	D	50d	2020-03-11	2020-05-09
EN2020	Engineering 10-2	E	D	50d	2020-05-11	2020-07-08
EN2030	Engineering 11	E	D	20d	2020-07-09	2020-07-31
EN2040	Engineering 12	E	D	20d	2020-07-09	2020-07-31
EN2050	Engineering 13	E	D	70d	2020-03-23	2020-06-15
EN2060	Engineering 14	E	D	15d	2020-06-16	2020-07-02
SP.E.CI.EP Engineering for Procurement				170d	2020-03-23	2020-10-14
EN3000	Engineering 15	E	D	5d	2020-03-23	2020-03-27
EN3010	Engineering 16	E	D	10d	2020-04-09	2020-04-20
EN3020	Engineering 17	E	D	10d	2020-07-27	2020-08-06
EN3030	Engineering 18	E	D	20d	2020-08-26	2020-09-18
EN3040	Engineering 19	E	D	10d	2020-08-20	2020-08-31
EN3050	Engineering 20	E	D	20d	2020-09-19	2020-10-14
SP.P Procurement				145d	2020-03-28	2020-09-18
WS1010	PROCUREMENT			145d	2020-03-28	2020-09-18
SP.P.CI Civil, Architecture& Structure				145d	2020-03-28	2020-09-18
SP.P.CI.PS Procurement Service				145d	2020-03-28	2020-09-18
SP.P.CI.PS.PL Pile				59d	2020-03-28	2020-06-08
PR1000	Procurement 01	P	C	3d	2020-03-28	2020-03-31
PR1010	Procurement 02	P	C	7d	2020-04-01	2020-04-08
PR1020	Procurement 03	P	C	4d	2020-04-21	2020-04-24

▲ [그림6-2-18-6] Activity Code 실습 결과(Activity Code 할당 결과 일부)

Activities						
∨ Layout: Basic				Filter: All Activities		
Activity ID	Activity Name	Original Duration	Start	Finish	Budgeted Total Cost	Total Float
Total		568d	2020-03-02	2022-01-15	$4,378,000.00	0d
Milestone		545d	2020-03-27	2022-01-15	$70,800.00	0d
A 건설사		424d	2020-03-27	2021-08-20	$70,800.00	121d
F 중공업		0d	2022-01-15	2022-01-15	$0.00	0d
Engineering		188d	2020-03-02	2020-10-14	$255,500.00	30d
D 설계사		188d	2020-03-02	2020-10-14	$250,500.00	30d
Procurement		145d	2020-03-28	2020-09-18	$10,500.00	30d
C 토건		145d	2020-03-28	2020-09-18	$10,500.00	30d
Construction		354d	2020-06-22	2021-08-20	$4,046,200.00	0d
A 건설사		169d	2021-02-02	2021-08-20	$405,200.00	0d
C 토건		185d	2020-06-22	2021-02-01	$2,235,000.00	149d
E 배관주식회사		107d	2021-02-02	2021-06-09	$1,406,000.00	62d
Pre-Commissioning		121d	2021-08-21	2022-01-14	$0.00	0d
F 중공업		121d	2021-08-21	2022-01-14	$0.00	0d

▲ [그림6-2-18-7] Activity Code 실습 결과(Activity Code 활용 Grouping)

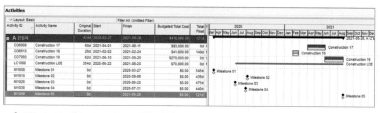

▲ [그림6-2-18-8] Activity Code 실습 결과(A건설사 Filtering)

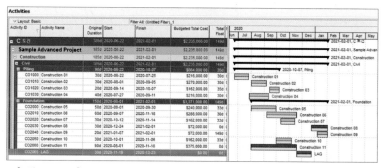

▲ [그림6-2-18-9] Activity Code 실습 결과(C토건의 Activity 중 Construction Activity Filtering)

Executing in P6 – Advanced

Executing 단계에서 계획된 업무를 수행하면서 조직 및 프로젝트 특성에 따라 다양한 형태로 실적 정보를 수집 및 기록할 수 있다. 정확한 수치 정보(실적 날짜 및 예상 날짜, 실적 수치 및 잔여 수치), 진척률(%), 상세 업무 단계별 달성률 등이 그러하다. Primavera P6에서는 다양한 실적 관리 기능(Manual, Auto, Excel, Step)으로 프로젝트 관리자로 하여금 상황에 맞는 효율적인 방법으로 실적 관리를 할 수 있도록 하였다. 본 Chapter에서는 여러 가지 상황을 고려하여 다양한 실적관리 방안에 대해 Primavera P6를 활용하여 수행하는 방법에 대해 알아보도록 한다.

1 Actual Update – Manual

Basic Course에서 Activity 일정에 대한 실적을 입력하는 방법에 대해 알아보았다. 또한 자원에 대한 실적은 별도의 입력 없이 일정 정보에 따라 자동 계산되게끔 설정하였다.

본 장에서는 일정과 자원 실적을 별개로 입력하고 해당 실적에 따른 진행률 정보를 조회하는 방법에 대해 알아보도록 한다. 또한 일정, 자원 실적과 상관없이 해당 업무의 성과에 대한 사용자 판단이나 이해관계자 간 협의에 따라 산정되는 Physical % 항목에 대해서도 알아보도록 한다.

Primavera P6에서 입력된 실적 정보로 산출되는 기본 진도율에는 Duration % Complete, Unit % Complete, Physical % Complete가 있으며 입력된 실적 Cost(Resource, Expense)로 조회 가능한 Cost % Complete가 있다.

01_ 일정과 자원 실적을 별개로 입력하기 위해서는 프로젝트 기본 계산 방식을 설정해야 하며, 이것은 Project Details 창의 [Calculation] 탭에서 설정 가능하다.

'Recalculate Actual Units and Cost when duration % complete changes'에 체크를 해제하도록 한다.

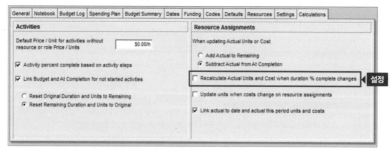

▲ [그림6-3-1-1] Project Details의 [Calculation] 탭

02_ Activity의 실적 입력은 일정 실적이 우선 되어야 한다. Activity의 일정 실적 입력은 Activity Details 창의 [Status] 탭에서 가능하며 자세한 사항은 Basic Course(Part 04 → Chapter 03 → 01. Actual Update(Duration %)를 참고하도록 한다.

03_ Activity Details 창의 [Status] 탭 Duration 영역에는 Original, Actual, Remaining, At Completion이 있으며, 각각의 의미와 Activity Status별 계산 방식은 아래와 같다.

Duration 종류	의미	계산 방식
Original Duration	계획 공기	계획 단계에서 사용자 입력 값 또는 Planned Finish Date - Planned Start Date
Actual Duration	실적 공기	Not-Started : 0 In-Progress : Data Date - Actual Start Date Completed : Actual Finish Date - Actual Start Date
Remaining Duration	잔여 공기	Not-Started : Original Duration과 동일 In-Progress : 사용자 입력 값 또는 Remaining Early Finish Date - Data Date Completed : 0
At Complete Duration	완료 공기	Not-Started : Original Duration과 동일 In-Progress : Actual Duration + Remaining Duration Completed : Actual Duration과 동일

▲ [표6-3-1-1] Duration 종류

TiP

In-Progress Activity의 Actual Duration은 실제 시작일을 입력하여 Data Date 재설정 후 Schedule([F9])을 재계산하면 자동으로 산출되는 값이다.

04_ 일정 실적이 입력되고 나면 자원에 대한 실적을 입력할 수 있다. 자원 실적은 Activity Details 창의 [Resource] 탭에서 Activity에 할당된 Resource별로 입력할 수 있다.

해당 Resource를 선택하고 Actual Unit과 Remaining Unit에 수량을 입력한다.

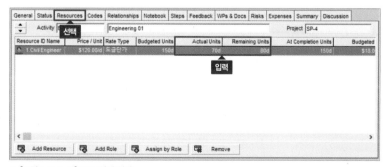

TiP

[Resource] 탭에서 Unit 관련 Column 보기는 마우스 우클릭 → [Customize Resource Column]을 선택하여 설정할 수 있다.

▲ [그림6-3-1-2] Unit 실적 입력

05_ 기본 설정으로는 계획 단계에서 입력된 Budgeted Unit을 At Completion Unit으로 반영하여 'Remaining Unit=At Completion Unit − Actual Unit'으로 Actual Unit 입력 시 Remaining Unit이 계산된다. 이때 Remaining Unit을 별도로 입력하면 'Actual Unit+Remaining Unit=At Completion Unit'으로 At Completion Unit이 재계산 되어진다.

06_ 일정과 자원에 대한 실적 입력이 완료되면 Schedule(F9)을 실행하여 일정을 재계산하여 결과를 확인한다. 이 경우 Schedule(F9) 실행 시 [Current Data Date]의 날짜를 실적반영의 기준날짜로 수정한 후에 실행하도록 한다.

실적 입력이 완료되면 해당 상태에 대한 진도율을 확인할 수 있다. 또한 해당 진도율을 확인하여 필요시 수정도 가능하다. 다음은 Activity Details 창에서 진도율을 확인 및 수정하는 방법에 대해 알아본다.

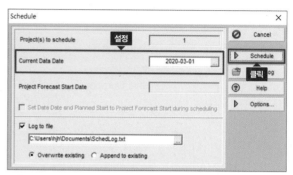

▲ [그림6-3-1-3] Data Date 변경 후 Schedule(F9) 재계산

07_ 먼저 일정에 대한 진도율은 'Duration % Complete'로 관리할 수 있으며, Duration % Complete를 확인하기 위하여 Activity Details 창의 [General] 탭으로 이동하여 '% Complete Type'을 'Duration'으로 설정한다.

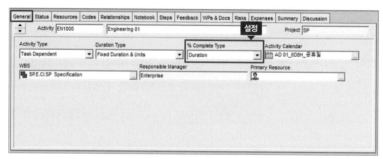

▲ [그림6-3-1-4] Duration % Complete 설정

08_ 이후 [Status] 탭의 'Status' 영역에서 Duration %를 확인할 수 있다.

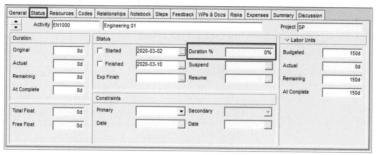

▲ [그림6-3-1-5] Duration % Complete 확인

09_ Duration % Complete는 아래와 같이 계산되며, 여기서 Duration % 수정 시 Remaining Duration이 재계산 되어진다.

"Duration % Complete = (Original Duration−Remaining Duration)/Original Duration×100"

10_ 자원에 대한 진도율은 'Unit % Complete'로 관리할 수 있으며, Unit % Complete를 확인하기 위하여 Activity Details 창의 [General] 탭으로 이동하여 '% Complete Type'을 'Unit'으로 설정한다.

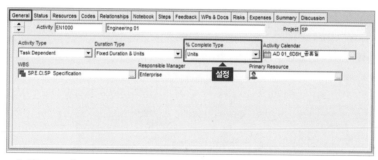

▲ [그림6-3-1-6] Unit % Complete 설정

11_ 이후 [Status] 탭의 'Status'영역에서 Unit %를 확인할 수 있다.

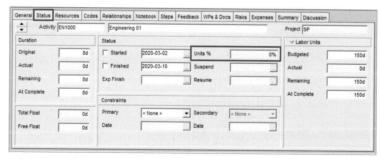

▲ [그림6-3-1-7] Unit % Complete 확인

12_ Unit % Complete는 아래와 같이 계산되며, 여기서 Unit % 수정 시 Actual Unit이 재계산 되어 진다.

"Unit % Complete = Actual Unit/At Completion Unit×100"

다음은 일정, 자원 실적과 상관없이 해당 업무의 성과에 따라 산정되는 Physical % 항목에 대해서 알아 본다.

13_ Activity에 Physical % Complete를 입력하기 위하여 Activity Details 창의 [General] 탭으로 이동하여 '% Complete Type'을 'Physical'로 설정한다.

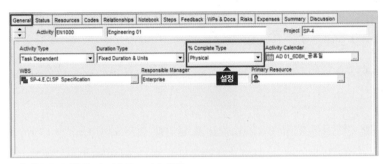

▲ [그림6-3-1-8] Physical % Complete 설정

14_ 이후 [Status] 탭의 'status' 영역에 Physical %가 적용된 것을 확인할 수 있으며 Activity에 대한 진행률을 직접 입력할 수 있다.

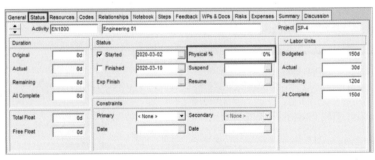

▲ [그림6-3-1-9] Physical % Complete 입력

15_ 'Physical % Complete'는 아래와 같이 계산되며 이것은 일정이나 자원, 비용 정보에 영향을 주진 않지만, 추후 진행할 EVMS 관점에서 활용할 수 있다.

"Physical % Complete = 사용자 판단 및 입력 or Activity Step"

TiP

Step은 Activity의 Performance를 단계별로 설정하여 진도율에 반영하는 것으로 별도 Chapter에서 알아보도록 한다.

16_ 비용에 대한 실적 정보는 'Cost % Complete'로 관리할 수 있으며 계산식은 다음과 같다

"Cost % Complete = Actual Cost/At Completion Cost×100"

17_ Cost % Complete는 별도로 %를 입력할 수 있는 정보는 아니며, Actual Unit이나 Expense 실적이 입력되어 계산된 Actual Cost 발생 시 자동으로 산정되는 진도율이다. 수치는 Activity Table의 Cos % Complete Column에서 확인할 수 있다.

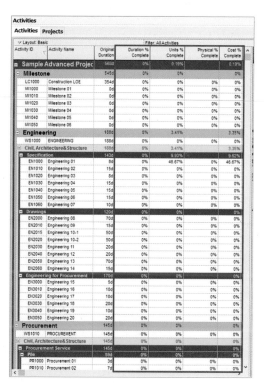

▲ [그림6-3-1-10] Cost % Complete 확인

18_ 앞서 알아본 % Complete는 전부 Activity Table에서 확인 및 수정 가능하다.

19_ Primavera P6에서 실적을 Update하는 방식은 수동입력, 자동입력, 수동+자동입력 방법이 있다. 수동입력 방식은 본 장에서 설명한 내용으로 Activity마다 실적 내용을 확인하여 입력하는 방법이며, 자동입력 방식은 계획 대비 실적이 동일하거나 빠르고 간편하게 입력해야 할 경우 사용된다. 자동으로 실적을 입력하더라도 Activity를 선별적으로 입력할 수 있으므로 수동+자동 입력방법을 사용할 수도 있다.

▲ [그림6-3-1-11] Activity % Complete 확인

Actual Update - Manual

▷ Project Baseline으로 'Sample Advanced Project_BL_06'을 적용합니다.

　('Sample Advanced Project_BL_06'는 Duration Type까지 실습 결과임)

▷ SP 프로젝트를 복사하여 Actual EPS에 위치시키고 다음과 같이 설정합니다.

　(Project Baseline 함께 복사)

　• Project ID : SP_AC01, Project Name : Sample Advanced Project_3월 실적

▷ SP_AC01 프로젝트를 Open하여 아래와 같이 실적을 입력합니다.

Activity ID	Actual Start	Actual Finish	Remaining Duration	Actual Unit	Remaining Unit
MI1000	–	2020-03-27	–	–	–
EN1000	2020-03-02	2020-03-12	–	180d	–
EN1010	2020-03-13	2020-03-24	–	150d	–
EN1020	2020-03-09	2020-03-14	–	100d	–
EN1030	2020-03-16	–	5d	105d	50d
EN1060	2020-03-16	2020-03-25		45d	–
EN2000	2020-03-18	–	60d	50d	180d
EN2015	2020-03-13		40d	–	
EN2050	2020-03-30	–	70d	12d	93d
EN3000	2020-03-23	2020-03-27	–	10d	–

▲ [표6-3-1-1] Actual Update-Manual 실습

▷ Data Date를 2020-04-01로 변경 후 Schedule(F9)을 실행합니다.

▷ Activity Table과 Bar Chart에 실적이 반영된 상태를 확인합니다.

결과

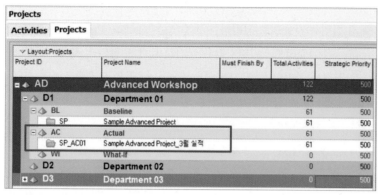

▲ [그림6-3-1-12] Actual Update-Manual 실습 결과(프로젝트 복사)

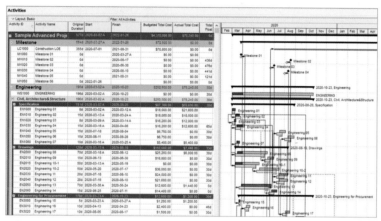

▲ [그림6-3-1-13] Actual Update-Manual 실습 결과

Primavera P6에서 실적을 자동으로 입력하는 방법으로 'Update Progress', 'Apply Actual' 기능이 있다. 'Update Progress'는 Data Date부터 원하는 기간 내에 포함된 Activity 전부 또는 특정 Activity만 선별하여 자동으로 실적을 입력할 수 있으며, 'Apply Actual'은 프로젝트별로 신규 Data Date를 설정하여 모든 Activity에 자동으로 실적을 입력할 수 있다.

01_ 실적 입력 시 'Update Progress' 기능을 실행하기 위하여 Menu Bar의 [Tools]−[Update Progress]를 선택한다.

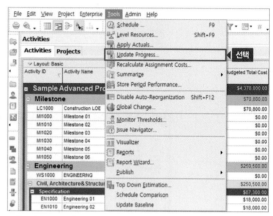

▲ [그림6-3-2-1] Update Progress 열기

02_ 'Update Progress' 창이 나타나면 실적을 입력할 New Data Date를 설정한다. New Data Date를 설정하면 Activity Table과 Bar Chart에 노란색으로 Spotlight가 표시된다.

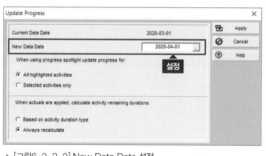

▲ [그림6-3-2-2] New Data Date 설정

TiP

Spotlight가 표시되면 현재 실적을 입력해야 하는 기간 내에 계획되어있는 Activity를 확인할 수 있다.

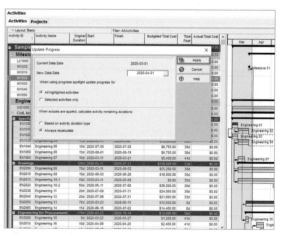

▲ [그림6-3-2-3] Spotlight 표시

03_ Spotlight에 포함된 모든 Activity에 실적을 입력하려면 'All highlighted activities'를 선택하고 오른쪽에 [Apply] 버튼을 클릭한다.

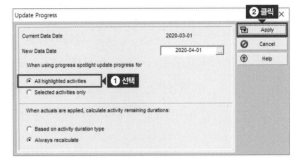

▲ [그림6-3-2-4] Update Progress 실행

04_ Spotlight에 포함된 모든 Activity가 아닌 특정 Activity에만 자동으로 실적을 입력하려면 02번 단계까지 실행을 한 후 'Update Progress' 창을 닫는다. 창을 닫아도 Spotlight는 표시가 되어있으며, 이때 자동 실적을 입력할 Activity를 키보드 CTRL 키를 사용하여 다중 선택한다.

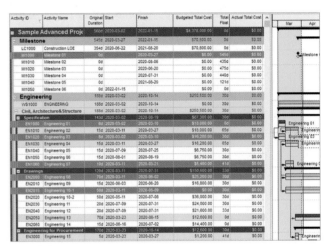

▲ [그림6-3-2-5] Spotlight Activity 선택

TiP

Spotlight 표시를 해제하려면 Menu Bar의 [View]-[Progress Spotlight]를 선택한다.

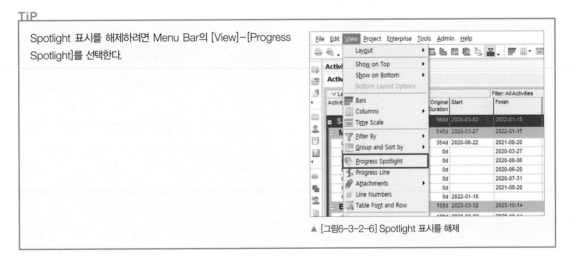

▲ [그림6-3-2-6] Spotlight 표시를 해제

05_ Activity 선택이 완료된 후 다시 Update Progress 가능을 실행시키고 'Selected activities only'를 선택하고 [Apply] 버튼을 클릭한다. 이후 자동 실적을 입력하지 않은 Activity는 개별적으로 입력하도록 한다.

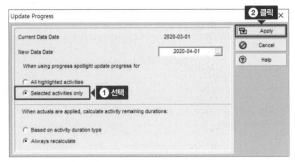

▲ [그림6-3-2-7] Update Progress 실행

06_ 'When actuals are applied, calculate activity remaining durations' 설정은 실적을 적용할 때, Remaining duration을 계산하는 방법으로 Activity duration type에 따라 적용을 시키거나, 모든 Activity를 항상 재계산하게 설정할 수 있다. 재계산의 경우 모든 Activity는 Fixed Units과 Fixed Units/Time이 적용된다.

07_ Update Progress를 사용하여 실적 입력이 완료되면 Schedule([F9])을 실행하여 스케줄을 재계산 하도록 한다. 이때 Data Date는 Update Progress 실행 시 설정했던 Data Date가 자동으로 입력된다.

다음으로 'Apply Actual'에 대해 알아보도록 한다.

08_ 'Apply Actual'을 실행하기 위해 Menu Bar의 [Tools]-[Apply Actual]을 선택한다.

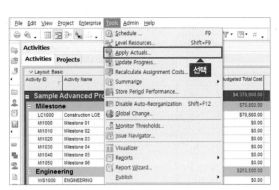

▲ [그림6-3-2-8] Apply Actual 실행

09_ 'Apply Actual' 기능은 여러 개 프로젝트에 동시에 실행이 가능하며 프로젝트별로 개별적인 Data Date를 설정하여 실행할 수 있다.

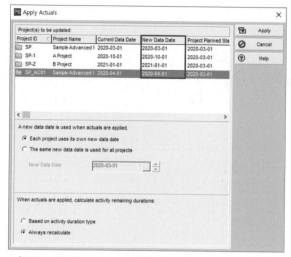

▲ [그림6-3-2-9] Apply Actual 기본 화면

10_ Apply Actual 설정 중 'Each project uses its own new data date'를 선택하면 각 프로젝트별로 Data Date를 설정이 가능하며 위 목록의 New Data Date에서 각각 설정할 수 있다.

'The same new data date is used for all projects'를 선택하면 목록에서 New Data Date 항목이 사라지고 하나의 Data Date를 설정하여 모든 프로젝트에 적용된다.

▲ [그림6-3-2-10] Apply Actual

11_ 설정이 완료되면 오른쪽의 [Apply] 버튼을 클릭하여 자동 실적입력을 완료한다.

12_ Apply Actual을 사용하여 실적 입력이 완료되면 Schedule(F9)을 실행하여 스케줄을 재계산하도록 한다. 이때 Data Date는 Apply Actual 실행 시 설정했던 Data Date가 자동으로 입력된다.

13_ 'Update Progress'와 'Apply Actual'은 'Auto Compute Actual' 체크 설정이 동반되어야 한다. 이는 Activity, Resource, Expense에 속해 있다.

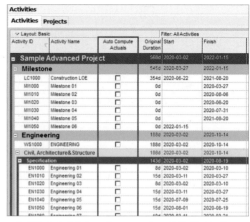

▲ [그림6-3-2-11] Auto Compute Actual 체크(Activity)

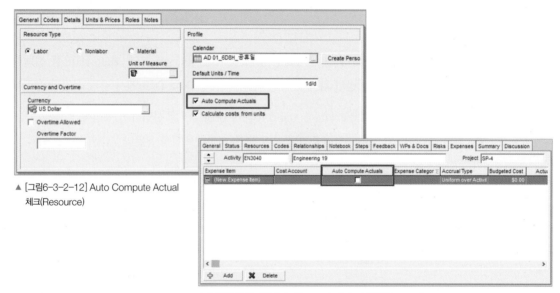

▲ [그림6-3-2-12] Auto Compute Actual 체크(Resource)

▲ [그림6-3-2-13] Auto Compute Actual 체크(Expense)

14_ 'Auto Compute Actual'은 각 데이터마다 중복 또는 개별적으로 설정 가능하며 체크 우선순위에 따른 설명은 아래와 같다.

Activity	Resource	Expense	결과
V			Activity, Resource, Expense에 대해 실적 계산
	V		Auto Compute Actuals가 선택된 Resource만 실적 계산
		V	Auto Compute Actuals가 선택된 Expense만 실적 계산 (단, Status에서 Start 설정 시)
V	V		Activity, Resource, Expense에 대해 실적 계산
V		V	Activity, Resource, Expense에 대해 실적 계산
	V	V	Auto Compute Actuals가 선택된 Resource, Expense만 실적계산
V	V	V	Activity, Resource, Expense에 대해 실적 계산

▲ [표6-3-2-1] Auto Compute Actual 체크 결과

실습

Actual Update - Auto

과제

▷ SP 프로젝트를 복사하여 Actual EPS에 위치시키고 다음과 같이 설정합니다.

（Project Baseline 함께 복사）

- Project ID : SP_AC02, Project Name : Sample Advanced Project_3월 자동실적

▷ 'Update Progress' 기능을 다음과 같이 설정 후 Apply를 실행합니다.

- New Data Date를 2020-04-01로 설정
- All highlighted activities 선택
- Always recalculate 선택

▷ Activity Table과 Bar Chart에 실적이 반영된 상태를 확인합니다.

결과

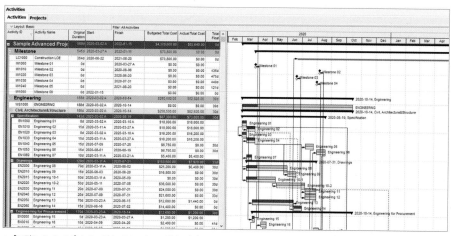

▲ [그림6-3-2-14] Actual Update-Auto 실습 결과

앞서 Activity 생성, Relationship 입력, Resource 할당 등의 작업 시 Excel Import를 활용하여 다량의 Data를 입력하는 방법에 대해 알아봤다. 실적 입력도 Activity에 대한 Data를 입력하는 것이므로 Excel Import가 가능하다. Excel Import 양식을 적절히 활용하면 각 분야별 실적 Data 취합 및 Primavera P6의 운영이 수월해질 수 있다.

본 장에서는 일정과 자원 실적에 대한 정보를 입력하는 방법에 대해 알아보도록 한다.

01_ 앞서 설명한 Excel Export의 방법과 동일하게 Export 작업을 수행하되 다음과 같은 설정으로 진행한다.

02_ 'Export Type' 화면에서 'Activities'와 'Resource Assignments'를 선택한다.

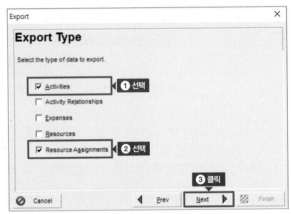

▲ [그림6–3–3–1] Excel Export(Export Type)

03_ 'Modify Template'에서 Subject Area를 'Activities'를 선택하고 기본적으로 다음과 같은 정보를 포함하여 Export한다.

– WBS Code, Activity ID, Actual Start, Actual Finish, Remaining Duration

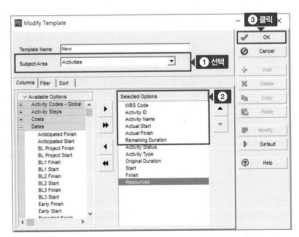

▲ [그림6–3–3–2] Excel Export(Modify Template_Activities)

04_ 'Modify Template'에서 Subject Area 를 'Resource Assignments'를 선택하고 기본 적으로 다음과 같은 정보를 포함하여 Export 한다.

– Activity ID, Resource ID, Actual Units, Remaining Units

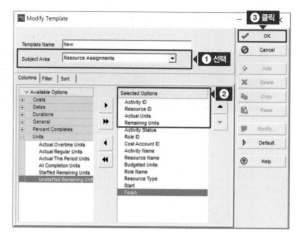

▲ [그림6-3-3-3] Excel Export(Modify Template_Resource Assignment)

05_ Export 한 Excel 파일을 열어 양식을 확인하고 시트별로 각 셀에 Activity별 실적 정보를 입력하 여 작성한다. Activity 정보는 'TASK' 시트, Resource Assignment 정보는 'TASKRSRC' 시트에서 확 인 및 입력할 수 있다. 또한 실적이 없는 Activity는 입력하지 않거나 목록에서 삭제할 수도 있다.

▲ [그림6-3-3-4] Excel 데이터 입력(Activities)

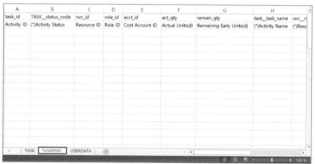

▲ [그림6-3-3-5] Excel 데이터 입력(Resource Assignment)

06_ Excel 작성이 완료되면 앞서 설명한 Excel Import의 방법과 동일하게 Import 작업을 수행하되 'Import Type' 화면에서 'Activities'와 'Resource Assignments'에 체 크를 하고 진행한다.

07_ Primavera P6의 Activity 화면에서 실 적 정보가 입력 및 수정된 것을 확인하고 필요 시 Primavera P6에서 추가 실적 정보를 입력 하도록 한다.

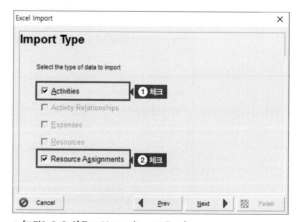

▲ [그림6-3-3-6] Excel Import(Import Type)

Actual Update - Excel

▷ SP 프로젝트를 복사하여 Actual EPS에 위치시키고 다음과 같이 설정합니다. (Project Baseline 함께 복사)

　• Project ID : SP_AC03　　Project Name : Sample Advanced Project_3월 엑셀실적

▷ Excel Export / Import를 활용하여 아래의 표대로 실적을 입력합니다.

Activity ID	WBS Code	Actual Start	Actual Finish	Remaining Duration	Resource ID	Role ID	Actual Unit	Remaining Unit
MI1000	SP_AC03.M		2020-03-27	0				
EN1000	SP_AC03.E.CI.SP	2020-03-02	2020-03-20	0	1	CI	300	0
EN1010	SP_AC03.E.CI.SP	2020-03-11	2020-03-31	0	1	CI	200	0
EN1020	SP_AC03.E.CI.SP	2020-03-02	2020-03-24	0	1	CI	100	0
EN1030	SP_AC03.E.CI.SP	2020-03-11	2020-03-31	0	1	CI	105	0
EN1060	SP_AC03.E.CI.SP	2020-03-15	2020-03-31	0	1	CI	80	0
EN2000	SP_AC03.E.CI.DR	2020-03-20		50	1	CI	60	180
EN2050	SP_AC03.E.CI.DR	2020-03-31		70	1	CI	10	105
EN3000	SP_AC03.E.CI.EP	2020-03-23	2020-03-27	0	1	CI	10	0
PR1000	SP_AC03.P.CI.PS.PL	2020-03-28	2020-03-31	0	3	PR	20	0
EN2015	SP_AC03.E.CI.DR	2020-03-20		35				

▲ [표6-3-3-1] Actual Update - Excel 실습

▷ Data Date를 2020-04-01로 변경 후 Schedule([F9])을 실행합니다.

▷ Activity Table과 Bar Chart에 실적이 반영된 상태를 확인합니다.

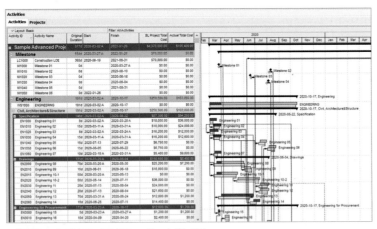

▲ [그림6-3-3-7] Actual Update - Excel 실습 결과

4 Actual Update – Step

Primavera P6에서 Activity의 % Complete 중 Physical %는 Activity의 진도율을 사용자 판단(기준) 또는 이해관계자 간 협의로 산정한다고 설명하였다. 이러한 판단(기준)과 협의 사항을 사전에 조율하여 정의하면 어느 이해관계자가 검토하더라도 혼란이 없을 것이다.

Primavera P6에서는 Step이라는 기능으로 Activity의 Performance를 단계별로 설정하여 진도율에 반영할 수 있으며 Step의 필요성은 다음과 같다.

– Activity의 상세수준이 너무 detail하면 Activity의 개수가 관리 불가능한 수준으로 증가
– 대규모 프로젝트에서 관리 가능한 수준으로 Activity를 설정할 경우 1개의 Activity가 포함하는 내용이 많아지며 OD 및 Budgeted Unit이 커짐
– 이런 대형 Activity를 작은 단위의 작업들로 tasks를 분해하여 가중치(weights)를 부여하고 Update 시 진도율을 계산할 수 있도록 활용

01_ Activity의 Step 설정은 Activity Details 창의 [Steps] 탭에서 설정할 수 있다. 해당 Activity를 선택한 후 [Steps] 탭의 화면 왼쪽의 [Add] 버튼을 클릭하여 Step을 생성한다.

▲ [그림6-3-4-1] Activity Details 창의 [Steps] 탭

02_ Step 생성 후 Step Name을 설정하고 화면 오른쪽의 [Modify] 버튼을 클릭하여 Step의 추가 설명을 입력한다.

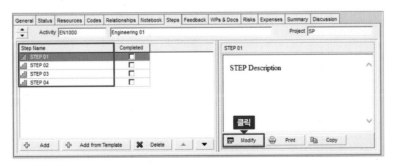

▲ [그림6-3-4-2] Steps 추가 및 내용 입력

03_ 화면 왼쪽에서 마우스 오른쪽 버튼을 클릭하고 'Customize Steps Columns'를 선택하여 'Step Weight' column을 나타낸다. 'Step Weight'는 Step별 가중치를 설정하는 것이며, 'Step Weight'를 입력할 때 Step의 합을 1 또는 100으로 맞춰 입력할 수도 있지만, 'Step Weight'를 입력하면 'Step Weight Percent'에 해당 Step의 가중치 %가 자동으로 계산되므로 참고하도록 한다.

▲ [그림6-3-4-3] Step Weight 보기

▲ [그림6-3-4-4] Step Weight 설정

다음은 Step Template를 활용하는 방법에 대해 알아본다. Activity에 Step 설정 시 유사하거나 동일한 업무의 경우 해당 Step을 Template화 하여 관리할 수 있다.

04_ Activity Step Template를 생성하기 위하여 Manu Bar의 [Enterprise]–[Activity Step Templates]를 선택한다.

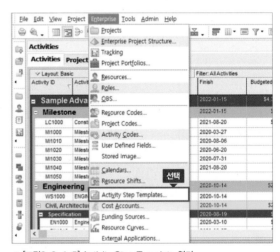

▲ [그림6-3-4-5] Activity Step Template 열기

05_ 화면 오른쪽 위에 [Add] 버튼을 클릭하여 Step Template를 생성하고 왼쪽 아래 [Add] 버튼을 클릭하여 해당 Step Template의 Step 내용을 추가한다. 마찬가지로 Step별 가중치를 설정하고 오른쪽의 [Modify] 버튼으로 추가 내용을 입력할 수 있으며 입력이 완료되면 [Close] 버튼을 클릭하여 창을 닫는다.

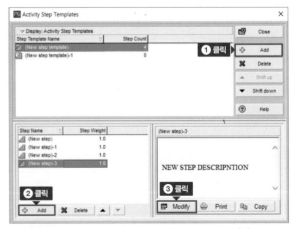

▲ [그림6-3-4-6] Activity Step Template 추가

06_ Step Template를 추가할 Activity를 선택하고 [Step] 탭 왼쪽 아래의 [Add from Template]를 클릭한다. 'Assign Activity Step Template' 창이 나타나면 Step Template를 선택하고 오른쪽의 [Assign] 버튼을 클릭하여 Step Template를 추가할 수 있다.

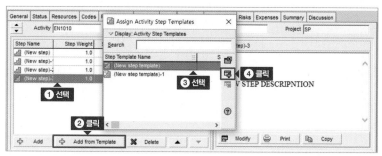

▲ [그림6-3-4-7] Activity Step Template 할당

앞서 설명한 것처럼 Activity Step은 해당 Activity의 Physical % 진도율의 근거로 활용할 수 있다. 그러기 위해서는 몇 가지 설정이 필요하다.

07_ Project Details 화면의 [Calculations] 탭에서 'Activity Percent Complete Based on Activity Steps option'의 체크 박스를 체크한다.

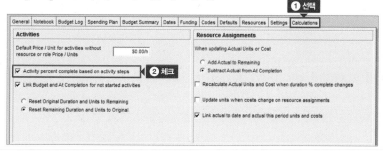

▲ [그림6-3-4-8] Activity Step Calculation 설정

08_ 이후 Activity % Complete가 Physical %로 설정된 Activity의 Physical % 입력란이 비활성화되어있는 것을 확인할 수 있다.

▲ [그림6-3-4-9] Activity Physical % Complete 보기

09_ Step의 단계별 업무 완료 시 Step의 'Completed' 체크 박스에 체크하면 해당 Step의 가중치 만큼 Physical %의 진도율이 계산되어 입력된다.

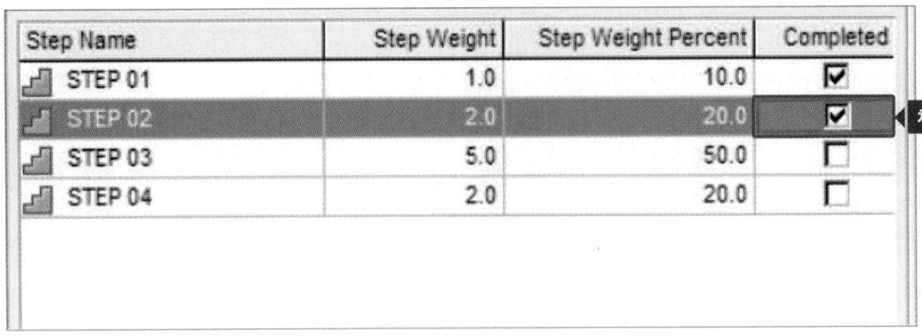

Step Name	Step Weight	Step Weight Percent	Completed
STEP 01	1.0	10.0	☑
STEP 02	2.0	20.0	☑ ◀ 체크
STEP 03	5.0	50.0	☐
STEP 04	2.0	20.0	☐

▲ [그림6-3-4-10] Activity Step Completed 체크

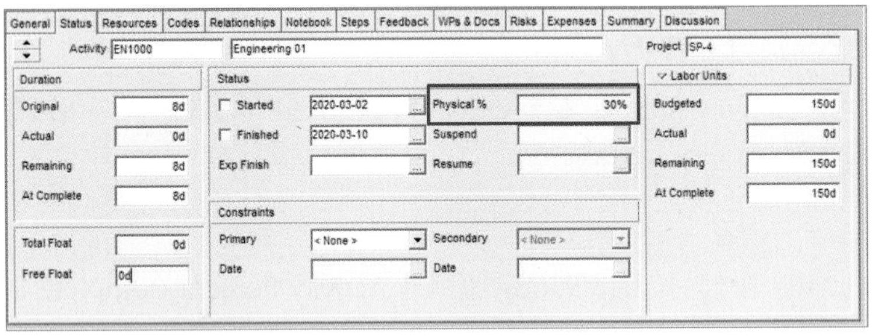

▲ [그림6-3-4-11] Activity Physical % Complete 산정 확인

실습

Actual Update – Step

과제

▷ 'Drawing Step Template' 이름으로 Activity Step template 생성 후 다음과 같은 Step을 적용합니다.

Step Name	Step Weight
Basic Drawing	10
First Approval	20
Detail Drawing	50
Final Approval	20

▲ [표6-3-4-1] Actual Update – Step 실습

▷ SP_AC01 프로젝트를 Open합니다.

▷ 'EN2000' Activity에 'Drawing Step Template'을 할당합니다.

▷ 'EN2000' Activity의 Step의 'Basic Drawing' Step의 Complete 박스를 체크합니다.

▷ 'EN2000' Activity Percent Complete Type을 'Physical'로 변경 후 Physical % Complete 값을 확인합니다.

결과

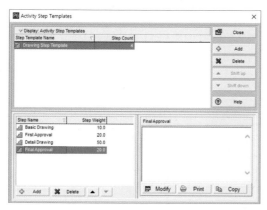

▲ [그림6-3-4-12] Actual Update – Step 실습 결과(Activity Step Template 생성)

▲ [그림6-3-4-13] Actual Update – Step 실습 결과(Activity Step Template 할당 및 Completes 체크)

▲ [그림6-3-4-14] Actual Update – Step 실습 결과(Physical % complete 확인)

Monitoring & Controlling in P6 – Advanced

Monitoring & Controlling 단계에서 현시점의 프로젝트 현황 파악은 매우 중요하다. 정확한 현황 파악이 뒷받침되어야 향후 예측의 신뢰도가 향상되며, 그에 따른 현시점의 개선 및 유지해야 할 요소를 도출할 수 있기 때문이다. 정확한 현황 파악을 위해서는 다양한 관점에서 프로젝트 현황을 분석할 수 있어야 하며, 조직의 프로젝트 관리 수준을 명확히 해야 할 것이다. Primavera P6의 Threshold, Progress Line, Percent Complete 등은 프로젝트 관리자로 하여금 현황 분석을 더욱 정확히 할 수 있게 해주며, 특히 EVMS가 적용된 분석 기능은 국제적으로 널리 쓰이는 기준에 부합할 수 있도록 한다. 또한 다양한 Reporting 기능은 그에 따른 이해관계자 간 보고 및 의사소통을 보다 더 효율적으로 할 수 있도록 하였다. 본 Chapter에서는 다양한 현황 분석과 그에 따른 보고 및 의사소통 활동을 Primavera P6를 활용하여 수행하는 방법에 대해 알아보도록 한다.

1 Project Status Analysis – Threshold & Issue

앞서 Part 06 → Chapter 02 → 01.Threshold & Issue에서 프로젝트 관리 시 관리 가능한 통제 기준을 설정하였다. 본 장에서는 해당 기준에 벗어나는 WBS나 Activity를 모니터링하여 관리하는 방안에 대해 알아본다.

01_ Menu Bar의 [Project]–[Thresholds]를 선택하거나 왼쪽 Toolbar의 Threshold 아이콘을 클릭하여 Threshold 창으로 이동하여 Threshold 목록을 확인한다.

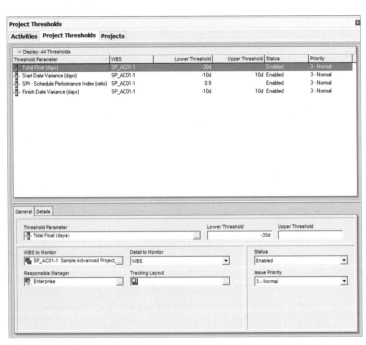

▲ [그림6-4-1-1] Threshold 화면

02_ Menu Bar의 [Tools]–[Monitor Thresholds]를 선택하면 추가 설정 창이 나타나는데 프로젝트 전체 기간에 대해 Monitoring 하려면 첫 번째 옵션 선택 후 [Monitor] 버튼을 클릭한다.

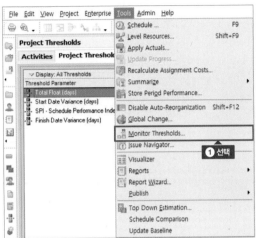

▲ [그림6-4-1-3] Monitor Thresholds 실행

▲ [그림6-4-1-2] Monitor Thresholds 열기

03_ Monitor를 실행 후 해당 조건에 해당하는 사항이 발생하면 Issue로 처리되며 Issue 생성 유무에 대한 결과 창이 나타난다. 발생 Issue 개수를 확인하고 [OK] 버튼을 클릭한다.

▲ [그림6-4-1-4] Monitor Thresholds 실행 확인

04_ Issue가 발생 된 Thresholds 는 Details 창의 [Details] 탭에서 Issue 목록을 확인할 수 있다.

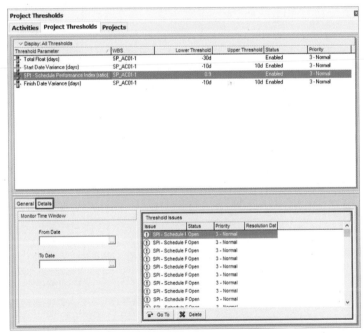

▲ [그림6-4-1-5] Thresholds [Details] 탭에서 Issue 목록 확인

05_ 하단의 Go To를 클릭하거나 Menu Bar 의 [Project]-[Issues]를 선택하여 Issue 화면 으로 이동한다.

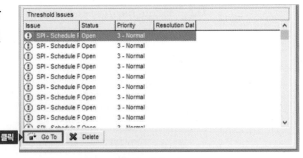

▲ [그림6-4-1-6] Issue 목록 [Go To]

06_ Project Issue 창으로 이동 이 가능하며 Issue된 목록과 함께 상세 정보를 확인할 수 있다.

이렇게 생성된 Issue에 대하여 Project에 추가 조치가 필요한 근거 자료로 활용할 수 있으며 별도 Issue 관리도 가능하다.

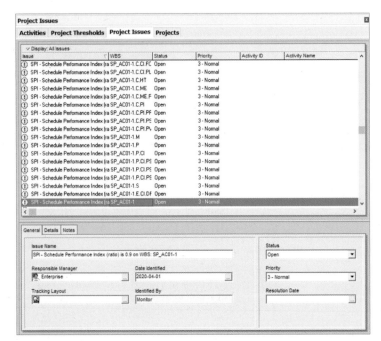

▲ [그림6-4-1-7] Project Issue 창

07_ Issue 목록에서 마우스를 우 클릭하고 Issue History를 클릭하면 Issue에 코멘트 기록을 확인할 수 있다.

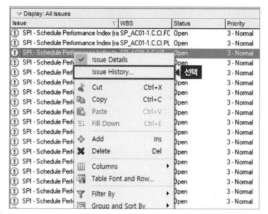

▲ [그림6-4-1-8] Issue History 열기

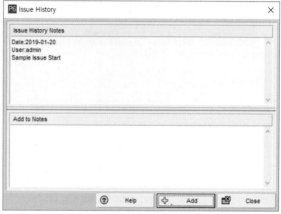

▲ [그림6-4-1-9] Issue History 확인

08_ Menu Bar의 [Tools]-[Issue Navigator]를 클릭하면 Issue 항목과 관련된 WBS, Activity, Resource, Tracking, Issue 화면으로 이동이 가능한 창이 나타난다.

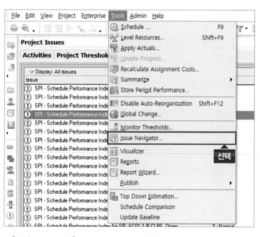

▲ [그림6-4-1-10] Issue Navigator 열기

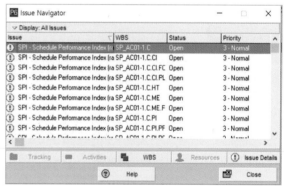

▲ [그림6-4-1-11] Issue Navigator 확인

Threshold & Issue

과제

▷ SAM_AC03 Project를 Open합니다.

▷ Threshold 항목을 확인하고 프로젝트 전체 기간에 대해 Monitor를 실행합니다.

▷ 생성된 Issue 항목을 확인합니다

결과

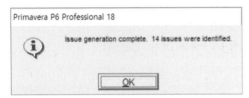

▲ [그림6-4-1-12] Threshold & Issue 실습 결과

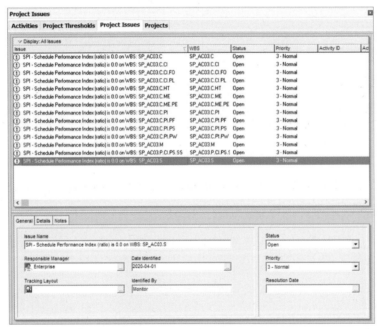

▲ [그림6-4-1-13] Threshold & Issue 실습 결과

2 Project Status Analysis – Progress Line

Primavera P6에서는 계획 대비 현재 상태에 대한 현황 파악을 하는 경우 가시적으로 빠르게 확인이 가능한 Progress Line을 제공한다. Bar Chart에서 Baseline 대비 시작일 또는 종료일을 비교하거나 현재 시점에서 Activity의 진도율에 대한 현황을 쉽게 확인할 수 있다.

Progress Line은 프로젝트의 현황을 한눈에 빠르게 파악할 수 있지만, 상세한 수치적인 정보는 Activity Column에서 확인을 해야 한다.

01_ Activity 화면의 Bar Chart에서 Progress Line을 나타내기 위해 Menu Bar의 [View]–[Progress Line]을 선택하거나 'Progress Line' 아이콘을 클릭한다.

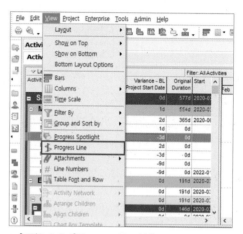

▲ [그림6-4-2-1] Progress Line 선택

02_ Bar Chart에 빨간색의 실선이 수직으로 나타나며 Activity마다 좌, 우측으로 꺾인 상태를 확인할 수 있다. Progress Line은 현재 시점의 상태를 나타내는 것이므로 Data Date 시점을 기준으로 Data Date 선과 겹치게 되며 완료된 Activity에 대해서는 표현되지 않는다.

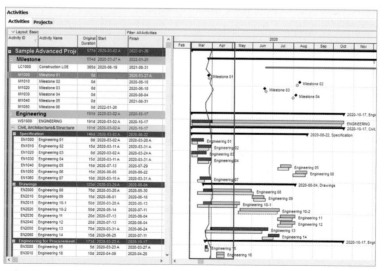

▲ [그림6-4-2-2] Progress Line 보기

Progress Line은 Baseline과 비교하여 시작일, 종료일 차이를 확인할 수 있으며, Activity별로 % Complete, Remaining Duration을 확인할 수 있다.

03_ Progress Line 설정을 하기 위해 Bar chart에서 마우스 오른쪽 클릭을 하고 Bar Chart Option 을 선택한다. Bar Chart Option 창의 [Progress Line] 탭에서 설정할 수 있다.

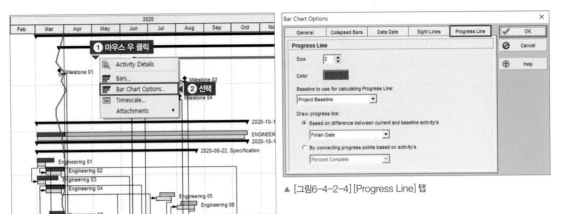

▲ [그림6-4-2-3] Bar Chart Option

▲ [그림6-4-2-4] [Progress Line] 탭

04_ 기본적으로 Progress Line의 Size와 Color를 설정할 수 있다.

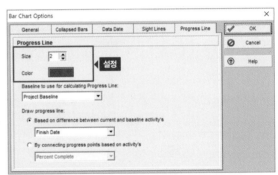

▲ [그림6-4-2-5] [Progress Line] 탭 기본 설정

05_ 현재상태와 비교할 Baseline은 Project Baseline, Primary Baseline 두 가지 중에 선택 할 수 있다.

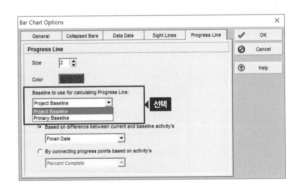

▲ [그림6-4-2-6] 비교 Baseline 선택

06_ Baseline 대비 비교할 데이터는 Start Date, Finish Date 중에서 선택할 수 있다.

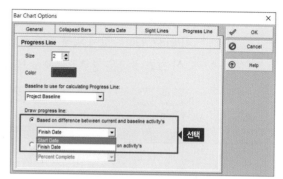

▲ [그림6-4-2-7] Start, Finish Date 선택

07_ 현재 Activity 상태 정보를 표시할 데이터는 Percent Complete, Remaining Duration 중에서 선택할 수 있다.

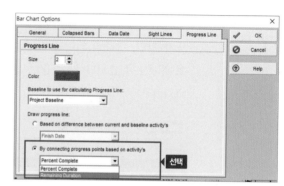

▲ [그림6-4-2-8] Percent Complete, Remaining Duration 선택

08_ Start Date 또는 Finish Date 선택 시 좌측으로 꺾인 상태는 현재 계획대비 지연되고 있다는 의미이고, 우측으로 꺾인 상태는 계획대비 빠르게 착수 또는 종료할 수 있다는 의미이다.

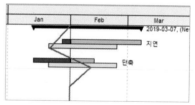

▲ [그림6-4-2-9] Progress Line 꺾인선 의미

09_ Start Date는 Baseline 대비 시작날짜 편차에 대해 표현한다. 즉 'Variance - BL Project Start Date' 값에 의해 꺾인 정도가 표현된다. Variance 값만큼 Baseline 상단 바로 위에 표현되며 값이 크거나 작은 경우 Baseline을 벗어날 수 있다.

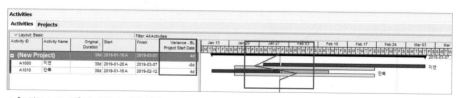

▲ [그림6-4-2-10] Start Date 현황 보기

10_ Finish Date는 Baseline 대비 종료날짜 편차에 대해 표현한다. 즉 'Variance - BL Project Finish Date' 값에 의해 꺾인 정도가 표현된다. Variance 값만큼 Baseline 상단 바로 위에 표현되며 값이 크거나 작은 경우 Baseline을 벗어날 수 있다.

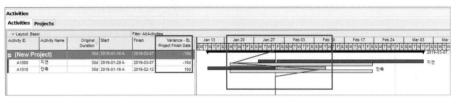

▲ [그림6-4-2-11] Finish Date 현황 보기

11_ Percent Complete 선택 시 해당 값만큼의 비율대로 Baseline에 표현된다. 좌, 우측으로 꺾인 정도가 지연, 단축의 의미가 아니라 해당 시점에서의 진도율이 표시되는 것이며 Baseline Bar 안에서만 꺾인 정도가 표시된다. 즉 0%면 Baseline Start, 100%로 오를수록 Baseline Finish 지점에 가깝게 표시된다.

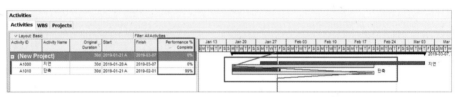

▲ [그림6-4-2-12] Percent Complete 현황 보기

TiP

Activity % Complete 값은 Activity % Complete Type에 설정된 진도율이 적용된다.

12_ Remaining Duration 선택 시 해당 값만큼 Baseline 종료 시점으로부터 꺾인 선이 표시된다. 즉 Remaining Duration이 0d이면 Baseline Finish 지점에, Remaining Duration이 Original Duration과 같거나 크면 Baseline Start 지점에 표시된다.

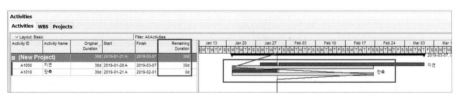

▲ [그림6-4-2-13] Remaining Duration 현황 보기

실습

Progress Line

과제

▷ SAM_AC01 Project를 Open합니다.

▷ 'Progress Line' 아이콘을 클릭하여 Bar Chart에 표현

▷ 'Bar Chart Option'의 Progress Line 탭에서 각 Option을 변경하여 Progress Line을 확인

결과

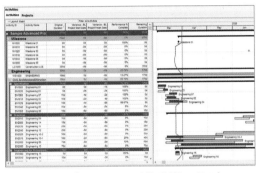

▲ [그림6-4-2-14] Progress Line 실습 결과(Start Date)

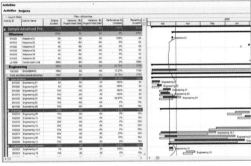

▲ [그림6-4-2-15] Progress Line 실습 결과(Finish Date)

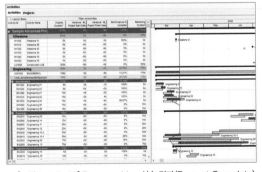

▲ [그림6-4-2-16] Progress Line 실습 결과(Percent Complete)

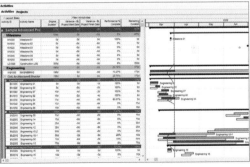

▲ [그림6-4-2-17] Progress Line 실습 결과(Remaining Duration)

프로젝트 업무를 수행하는 Activity는 업무를 수행함에 있어 일정, 자원, 비용을 포함한 성과에 대한 진도율 관리를 해야 한다. 본 장에서는 Primavera P6에서 제공하는 Percent Complete의 종류 및 특성에 대해 알아본다.

프로젝트가 진행 됨에 따라 Activity는 일정에 대한 정보(Duration % Complete)가 업데이트 된다. 또한 업무 수행 시 투입된 Resource 정보(Unit % Complete)가 업데이트 되며 그에 상응하거나 별도의 비용 정보(Cost % Complete)도 업데이트 될 것이다. 그리고 단계별 성과를 측정하는 정보(Physical % Complete)도 업데이트 될 수 있다.

이렇듯 하나의 Activity는 다양한 % Complete 정보를 적용할 수 있으며 프로젝트 및 업무의 특성, 프로젝트 환경에 따른 진도율 기준을 설정하여 관리하는 것이 중요하다.

다음은 Primavera P6에서의 Percent Complete Progress Map이다.

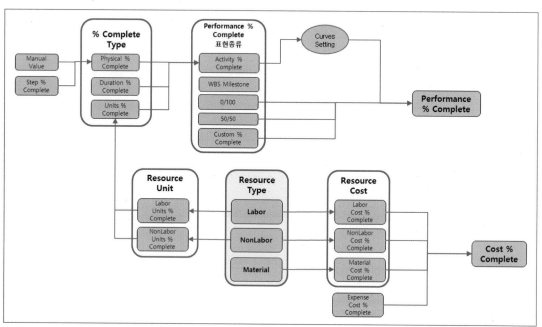

▲ [그림6-4-3-1] Percent Complete Progress Map

Activity % Complete Type에는 Duration % Complete, Unit % Complete, Physical % Complete 세 가지가 있다. Activity Details 창이나 Activity Table의 Column에서 설정할 수 있으며 Activity의 기준 진도율로 사용된다.

TiP

기준 진도율로 사용된다는 것은 추후 설명할 Performance % Complete에 반영 된다는 의미이다.

01_ Duration % Complete는 Original Duration을 기준으로 계산되며 Activity의 일정에 대한 진도율을 관리할 수 있다.

"Duration % Complete = (Original Duration−Remaining Duration)/Original Duration×100"

Data Date 기준으로 Activity의 Remaining Duration이 Original Duration 대비 얼마나 남았는지에 대한 진도율이다.

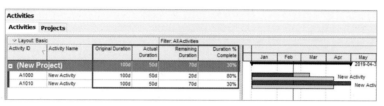

▲ [그림6-4-3-2] Duration % Complete

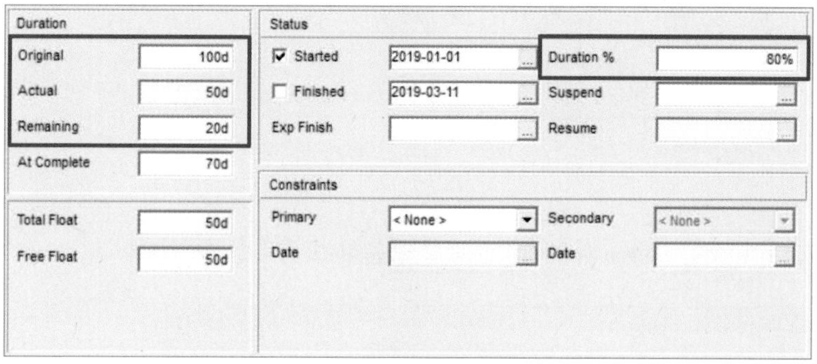

Duration		Status			
Original	100d	☑ Started	2019-01-01 ...	Duration %	80%
Actual	50d	☐ Finished	2019-03-11 ...	Suspend	...
Remaining	20d	Exp Finish	...	Resume	...
At Complete	70d				
		Constraints			
Total Float	50d	Primary	< None > ▼	Secondary	< None > ▼
Free Float	50d	Date	...	Date	...

▲ [그림6-4-3-3] Duration % Complete

02_ Unit % Complete는 Resource의 물량(Unit) 실적을 기준으로 계산되며 Activity의 Resource 물량에 대한 진도율을 관리할 수 있다.

"Unit % Complete = Actual Unit/At Completion Unit×100"

여기서 At Completion Unit은 Activity에 투입되는 총 Unit의 수량으로서 Plan 단계에서 Activity에 투입하는 계획 물량의 의미가 아니다. Activity 상태에 따른 At Completion Unit의 계산 식은 다음과 같다.

− Not Started Activity : At Completion Unit = Remaining Unit

− In-Progress Activity : At Completion Unit = Actual Unit + Remaining Unit

− Completed Activity : At Completion Unit = Actual Unit

TiP

Unit 외에 Duration과 Cost에도 At Complete가 적용되며 의미와 계산 방식은 At Completion Unit과 동일하다.

즉 Data Date 기준으로 Activity에 투입될 총 Unit의 수량 대비 실제 투입된 물량에 대한 진도율이다.

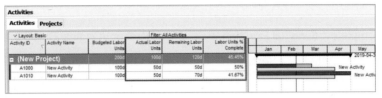

▲ [그림6-4-3-4] Unit % Complete

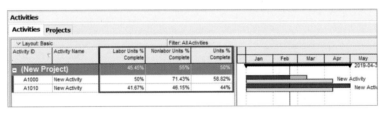

▲ [그림6-4-3-5] Unit % Complete

또한 Unit % Complete는 Labor와 Nonlabor를 구분하여 관리할 수 있다.

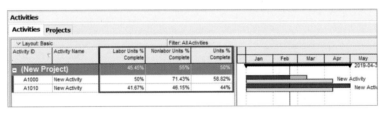

▲ [그림6-4-3-6] Type별 Unit % Complete

TiP

Material Resource는 Resource별로 단위가 다르므로 별도 Material Unit % Complete는 제공하지 않는다.

03_ Physical % Complete는 사용자 판단 및 단계별 성과를 기준으로 산정되며 업무 상태에 대한 진도율을 관리할 수 있다.

"Physical % Complete = 사용자 판단 및 입력 or Activity Step"

Physical % Complete는 사용자가 직접 입력하거나 사전에 정의된 Activity Step을 활용하여 산정할 수 있으며 Activity 진도관리에 필수 정보는 아니므로 해당 프로젝트 환경에 따라 활용하도록 한다.

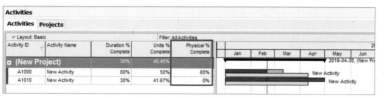

▲ [그림6-4-3-7] Physical % Complete

▲ [그림6-4-3-8] Physical % Complete

다음은 Resource나 Expense의 Cost 정보가 반영된 Cost % Complete가 있다.

04_ Cost % Complete는 Activity의 비용(Cost) 실적을 기준으로 계산되며 Activity의 비용에 대한 진도율을 관리할 수 있다.

"Cost % Complete = Actual Cost/At Completion Cost × 100"

Resource에 단가가 적용되어 있는 경우 Labor, Nonlabor, Material Resource 투입에 따라 산출된 Cost 정보가 모두 반영되며 Activity에 별도 투입되는 Expense Cost 정보도 반영된다. 그러므로 Cost % Complete는 Total Cost 또는 별도 타입별 Cost % Complete 관리가 가능하다.

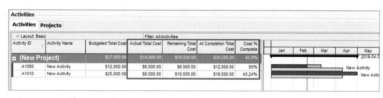

▲ [그림6-4-3-9] Cost % Complete

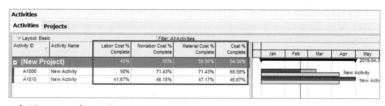

▲ [그림6-4-3-10] Type별 Cost % Complete

다음으로 Performance % Complete에 대해 알아본다. Performance % Complete는 Activity의 기준 진도율로서 Earned Value 계산에도 적용되는 정보이다.

Performance % Complete는 WBS Details 창의 [Earned Value] 탭에서 설정할 수 있으며, Project 전체 또는 개별 WBS별로 설정이 가능하다.

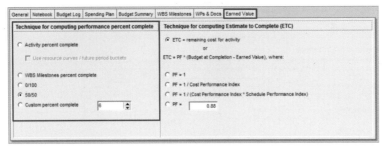

▲ [그림6-4-3-11] Performance % Complete 적용 설정

05_ 'Activity Percent Complete'는 Activity에 설정된 % Complete를 기준 진도율로 적용한다는 의미이며, 앞서 설명한 Duration % Complete, Unit % Complete, Physical % Complete가 해당된다.

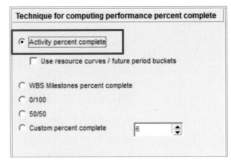

▲ [그림6-4-3-12] Activity Percent Complete

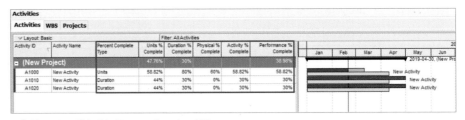

▲ [그림6-4-3-13] Activity Percent Complete 적용

06_ WBS Milestone Percent Complete는 WBS에 Step과 유사하게 단계별 %를 산정하여 해당 WBS 전체의 진도율을 산정하는 방식이다. 이것은 Activity의 기준이 아닌 WBS 부분에 독립적으로 적용되며, WBS의 하위 Activity들의 Performance % Complete는 WBS % complete에 따라 산정된다.

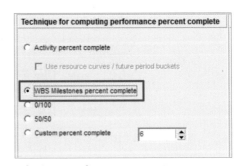

▲ [그림6-4-3-14] WBS Milestones Percent Complete 적용

아래와 같이 WBS Milestone이 완료된 것으로 체크한 경우 해당 WBS 하위 Activity는 전부 해당 WBS Milestone 가중치 만큼 완료된 것으로 산정된다.

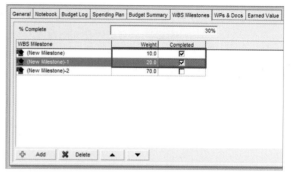

▲ [그림6-4-3-15] WBS Milestones 산정

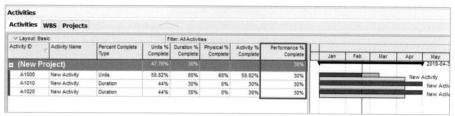

▲ [그림6-4-3-16] WBS Milestones 적용

07_ 0/100은 해당 WBS의 Activity가 Start되어 완료되기 직전까지는 Performance가 0%이고, 완료되었을 때 Percent % Complete가 100%로 적용된다. 즉 Activity가 완료되어야지만 성과를 인정한다는 의미이다.

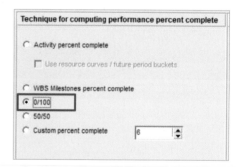

▲ [그림6-4-3-17] 0/100 적용

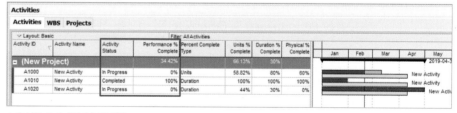

▲ [그림6-4-3-18] 0/100 적용

08_ 50/50은 해당 WBS의 Activity가 시작되면 50%로 산정되고 완료되었을 때 100%로 적용된다.

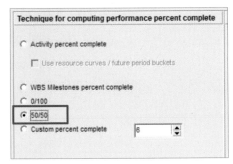

▲ [그림6-4-3-19] 50/50 적용

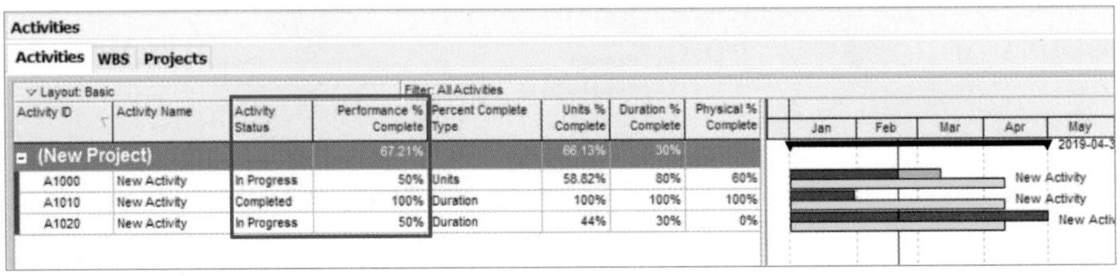

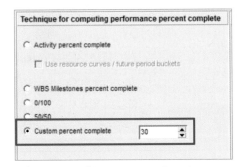

▲ [그림6-4-3-20] 50/50 적용

09_ Custom percent Complete는 1/100이나 50/50과 유사하게 산정되는 것으로 해당 % 비율을 사용자가 직접 설정할 수 있는 진도율이다.

▲ [그림6-4-3-21] Custom percent Complete

다음은 Performance % Complete 및 진도율 산정에 영향을 미치지 않지만 상태분석을 위한 추가 % Complete에 대해 알아본다.

10_ Schedule % Complete는 Data Date를 기준으로 Baseline 상에서 완료되어야 할 일정에 대한 %가 표현된다. 즉 Baseline 대비 계획 진도율이라고 할 수 있다. Activity % Complete와는 별개로 산정되며 Data Date가 Baseline Start Date보다 이른 시점이면 0%, Data Date가 Baseline Finish Date보다 지난 시점이면 100%로 계산된다. Data Date가 Baseline 내에 있는 경우 다음과 같이 계산된다.

"Schedule % Complete = (Data date – BL Start)/(BL Finish – BL Start)×100"

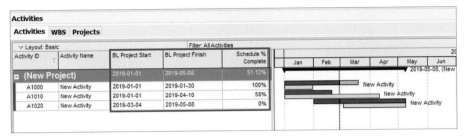

▲ [그림6-4-3-22] Schedule % Complete

WBS에 요약되는 Schedule % Complete는 Activity Unit 정보가 투입되어야 산정되며 (WBS)
Schedule % Complete = PV/BAC×100으로 계산된다.

11_ Duration % of Original은 Baseline Duration 대비 현재 얼마만큼의 Duration이 진행되었는지
산정되는 지표로서 다음과 같이 계산되며 100%가 초과할 수 있다.

"Duration % of Original = Actual Duration/Baseline Duration×100"

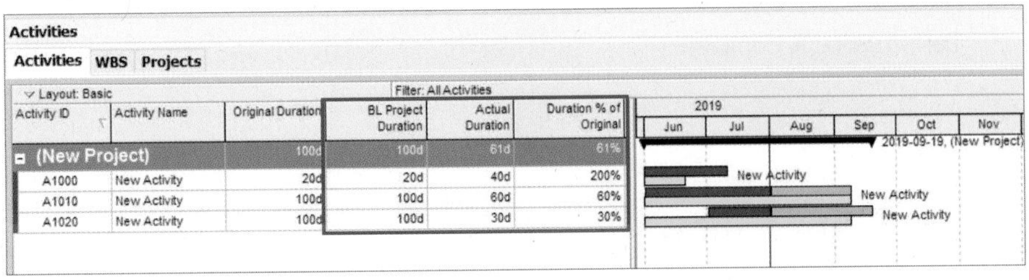

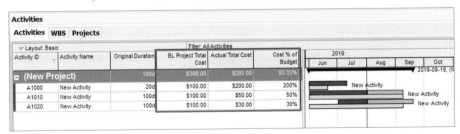

▲ [그림6-4-3-23] Duration % of Original

12_ Cost % of Budget은 Baseline Cost 대비 현재 얼마만큼의 Cost가 투입되었는지 산정되는 지표
로서 다음과 같이 계산되며 100%가 초과될 수 있다.

"Cost % of Budget = Actual Total Cost/Baseline Total Cost×100"

▲ [그림6-4-3-24] Cost % of Budget

CHAPTER 04 · Monitoring & Controlling in P6 – Advanced **411**

Percent Complete

▷ SAM_AC01 Project를 Open합니다.

▷ Activity Table에 다음의 Column을 표시하여 Activity마다 각 Column의 값을 확인합니다.

- Percent Complete Type
- Duration % Complete
- Unit % Complete
- Physical % Complete
- Cost % Complete
- Performance % Complete

결과

Activity ID	Activity Name	Percent Complete Type	Duration % Complete	Units % Complete	Physical % Complete	Cost % Complete	Performance % Complete
Sample Advanced Project_3원 실적			4.51%	1.81%		1.79%	1.65%
Milestone			14.08%	0%		0%	0%
Engineering			13.27%	31.27%		30.72%	28.79%
WS1000	ENGINEERING	Duration	13.27%	0%	0%	0%	13.27%
Civil, Architecture&Structure			13.27%	31.27%		30.72%	28.79%
Specification			17.22%	80.56%		78.11%	78.35%
EN1000	Engineering 01	Units	100%	100%	0%	100%	100%
EN1010	Engineering 02	Duration	100%	100%	0%	100%	100%
EN1020	Engineering 03	Duration	100%	100%	0%	100%	100%
EN1030	Engineering 04	Duration	66.67%	67.74%	0%	67.74%	66.67%
EN1040	Engineering 05	Duration	0%	0%	0%	0%	0%
EN1050	Engineering 06	Duration	0%	0%	0%	0%	0%
EN1060	Engineering 07	Duration	100%	100%	0%	100%	100%
Drawings			14.06%	4.86%		4.86%	1.67%
EN2000	Engineering 08	Physical	14.29%	21.74%	10%	21.74%	10%
EN2010	Engineering 09	Duration	0%	0%	0%	0%	0%
EN2015	Engineering 10-1	Duration	20%	0%	0%	0%	20%
EN2020	Engineering 10-2	Duration	0%	0%	0%	0%	0%
EN2030	Engineering 11	Duration	0%	0%	0%	0%	0%
EN2040	Engineering 12	Duration	0%	0%	0%	0%	0%
EN2050	Engineering 13	Duration	0%	11.43%	0%	11.43%	0%
EN2060	Engineering 14	Duration	0%	0%	0%	0%	0%
Engineering for Procurement			10.11%	11.11%		9.52%	9.52%
EN3000	Engineering 15	Duration	100%	100%	0%	100%	100%
EN3010	Engineering 16	Duration	0%	0%	0%	0%	0%
EN3020	Engineering 17	Duration	0%	0%	0%	0%	0%
EN3030	Engineering 18	Duration	0%	0%	0%	0%	0%
EN3040	Engineering 19	Duration	0%	0%	0%	0%	0%
EN3050	Engineering 20	Duration	0%	0%	0%	0%	0%
Procurement			0%	0%		0%	0%
WS1010	PROCUREMENT	Duration	0%	0%	0%	0%	0%
Civil, Architecture&Structure			0%	0%		0%	0%

▲ [그림6-4-3-25] Percent Complete 실습 결과

4 Project Status Analysis – Earned Value Analysis

프로젝트가 계획된 일정과 비용 안에서 수행되기 위해서는 지속적인 관리가 필요하며 현재 시점에서 현황 파악 및 향후 예측은 매우 중요한 관리 지표로 사용된다. 또한 프로젝트 관련 이해관계자들 간 공유 및 이해를 위해서 이러한 지표는 계량화되어 숫자로 표현될 수 있어야 한다. 이를 위한 대표적인 분석 기법으로 Earned Value Analysis(EVA)가 있다.

본 장에서는 EVA 관련 지표를 Primavera P6에서 활용하여 현황 파악 및 향후 예측에 대한 분석 방법에 대해 알아본다.

EVA 분석에는 프로젝트의 계획요소, 현재 프로젝트 진행에 따른 측정요소, 해당 요소들을 활용한 차이 및 분석요소, 그리고 향후를 예측하는 예측요소가 있으며 여러 상황을 가정하여 미래를 시뮬레이션 해볼 수 있다.

EVA에서는 각 시점마다 Planned Value(PV), Earned Value(EV), Actual Cost(AC)의 3가지 주요 지표를 측정하여 현 상태를 분석하고 향후 예측에 적용한다. 각 지표를 Primavera P6에 적용하면 PV는 Baseline Data, EV는 Performance %, AC는 Actual Cost로 설명할 수 있다. 그러므로 신뢰도 있는 분석 및 예측을 위해서는 신뢰도 있는 CPM 일정과 비용(또는 자원)의 분개가 우선 되어야 할 것이다.

01_ Planned Value(PV)는 해당 시점까지의 계획 요소로서 Primavera P6에서 Baseline Data가 적용되며 Project Details 창의 [Setting] 탭에서 Project Baseline과 Primary Baseline(User Baseline) 중에서 선택할 수 있다.

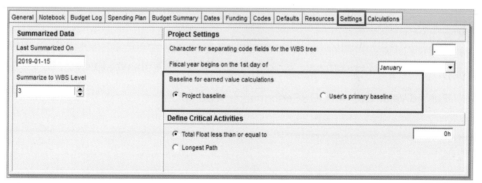

▲ [그림6-4-4-1] PV 적용 Baseline 설정

02_ PV 값은 Activity Table에서 Planned Value Cost Column에서 확인할 수 있다.

Activity ID	Activity Name	Planned Value Cost	Earned Value Cost	Actual Cost
Sample Advanced Projec		$83,640.00	$72,120.00	$78,240.00
Milestone		$0.00	$0.00	$0.00
Engineering		$82,920.00	$72,120.00	$78,240.00
WS1000	ENGINEERING	$0.00	$0.00	$0.00
Civil, Architecture&Structure		$82,920.00	$72,120.00	$78,240.00
Specification		$73,800.00	$68,400.00	$69,600.00
EN1000	Engineering 01	$18,000.00	$18,000.00	$21,600.00
EN1010	Engineering 02	$18,000.00	$18,000.00	$18,000.00
EN1020	Engineering 03	$16,200.00	$16,200.00	$12,000.00
EN1030	Engineering 04	$16,200.00	$10,800.00	$12,600.00
EN1040	Engineering 05	$0.00	$0.00	$0.00
EN1050	Engineering 06	$0.00	$0.00	$0.00
EN1060	Engineering 07	$5,400.00	$5,400.00	$5,400.00
Drawings		$7,920.00	$2,520.00	$7,440.00
EN2000	Engineering 08	$6,480.00	$2,520.00	$6,000.00
EN2010	Engineering 09	$0.00	$0.00	$0.00

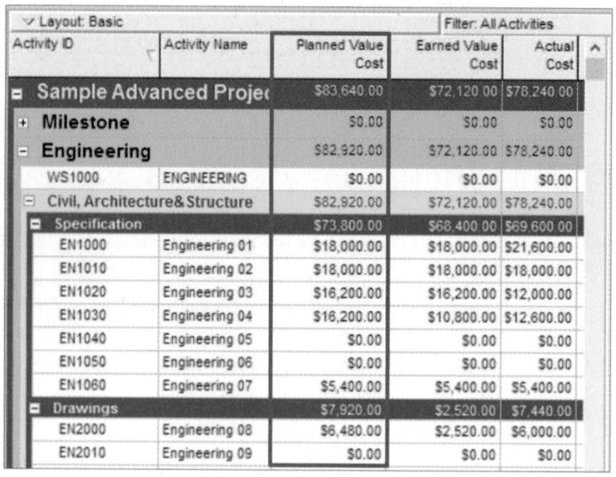

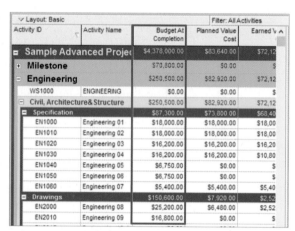

▲ [그림6-4-4-2] Planned Value Cost 보기

> **TiP**
>
> EVA 관련 수치는 Column은 Earned Value Category에서 확인할 수 있다.

03_ PV의 총계, 즉 프로젝트에서 계획된 최종 일정 및 업무량(비용, 자원)은 Budget At Completion(BAC)이며, Budget At Completion Column을 확인하면 된다.

Activity ID	Activity Name	Budget At Completion	Planned Value Cost	Earned V
Sample Advanced Projec		$4,378,000.00	$83,640.00	$72,12
Milestone		$70,800.00	$0.00	$
Engineering		$250,500.00	$82,920.00	$72,12
WS1000	ENGINEERING	$0.00	$0.00	$
Civil, Architecture&Structure		$250,500.00	$82,920.00	$72,12
Specification		$87,300.00	$73,800.00	$68,40
EN1000	Engineering 01	$18,000.00	$18,000.00	$18,00
EN1010	Engineering 02	$18,000.00	$18,000.00	$18,00
EN1020	Engineering 03	$16,200.00	$16,200.00	$16,20
EN1030	Engineering 04	$16,200.00	$16,200.00	$10,80
EN1040	Engineering 05	$6,750.00	$0.00	$
EN1050	Engineering 06	$6,750.00	$0.00	$
EN1060	Engineering 07	$5,400.00	$5,400.00	$5,40
Drawings		$150,600.00	$7,920.00	$2,52
EN2000	Engineering 08	$25,200.00	$6,480.00	$2,52
EN2010	Engineering 09	$16,800.00	$0.00	$

▲ [그림6-4-4-3] Budget At Completion 보기

> **TiP**
>
> BAC는 Baseline 값을 적용하므로 EVA에 적용할 Baseline과 동일하다.

04_ Earned Value(EV)는 해당 시점까지의 획득 성과 요소로서 각 Activity의 진도율과 관련이 있다. 즉 앞서 알아본 Performance % Complete가 핵심이며 Primavera P6에서 EV 계산은 다음과 같다.

"Earned Value Cost = BAC × Performance % Complete"

05_ EV 측정은 Activity의 Performance % Complete가 중요한 영향을 미치므로 Performance % Complete 적용 설정이 매우 중요하다. 이러한 설정은 WBS Detail 창의 [Earned Value] 탭에서 설정할 수 있다.

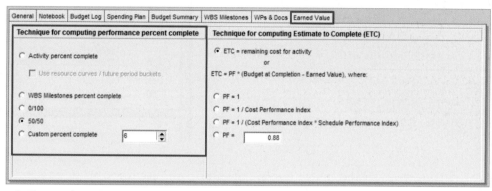

▲ [그림6-4-4-4] EV 적용 Performance % Complete 설정

06_ Activity 일정 또는 비용 상태는 동일하나 Performance % Complete 적용 설정에 따라 EV값이 달라진다.

TiP

항목별 설명은 Part 06→Chapter 04→03.Project Status Analysis – Percent Complete를 참고하도록 한다.

07_ EV 값은 Activity Table의 Earned Value Cost Column에서 확인할 수 있다.

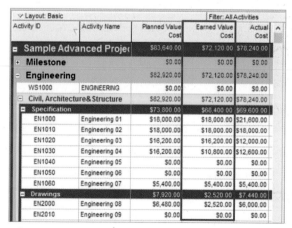

▲ [그림6-4-4-5] Earned Value Cost 보기

08_ Actual Cost(AC)는 해당 시점까지의 실제 투입된 비용으로서 각 Activity의 Actual Cost가 적용되며 Activity Table에서 Actual Cost Column을 확인할 수 있다.

Layout: Basic | Filter: All Activities

Activity ID	Activity Name	Planned Value Cost	Earned Value Cost	Actual Cost
Sample Advanced Projec		$83,640.00	$72,120.00	$78,240.00
Milestone		$0.00	$0.00	$0.00
Engineering		$82,920.00	$72,120.00	$78,240.00
WS1000	ENGINEERING	$0.00	$0.00	$0.00
Civil, Architecture&Structure		$82,920.00	$72,120.00	$78,240.00
Specification		$73,800.00	$68,400.00	$69,600.00
EN1000	Engineering 01	$18,000.00	$18,000.00	$21,600.00
EN1010	Engineering 02	$18,000.00	$18,000.00	$18,000.00
EN1020	Engineering 03	$16,200.00	$16,200.00	$12,000.00
EN1030	Engineering 04	$16,200.00	$10,800.00	$12,600.00
EN1040	Engineering 05	$0.00	$0.00	$0.00
EN1050	Engineering 06	$0.00	$0.00	$0.00
EN1060	Engineering 07	$5,400.00	$5,400.00	$5,400.00
Drawings		$7,920.00	$2,520.00	$7,440.00
EN2000	Engineering 08	$6,480.00	$2,520.00	$6,000.00
EN2010	Engineering 09	$0.00	$0.00	$0.00

▲ [그림6-4-4-6] Actual Cost 보기

다음은 현재 상태에서 측정을 통해 확인할 수 있는 PV, EV, AC 요소들을 활용하여 현재상태를 분석하는 방법에 대해 알아본다.

09_ Schedule Variance(SV)는 해당 시점까지의 일정 차이로서 EV와 PV의 차이로 계산된다.

"Schedule Variance(SV) = EV – PV"

즉 해당 시점까지 완료된 업무의 양 대비 완료하기로 계획된 업무의 양을 비교하여 음수(–)가 나오면 계획된 업무만큼 완료하지 못함을, 양수(+)가 나오면 계획된 업무보다 더 많은 양을 완료함을 의미한다. 일반적으로 음수(–)는 일정이 늦어짐을, 양수(+)는 일정이 빨라지고 있다고 해석할 수 있다.

TiP

프로젝트 전체 종료일의 지연, 단축의 분석을 위해서는 Critical Path만의 SV 분석이 필요하다. CP가 아닌 Activity들이 Total Float 내에서 지연된다면 프로젝트 전체 종료일에는 여유가 있기 때문이다.

10_ SV 값은 Activity Table에서 Schedule Variance Column을 확인할 수 있다.

Layout: Basic | Filter: All Activities

Activity ID	Activity Name	Schedule Variance	Schedule Performance Index	Cost Variance	Cost Performance Index
Sample Advanced Projec		($11,520.00)	0.86	($6,120.00)	0.92
Milestone		$0.00	0.00	$0.00	0.00
Engineering		($10,800.00)	0.87	($6,120.00)	0.92
WS1000	ENGINEERING	$0.00	0.00	$0.00	0.00
Civil, Architecture&Structure		($10,800.00)	0.87	($6,120.00)	0.92
Specification		($5,400.00)	0.93	($1,200.00)	0.98
EN1000	Engineering 01	$0.00	1.00	($3,600.00)	0.83
EN1010	Engineering 02	$0.00	1.00	$0.00	1.00
EN1020	Engineering 03	$0.00	1.00	$4,200.00	1.35
EN1030	Engineering 04	($5,400.00)	0.67	($1,800.00)	0.86
EN1040	Engineering 05	$0.00	0.00	$0.00	0.00
EN1050	Engineering 06	$0.00	0.00	$0.00	0.00
EN1060	Engineering 07	$0.00	1.00	$0.00	1.00
Drawings		($5,400.00)	0.32	($4,920.00)	0.34
EN2000	Engineering 08	($3,960.00)	0.39	($3,480.00)	0.42
EN2010	Engineering 09	$0.00	0.00	$0.00	0.00

▲ [그림6-4-4-7] Schedule Variance 보기

11_ Cost Variance(CV)는 해당 시점까지의 비용 차이로서 EV와 AC 차이로 계산된다.

"Cost Variance(CV) = EV - AC"

즉 해당 시점까지 완료된 업무의 양 대비 실제 투입된 비용을 비교하여 음수(–)가 나오면 완료된 업무보다 비용이 초과 투입됨을, 양수(+)가 나오면 완료된 업무보다 비용이 절감됨을 의미한다.

12_ CV 값은 Activity Table에서 Cost Variance Column을 확인할 수 있다.

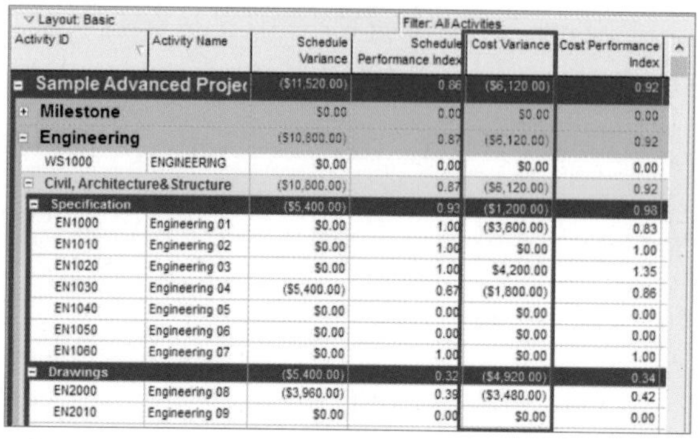

Layout: Basic | Filter: All Activities

Activity ID	Activity Name	Schedule Variance	Schedule Performance Index	Cost Variance	Cost Performance Index
Sample Advanced Projec		($11,520.00)	0.86	($6,120.00)	0.92
Milestone		$0.00	0.00	$0.00	0.00
Engineering		($10,800.00)	0.87	($6,120.00)	0.92
WS1000	ENGINEERING	$0.00	0.00	$0.00	0.00
Civil, Architecture&Structure		($10,800.00)	0.87	($6,120.00)	0.92
Specification		($5,400.00)	0.93	($1,200.00)	0.98
EN1000	Engineering 01	$0.00	1.00	($3,600.00)	0.83
EN1010	Engineering 02	$0.00	1.00	$0.00	1.00
EN1020	Engineering 03	$0.00	1.00	$4,200.00	1.35
EN1030	Engineering 04	($5,400.00)	0.67	($1,800.00)	0.86
EN1040	Engineering 05	$0.00	0.00	$0.00	0.00
EN1050	Engineering 06	$0.00	0.00	$0.00	0.00
EN1060	Engineering 07	$0.00	1.00	$0.00	1.00
Drawings		($5,400.00)	0.32	($4,920.00)	0.34
EN2000	Engineering 08	($3,960.00)	0.39	($3,480.00)	0.42
EN2010	Engineering 09	$0.00	0.00	$0.00	0.00

▲ [그림6-4-4-8] Cost Variance 보기

13_ Schedule Performance Index(SPI)는 해당 시점까지의 일정 성과 지수로서 EV대비 PV의 비율로 계산된다.

"Schedule Performance Index(SPI) = EV/PV"

즉 EV와 PV를 비교하여 1보다 작으면 계획된 업무만큼 완료하지 못함을, 1보다 크면 계획된 업무보다 더 많은 양을 완료함을 의미한다. 일반적으로 1보다 작으면 해당 비율만큼 일정이 늦어짐을, 1보다 크면 해당 비율만큼 일정이 빨라지고 있다고 해석할 수 있다.

14_ SPI 값은 Activity Table에서 Schedule Performance Index Column을 확인할 수 있다.

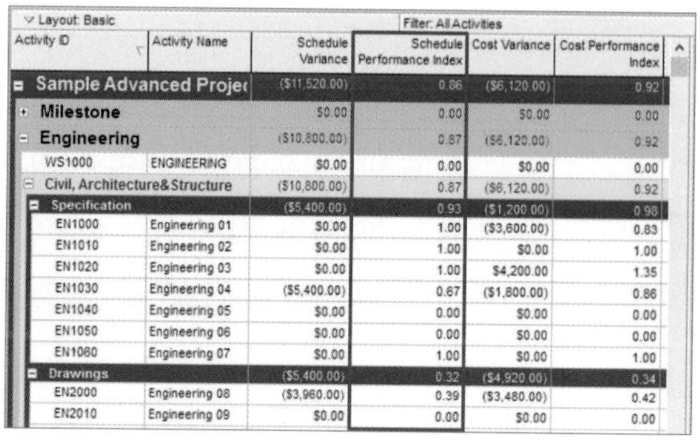

Layout: Basic | Filter: All Activities

Activity ID	Activity Name	Schedule Variance	Schedule Performance Index	Cost Variance	Cost Performance Index
Sample Advanced Projec		($11,520.00)	0.86	($6,120.00)	0.92
Milestone		$0.00	0.00	$0.00	0.00
Engineering		($10,800.00)	0.87	($6,120.00)	0.92
WS1000	ENGINEERING	$0.00	0.00	$0.00	0.00
Civil, Architecture&Structure		($10,800.00)	0.87	($6,120.00)	0.92
Specification		($5,400.00)	0.93	($1,200.00)	0.98
EN1000	Engineering 01	$0.00	1.00	($3,600.00)	0.83
EN1010	Engineering 02	$0.00	1.00	$0.00	1.00
EN1020	Engineering 03	$0.00	1.00	$4,200.00	1.35
EN1030	Engineering 04	($5,400.00)	0.67	($1,800.00)	0.86
EN1040	Engineering 05	$0.00	0.00	$0.00	0.00
EN1050	Engineering 06	$0.00	0.00	$0.00	0.00
EN1060	Engineering 07	$0.00	1.00	$0.00	1.00
Drawings		($5,400.00)	0.32	($4,920.00)	0.34
EN2000	Engineering 08	($3,960.00)	0.39	($3,480.00)	0.42
EN2010	Engineering 09	$0.00	0.00	$0.00	0.00

▲ [그림6-4-4-9] Schedule Performance Index 보기

15_ Cost Performance Index(CPI)는 해당 시점까지의 비용 성과 지수로서 EV대비 AC의 비율로 계산된다.

"Cost Performance Index(CPI) = EV/AC"

즉 EV와 AC를 비교하여 1보다 작으면 업무보다 비용이 초과 투입됨을, 1보다 크면 완료된 업무보다 비용이 절감됨을 의미한다.

16_ CPI 값은 Activity Table에서 Cost Performance Index Column을 확인할 수 있다.

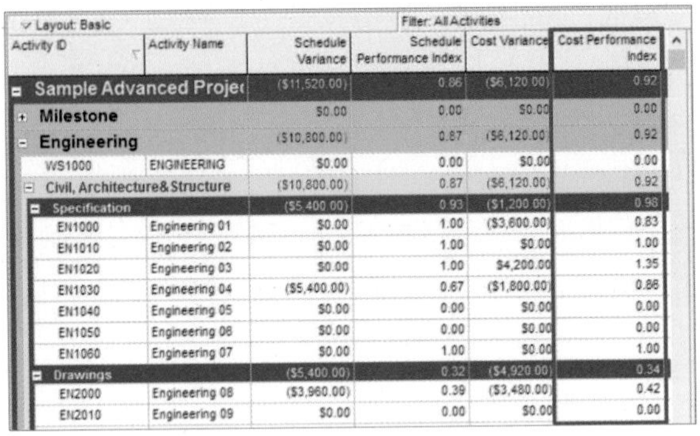

▲ [그림6-4-4-10] Cost Performance Index 보기

17_ SV와 SPI, CV와 CPI의 의미가 유사하지만, SV와 CV는 양적인 의미, SPI와 CPI는 효율로서의 의미를 갖는다. 예를 들어 A 프로젝트의 PV가 10,000원, EV는 8,000원이며 B 프로젝트의 PV가 100,000원, EV는 98,000원이라고 가정하면 A, B 프로젝트의 SV와 SPI는 아래와 같다.

프로젝트	SV	SPI
A	2,000원 (8,000원-10,000원)	0.80 (8,000원/10,000원)
B	2,000원 (98,000원-100,000원)	0.98 (98,000원/100,000원)

▲ [표6-4-4-1] SV와 SPI 비교

SV는 2,000원으로 동일하지만, SPI는 0.80, 0.98로 달라진다. 즉 미달성된 업무의 양은 동일하지만, 업무 달성 효율은 크게 달라질 수 있는 것이다. 이것은 미래에 미달성 업무의 회복에 대한 노력 정도도 달라질 것이며 프로젝트 완료 시점에 최종 발생할 일정 지연 정도도 달라질 것이다.

다음은 지금까지 분석된 요소들을 활용하여 미래를 예측하는 방법에 대해 알아본다.

18_ Estimate To Complete(ETC)는 현재 시점부터 프로젝트가 완료될 때까지 남아있는 업무를 수행하는데 얼마만큼의 비용이나 자원이 투입될 것인지를 예측하는 것으로서 일반적으로 3가지로 계산해 볼 수 있다.

– ETC 1=BAC–EV

– ETC 2=(BAC–EV)/CPI

– ETC 3=(BAC–EV)/(CPI×SPI)

ETC 1은 계획된 전체 업무의 양에서 현재 완료된 업무의 양을 뺀 잔여 업무의 양 만큼만 투입이 될 것이라고 예측하는 것으로 계획된 총비용에서 추가 비용은 없다는 가정으로 예측하는 것이다.

ETC 2는 ETC 1에서 즉 현재 기준으로 남아 있는 잔여 업무를 수행하는 데 현재 비용 성과 지수인 CPI를 적용해 보는 것으로서 현재 CPI가 1보다 클 경우 잔여 작업에서도 비용이나 자원을 절약할 수 있음을, 현재 CPI가 1보다 작을 경우 잔여 작업에서도 추가로 비용이나 자원이 초과 투입될 것을 예측하는 것이다.

ETC 3는 ETC 2의 개념에 SPI도 적용하여 예측해 볼 수 있는 것이다.

일반적으로 CPI와 SPI가 1보다 작은 경우 ETC 1을 Optimistic, Most Likely, Pessimistic이라 하며 1보다 큰 경우 그 반대라고 할 수 있다.

19_ ETC 예측의 적용 설정은 WBS Details 창의 [Earned Value] 탭에서 설정 가능하다.

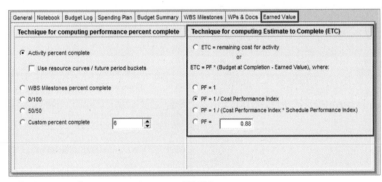

▲ [그림6-4-4-11] Estimate To Complete 계산 설정

20_ ETC 값은 Activity Table에서 Estimate To Complete Column을 확인할 수 있다.

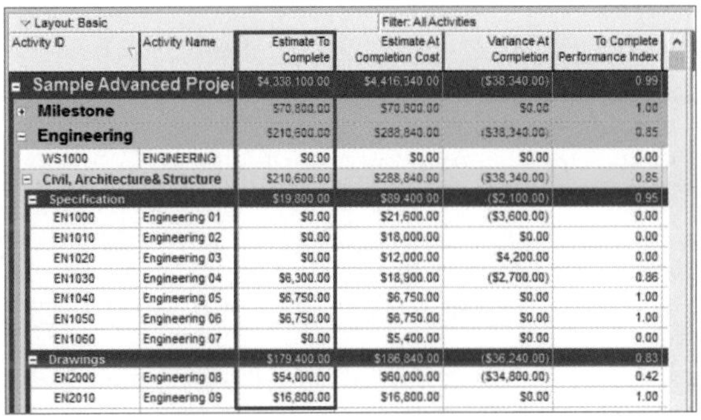

▲ [그림6-4-4-12] Estimate To Complete 보기

21_ Estimate At Completion(EAC)는 현재 기준으로 프로젝트 완료 시 투입될 비용이나 자원의 총 양을 예측하는 것으로서 'AC+ETC'로 계산된다. 앞서 설명한 것처럼 ETC 예측 방법에 따라 EAC도 달라질 것이다.

22_ EAC 값은 Activity Table에서 Estimate At Completion Cost Column을 확인할 수 있다.

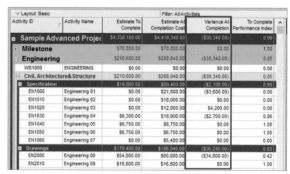

▲ [그림6-4-4-13] Estimate At Completion Cost 보기

23_ Variance At Completion(VAC)은 프로젝트 완료 시점에서 계획된 총 양과 실제 완료될 것을 예측한 총 양의 차이로 'BAC-EAC'로 계산된다. 위에서 측정, 분석, 예측했던 값의 계산을 근거로 최종적으로 VAC가 얼마만큼 발생될 것인지 예측하는 것이다. 현재 시점의 상태가 완료 시점에는 얼마만큼의 영향을 미칠지 예측하여 현재 상태를 개선해야 하는 근거로 사용될 수 있다.

24_ VAC 값은 Activity Table에서 Variance At Completion Column을 확인할 수 있다.

Activity ID	Activity Name	Estimate To Complete	Estimate At Completion Cost	Variance At Completion	To Complete Performance Index
Sample Advanced Projec		$4,338,100.00	$4,416,340.00	($38,340.00)	0.99
Milestone		$70,800.00	$70,800.00	$0.00	1.00
Engineering		$210,600.00	$288,840.00	($38,340.00)	0.85
WS1000	ENGINEERING	$0.00	$0.00	$0.00	0.00
Civil, Architecture& Structure		$210,600.00	$288,840.00	($38,340.00)	0.85
Specification		$19,800.00	$89,400.00	($2,100.00)	0.95
EN1000	Engineering 01	$0.00	$21,600.00	($3,600.00)	0.00
EN1010	Engineering 02	$0.00	$18,000.00	$0.00	0.00
EN1020	Engineering 03	$0.00	$12,000.00	$4,200.00	0.00
EN1030	Engineering 04	$6,300.00	$18,900.00	($2,700.00)	0.86
EN1040	Engineering 05	$6,750.00	$6,750.00	$0.00	1.00
EN1050	Engineering 06	$6,750.00	$6,750.00	$0.00	1.00
EN1060	Engineering 07	$0.00	$5,400.00	$0.00	0.00
Drawings		$179,400.00	$186,840.00	($36,240.00)	0.83
EN2000	Engineering 08	$54,000.00	$60,000.00	($34,800.00)	0.42
EN2010	Engineering 09	$16,800.00	$16,800.00	$0.00	1.00

▲ [그림6-4-4-14] Variance At Completion 보기

25_ To Complete Performance Index(TCPI)는 현재 시점에서 산정된 잔여 비용 및 자원으로 잔여 업무를 수행하는 데 필요한 달성 효율을 의미하며 일반적으로 두 가지로 계산할 수 있다.

- TCPI 1=(BAC - EV)/(BAC - AC)
- TCPI 2=(BAC - EV)/(EAC - AC)

TCPI 1은 계획된 총비용이나 자원이 변경되지 않는 가정하에 현재 남은 비용이나 자원으로 남아 있는 업무를 수행하기 위해 얼마만큼의 생산성을 발휘해야 하는지 예측하는 것이다. 예를 들어 TCPI 1의 결과가 1.5라면 현재 남아 있는 비용으로 프로젝트를 완료하기 위해서는 1.5배 이상의 생산성을 발휘해야 하는 것을 예측할 수 있다.

TCPI 2는 현재 기준으로 예측한 향후 발생 될 총비용이나 자원으로 남아 있는 업무를 수행하기 위한 생산성을 예측하는 것이다. 예를 들어 TCPI 1과 달리 EAC를 추가 가능한 범위의 금액을 넣어서 계산해 보면 현 프로젝트가 앞으로 완료 시까지 발휘해야 하는 최소 공사비 지출 지수를 예측해 볼 수 있다.

26_ TCPI 값은 Activity Table에서 To Complete Performance Index Column을 확인할 수 있으며 Primavera P6에서는 위 설명 중 TCPI 2의 계산식을 따른다. 하지만, ETC 적용 설정을 'BAC-EV'로 하면 ETC 1의 계산 결과를 도출할 수 있다.

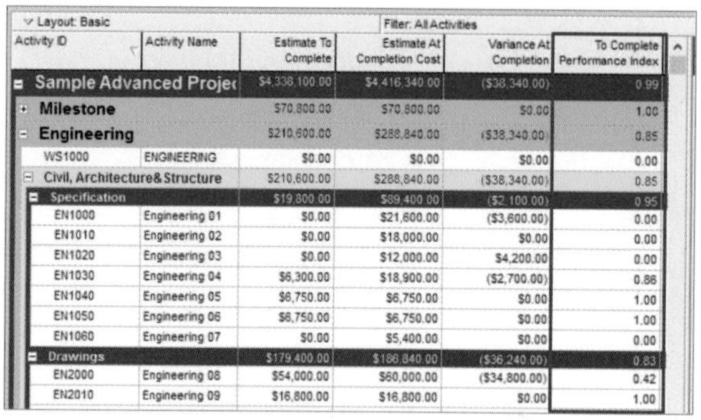

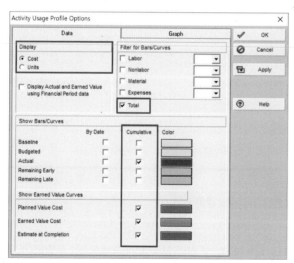

▲ [그림6-4-4-15] To Complete Performance Index 보기

27_ Activity Usage Profile에서 EMVS 관련 종합적인 Curve를 확인할 수 있으며 다음과 같이 설정하도록 한다.

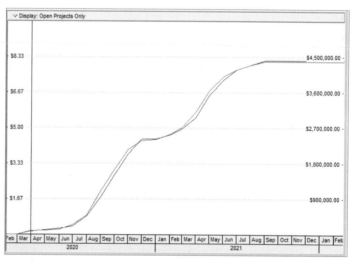

▲ [그림6-4-4-16] Activity Usage Profile Option 설정

▲ [그림6-4-4-17] EVMS Curve 보기

TiP

WBS Details 창의 [Earned Value] 탭에서 EV 및 ETC 적용 설정을 달리하면 다양한 설정별 결과를 확인할 수 있다.

Earned Value Analysis

과제

▷ SP_AC01 Project를 Open합니다.

▷ Activity Table에 다음의 Column을 표시하여 각 Column의 값을 확인

- Budget At Completion
- Planned Value Cost
- Earned Value Cost
- Actual Cost
- Schedule Variance
- Cost Variance
- Schedule Performance Index
- Cost Performance Index
- Estimate to Complete
- Estimate at Completion Cost
- Variance at Completion
- Percent Complete Type
- Performance % Complete

▷ Activity Usage Profile에 다음의 항목을 표시하여 값을 확인

- Data : Total Cost
- Actual Cumulative
- Planned Value Cost
- Earned Value Cost
- Estimate at Completion Cost

▷ 전체 Activity의 Percent Complete Type을 'Unit'으로 변경 후 각각의 값을 확인

▷ 'Drawings' WBS Details 창의 Performance percent Complete 계산을 WBS Milestone으로 설정한 후 WBS Milestone 1번 항목의 Completed 박스 체크 후 각각의 값을 확인

▷ 프로젝트 전체의 Performance percent Complete 계산을 50/50으로 설정한 후 각각의 값을 확인

▷ 다음의 경우 프로젝트 전체의 ETC 계산을 CPI를 적용한 WBS Level 2까지 VAC 값을 확인하시오.

- 프로젝트 전체의 Performance percent Complete 계산을 Activity percent Complete로 설정하고 전체 Activity의 Percent Complete Type을 Duration % Complete로 설정
- 프로젝트 전체의 Performance percent Complete 계산을 50/50으로 설정
- 프로젝트 전체의 Performance percent Complete 계산을 0/100으로 설정

결과

Activity ID	Activity Name	Budget At Completion	Planned Value Cost	Earned Value Cost	Actual Cost	Schedule Variance	Cost Variance	Schedule Performance Index	Cost Performance Index	Estimate To Complete	Estimate At Completion Cost	Variance At Completion	Percent Complete Type	Performance % Complete
Sample Advanced Proj		$4,378,000.00	$83,640.00	$72,120.00	$78,240.00	($11,520.00)	($6,120.00)	0.86	0.92	$4,338,100.00	$4,416,340.00	($38,340.00)		1.65%
Milestone		$70,800.00	$0.00	$0.00	$0.00	$0.00	$0.00	0.00	0.00	$70,800.00	$70,800.00	$0.00		0%
Engineering		$250,500.00	$82,920.00	$72,120.00	$78,240.00	($10,800.00)	($6,120.00)	0.87	0.92	$210,600.00	$288,640.00	($38,340.00)		28.79%
WS1000	ENGINEERING	$0.00	$0.00	$0.00	$0.00	$0.00	$0.00	0.00	0.00	$0.00	$0.00	$0.00	Duration	13.27%
Civil, Architecture&Structure		$250,500.00	$82,920.00	$72,120.00	$78,240.00	($10,800.00)	($6,120.00)	0.87	0.92	$210,600.00	$288,640.00	($38,340.00)		28.79%
Specification		$87,300.00	$73,800.00	$68,400.00	$69,600.00	($5,400.00)	($1,200.00)	0.93	0.98	$19,800.00	$89,400.00	($2,100.00)		78.35%
EN1000	Engineering 01	$18,000.00	$18,000.00	$18,000.00	$21,600.00	$0.00	($3,600.00)	1.00	0.83	$0.00	$21,600.00	($3,600.00)	Duration	100%
EN1010	Engineering 02	$18,000.00	$18,000.00	$18,000.00	$18,000.00	$0.00	$0.00	1.00	1.00	$0.00	$18,000.00	$0.00	Duration	100%
EN1020	Engineering 03	$16,200.00	$16,200.00	$16,200.00	$12,000.00	$0.00	$4,200.00	1.00	1.35	$0.00	$12,000.00	$4,200.00	Duration	100%
EN1030	Engineering 04	$16,200.00	$16,200.00	$10,800.00	$12,600.00	($5,400.00)	($1,800.00)	0.67	0.86	$6,300.00	$18,900.00	($2,700.00)	Duration	66.67%
EN1040	Engineering 05	$6,750.00	$0.00	$0.00	$0.00	$0.00	$0.00	0.00	0.00	$6,750.00	$6,750.00	$0.00	Duration	0%
EN1050	Engineering 06	$6,750.00	$0.00	$0.00	$0.00	$0.00	$0.00	0.00	0.00	$6,750.00	$6,750.00	$0.00	Duration	0%
EN1060	Engineering 07	$5,400.00	$5,400.00	$5,400.00	$5,400.00	$0.00	$0.00	1.00	1.00	$0.00	$5,400.00	$0.00	Duration	100%
Drawings		$150,600.00	$7,920.00	$2,520.00	$7,440.00	($5,400.00)	($4,920.00)	0.32	0.34	$179,400.00	$186,840.00	($36,240.00)		1.67%
EN2000	Engineering 08	$25,200.00	$6,480.00	$2,520.00	$6,000.00	($3,960.00)	($3,480.00)	0.39	0.42	$54,000.00	$60,000.00	($34,800.00)	Physical	10%
EN2010	Engineering 09	$16,800.00	$0.00	$0.00	$0.00	$0.00	$0.00	0.00	0.00	$16,800.00	$16,800.00	$0.00	Duration	0%
EN2015	Engineering 10-1	$0.00	$0.00	$0.00	$0.00	$0.00	$0.00	0.00	0.00	$0.00	$0.00	$0.00	Duration	20%
EN2020	Engineering 10-2	$36,000.00	$0.00	$0.00	$0.00	$0.00	$0.00	0.00	0.00	$36,000.00	$36,000.00	$0.00	Duration	0%
EN2030	Engineering 11	$24,000.00	$0.00	$0.00	$0.00	$0.00	$0.00	0.00	0.00	$24,000.00	$24,000.00	$0.00	Duration	0%
EN2040	Engineering 12	$21,600.00	$0.00	$0.00	$0.00	$0.00	$0.00	0.00	0.00	$21,600.00	$21,600.00	$0.00	Duration	0%
EN2050	Engineering 13	$12,600.00	$1,440.00	$0.00	$1,440.00	($1,440.00)	($1,440.00)	0.00	0.00	$12,600.00	$14,040.00	($1,440.00)	Duration	0%
EN2060	Engineering 14	$14,400.00	$0.00	$0.00	$0.00	$0.00	$0.00	0.00	0.00	$14,400.00	$14,400.00	$0.00	Duration	0%
Engineering for Procuremen		$12,600.00	$1,200.00	$1,200.00	$1,200.00	$0.00	$0.00	1.00	1.00	$11,400.00	$12,600.00	$0.00		9.52%
EN3000	Engineering 15	$1,200.00	$1,200.00	$1,200.00	$1,200.00	$0.00	$0.00	1.00	1.00	$0.00	$1,200.00	$0.00	Duration	100%
EN3010	Engineering 16	$2,400.00	$0.00	$0.00	$0.00	$0.00	$0.00	0.00	0.00	$2,400.00	$2,400.00	$0.00	Duration	0%
EN3020	Engineering 17	$1,500.00	$0.00	$0.00	$0.00	$0.00	$0.00	0.00	0.00	$1,500.00	$1,500.00	$0.00	Duration	0%
EN3030	Engineering 18	$3,000.00	$0.00	$0.00	$0.00	$0.00	$0.00	0.00	0.00	$3,000.00	$3,000.00	$0.00	Duration	0%
EN3040	Engineering 19	$1,500.00	$0.00	$0.00	$0.00	$0.00	$0.00	0.00	0.00	$1,500.00	$1,500.00	$0.00	Duration	0%
EN3050	Engineering 20	$3,000.00	$0.00	$0.00	$0.00	$0.00	$0.00	0.00	0.00	$3,000.00	$3,000.00	$0.00	Duration	0%
Procurement		$10,500.00	$720.00	$0.00	$0.00	($720.00)	$0.00	0.00	0.00	$10,500.00	$10,500.00	$0.00		0%
WS1010	PROCUREMENT	$0.00	$0.00	$0.00	$0.00	$0.00	$0.00	0.00	0.00	$0.00	$0.00	$0.00	Duration	0%
Civil, Architecture&Structure		$10,500.00	$720.00	$0.00	$0.00	($720.00)	$0.00	0.00	0.00	$10,500.00	$10,500.00	$0.00		0%
Procurement Service		$10,500.00	$720.00	$0.00	$0.00	($720.00)	$0.00	0.00	0.00	$10,500.00	$10,500.00	$0.00		0%
Pile		$6,000.00	$720.00	$0.00	$0.00	($720.00)	$0.00	0.00	0.00	$6,000.00	$6,000.00	$0.00		0%
PR1000	Procurement 01	$720.00	$720.00	$0.00	$0.00	($720.00)	$0.00	0.00	0.00	$720.00	$720.00	$0.00	Duration	0%
PR1010	Procurement 02	$320.00	$0.00	$0.00	$0.00	$0.00	$0.00	0.00	0.00	$320.00	$320.00	$0.00	Duration	0%
PR1020	Procurement 03	$960.00	$0.00	$0.00	$0.00	$0.00	$0.00	0.00	0.00	$960.00	$960.00	$0.00	Duration	0%
PR1030	Procurement 04	$3,600.00	$0.00	$0.00	$0.00	$0.00	$0.00	0.00	0.00	$3,600.00	$3,600.00	$0.00	Duration	0%
PR1040	Procurement 05	$400.00	$0.00	$0.00	$0.00	$0.00	$0.00	0.00	0.00	$400.00	$400.00	$0.00	Duration	0%
Stell Structure		$4,500.00	$0.00	$0.00	$0.00	$0.00	$0.00	0.00	0.00	$4,500.00	$4,500.00	$0.00		0%
PR2000	Procurement 06	$1,800.00	$0.00	$0.00	$0.00	$0.00	$0.00	0.00	0.00	$1,800.00	$1,800.00	$0.00	Duration	0%
PR2010	Procurement 07	$450.00	$0.00	$0.00	$0.00	$0.00	$0.00	0.00	0.00	$450.00	$450.00	$0.00	Duration	0%
PR2020	Procurement 08	$1,800.00	$0.00	$0.00	$0.00	$0.00	$0.00	0.00	0.00	$1,800.00	$1,800.00	$0.00	Duration	0%
PR2030	Procurement 09	$450.00	$0.00	$0.00	$0.00	$0.00	$0.00	0.00	0.00	$450.00	$450.00	$0.00	Duration	0%

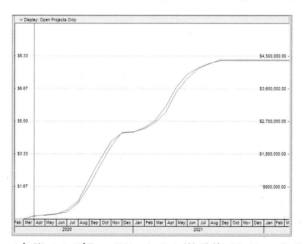

▲ [그림6-4-4-18] Earned Value Analysis 실습 결과(Activity Table)

▲ [그림6-4-4-19] Earned Value Analysis 실습 결과(Activity Usage Profile)

Activity ID	Activity Name	Budget At Completion	Planned Value Cost	Earned Value Cost	Actual Cost	Schedule Variance	Cost Variance	Schedule Performance Index	Cost Performance Index	Estimate To Complete	Estimate At Completion Cost	Variance At Completion	Percent Complete Type	Performance % Complete
Sample Advanced Proj		$4,378,000.00	$83,640.00	$76,692.45	$78,240.00	($6,947.55)	($1,547.55)	0.92	0.98	$4,303,960.00	$4,382,200.00	($4,200.00)		1.75%
Milestone		$70,800.00	$0.00	$0.00	$0.00	$0.00	$0.00	0.00	0.00	$70,800.00	$70,800.00	$0.00		0%
Engineering		$250,500.00	$82,920.00	$76,692.45	$78,240.00	($6,227.55)	($1,547.55)	0.92	0.98	$176,480.00	$254,700.00	($4,200.00)		30.62%
WS1000	ENGINEERING	$0.00	$0.00	$0.00	$0.00	$0.00	$0.00	0.00	0.00	$0.00	$0.00	$0.00	Units	0%
Civil, Architecture&Structure		$250,500.00	$82,920.00	$76,692.45	$78,240.00	($6,227.55)	($1,547.55)	0.92	0.98	$176,460.00	$254,700.00	($4,200.00)		30.62%
Specification		$87,300.00	$73,800.00	$68,574.19	$69,600.00	($5,225.81)	($1,025.81)	0.93	0.99	$19,500.00	$89,100.00	($1,800.00)		78.55%
EN1000	Engineering 01	$18,000.00	$18,000.00	$18,000.00	$21,600.00	$0.00	($3,600.00)	1.00	0.83	$0.00	$21,600.00	($3,600.00)	Units	100%
EN1010	Engineering 02	$18,000.00	$18,000.00	$18,000.00	$18,000.00	$0.00	$0.00	1.00	1.00	$0.00	$18,000.00	$0.00	Units	100%
EN1020	Engineering 03	$16,200.00	$16,200.00	$16,200.00	$12,000.00	$0.00	$4,200.00	1.00	1.35	$0.00	$12,000.00	$4,200.00	Units	100%
EN1030	Engineering 04	$16,200.00	$16,200.00	$10,974.19	$12,600.00	($5,225.81)	($1,625.81)	0.68	0.87	$6,000.00	$18,600.00	($2,400.00)	Units	67.74%
EN1040	Engineering 05	$6,750.00	$0.00	$0.00	$0.00	$0.00	$0.00	0.00	0.00	$6,750.00	$6,750.00	$0.00	Units	0%
EN1050	Engineering 06	$6,750.00	$0.00	$0.00	$0.00	$0.00	$0.00	0.00	0.00	$6,750.00	$6,750.00	$0.00	Units	0%
EN1060	Engineering 07	$5,400.00	$5,400.00	$5,400.00	$5,400.00	$0.00	$0.00	1.00	1.00	$0.00	$5,400.00	$0.00	Units	100%
Drawings		$150,600.00	$7,920.00	$6,918.26	$7,440.00	($1,001.74)	($521.74)	0.87	0.93	$145,560.00	$153,000.00	($2,400.00)		4.59%
EN2000	Engineering 08	$25,200.00	$6,480.00	$5,478.26	$6,000.00	($1,001.74)	($521.74)	0.85	0.91	$21,600.00	$27,600.00	($2,400.00)	Units	21.74%
EN2010	Engineering 09	$16,800.00	$0.00	$0.00	$0.00	$0.00	$0.00	0.00	0.00	$16,800.00	$16,800.00	$0.00	Units	0%
EN2015	Engineering 10-1	$0.00	$0.00	$0.00	$0.00	$0.00	$0.00	0.00	0.00	$0.00	$0.00	$0.00	Units	0%
EN2020	Engineering 10-2	$36,000.00	$0.00	$0.00	$0.00	$0.00	$0.00	0.00	0.00	$36,000.00	$36,000.00	$0.00	Units	0%
EN2030	Engineering 11	$24,000.00	$0.00	$0.00	$0.00	$0.00	$0.00	0.00	0.00	$24,000.00	$24,000.00	$0.00	Units	0%
EN2040	Engineering 12	$21,600.00	$0.00	$0.00	$0.00	$0.00	$0.00	0.00	0.00	$21,600.00	$21,600.00	$0.00	Units	0%
EN2050	Engineering 13	$12,600.00	$1,440.00	$1,440.00	$1,440.00	$0.00	$0.00	1.00	1.00	$11,160.00	$12,600.00	$0.00	Units	11.43%
EN2060	Engineering 14	$14,400.00	$0.00	$0.00	$0.00	$0.00	$0.00	0.00	0.00	$14,400.00	$14,400.00	$0.00	Units	0%
Engineering for Procuremen		$12,600.00	$1,200.00	$1,200.00	$1,200.00	$0.00	$0.00	1.00	1.00	$11,400.00	$12,600.00	$0.00		9.52%
EN3000	Engineering 15	$1,200.00	$1,200.00	$1,200.00	$1,200.00	$0.00	$0.00	1.00	1.00	$0.00	$1,200.00	$0.00	Units	100%
EN3010	Engineering 16	$2,400.00	$0.00	$0.00	$0.00	$0.00	$0.00	0.00	0.00	$2,400.00	$2,400.00	$0.00	Units	0%
EN3020	Engineering 17	$1,500.00	$0.00	$0.00	$0.00	$0.00	$0.00	0.00	0.00	$1,500.00	$1,500.00	$0.00	Units	0%
EN3030	Engineering 18	$3,000.00	$0.00	$0.00	$0.00	$0.00	$0.00	0.00	0.00	$3,000.00	$3,000.00	$0.00	Units	0%
EN3040	Engineering 19	$1,500.00	$0.00	$0.00	$0.00	$0.00	$0.00	0.00	0.00	$1,500.00	$1,500.00	$0.00	Units	0%
EN3050	Engineering 20	$3,000.00	$0.00	$0.00	$0.00	$0.00	$0.00	0.00	0.00	$3,000.00	$3,000.00	$0.00	Units	0%
Procurement		$10,500.00	$720.00	$0.00	$0.00	($720.00)	$0.00	0.00	0.00	$10,500.00	$10,500.00	$0.00		0%
WS1010	PROCUREMENT	$0.00	$0.00	$0.00	$0.00	$0.00	$0.00	0.00	0.00	$0.00	$0.00	$0.00	Units	0%
Civil, Architecture&Structure		$10,500.00	$720.00	$0.00	$0.00	($720.00)	$0.00	0.00	0.00	$10,500.00	$10,500.00	$0.00		0%
Procurement Service		$10,500.00	$720.00	$0.00	$0.00	($720.00)	$0.00	0.00	0.00	$10,500.00	$10,500.00	$0.00		0%
Pile		$6,000.00	$720.00	$0.00	$0.00	($720.00)	$0.00	0.00	0.00	$6,000.00	$6,000.00	$0.00		0%
PR1000	Procurement 01	$720.00	$720.00	$0.00	$0.00	($720.00)	$0.00	0.00	0.00	$720.00	$720.00	$0.00	Units	0%
PR1010	Procurement 02	$320.00	$0.00	$0.00	$0.00	$0.00	$0.00	0.00	0.00	$320.00	$320.00	$0.00	Units	0%
PR1020	Procurement 03	$960.00	$0.00	$0.00	$0.00	$0.00	$0.00	0.00	0.00	$960.00	$960.00	$0.00	Units	0%
PR1030	Procurement 04	$3,600.00	$0.00	$0.00	$0.00	$0.00	$0.00	0.00	0.00	$3,600.00	$3,600.00	$0.00	Units	0%
PR1040	Procurement 05	$400.00	$0.00	$0.00	$0.00	$0.00	$0.00	0.00	0.00	$400.00	$400.00	$0.00	Units	0%
Stell Structure		$4,500.00	$0.00	$0.00	$0.00	$0.00	$0.00	0.00	0.00	$4,500.00	$4,500.00	$0.00		0%
PR2000	Procurement 06	$1,800.00	$0.00	$0.00	$0.00	$0.00	$0.00	0.00	0.00	$1,800.00	$1,800.00	$0.00	Units	0%
PR2010	Procurement 07	$450.00	$0.00	$0.00	$0.00	$0.00	$0.00	0.00	0.00	$450.00	$450.00	$0.00	Units	0%
PR2020	Procurement 08	$1,800.00	$0.00	$0.00	$0.00	$0.00	$0.00	0.00	0.00	$1,800.00	$1,800.00	$0.00	Units	0%
PR2030	Procurement 09	$450.00	$0.00	$0.00	$0.00	$0.00	$0.00	0.00	0.00	$450.00	$450.00	$0.00	Units	0%

▲ [그림6-4-4-20] 전체 Activity를 Unit % Complete Type으로 변경

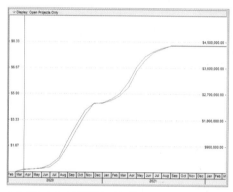

▲ [그림6-4-4-21] 전체 Activity를 Unit % Complete Type으로 변경

Activity ID	Activity Name	Budget At Completion	Planned Value Cost	Earned Value Cost	Actual Cost	Schedule Variance	Cost Variance	Schedule Performance Index	Cost Performance Index	Estimate To Complete	Estimate At Completion Cost	Variance At Completion	Percent Complete Type	Performance % Complete
Sample Advanced Proj		$4,378,000.00	$83,640.00	$84,834.19	$78,240.00	$1,194.19	$6,594.19	1.01	1.08	$4,326,600.00	$4,405,120.00	($27,120.00)		1.94%
Milestone		$70,800.00	$0.00	$0.00	$0.00	$0.00	$0.00	0.00	0.00	$70,800.00	$70,800.00	$0.00		0%
Engineering		$250,500.00	$82,920.00	$84,834.19	$78,240.00	$1,914.19	$6,594.19	1.02	1.08	$199,380.00	$277,620.00	($27,120.00)		33.87%
WS1000	ENGINEERING	$0.00	$0.00	$0.00	$0.00	$0.00	$0.00	0.00	0.00	$0.00	$0.00	$0.00	Units	0%
Civil, Architecture&Structure		$250,500.00	$82,920.00	$84,834.19	$78,240.00	$1,914.19	$6,594.19	1.02	1.08	$199,380.00	$277,620.00	($27,120.00)		33.87%
Specification		$87,300.00	$73,800.00	$68,574.19	$69,600.00	($5,225.81)	($1,025.81)	0.93	0.99	$19,500.00	$89,100.00	($1,800.00)		78.55%
EN1000	Engineering 01	$18,000.00	$18,000.00	$18,000.00	$21,600.00	$0.00	($3,600.00)	1.00	0.83	$0.00	$21,600.00	($3,600.00)	Units	100%
EN1010	Engineering 02	$18,000.00	$18,000.00	$18,000.00	$18,000.00	$0.00	$0.00	1.00	1.00	$0.00	$18,000.00	$0.00	Units	100%
EN1020	Engineering 03	$16,200.00	$16,200.00	$16,200.00	$12,000.00	$0.00	$4,200.00	1.00	1.35	$0.00	$12,000.00	$4,200.00	Units	100%
EN1030	Engineering 04	$16,200.00	$16,200.00	$10,974.19	$12,600.00	($5,225.81)	($1,625.81)	0.68	0.87	$6,000.00	$18,600.00	($2,400.00)	Units	67.74%
EN1040	Engineering 05	$6,750.00	$0.00	$0.00	$0.00	$0.00	$0.00	0.00	0.00	$6,750.00	$6,750.00	$0.00	Units	0%
EN1050	Engineering 06	$6,750.00	$0.00	$0.00	$0.00	$0.00	$0.00	0.00	0.00	$6,750.00	$6,750.00	$0.00	Units	0%
EN1060	Engineering 07	$5,400.00	$5,400.00	$5,400.00	$5,400.00	$0.00	$0.00	1.00	1.00	$0.00	$5,400.00	$0.00	Units	100%
Drawings		$150,600.00	$7,920.00	$15,060.00	$7,440.00	$7,140.00	$7,620.00	1.90	2.02	$168,400.00	$175,920.00	($25,320.00)		10%
EN2000	Engineering 08	$25,200.00	$6,480.00	$2,520.00	$6,000.00	($3,960.00)	($3,480.00)	0.39	0.42	$54,000.00	$60,000.00	($34,800.00)	Units	10%
EN2010	Engineering 09	$16,800.00	$0.00	$1,680.00	$0.00	$1,680.00	$1,680.00	0.00	0.00	$15,120.00	$15,120.00	$1,680.00	Units	10%
EN2015	Engineering 10-1	$0.00	$0.00	$0.00	$0.00	$0.00	$0.00	0.00	0.00	$0.00	$0.00	$0.00	Units	10%
EN2020	Engineering 10-2	$36,000.00	$0.00	$3,600.00	$0.00	$3,600.00	$3,600.00	0.00	0.00	$32,400.00	$32,400.00	$3,600.00	Units	10%
EN2030	Engineering 11	$24,000.00	$0.00	$2,400.00	$0.00	$2,400.00	$2,400.00	0.00	0.00	$21,600.00	$21,600.00	$2,400.00	Units	10%
EN2040	Engineering 12	$21,600.00	$0.00	$2,160.00	$0.00	$2,160.00	$2,160.00	0.00	0.00	$19,440.00	$19,440.00	$2,160.00	Units	10%
EN2050	Engineering 13	$12,600.00	$1,440.00	$1,260.00	$1,440.00	($180.00)	($180.00)	0.88	0.88	$12,960.00	$14,400.00	($1,800.00)	Units	10%
EN2060	Engineering 14	$14,400.00	$0.00	$1,440.00	$0.00	$1,440.00	$1,440.00	0.00	0.00	$12,960.00	$12,960.00	$1,440.00	Units	10%
Engineering for Procuremen		$12,600.00	$1,200.00	$1,200.00	$1,200.00	$0.00	$0.00	1.00	1.00	$11,400.00	$12,600.00	$0.00		9.52%
EN3000	Engineering 15	$1,200.00	$1,200.00	$1,200.00	$1,200.00	$0.00	$0.00	1.00	1.00	$0.00	$1,200.00	$0.00	Units	100%
EN3010	Engineering 16	$2,400.00	$0.00	$0.00	$0.00	$0.00	$0.00	0.00	0.00	$2,400.00	$2,400.00	$0.00	Units	0%
EN3020	Engineering 17	$1,500.00	$0.00	$0.00	$0.00	$0.00	$0.00	0.00	0.00	$1,500.00	$1,500.00	$0.00	Units	0%
EN3030	Engineering 18	$3,000.00	$0.00	$0.00	$0.00	$0.00	$0.00	0.00	0.00	$3,000.00	$3,000.00	$0.00	Units	0%
EN3040	Engineering 19	$1,500.00	$0.00	$0.00	$0.00	$0.00	$0.00	0.00	0.00	$1,500.00	$1,500.00	$0.00	Units	0%
EN3050	Engineering 20	$3,000.00	$0.00	$0.00	$0.00	$0.00	$0.00	0.00	0.00	$3,000.00	$3,000.00	$0.00	Units	0%
Procurement		$10,500.00	$720.00	$0.00	$0.00	($720.00)	$0.00	0.00	0.00	$10,500.00	$10,500.00	$0.00		0%
WS1010	PROCUREMENT	$0.00	$0.00	$0.00	$0.00	$0.00	$0.00	0.00	0.00	$0.00	$0.00	$0.00	Units	0%
Civil, Architecture&Structure		$10,500.00	$720.00	$0.00	$0.00	($720.00)	$0.00	0.00	0.00	$10,500.00	$10,500.00	$0.00		0%
Procurement Service		$10,500.00	$720.00	$0.00	$0.00	($720.00)	$0.00	0.00	0.00	$10,500.00	$10,500.00	$0.00		0%
Pile		$6,000.00	$720.00	$0.00	$0.00	($720.00)	$0.00	0.00	0.00	$6,000.00	$6,000.00	$0.00		0%
PR1000	Procurement 01	$720.00	$720.00	$0.00	$0.00	($720.00)	$0.00	0.00	0.00	$720.00	$720.00	$0.00	Units	0%
PR1010	Procurement 02	$320.00	$0.00	$0.00	$0.00	$0.00	$0.00	0.00	0.00	$320.00	$320.00	$0.00	Units	0%
PR1020	Procurement 03	$960.00	$0.00	$0.00	$0.00	$0.00	$0.00	0.00	0.00	$960.00	$960.00	$0.00	Units	0%
PR1030	Procurement 04	$3,600.00	$0.00	$0.00	$0.00	$0.00	$0.00	0.00	0.00	$3,600.00	$3,600.00	$0.00	Units	0%
PR1040	Procurement 05	$400.00	$0.00	$0.00	$0.00	$0.00	$0.00	0.00	0.00	$400.00	$400.00	$0.00	Units	0%
Stell Structure		$4,500.00	$0.00	$0.00	$0.00	$0.00	$0.00	0.00	0.00	$4,500.00	$4,500.00	$0.00		0%
PR2000	Procurement 06	$1,800.00	$0.00	$0.00	$0.00	$0.00	$0.00	0.00	0.00	$1,800.00	$1,800.00	$0.00	Units	0%
PR2010	Procurement 07	$450.00	$0.00	$0.00	$0.00	$0.00	$0.00	0.00	0.00	$450.00	$450.00	$0.00	Units	0%
PR2020	Procurement 08	$1,800.00	$0.00	$0.00	$0.00	$0.00	$0.00	0.00	0.00	$1,800.00	$1,800.00	$0.00	Units	0%
PR2030	Procurement 09	$450.00	$0.00	$0.00	$0.00	$0.00	$0.00	0.00	0.00	$450.00	$450.00	$0.00	Units	0%

▲ [그림6-4-4-22] 'Drawings' WBS를 WBS Milestone 적용

Activity ID	Activity Name	Budget At Completion	Planned Value Cost	Earned Value Cost	Actual Cost	Schedule Variance	Cost Variance	Schedule Performance Index	Cost Performance Index	Estimate To Complete	Estimate At Completion Cost	Variance At Completion	Percent Complete Type	Performance % Complete
Sample Advanced Proj		$4,378,000.00	$83,640.00	$85,800.00	$78,240.00	$2,160.00	$7,560.00	1.03	1.10	$4,285,240.00	$4,363,480.00	$14,520.00		1.96%
Milestone		$70,800.00	$0.00	$0.00	$0.00	$0.00	$0.00	0.00	0.00	$70,800.00	$70,800.00	$0.00		0%
Engineering		$250,500.00	$82,920.00	$85,800.00	$78,240.00	$2,880.00	$7,560.00	1.03	1.10	$157,740.00	$235,980.00	$14,520.00		34.25%
WS1000	ENGINEERING	$0.00	$0.00	$0.00	$0.00	$0.00	$0.00	0.00	0.00	$0.00	$0.00	$0.00	Units	50%
Civil, Architecture&Structure		$250,500.00	$82,920.00	$85,800.00	$78,240.00	$2,880.00	$7,560.00	1.03	1.10	$157,740.00	$235,980.00	$14,520.00		34.25%
Specification		$87,300.00	$73,800.00	$65,700.00	$69,600.00	($8,100.00)	($3,900.00)	0.89	0.94	$26,100.00	$95,700.00	($8,400.00)		75.26%
EN1000	Engineering 01	$18,000.00	$18,000.00	$18,000.00	$21,600.00	$0.00	($3,600.00)	1.00	0.83	$0.00	$21,600.00	($3,600.00)	Units	100%
EN1010	Engineering 02	$18,000.00	$18,000.00	$18,000.00	$18,000.00	$0.00	$0.00	1.00	1.00	$0.00	$18,000.00	$0.00	Units	100%
EN1020	Engineering 03	$16,200.00	$16,200.00	$16,200.00	$12,000.00	$0.00	$4,200.00	1.00	1.35	$0.00	$12,000.00	$4,200.00	Units	100%
EN1030	Engineering 04	$16,200.00	$16,200.00	$8,100.00	$12,600.00	($8,100.00)	($4,500.00)	0.50	0.64	$12,600.00	$25,200.00	($9,000.00)	Units	50%
EN1040	Engineering 05	$6,750.00	$0.00	$0.00	$0.00	$0.00	$0.00	0.00	0.00	$6,750.00	$6,750.00	$0.00	Units	0%
EN1050	Engineering 06	$6,750.00	$0.00	$0.00	$0.00	$0.00	$0.00	0.00	0.00	$6,750.00	$6,750.00	$0.00	Units	0%
EN1060	Engineering 07	$5,400.00	$5,400.00	$5,400.00	$5,400.00	$0.00	$0.00	1.00	1.00	$0.00	$5,400.00	$0.00	Units	100%
Drawings		$150,600.00	$7,920.00	$18,900.00	$7,440.00	$10,980.00	$11,460.00	2.39	2.54	$120,240.00	$127,680.00	$22,920.00		12.55%
EN2000	Engineering 08	$25,200.00	$6,480.00	$12,600.00	$6,000.00	$6,120.00	$6,600.00	1.94	2.10	$6,000.00	$12,000.00	$13,200.00	Units	50%
EN2010	Engineering 09	$16,800.00	$0.00	$0.00	$0.00	$0.00	$0.00	0.00	0.00	$16,800.00	$16,800.00	$0.00	Units	0%
EN2015	Engineering 10-1	$0.00	$0.00	$0.00	$0.00	$0.00	$0.00	0.00	0.00	$0.00	$0.00	$0.00	Units	50%
EN2020	Engineering 10-2	$36,000.00	$0.00	$0.00	$0.00	$0.00	$0.00	0.00	0.00	$36,000.00	$36,000.00	$0.00	Units	0%
EN2030	Engineering 11	$24,000.00	$0.00	$0.00	$0.00	$0.00	$0.00	0.00	0.00	$24,000.00	$24,000.00	$0.00	Units	0%
EN2040	Engineering 12	$21,600.00	$0.00	$0.00	$0.00	$0.00	$0.00	0.00	0.00	$21,600.00	$21,600.00	$0.00	Units	0%
EN2050	Engineering 13	$12,600.00	$1,440.00	$6,300.00	$1,440.00	$4,860.00	$4,860.00	4.38	4.38	$1,440.00	$2,880.00	$9,720.00	Units	50%
EN2060	Engineering 14	$14,400.00	$0.00	$0.00	$0.00	$0.00	$0.00	0.00	0.00	$14,400.00	$14,400.00	$0.00	Units	0%
Engineering for Procuremen		$12,600.00	$1,200.00	$1,200.00	$1,200.00	$0.00	$0.00	1.00	1.00	$11,400.00	$12,600.00	$0.00		9.52%
EN3000	Engineering 15	$1,200.00	$1,200.00	$1,200.00	$1,200.00	$0.00	$0.00	1.00	1.00	$0.00	$1,200.00	$0.00	Units	100%
EN3010	Engineering 16	$2,400.00	$0.00	$0.00	$0.00	$0.00	$0.00	0.00	0.00	$2,400.00	$2,400.00	$0.00	Units	0%
EN3020	Engineering 17	$1,500.00	$0.00	$0.00	$0.00	$0.00	$0.00	0.00	0.00	$1,500.00	$1,500.00	$0.00	Units	0%
EN3030	Engineering 18	$3,000.00	$0.00	$0.00	$0.00	$0.00	$0.00	0.00	0.00	$3,000.00	$3,000.00	$0.00	Units	0%
EN3040	Engineering 19	$1,500.00	$0.00	$0.00	$0.00	$0.00	$0.00	0.00	0.00	$1,500.00	$1,500.00	$0.00	Units	0%
EN3050	Engineering 20	$3,000.00	$0.00	$0.00	$0.00	$0.00	$0.00	0.00	0.00	$3,000.00	$3,000.00	$0.00	Units	0%
Procurement		$10,500.00	$720.00	$0.00	$0.00	($720.00)	$0.00	0.00	0.00	$10,500.00	$10,500.00	$0.00		0%
WS1010	PROCUREMENT	$0.00	$0.00	$0.00	$0.00	$0.00	$0.00	0.00	0.00	$0.00	$0.00	$0.00	Units	0%
Civil, Architecture&Structure		$10,500.00	$720.00	$0.00	$0.00	($720.00)	$0.00	0.00	0.00	$10,500.00	$10,500.00	$0.00		0%
Procurement Service		$10,500.00	$720.00	$0.00	$0.00	($720.00)	$0.00	0.00	0.00	$10,500.00	$10,500.00	$0.00		0%
Pile		$6,000.00	$720.00	$0.00	$0.00	($720.00)	$0.00	0.00	0.00	$6,000.00	$6,000.00	$0.00		0%
PR1000	Procurement 01	$720.00	$720.00	$0.00	$0.00	($720.00)	$0.00	0.00	0.00	$720.00	$720.00	$0.00	Units	0%
PR1010	Procurement 02	$320.00	$0.00	$0.00	$0.00	$0.00	$0.00	0.00	0.00	$320.00	$320.00	$0.00	Units	0%
PR1020	Procurement 03	$960.00	$0.00	$0.00	$0.00	$0.00	$0.00	0.00	0.00	$960.00	$960.00	$0.00	Units	0%
PR1030	Procurement 04	$3,600.00	$0.00	$0.00	$0.00	$0.00	$0.00	0.00	0.00	$3,600.00	$3,600.00	$0.00	Units	0%
PR1040	Procurement 05	$400.00	$0.00	$0.00	$0.00	$0.00	$0.00	0.00	0.00	$400.00	$400.00	$0.00	Units	0%
Stell Structure		$4,500.00	$0.00	$0.00	$0.00	$0.00	$0.00	0.00	0.00	$4,500.00	$4,500.00	$0.00		0%
PR2000	Procurement 06	$1,800.00	$0.00	$0.00	$0.00	$0.00	$0.00	0.00	0.00	$1,800.00	$1,800.00	$0.00	Units	0%
PR2010	Procurement 07	$450.00	$0.00	$0.00	$0.00	$0.00	$0.00	0.00	0.00	$450.00	$450.00	$0.00	Units	0%
PR2020	Procurement 08	$1,800.00	$0.00	$0.00	$0.00	$0.00	$0.00	0.00	0.00	$1,800.00	$1,800.00	$0.00	Units	0%
PR2030	Procurement 09	$450.00	$0.00	$0.00	$0.00	$0.00	$0.00	0.00	0.00	$450.00	$450.00	$0.00	Units	0%

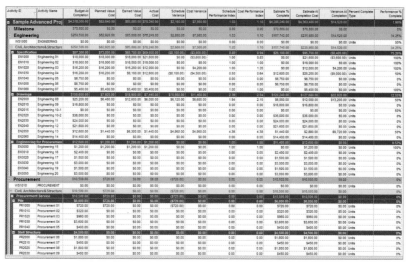

▲ [그림6-4-4-23] Performance percent Complete 계산을 50/50으로 설정

Layout: Basic | Filter: All Activities

Activity ID	Activity Name	Budget At Completion	Planned Value Cost	Earned Value Cost	Actual Cost	Variance At Completion
Sample Advanced Proj		$4,378,000.00	$83,640.00	$73,200.00	$78,240.00	($20,340.00)
Milestone		$70,800.00	$0.00	$0.00	$0.00	$0.00
Engineering		$250,500.00	$82,920.00	$73,200.00	$78,240.00	($20,340.00)
Procurement		$10,500.00	$720.00	$0.00	$0.00	$0.00
Construction		$4,046,200.00	$0.00	$0.00	$0.00	$0.00
Pre-Commissining		$0.00	$0.00	$0.00	$0.00	$0.00

▲ [그림6-4-4-24] VAC 결과(Activity Percent Complete)

Layout: Basic | Filter: All Activities

Activity ID	Activity Name	Budget At Completion	Planned Value Cost	Earned Value Cost	Actual Cost	Variance At Completion
Sample Advanced Proj		$4,378,000.00	$83,640.00	$85,800.00	$78,240.00	$14,520.00
Milestone		$70,800.00	$0.00	$0.00	$0.00	$0.00
Engineering		$250,500.00	$82,920.00	$85,800.00	$78,240.00	$14,520.00
Procurement		$10,500.00	$720.00	$0.00	$0.00	$0.00
Construction		$4,046,200.00	$0.00	$0.00	$0.00	$0.00
Pre-Commissining		$0.00	$0.00	$0.00	$0.00	$0.00

▲ [그림6-4-4-25] VAC 결과(50/50)

Layout: Basic | Filter: All Activities

Activity ID	Activity Name	Budget At Completion	Planned Value Cost	Earned Value Cost	Actual Cost	Variance At Completion
Sample Advanced Proj		$4,378,000.00	$83,640.00	$58,800.00	$78,240.00	($19,440.00)
Milestone		$70,800.00	$0.00	$0.00	$0.00	$0.00
Engineering		$250,500.00	$82,920.00	$58,800.00	$78,240.00	($19,440.00)
Procurement		$10,500.00	$720.00	$0.00	$0.00	$0.00
Construction		$4,046,200.00	$0.00	$0.00	$0.00	$0.00
Pre-Commissining		$0.00	$0.00	$0.00	$0.00	$0.00

▲ [그림6-4-4-26] VAC 결과(0/100)

Project Status Report – Printing

Pint Preview는 Primavera P6 화면을 인쇄물이나 파일 형태로 출력하는 방법으로서 화면별 구성에 따라 다른 결과물을 얻을 수 있다.

본 장에서는 Basic Course에서 진행한 Print Preview 기능을 활용하여 대표적으로 사용되는 Report 결과물을 작성하는 방법에 대해 알아본다.

예시로 알아보는 결과물은 상황에 따른 기본적인 화면 구성만을 설명하고 화면을 꾸미는 기능은 사용자 별로 달리 설정할 수 있다. 상황별 Report를 활용하여 사용자 및 프로젝트 조건에 맞는 Report를 작성 할 수 있도록 한다.

먼저 Milestone Schedule Report에 대해 알아본다.

01_ Milestone이란 프로젝트 일정상 이벤트성의 시점이나 특정 업무나 단계의 시작 시점이나 종 료 시점을 나타내는 것으로서, Primavera P6에서는 Activity Type을 Start Milestone 또는 Finish Milestone으로 표현한다. 그러므로 Primavera P6 공정표에서 Milestone Activity만 Filtering하여 출 력할 수 있다.

02_ Filter 기능을 실행하고 Default Filter의 Milestone에 체크한 후 [OK] 버튼을 클릭하여 Activity Table에서 Milestone Type의 Activity만 Filtering된 것을 확인한다. 이후 Column, Group & Sort, Bar 모양 설정 등을 활용하여 화면을 구성한 후 Print Preview 기능을 실행하여 출력물을 작성하도 록 한다.

▲ [그림6-4-5-1] Milestone 보기 Filter 설정

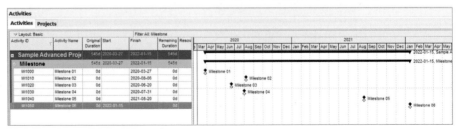

▲ [그림6-4-5-2] Milestone 보기 결과

다음은 WBS Summary Schedule Report에 대해 알아본다.

03_ WBS는 단위 산출물별로 프로젝트를 분개한 것으로서 경우에 따라 전체 Activity가 포함된 공정표가 아닌 WBS만의 공정표 분석이 용이할 수 있다. WBS Summary Schedule Report를 작성하기 위해서 Group & Sort 기능을 활용할 수 있다.

04_ Group & Sort 기능을 실행하고 Grouping을 WBS로 설정한 후 'Show Summaries Only'를 체크하고 [OK] 버튼을 클릭한다.

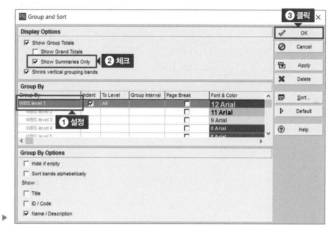

[그림6-4-5-3] WBS Summary 보기 설정 ▶

05_ Activity Table에서 WBS별 수치를 확인한다. 이후 Column, Group & Sort, Bar 모양 설정 등을 활용하여 화면을 구성한 후 Print Preview 기능을 실행하여 출력물을 작성하도록 한다.

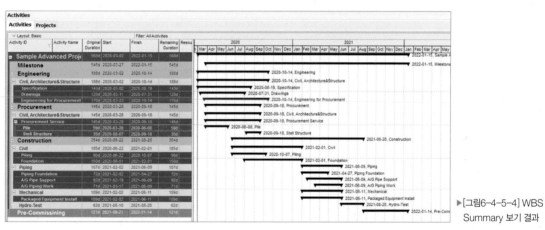

▶[그림6-4-5-4] WBS Summary 보기 결과

TiP

Bar 설정에서 Bar 목록의 Summary Bar를 설정하면 WBS Summary Bar의 모양을 설정할 수 있다.

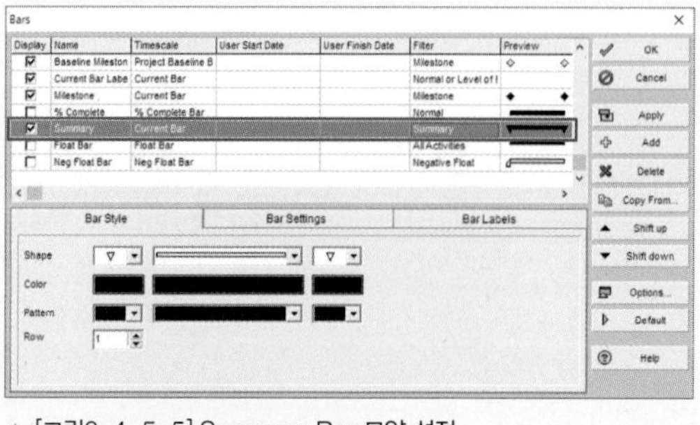

▲ [그림6-4-5-5] Summary Bar 모양 설정

다음은 Critical Path Schedule Report에 대해 알아본다.

06_ 프로젝트에서 수많은 Activity 중에 실제로 프로젝트 전체 종료일에 영향을 미치는 Activity를 별도로 검토할 수 있는 Critical Path Schedule Report는 매우 중요한 문서이다. Critical Path Schedule Report도 Filter 기능을 활용할 수 있다.

07_ Filter 기능을 실행하고 Default Filter의 Critical에 체크한 후 [OK] 버튼을 클릭하여 Activity Table에서 Critical Path Activity만 Filtering된 것을 확인한다. 이후 Column, Group & Sort, Bar 모양 설정 등을 활용하여 화면을 구성한 후 Print Preview 기능을 실행하여 출력물을 작성하도록 한다.

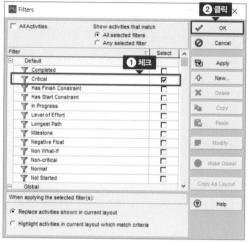

▲ [그림6-4-5-6] Critical Path 보기 Filter 설정

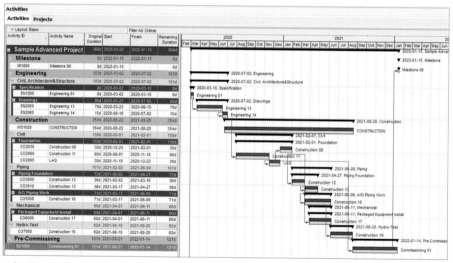

▲ [그림6-4-5-7] Critical Path 보기 결과

08_ Primavera P6에서 Critical Path의 기본 설정은 Total Float이 0 이하인 Activity이므로 특정 범위 TF의 Activity를 Filtering하려면 별도 Filter를 생성하도록 한다.

실습

Printing

과제

▷ SP Project를 Open합니다.

▷ 예시로 주어진 출력물을 참고하여 아래의 출력물을 작성

• A3 Size

• 활용 가능한 기능

   Page Setup, Group & Sort, Filter, Bars, Layout, Column, Usage Profile

▷ Milestone Schedule 작성하여 jpg로 저장(예시1 참고)

▷ WBS Summary Schedule 작성하여 jpg로 저장(예시2 참고)

▷ Critical Path Schedule 작성하여 jpg로 저장(예시3 참고)

▷ Detail Schedule 작성하여 jpg로 저장(예시4 참고)

예시

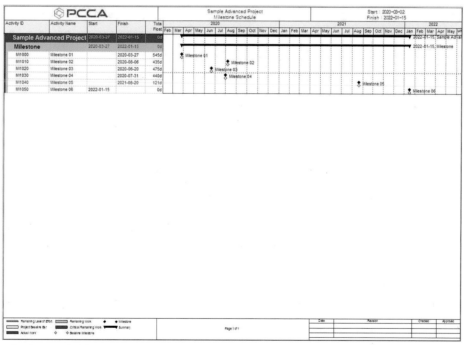

▲ [그림6-4-5-8] 예시1 Milestone Schedule

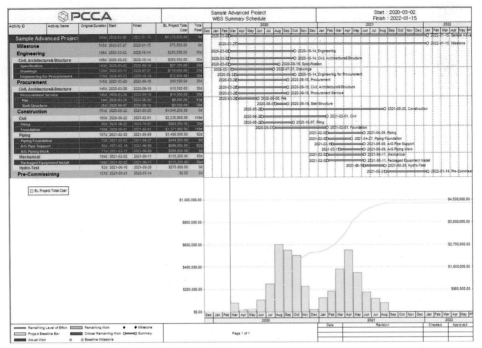

▲ [그림6-4-5-9] 예시2 WBS Summary Schedule

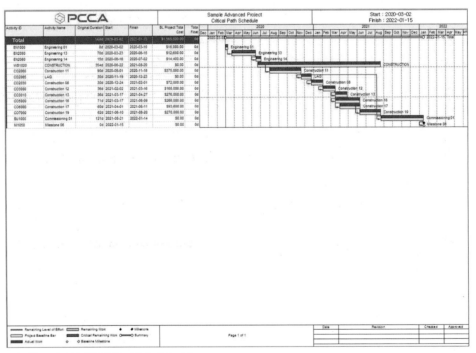

▲ [그림6-4-5-10] 예시3 Critical Path Schedule

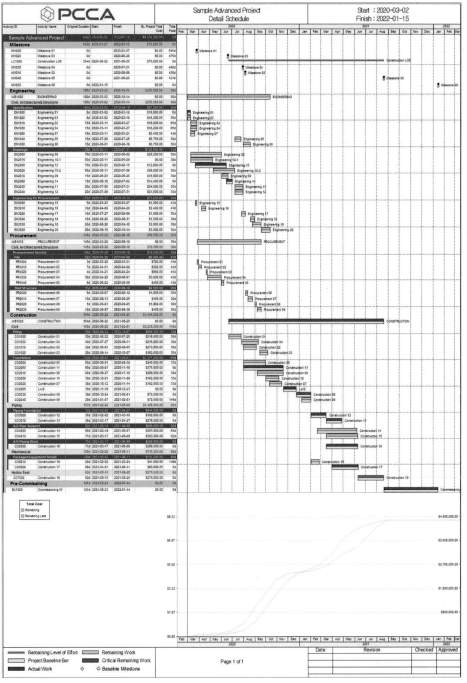

▲ [그림6-4-5-11] 예시4 Detail Schedule

Primavera P6의 Report 기능은 화면을 기준으로 출력하는 Print 기능과 달리, 텍스트 형식으로 Schedule, Resource, Cost 등 분석을 위한 기본 보고서를 제공한다. 기본으로 98개 보고서 양식을 제공하며, 사용자가 원하는 형식의 Report를 생성할 수 있으며, Batch Report를 활용하여 여러 형태의 Report를 동시에 생성할 수도 있다.

Primavera P6 Report 기능의 특징은 다음과 같다.

– Report는 프로젝트 상황을 HTML 또는 CSV 형태의 텍스트로 출력
– HTML 형태로 출력하는 경우 해당 Report의 Layout을 직접 구성 가능
– 단순 합의 데이터뿐만 아니라 기간별 데이터도 추출할 수 있음
– 여러 개의 Report를 Batch 형태로 묶어 한 번에 실행할 수 있음

먼저 기본 Report 양식을 활용하는 방법에 대해 알아본다.

01_ Report 화면으로 이동하기 위해 Menu Bar의 [Tools]–[Reports]–[Reports]를 선택한다.

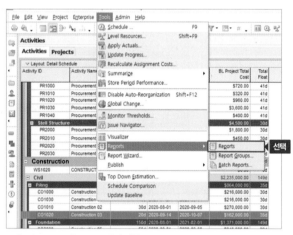

▲ [그림6-4-6-1] Report 화면 이동

02_ 98개의 기본 보고서 양식이 Report Group별로 묶여 있는 목록을 확인할 수 있다.

▲ [그림6-4-6-2] Report 화면 보기

03_ 임의의 보고서 양식을 선택하고 마우스 오른쪽을 클릭하여 [Run]-[Report]를 클릭한다.

▲ [그림6-4-6-3] Report 실행

04_ Run Report 창이 나타나면 'Send Report To'에서 Report 형식을 설정할 수 있다.

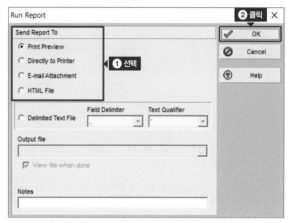

▲ [그림6-4-6-4] Report 실행

05_ Print Preview를 선택하고 [OK] 버튼을 클릭하면 해당 Report 양식의 결과물을 확인할 수 있다.

TiP

Print Preview 실행 후 Page Setup 기능이 가능하다.

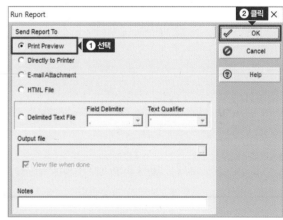

▲ [그림6-4-6-5] Report 결과

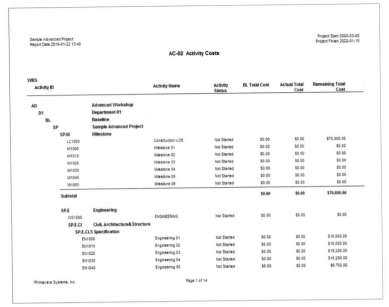

▲ [그림6-4-6-6] Report 화면 보기

다음은 Report Group을 생성 및 수정하는 방법에 대해 알아본다.

06_ Report Group은 Report를 Category별로 구분하는 것으로서 추가 및 수정하기 위해서는 Menu Bar의 [Tools]-[Reports]-[Report Group]을 선택한다.

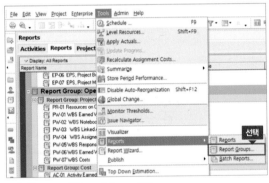

▲ [그림6-4-6-7] Report Group 추가

07_ 현재 Report Group 목록이 나타나며 추가, 수정, 삭제가 가능하다.

▲ [그림6-4-6-8] Report Group 추가

08_ 추가된 Report Group에 Report 양식을 적용 시키려면 Report 목록에서 [Ctrl] 키를 사용하여 잘라내기 및 붙여넣기를 수행한다.

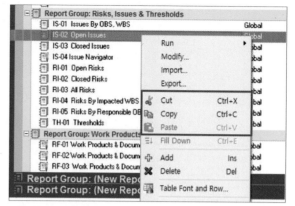

▲ [그림6-4-6-9] Report Group 적용

다음은 사용자가 Report 양식을 생성하는 방법에 대해 알아본다. Report는 기본 Report와 단위시간별 합계를 나타낼 수 있는 Time distributed Report로 구분된다.

09_ Report 양식을 추가할 Report Group에서 마우스 오른쪽을 클릭하여 [Add]를 선택하면 Report Wizard 창이 나타난다.

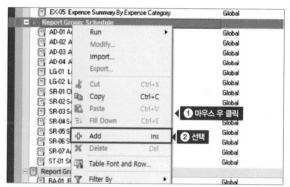

▲ [그림6-4-6-10] Report 양식 생성

10_ 'New Report'가 선택된 것을 확인하고 [Next] 버튼을 클릭한다.

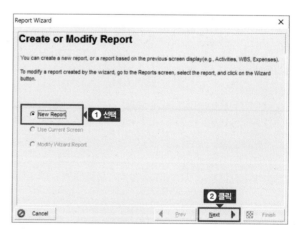

▲ [그림6-4-6-11] Report 양식 생성

11_ 'Select Subject Area'에서 Report를 구성할 항목을 선택하고 [Next] 버튼을 클릭한다.

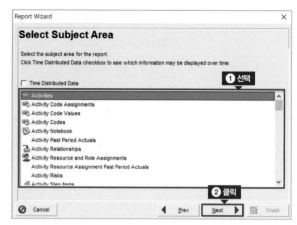

▲ [그림6-4-6-12] Report 양식 생성(Select Subject Area)

12_ 'Select Additional Subject Area'에서 추가로 구성할 항목을 선택하여 오른쪽으로 이동 시키고 [Next] 버튼을 클릭한다.

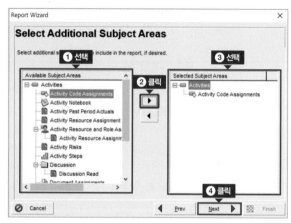

▲ [그림6-4-6-13] Report 양식 생성(Select Additional Subject Area)

13_ 'Configure Selected Subject Area'에서 Report에 표시할 Column을 선택하고 Group & Sort와 Filter를 설정한 후 [Next] 버튼을 클릭한다.

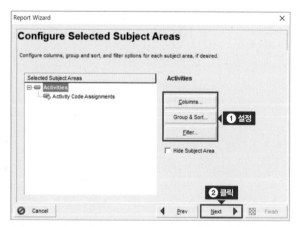

▲ [그림6-4-6-14] Report 양식 생성(Configure Selected Subject Area)

14_ 'Report Title'에서 Report 이름을 입력하고 [Next] 버튼을 클릭한다.

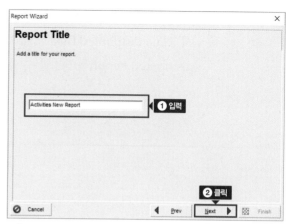

▲ [그림6-4-6-15] Report 양식 생성(Report Title)

15_ 'Report Generated'에서 [Run Report]를 클릭하여 현재 구성 중인 Report 결과를 확인한다. 사용자 설정에 맞는 Report가 작성되었으면 [Close] 버튼을 클릭하여 Report 결과물 창을 종료한 후 [Next] 버튼을 클릭한다.

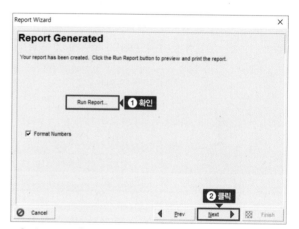

▲ [그림6-4-6-16] Report 양식 생성(Report Generated)

16_ 'Congratulation'에서 [Save Report]를 클릭하여 새로운 Report 양식을 저장한 후 [Finish] 버튼을 클릭하여 종료한다.

▲ [그림6-4-6-17] Report 양식 저장

17_ Report 생성 시 'Select Subject Area'에서 'Time distributed Data'에 체크하면 Time distributed Report를 생성할 수 있다.

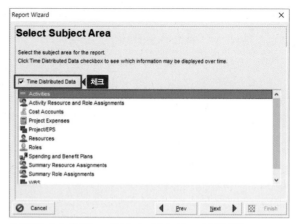

▲ [그림6-4-6-18] Time distributed Data Report 양식 생성

18_ 다른 항목은 기본 Report 생성과 동일하며 추가로 'Date Option' 설정을 할 수 있다.

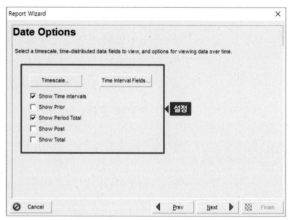

▲ [그림6-4-6-19] Time distributed Data Report 양식 생성(Date Option)

19_ [Time Scale]을 클릭하면 Report에 표시될 Time Scale을 설정할 수 있다.

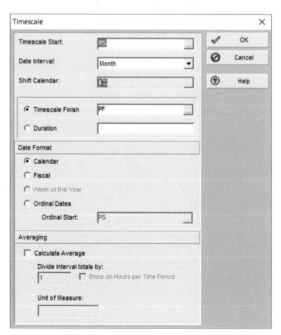

▲ [그림6-4-6-20] Time distributed Data Report 양식 생성(Time Scale)

20_ [Time Interval Fields]를 클릭하면 Time Scale별 합계를 도출할 Field를 선택할 수 있다.

▲ [그림6-4-6-21] Time distributed Data Report 양식 생성(Time Interval Fields)

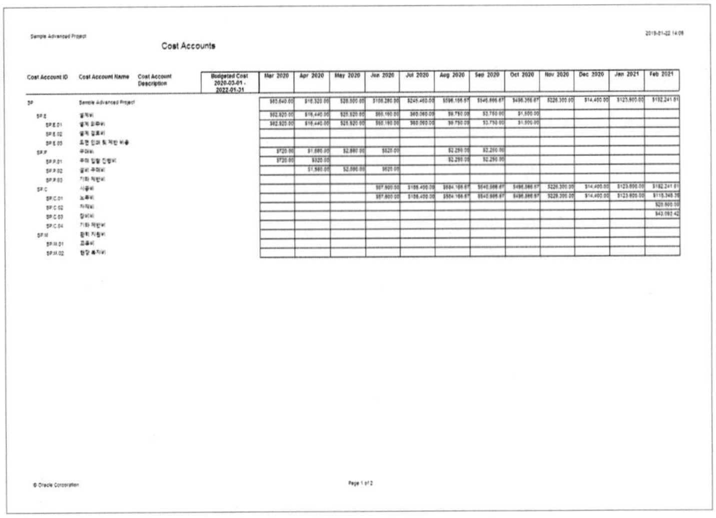

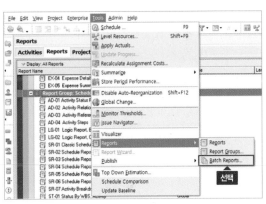

▲ [그림6-4-6-22] Time distributed Data Report 결과

다음은 Report 묶음을 설정할 수 있는 Batch Report에 대해 알아본다.

21_ 먼저 Batch Report를 생성하기 위해 Menu Bar의 [Tools]-[Reports]-[Batch Reports]를 선택한다.

▲ [그림6-4-6-23] Batch Report 생성

22_ 화면 상단에서 Batch Report 범위를 Global, Project로 구분할 수 있으며, 새로운 Batch Report 묶음을 추가하기 위해 [Add] 버튼을 클릭한다.

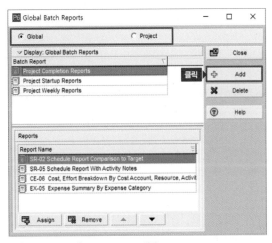

▲ [그림6-4-6-24] Batch Report 생성

23_ 추가된 Batch Report의 이름을 설정하고 화면 하단의 [Assign] 버튼을 클릭하여 Report 묶음에 추가할 Report를 할당하고 [Close] 버튼을 클릭하여 종료한다.

▲ [그림6-4-6-25] Batch Report 생성

24_ Batch Report를 실행하기 위해 Report 화면에서 마우스 오른쪽 클릭을 하고 [Run]-[Batch]를 선택한다.

▲ [그림6-4-6-26] Batch Report 실행

25_ Batch Report 목록이 나타나며 해당 Batch Report를 선택하고 [OK] 버튼을 클릭한다.

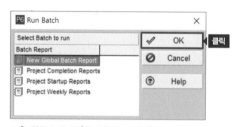

▲ [그림6-4-6-27] Batch Report 실행

26_ Batch Report는 Print Preview가 없으며 'Direct to Printer' 선택 시 해당 Batch Report로 실행되는 Report가 단계별로 출력된다.

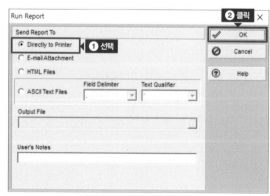

▲ [그림6-4-6-28] Batch Report 실행

Report

과제

▷ SP Project를 Open합니다.

▷ 기존 Report Group의 Schedule Group의 'AD-01 Activity status Report'를 사용하여 Report를 작성 후 jpg 파일로 저장

▷ Report Group에 'Sample Advanced Report'를 생성

▷ 'CP Schedule Report'를 아래와 같이 작성 후 Sample Advanced Report Group에 Save
- 'Activity' Subject Area 선택
- Critical Activity만 표시
- Activity ID, Activity Name, Original Duration, Actual Duration, Remaining Duration, Start, Finish, Total Float, Variance Finish Date를 표시
- Grouping은 단순 Activity List로 구성

예시

▷ 'Resource summary Report'를 아래와 같이 작성 후 Sample Advanced Report Group에 Save
- 'Summary Resource Assignment' Subject Area 선택
- 모든 Resource를 표시
- Activity ID, Name, Budgeted Cost, Actual Cost, Remaining Cost, At Completion Cost를 표시
- Grouping은 Cost Account, Resource 순으로 구성

▷ 'Cost Account Spreadsheet Report' 아래와 같이 작성 후 Sample Advanced Report Group에 Save
- Time Distributes Data를 선택 후 'Cost Account' Subject Area 선택
- Column에 Cost Account Name 표시, Group은 Cost Account로 설정
- 월간 Summary
- Time Interval Fields에 아래의 데이터 표시
  BL Project Total Cost, Actual Total Cost, Remaining Total Cost

▷ 새로 만든 Report를 묶어 Batch Report 생성 후 html 파일로 저장

결과

Sample Advanced Project
Report Date 2019-01-22 14:43

Project Start 2020-03-02
Project Finish 2022-01-15

AD-01 Activity Status Report

WBS

Activity ID	Activity Name	Original Duration	Remaining Duration	Activity % Complete	Start	Finish	Primary Resource
SP Sample Advanced Project							
SP.M Milestone							
MI1000	Milestone 01	0d	0d	0%		2020-03-27	
MI1010	Milestone 02	0d	0d	0%		2020-08-06	
MI1020	Milestone 03	0d	0d	0%		2020-06-20	
MI1030	Milestone 04	0d	0d	0%		2020-07-31	
MI1040	Milestone 05	0d	0d	0%		2020-08-20	
MI1050	Milestone 06	0d	0d	0%	2022-01-15	2021-08-20	
LC1000	Construction LOE	354d	354d	0%	2020-06-22	2021-08-20	MG.Management Cost
Subtotal		645d	645d		2020-03-27	2022-01-15	
SP.E Engineering							
EN3000	Engineering 15	5d	5d	0%	2020-03-23	2020-03-27	
EN1000	Engineering 01	8d	8d	0%	2020-03-02	2020-03-10	
EN1020	Engineering 03	8d	8d	0%	2020-03-02	2020-03-10	
EN1060	Engineering 07	10d	10d	0%	2020-03-11	2020-03-21	
EN3010	Engineering 16	10d	10d	0%	2020-04-09	2020-04-20	
EN3020	Engineering 17	10d	10d	0%	2020-07-27	2020-08-06	
EN3040	Engineering 19	10d	10d	0%	2020-06-20	2020-06-31	
EN1010	Engineering 02	15d	15d	0%	2020-03-11	2020-03-27	
EN1030	Engineering 04	15d	15d	0%	2020-03-11	2020-03-27	
EN1040	Engineering 05	15d	15d	0%	2020-07-09	2020-07-25	
EN1050	Engineering 06	15d	15d	0%	2020-06-01	2020-06-19	
EN2010	Engineering 09	15d	15d	0%	2020-06-03	2020-06-20	
EN2060	Engineering 14	15d	15d	0%	2020-06-16	2020-07-02	
EN2030	Engineering 11	20d	20d	0%	2020-07-09	2020-07-31	
EN2040	Engineering 12	20d	20d	0%	2020-07-09	2020-07-31	S.Civil Labor
EN3030	Engineering 18	20d	20d	0%	2020-08-26	2020-09-18	
EN3050	Engineering 20	20d	20d	0%	2020-09-19	2020-10-14	
EN2020	Engineering 10-2	50d	50d	0%	2020-05-11	2020-07-08	
EN2015	Engineering 10-1	50d	50d	0%	2020-03-11	2020-05-09	

Page 1 of 3

▲ [그림6-4-6-29] AD-01 Activity status Report 결과

Sample Advanced Project

2019-01-22 14:48

CP Schedule Report

Activity ID	Activity Name	Original Duration	Actual Duration	Remaining Duration	Start	Finish	Total Float	Variance - BL Project Finish Date
CO2030	Construction 08	30d	0d	30d	2020-12-24	2021-02-01	0d	0d
CO2060	Construction 11	90d	0d	90d	2020-08-01	2020-11-18	0d	0d
CO2065	LAG	30d	0d	30d	2020-11-19	2020-12-23	0d	0d
CO3000	Construction 12	36d	0d	36d	2021-02-02	2021-03-16	0d	0d
CO3010	Construction 13	36d	0d	36d	2021-03-17	2021-04-27	0d	0d
CO5000	Construction 16	71d	0d	71d	2021-03-17	2021-06-09	0d	0d
CO6000	Construction 17	60d	0d	60d	2021-04-01	2021-06-11	0d	0d
CO7000	Construction 19	62d	0d	62d	2021-06-10	2021-08-20	0d	0d
EN1000	Engineering 01	8d	0d	8d	2020-03-02	2020-03-10	0d	0d
EN2050	Engineering 13	70d	0d	70d	2020-03-23	2020-06-15	0d	0d
EN2060	Engineering 14	15d	0d	15d	2020-06-16	2020-07-02	0d	0d
MI1050	Milestone 06	0d	0d	0d	2022-01-15		0d	0d
SU1000	Commissioning 01	121d	0d	121d	2021-08-21	2022-01-14	0d	0d
WS1020	CONSTRUCTION	354d	0d	354d	2020-06-22	2021-08-20	0d	0d

℗ Oracle Corporation

Page 1 of 1

▲ [그림6-4-6-30] CP Schedule Report 결과

Resource summary Report

Cost Account

Resource ID Name

Activity ID	Activity Name	Budgeted Cost	Actual Cost	Remaining Cost	At Completion Cost
SP.E.01 설계 외주비					
1 Civil Engineer					
EN1000	Engineering 01	$18,000.00	$0.00	$18,000.00	$18,000.00
EN1010	Engineering 02	$18,000.00	$0.00	$18,000.00	$18,000.00
EN1020	Engineering 03	$16,200.00	$0.00	$16,200.00	$16,200.00
EN1030	Engineering 04	$16,200.00	$0.00	$16,200.00	$16,200.00
EN1060	Engineering 07	$5,400.00	$0.00	$5,400.00	$5,400.00
EN2000	Engineering 08	$25,200.00	$0.00	$25,200.00	$25,200.00
EN2010	Engineering 09	$16,800.00	$0.00	$16,800.00	$16,800.00
EN2020	Engineering 10-2	$36,000.00	$0.00	$36,000.00	$36,000.00
EN2030	Engineering 11	$24,000.00	$0.00	$24,000.00	$24,000.00
EN2040	Engineering 12	$14,400.00	$0.00	$14,400.00	$14,400.00
EN2050	Engineering 13	$12,600.00	$0.00	$12,600.00	$12,600.00
EN2060	Engineering 14	$14,400.00	$0.00	$14,400.00	$14,400.00
EN3000	Engineering 15	$1,200.00	$0.00	$1,200.00	$1,200.00
EN3010	Engineering 16	$2,400.00	$0.00	$2,400.00	$2,400.00
Subtotal		**$220,800.00**	**$0.00**	**$220,800.00**	**$220,800.00**
2 Structure Engineer					
EN1040	Engineering 05	$6,750.00	$0.00	$6,750.00	$6,750.00
EN1050	Engineering 06	$6,750.00	$0.00	$6,750.00	$6,750.00
EN3020	Engineering 17	$1,500.00	$0.00	$1,500.00	$1,500.00
EN3030	Engineering 18	$3,000.00	$0.00	$3,000.00	$3,000.00
EN3040	Engineering 19	$1,500.00	$0.00	$1,500.00	$1,500.00
EN3050	Engineering 20	$3,000.00	$0.00	$3,000.00	$3,000.00
Subtotal		**$22,500.00**	**$0.00**	**$22,500.00**	**$22,500.00**
5 Civil Labor					
EN2040	Engineering 12	$7,200.00	$0.00	$7,200.00	$7,200.00
Subtotal		**$7,200.00**	**$0.00**	**$7,200.00**	**$7,200.00**
Subtotal		$250,500.00	$0.00	$250,500.00	$250,500.00
SP.P.01 구매 입찰 진행비					

▲ [그림6-4-6-31] Resource summary Report 결과

Sample Advanced Project

Cost Account Spreadsheet Report

2019-01-22 14:53

Cost Account Name	Cost 2020-03-01 - 2022-01-31	Mar 2020	Apr 2020	May 2020	Jun 2020	Jul 2020	Aug 2020	Sep 2020	Oct 2020	Nov 2020
Sample Advanced Project	BL Project Total	$83,640.00	$18,320.00	$28,800.00	$108,280.00	$245,460.00	$596,166.67	$546,666.67	$498,366.67	$226,300.00
	Actual Total									
	Remaining Total	$83,640.00	$18,320.00	$28,800.00	$108,280.00	$245,460.00	$596,166.67	$546,666.67	$498,366.67	$226,300.00
설계비	BL Project Total	$82,920.00	$16,440.00	$25,920.00	$50,160.00	$60,060.00	$9,750.00	$3,750.00	$1,500.00	
	Actual Total									
	Remaining Total	$82,920.00	$16,440.00	$25,920.00	$50,160.00	$60,060.00	$9,750.00	$3,750.00	$1,500.00	
설계 외주비	BL Project Total	$82,920.00	$16,440.00	$25,920.00	$50,160.00	$60,060.00	$9,750.00	$3,750.00	$1,500.00	
	Actual Total									
	Remaining Total	$82,920.00	$16,440.00	$25,920.00	$50,160.00	$60,060.00	$9,750.00	$3,750.00	$1,500.00	
설계 검토비	BL Project Total									
	Actual Total									
	Remaining Total									
도면 인쇄 및 제반 비용	BL Project Total									
	Actual Total									
	Remaining Total									
구매비	BL Project Total	$720.00	$1,880.00	$2,880.00	$520.00		$2,250.00	$2,250.00		
	Actual Total									
	Remaining Total	$720.00	$1,880.00	$2,880.00	$520.00		$2,250.00	$2,250.00		
구매 입찰 진행비	BL Project Total	$720.00	$320.00				$2,250.00	$2,250.00		
	Actual Total									
	Remaining Total	$720.00	$320.00				$2,250.00	$2,250.00		
설비 구매비	BL Project Total		$1,560.00	$2,880.00	$520.00					
	Actual Total									

© Oracle Corporation

Page 1 of 9

▲ [그림6-4-6-32] Cost Account Spreadsheet Report 결과

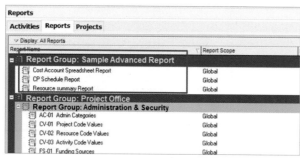

▲ [그림6-4-6-33] Sample Advanced Report Group

▲ [그림6-4-6-34] Batch Report 결과

7

Project Status Report – Web Publishing

Primavera P6에서는 프로젝트의 현재 상태에 대하여 웹 브라우저를 통해 조회할 수 있는 Web Publish 기능을 제공한다. Web Publish는 앞서 진행한 Print Preview, Report, Tracking의 결과물을 포함하여 WBS, Activity, Resource에 대한 상세 정보를 조회할 수 있다. Web Publish의 결과물을 조회하는 것은 Primavera P6가 설치되어 있지 않아도 가능하며, 이는 Primavera P6 사용자가 아니더라도 Primavera P6에 등록된 프로젝트에 대한 정보를 조회 및 공유할 수 있다는 장점이 있다.

본 장에서는 Primavera P6의 Web Publish 기능으로 프로젝트 현 상태를 보고, 조회, 공유하는 방안에 대해 알아본다. Web Publish는 Open된 프로젝트에 대한 Data를 보고하는 것이므로 Web Publish 실행 전 해당 프로젝트를 Open하도록 한다.

01_ Web Publish를 실행하기 위해 Menu Bar의 [Tools]–[Publish]–[Project Web Site]를 선택하면 'Publish Project Web Site' 창이 나타난다.

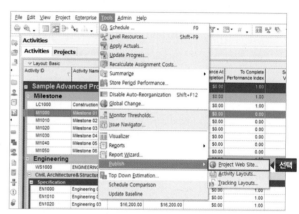

▲ [그림6-4-7-1] Project Web Site 열기

02_ [General] 탭은 Web Publish를 통하여 생성되는 Htm 파일에 대한 기본적인 설정을 할 수 있다.

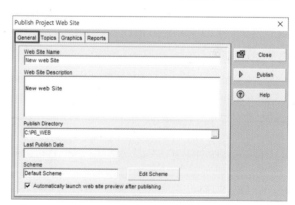

▲ [그림6-4-7-2] [General] 탭

- Web Site Name : Web Publishing HTML 파일을 실행하였을 때 첫 화면에 나오는 제목을 설정한다.
- Web Site Description : Web Publishing HTML 파일을 실행하였을 때 첫 화면에 나오는 Description을 설정한다.
- Publish Directory : Web Publishing HTML 파일을 저장할 경로를 설정할 수 있으며 편의상 비어있는 폴더를 선택하거나 생성하도록 한다.
- Last Publish Date : Web Publishing을 가장 최근에 실행한 날짜를 보여준다.
- Scheme : Web Publishing HTML의 색상, 글꼴 등을 지정한다.
- Automatically launch web site preview after publishing : Publish를 실행하여 HTML 파일이 저장되면 자동으로 웹 브라우저에 해당 화면을 띄운다.

03_ [Edit Scheme]을 클릭하면 Web Publishing HTML을 구성하는 내용들의 색상 및 글꼴을 설정하여 이를 저장할 수 있다.

- Splash : Web Publishing HTML을 실행하였을 때 나오는 첫 페이지를 구성할 수 있다.

- Main Form : Web Publishing HTML의 본문 각 화면별 구성을 할 수 있다.

▲ [그림6-4-7-3] Edit Scheme(Splash)

▲ [그림6-4-7-4] Edit Scheme(Main Form)

04_ [Topic] 탭은 Web Publish를 통하여 생성되는 HTML 파일의 본문에 들어갈 내용을 선택할 수 있다.

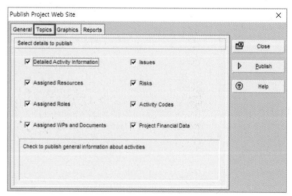

▲ [그림6-4-7-5] [Topic] 탭

05_ [Graphic] 탭은 Web Publish를 통하여 생성되는 HTML 파일의 본문 중 Graphic 항목에 들어갈 내용을 설정할 수 있다. Graphic 항목은 Activity 화면에서의 Print Preview, Tracking 화면과 동일하며 오른쪽의 [Assign] 버튼을 클릭하여 해당 항목을 추가할 수 있다.

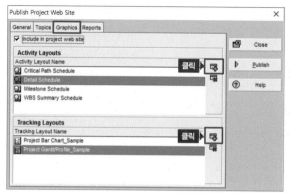

▲ [그림6-4-7-6] [Graphic] 탭

- Include in project web site : Web Publish를 통하여 생성되는 HTML 파일에 Graphic 항목을 포함할 것인지에 대한 여부를 선택할 수 있다.
- Activity Layout : Activity 화면에서 사용하는 Layout을 지정하여 해당 Layout으로 화면을 구성할 수 있다. Activity 화면에서의 Layout 목록과 동일한 목록을 확인할 수 있다.
- Tracking Layout : Tracking 화면에서 사용하는 Layout을 지정하여 해당 Layout으로 화면을 구성할 수 있다. Tracking 화면에서의 Layout 목록과 동일한 목록을 확인할 수 있다.

06_ [Report] 탭은 Web Publish를 통하여 생성되는 HTML 파일의 본문 중 Report 항목에 들어갈 내용을 설정한다. Report 항목은 Primavera P6의 Report 실행의 결과물과 동일하며 오른쪽의 [Assign] 버튼을 클릭하여 해당 항목을 추가할 수 있다.

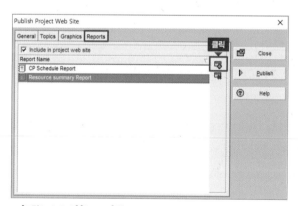

▲ [그림6-4-7-7] [Report] 탭

- Include in project web site : Web Publish를 통하여 생성되는 HTML 파일에 Graphic 항목을 포함할 것인지에 대한 여부를 선택할 수 있다.
- Report Name : Web Publish에 나타낼 Report를 추가할 수 있다.

07_ 설정이 완료되면 오른쪽에 [Publish] 버튼을 클릭하여 실행한다.

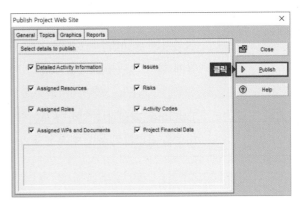

▲ [그림6-4-7-8] [Publish] 실행

08_ [General] 탭에서 설정했던 경로에 Htm 파일이 생성되며 자동으로 웹 브라우저를 통해 Htm 파일이 실행된다.

TiP

Web Publish의 결과물은 Htm 파일로 생성되며 웹 브라우저의 호환성 관련하여 원활한 조회를 위하여 Firefox 브라우저를 권장한다.

▲ [그림6-4-7-9] [Publish] 실행

09_ Htm 파일이 생성된 경로의 'Index.htm' 파일을 열어 [Click to Enter] 버튼을 클릭한다.

▲ [그림6-4-7-10] [Publish] 실행 결과

▲ [그림6-4-7-11] [Publish] 실행 결과

10_ Board 형식의 화면이 나타나며 아이콘을 클릭하면 해당 데이터를 확인할 수 있다.

▲ [그림6-4-7-12] [Publish] 데이터 아이콘

11_ [Graphic]은 Activity View와 Tracking View를 제공한다.

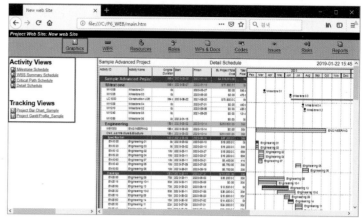

▲ [그림6-4-7-13] [Graphic] 데이터

12_ [WBS]는 해당 WBS의 Activity 정보를 포함한 WBS 상세 정보를 제공한다.

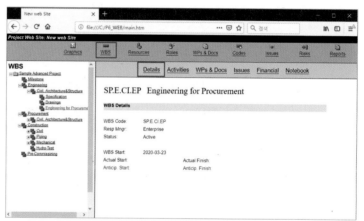

▲ [그림6-4-7-14] [WBS] Detail 데이터

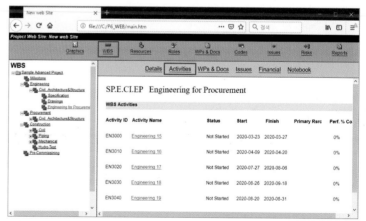

▲ [그림6-4-7-15] [WBS] Activity 데이터

13_ 파란색의 Activity Name을 클릭하면 새로운 창이 나타나며 상단 아이콘을 클릭하면 해당 데이터의 상세 정보를 확인할 수 있다.

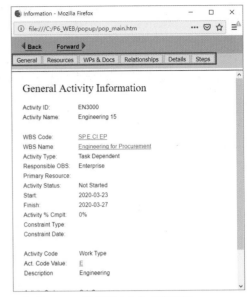

▲ [그림6-4-7-16] [WBS] Activity 상세 데이터

14_ [Resource]는 Resource 목록 및 해당 Resource의 할당 현황을 제공한다.

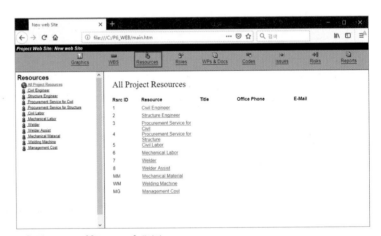

▲ [그림6-4-7-17] [Resource] 데이터

15_ 파란색의 Resource Name을 클릭하면 해당 Resource가 할당된 Activity 현황을 확인할 수 있다.

16_ 이처럼 Web Publish는 웹 브라우저를 통해 프로젝트의 현재 상태에 대한 다양한 정보를 제공하며 공유할 수 있는 것이다.

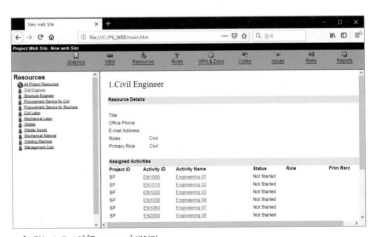

▲ [그림6-4-7-18] [Resource] 데이터

06

실습

Web Publish

과제

▷ SP Project를 Open합니다.

▷ 다음과 같은 설정으로 Web Publish를 실행합니다.

- 다음과 같은 Activity Layout 포함
  Classic WBS Layout
  Costs - Budgeted
  Resource Cost Profile

- 다음과 같은 Tracking Layout 포함(이전 실습 결과)
  Project Table_Sample
  Project Bar Chart_Sample
  Project Gantt/Profile_Sample
  Resource Analysis_Sample

- 다음과 같은 Report 포함
  CP Schedule Report
  Resource summary Report

▷ Web Publish 결과를 확인합니다.

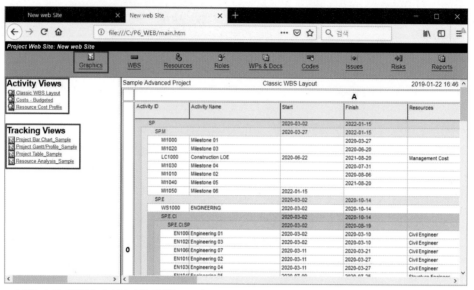

▲ [그림6-4-7-19] Web Publish 실습 결과(Graphic)

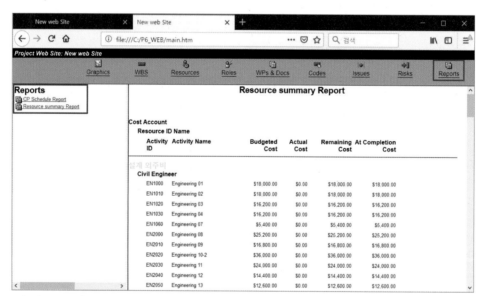

▲ [그림6-4-7-20] Web Publish 실습 결과(Reports)

CHAPTER 05

Closing in P6 – Advanced

Closing 단계에서 프로젝트가 공식적으로 종료되면서 프로젝트의 모든 데이터가 저장 및 보관된다. 이것은 해당 프로젝트 수행의 평가 데이터로 사용되며, 그에 따른 교훈관리대장은 매우 중요한 조직 프로세스 자산으로 업데이트되며, 미래에 수행할 프로젝트에 대해 교훈이 되어 유용한 정보를 제공할 뿐 아니라 프로젝트 초기의 데이터 구축에도 매우 효율적일 것이다. 따라서 선례가 많고 지속적으로 업데이트될수록 조직의 경쟁력이 향상될 것이며, 더욱 개선된 프로젝트 관리 역량으로 내/외부 고객에게 신뢰를 줄 수 있을 것이다. 그 과정에서 Primavera P6는 모든 프로젝트 정보를 다양한 형태(File, Database)로 체계적으로 관리할 수 있도록 하며, 특히 Layout File은 조직의 프로젝트 관리 관점 및 기준을 여러 프로젝트에 일관성 있게 적용시켜 관리할 수 있도록 한다. 본 Chapter에서는 조직프로세스 자산인 프로젝트 정보를 다양한 형태로 저장 및 보관하는 데 Primavera P6를 활용하여 수행하는 방법에 대해 알아보도록 한다.

1 Project Data Archiving – Project Export/Import

Primavera P6는 Database 기반으로 운용되는 프로그램으로서 Database를 별도로 삭제 및 수정하지 않는 이상 Primavera P6에서 구축된 모든 데이터는 Database에 보관된다. 하지만 관리 조직의 요구, 프로젝트 환경, 사용자 편의 등 여러 상황에 따라 활용 및 공유할 수 있도록 다양한 파일 형태로 저장이 가능하다. XER(Primavera P6), Excel, MPP(Microsoft Project), XML 형식 등이 그러하며, 이것은 프로젝트 정보를 저장 및 보관할 뿐만 아니라 단순 데이터 조회, 여러 이해관계자 또는 조직 간, 타 프로그램 간에 프로젝트 정보를 다양하게 공유 및 호환하여 활용할 수 있도록 한다. 그러므로 Primavera P6의 데이터 저장 및 공유 방안을 이해하면 프로젝트 정보를 효율적, 효과적으로 활용할 수 있는 것이다.

01_ Primavera P6에서는 프로젝트 데이터에 대해 파일 형식으로 내보내고 불러오는 기능을 제공한다. Basic Course에서 알아본 XER 형식, Advanced Course에서 알아본 Excel 형식이 있으며 그 외에도 여러 형식으로 프로젝트 데이터를 파일 형태로 저장할 수 있다.

02_ Primavera P6에서 Export 기능으로 저장 가능한 파일 형식은 다음과 같다.

데이터 저장이나 Primavera P6 데이터 구축의 목적으로는 XER, XLSX 형태가 가장 많이 쓰이며 타 프로그램과의 호환 목적에 있어서는 Microsoft Project 형태가 많이 쓰인다.

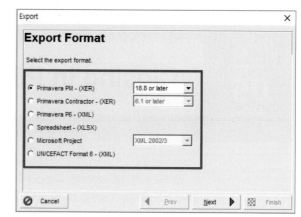

▲ [그림6-5-1-1] Export 파일 형식

03_ 'Primavera PM-(XER)'은 Primavera P6의 표준 Data 호환 형식으로서 해당 프로젝트의 기본 데이터 및 Activity에 할당된 Enterprise 데이터를 저장할 수 있다.

Activity에 할당된 Enterprise 데이터라는 것은 예를 들어 현재 Primavera P6에 10개의 Calendar가 존재할 경우 해당 프로젝트에 10개 중 3개만 Activity에 할당되어 있다면 할당된 3개 Calendar 속성 정보가 저장된다.

04_ 'Spreadsheet-(XLSX)'는 Excel 형식으로 프로젝트 데이터를 저장하는 것으로서 해당 프로젝트 내의 Activity 데이터에 대해서만 저장 및 구축이 가능하다.

예를 들어 현재 Primavera P6에 10개의 Calendar가 존재할 경우 해당 프로젝트에 10개 중 3개만 Activity에 할당되어 있다면 해당 Activity에 어떤 Calendar가 할당되었는지 저장은 되지만, 할당된 3개 Calendar의 속성 정보는 저장되지 않는다.

05_ 'Microsoft Project'는 Microsoft사에서 개발된 Microsoft Project라는 프로그램 형식으로 저장하는 것으로서 Microsoft Project와 호환을 목적으로 주로 사용된다. 파일 형식으로는 XML, MPX, MPP가 있으며 MPP 파일로 Export 및 Import를 하려면 Primavera P6가 설치된 컴퓨터에 Microsoft Project 2003버전이 설치되어야 한다.

TiP

Primavera P6와 Microsoft Project의 원활한 호환을 위해서는 Primavera P6는 32bit, Microsoft Project는 32bit의 2003버전이 설치되어야 한다. 또한 MPP파일을 Primavera P6에 Import할 시 MPP파일은 2007버전 이하여야 한다.

Primavera P6에서는 Activity화면을 포함한 Project, WBS, Tracking, Resource Assignment 화면 등 다양한 화면에서 Layout을 저장할 수 있었다. Layout이란 화면 보기부터 Print 설정까지 모든 View 정보가 저장되는 것으로서 프로젝트의 검토 및 분석 관점, 보고 형태가 그대로 반영된다고 할 수 있다.

이러한 Layout 정보가 일회성으로 사용되지 않고 체계적으로 관리되고 개발 된다면 조직의 프로젝트 관리 수준이 향상될 것이다. Primavera P6에서는 Layout 정보를 별도 파일로 관리하여 다양한 프로젝트에 해당 조직의 관리 관점을 동일하게 반영할 수 있도록 할 수 있다.

먼저 Layout 정보를 Export하는 방법에 대해 알아본다.

01_ Layout 목록을 확인하기 위하여 Menu Bar의 [View]–[Layout]–[Open Layout]을 선택한다.

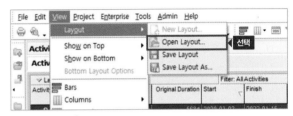
▲ [그림6–5–2–1] Open Layout

이때 아래와 같은 대화상자가 나타날 수도 있는데, 이것은 현재까지 작업한 화면 구성을 현재 적용되어있는 Layout에 덮어쓰기로 저장할 것인지 물어보는 메시지이며, 특별히 Layout을 수정, 저장하지 않으려면 [No] 버튼을 클릭하도록 한다.

▲ [그림6–5–2–2] 현재 Layout 저장 여부

02_ Layout 목록을 확인할 수 있으며 해당 Layout을 선택하고 오른쪽의 [Export] 버튼을 클릭한다.

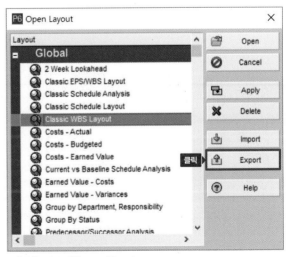
▲ [그림6–5–2–3] Layout Export

03_ 파일 저장 경로를 설정하고 [저장] 버튼을 클릭하면 해당 경로에 확장자 plf 파일이 생성된 것을 확인할 수 있다.

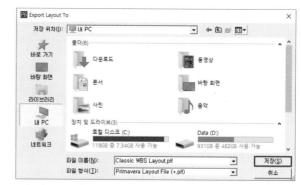

▲ [그림6-5-2-4] Layout Export

▲ [그림6-5-2-5]
Layout File(.plf)

다음은 Layout 정보를 Import하는 방법에 대해 알아본다.

04_ Layout 목록에 추가하기 위하여 Menu Bar의 [View]-[Layout]-[Open Layout]을 선택한다.

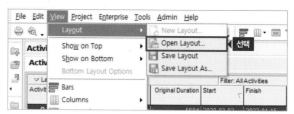

▲ [그림6-5-2-6] Open Layout

05_ Layout 목록을 확인할 수 있으며 오른쪽의 [Import] 버튼을 클릭한다.

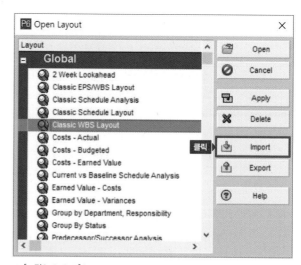

▲ [그림6-5-2-7] Layout Import

06_ Import할 plf 파일을 선택 후 [열기] 버튼을 클릭하면 Layout Name을 새롭게 설정할 수 있다.

▲ [그림6-5-2-8] Layout Import

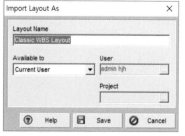

▲ [그림6-5-2-9] Layout Name 설정

07_ Layout 파일 Export/import 시 주의할 점은 Primavera P6의 모든 Layout이 확장자 plf로 저장되고 불러온다는 것이다. 즉 Activity, Project, WBS, Tracking, Resource Assignment 화면에서 Export 수행 시 전부 확장자 plf로 저장된다. 또한 해당 화면 보기에 맞지 않는 plf 파일 import 시 다음과 같은 메시지가 나타나므로 Layout을 파일로 관리 시 구분을 잘하도록 한다.

▲ [그림6-5-2-10] Layout Import 오류

---

3   Project Data Archiving – Primavera Database

Primavera P6에서 Export/Import 기능을 통한 데이터 저장은 어느 정도 한계가 있다. 예를 들면 XER 파일로 저장 시 추후 Import할 경우 Enterprise 데이터에 대해 제한적으로 복원하게 되며, Excel로 파일 저장 시 Enterprise 데이터 및 Project, WBS와 같은 정보를 제외한 Activity에 대한 정보만 복원된다.

이러한 경우 Primavera P6의 Database를 저장하면 사용자 로그인 정보를 포함한 Primavera P6의 모든 데이터를 저장 및 복원할 수 있다.

Primavera P6의 Database는 설치 및 운용 형식에 따라 다음의 종류가 있다.

Database Type	Server Type	Installation	User
SQLite DB	필요 없음	Standalone	단일 사용자
Server DB	Oracle DB Server	Standalone or Network	단일 및 다중 사용자
	Microsoft SQL DB Server		

▲ [표6-5-3-1] Primavera P6 Database 종류

01_ SQLite DB의 백업은 매우 간단하다. Primavera 설치 및 DB Configuration 시 연결된 SQLite DB 파일(확장자 .db)을 복사하면 된다.

이후 복원은 Primavera P6 DB Configuration 실행 시 해당 SQLite DB를 적용시키면 된다.

▲ [그림6-5-3-1] SQLite DB

02_ Server DB는 Oracle DB Server와 Microsoft SQL DB Server가 사용 가능하며 본 교재에서는 Oracle DB Server 중 Oracle XE 10g Express를 기준으로 알아본다.

03_ Database를 백업하기 위하여 컴퓨터 시작 메뉴의 [모든 프로그램]–[Oracle Database 10g Express Edition]–[데이터베이스 백업]을 실행하고 다음과 같은 창이 나타나면 알파벳 y를 입력 후 Enter 키를 누른다.

▲ [그림6-5-3-2] Database 백업

04_ 백업이 시작된다.

▲ [그림6-5-3-3] Database 백업

05_ 다음과 같은 화면이 나오면 백업이 완료된다.

▲ [그림6-5-3-4] Database 백업

06_ 아래 경로에서 백업한 파일이 생성된 것을 확인한다.

C:₩oraclexe₩app₩oracle₩flash_recovery_area₩XE₩BACKUPSET₩[백업날짜]

07_ 데이터베이스 백업 후, 아래 경로의 'XE' 폴더 전체를 복사하거나 'oraclexe' 폴더 전체를 복사하여 보관한다.

C:₩oraclexe₩app₩oracle₩flash_recovery_area 또는 C:₩oraclexe 폴더 복사

▲ [그림6-5-3-5] Database 백업

08_ 데이터베이스 사용자 정보도 같이 기록하여 보관한다.

(데이터베이스 설치 시 사용한 설정한 값 **예** pubuser / pubuser)

09_ 이후 Database를 복원하기 위하여 데이터베이스를 복원할 컴퓨터에서 동일한 경로로 이동하여 XE 폴더를 교체한다.

C:₩oraclexe₩app₩oracle₩flash_recovery_area

10_ 'XE' 폴더 교체 후 컴퓨터 시작 메뉴의 [모든 프로그램]-[Oracle Database 10g Express Edition]-[데이터베이스 복원]을 실행하고 다음과 같은 창이 나타나면 알파벳 y를 입력 후 Enter 키를 누른다.

▲ [그림6-5-3-6] Database 복원

11_ 아래와 같이 Database 복원할 경로를 입력 후 Enter 키를 누른다.

C:₩oraclexe₩app₩oracle₩flash_recovery_area

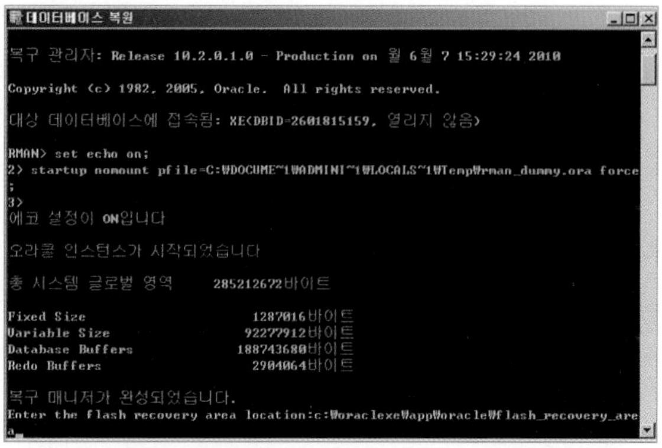

▲ [그림6-5-3-7] Database 복원

12_ 데이터베이스 복원이 시작된다.

▲ [그림6-5-3-8] Database 복원

13_ 아래와 같은 화면이 나오면 데이터베이스 복원이 완료된다.

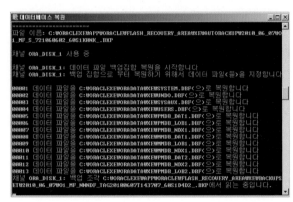

▲ [그림6-5-3-9] Database 복원

14_ 백업한 컴퓨터의 DB와 복원한 컴퓨터의 DB username/password가 다를 경우, PrimaveraP6 로그인 시 DB Configuration이 나타난다. 이때, 백업한 DB의 username/password를 입력하면 된다.

예시) Database Username : pubuser / Password : pubuser(DB설치 시 사용자가 입력한 값)

MEMO

Primavera P6
Workshop

본문의 Workshop 자료를 취합한 후 Primavera P6를 활용하여 PMBOK에 근거한 적용 실습을 통한 학습효과를 높일 수 있다.

Basic Workshop

실습 ▷ Notebook Topic

(Part 04 → Chapter 01 → 01.Notebook Topic)   P_110

과제

▷ 아래의 목록을 Notebook Topic으로 생성합니다.

- 프로젝트 설명
- 프로젝트 주요 마일스톤
- 프로젝트 위험 요소
- 프로젝트 주요 이해관계자

실습 ▷ Project Define

(Part 04 → Chapter 01 → 02. Project Define)   P_114

과제

▷ 프로젝트를 아래와 같은 정보로 생성합니다.

- Project ID : SP, Project Name : Sample Project
- Project Plan Start : 2020년 5월 1일, Must Finish By : 2020년 7월 31일

Notebook, WPs&Docs

(Part 04 ➡ Chapter 01 ➡ 03. Project General Information)　　　　　　　　　P_119

과제

▷ Notebook topic을 프로젝트에 할당하고 프로젝트 헌장 및 이해관계자 관리대장을 참고하여 해당 내용을 입력합니다.

- 프로젝트 설명, 프로젝트 주요 마일스톤, 프로젝트 위험 요소, 프로젝트 주요 이해관계자

▷ 임의의 TEXT 파일을 생성하여 Project WPs&Docs에 등록합니다.

Admin Preference

(Part 04 ➡ Chapter 02 ➡ 01. Admin Preference)　　　　　　　　　　　　P_126

과제

▷ 아래의 기준대로 Admin Preference를 설정합니다.

- WBS Tree Maximum을 최대값으로 설정
- Activity ID 길이를 최대값으로 설정
- 달력의 시작 요일을 일요일로 설정
- Hour per Time Periods를 Calendar별로 설정 및 적용 가능하지 않도록 설정
- Report Header & Footer의 Third Set 설정 변경

  1. Header : 실습자 이름　/　2. Footer : 실습자 소속　/　3. Custom : 실습자 메일 주소

- Resource 단가 이름을 아래와 같이 설정

  1. Cost per Qty : 표준단가_01　/　2. Cost per Qty2 : 표준단가_02

  3. Cost per Qty3 : 표준단가_03

User Preference

(Part 04 ➔ Chapter 02 ➔ 02. User Preference)

P_134

과제

▷ 아래의 기준대로 User Preference를 설정합니다.

- 날짜 표기 방법을 YYYY-MM-DD 형식으로 하고 시간단위 24시간 보기로 설정
- Duration과 Unit에 대한 표기 방법을 00.00d로 설정
- 화폐 단위는 $로 하고 소수점 둘째 자리까지 표시하도록 설정
- Activity, Resource 마법사를 사용하지 않도록 설정
- 사용자별 Password 설정

Enterprise Project Structure(EPS)

(Part 04 ➔ Chapter 02 ➔ 03. Enterprise Project Structure(EPS))

P_138

과제

▷ 아래의 구조로 EPS를 작성합니다.

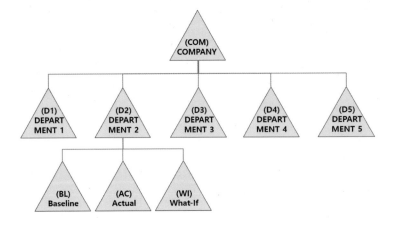

▷ Sample Project를 Baseline(BL) EPS에 할당합니다.

Organizational Breakdown Structure(OBS)

(Part 04 ➡ Chapter 02 ➡ 04. Organizational Breakdown Structure(OBS))   P_141

과제

▷아래 기업 조직도를 참고하여 OBS(Organization Breakdown Structure)를 작성합니다.

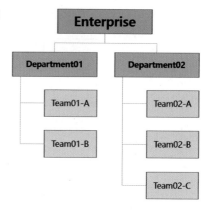

▷ 교육생 본인을 Team02-C 하위로 등록합니다.

▷ Sample Project에 교육생 본인을 Responsible Manager로 할당합니다.

실습 **Calendar**

(Part 04 ➡ Chapter 02 ➡ 05. Calendar)   P_146

과제

▷ 아래와 같은 3가지의 속성의 Calendar를 작성합니다.

　(모든 달력은 하루 8시간 근무이며 08시 시작~17시 종료, 12시~13시 점심시간 적용)

　• 주 7일의 공휴일이 없는 Calendar(Name : 7Days_Non Holidays)

　• 주 7일의 공휴일이 있는 Calendar(Name : 7Days_Holidays)

　• 주 5일의 공휴일이 있는 Calendar(Name : 5Days_Holidays)

▷ 공휴일 정보는 아래의 표를 참고하여 작성합니다.

월	1월	2월	3월	4월	5월	6월
휴일(일)	1, 24, 25, 26	–	1	30	5, 25	6
월	7월	8월	9월	10월	11월	12월
휴일(일)	–	15	30	1, 2, 3, 9	–	25

▷ Sample Project에 '7Days_Holidays' 달력을 Project Default Calendar로 할당합니다.

과제

▷ 다음의 작업분류체계(WBS)를 참고하여 WBS를 작성합니다.

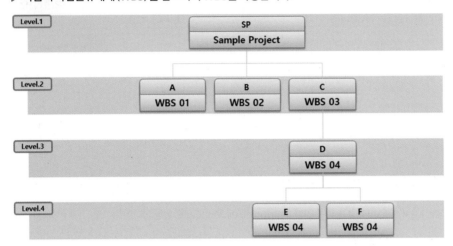

▷ WBS level2에 아래의 WBS를 추가합니다.

- WBS Code : M
- WBS Name : Milestone

과제

▷ 다음의 활동 목록, 마일스톤 목록을 참고하여 Activity를 생성합니다.

〈활동 목록〉

WBS Code	Activity ID	Activity Name	Original Duration(d)	Activity Type	Calendar
SAM.A	A1000	TASK 01	10	Task Dependent	7Days_Holidays
SAM.B	B1000	TASK 02	5	Task Dependent	7Days_Holidays
SAM.C.D.E	C1000	TASK 03	10	Task Dependent	7Days_Holidays
SAM.C.D.E	C1010	TASK 04	10	Task Dependent	7Days_Holidays
SAM.C.D.E	C1020	TASK 05	10	Task Dependent	7Days_Holidays
SAM.C.D.E	C1030	TASK 06	5	Task Dependent	7Days_Holidays

SAM.C.D.E	C1040	TASK 07	10	Task Dependent	7Days_Holidays
SAM.C.D.F	C2000	TASK 08	5	Task Dependent	7Days_Holidays
SAN.C.D.F	C2010	TASK 09	3	Task Dependent	7Days_Holidays

〈마일스톤 목록〉

WBS Code	Activity ID	Activity Name	Calendar
SAM.M	M1000	START	7Days_Holidays
SAM.M	M1010	FINISH	7Days_Holidays
SAM.M	M1020	WBS A FINISH	7Days_Holidays
SAM.M	M1030	WBS B FINISH	7Days_Holidays
SAM.M	M1040	WBS C FINISH	7Days_Holidays

▷ 마일스톤 Activity의 특성에 따라 Activity Type을 설정한다.

Activity Relationship

(Part 04 ➔ Chapter 02 ➔ 08. Activity Relationship)   P_156

과제

▷ 다음의 프로젝트 일정 네트워크도 문서를 참고하여 Relationship을 연결합니다.

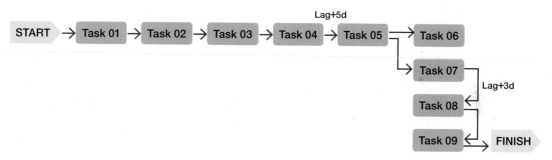

▷ 아래의 표를 참고하여 Milestone의 Relationship을 연결합니다.

ACTIVITY ID	선행 ACTIVITY ID	RELATION TYPE	LAG
M1020	A1000	FF	0
M1030	B1000	FF	0
M1040	C1040	FF	0
M1040	C2010	FF	0

Scheduling

(Part 04 ➔ Chapter 02 ➔ 09. Scheduling)   P_159

과제

▷ Schedule(F9)을 실행하여 Activity의 날짜를 계산합니다.

▷ Activity Table에서 각 Activity와 WBS, Project의 기간과 날짜를 확인합니다.

▷ Bar Chart에서 Timescale을 달리 설정하여 검토합니다.

▷ Project Must Finish by Date를 삭제 후 Schedule(F9)을 실행합니다.

Schedule Log

(Part 04 ➔ Chapter 02 ➔ 09. Scheduling)   P_160

과제

▷ 프로젝트의 Schedule Log 파일을 열어 다음의 내용을 확인합니다.

- 프로젝트 Activity 개수
- 프로젝트 Relationship 개수
- 선행을 가지고 있지 않은 Activity 개수
- 후행을 가지고 있지 않은 Activity 개수
- Critical Activity 개수

▷ Schedule Log 파일을 'Schedule Log_작성자 이름.txt' 이름으로 저장합니다.

Schedule Review

(Part 04 ➡ Chapter 02 ➡ 10. Schedule Review)

07

과제

▷ Activity Table에서 'Activity Count' Column을 나타냅니다.

▷ Group & Sort 기능을 활용하여 다음의 기준으로 일정을 확인합니다.

• Original Duration별(Group Interval : 5일)

• Finish Date별(Group Interval : Week)

• Total Float별

▷ Filter 기능을 활용하여 다음의 Activity들의 일정을 확인합니다.

• Critical Path Activity

• Milestone Activity

▷ Group & Sort는 WBS 보기로 설정하고 Filter는 해제하여 모든 Activity를 나타낸다.

Baseline(Time Only)

(Part 04 ➡ Chapter 02 ➡ 11. Baseline(Time Only))

과제

▷ 다음과 같은 조건으로 Baseline을 생성합니다. (필요시 Baseline Type 추가)

• Baseline Name : Sample Project_BL_Time

• Baseline Type : Initial Planning Baseline

▷ 생성된 Baseline을 Project Baseline으로 적용합니다.

▷ Bar Chart에 Baseline을 표시합니다.

▷ 현재 Schedule을 임의로 변경하여 Baseline과 비교해 봅니다.

과제

▷ 자원분류체계(RBS) 문서를 참고하여 Resource 구조를 작성합니다.

Resource ID			Name	Resource Type
Level.1	Level.2	Level.3		
SR				
	L		Labor	Labor
		1	Labor Type 1	Labor
		2	Labor Type 2	Labor
	N		Nonlabor	Nonlabor
		A	A Nonlabor	Nonlabor
		B	B Nonlabor	Nonlabor
	M		Material	Material
		S	S Material	Material
		F	F Material	Material

▷ 다음의 Resource의 속성을 정의합니다. (필요시 'Unit of Measure' 추가)

Resource Name	Max Units/Time	Price/Unit	Calendar
Labor Type 1	50d/d	$100/d	7Days_Holidays
A Nonlabor	30d/d	$10/d	7Days_Holidays
S Material	100Ton/d	$100/Ton	7Days_Holidays

▷ 다음의 활동자원 요구사항 문서를 참고하여 Activity에 Resource를 할당합니다.

Activity ID	Activity Name	Resource Name	Budgeted Unit(d)
A1000	TASK 01	Labor Type 1	500
B1000	TASK 02	Labor Type 1	1000
C1000	TASK 03	Labor Type 1	300
C1010	TASK 04	Labor Type 1	300
C1020	TASK 05	Labor Type 1	300
C1030	TASK 06	Labor Type 1	300
C1040	TASK 07	Labor Type 1	300
C2000	TASK 08	Labor Type 1	20

C2010	TASK 09	Labor Type 1	30
A1000	TASK 01	A Nonlabor	500
C1010	TASK 04	A Nonlabor	600
C1040	TASK 07	A Nonlabor	300
C1010	TASK 04	S Material	700 Ton
C1040	TASK 07	S Material	500 Ton
C2000	TASK 08	S Material	300 Ton

▷ Activity Table에서 Resource가 할당되어 계산된 총비용 정보를 확인합니다.

Resource Analysis

(Part 04 → Chapter 02 → 13. Resource Analysis)   P_191

과제

▷ 다음의 화면에서 Resource 및 비용 할당 현황을 다양하게 확인합니다.

- Activity Table
- Activity Usage Spreadsheet
- Activity Usage Profile
- Resource Usage Spreadsheet
- Resource Usage Profile

▷ Resource Usage Profile 화면에서 Resource별로 Overallocation을 확인합니다.

▷ Overallocation 되었다면 조정할 수 있는 방안을 수립하고 조정해 봅니다.

Schedule & Resource Review

(Part 04 ➔ Chapter 02 ➔ 13. Resource Analysis)   P_192

과제

▷ Group & Sort 기능을 활용하여 다음의 기준으로 일정과 비용 정보를 확인합니다.

- Resource별
- Budgeted Total Cost별(Group Interval : $1,000)

▷ Filter 기능을 활용하여 다음의 Activity들의 일정과 비용 정보를 확인합니다.

- Critical Path Activity
- Budgeted Cost가 $2,000 이상인 Activity

Baseline(Time&Resource)

(Part 04 ➔ Chapter 02 ➔ 14. Baseline(Time&Resource))   P_196

과제

▷ 다음과 같은 조건으로 Baseline을 생성합니다.

- Baseline Name : Sample Project_BL_Time&Resource
- Baseline Type : Initial Planning Baseline

▷ 생성된 Baseline을 Project Baseline으로 적용합니다.

▷ Activity Table에 'BL Project Total Cost' Column을 나타냅니다.

▷ Activity Usage Spreadsheet에 다음과 같은 Fields를 나타냅니다.

- BL Project Total Cost
- Cum BL Project Total Cost

과제

▷ 아래의 표를 참고하여 Activity Code를 정의합니다.

Activity Code : AA		Activity Code : BB	
Code Value	Description	Code Value	Description
AA1	CODE AA1	BB1	CODE BB1
AA2	CODE AA2	BB2	CODE BB2
AA3	CODE AA3	BB3	CODE BB3
AA4	CODE AA4	BB4	CODE BB4
AA5	CODE AA5	BB5	CODE BB5

▷ 아래의 표를 참고하여 Activity에 Activity Code를 할당합니다.

Activity ID	Activity Code : AA	Activity Code : BB
M1000	AA1	BB5
M1010	AA1	BB3
M1020	AA5	BB1
M1030	AA5	BB1
M1040	AA5	BB1
A1000	AA2	BB5
B1000	AA3	BB4
C1000	AA4	BB1
C1010	AA4	BB1
C1020	AA4	BB1
C1030	AA4	BB1
C1040	AA4	BB1
C2000	AA5	BB2
C2010	AA5	BB2

Schedule & Resource Review (Activity Code)

(Part 04 ➜ Chapter 02 ➜ 16. Data Review by 'Group & sort by', 17. Data Review by 'Filter')   P_210

과제

▷ Group & Sort 기능을 활용하여 다음의 기준으로 일정과 비용 정보를 확인합니다.

- Activity Code별
- 순서대로 Grand Total, AA별, BB별, WBS별

▷ Filter 기능을 활용하여 다음의 Activity들의 일정과 비용 정보를 확인합니다.

- AA1 Code의 Activity
- BB4 Code의 Activity
- AA1 Code의 Activity 중 BB4 code를 가지고 있는 Activity

Layout

(Part 04 ➜ Chapter 02 ➜ 18. Layout)   P_213

과제

▷ 아래의 화면 구성으로 Layout을 생성 및 저장합니다.

〈 Layout Name : 01.Basic Schedule View 〉

- 화면 상단에 Activity Table과 Bar Chart 표시
- Activity Table은 WBS로 Grouping, Bar Chart의 Timescale은 Month/Week로 설정
- 화면 하단에 Activity Usage Profile 표시

〈 Layout Name : 02.AA4 Code Analysis 〉

- 화면 상단에 Activity Table과 Bar Chart 표시 및 AA4 Code로 Filtering
- Activity Table은 AA Code로 Grouping, Bar Chart의 Timescale은 Week/Day1로 설정
- Activity Table의 Column은 Activity ID, Activity Name, Start, Finish, Total Float만 표시
- 화면 하단에 Resource Usage Profile 표시

과제

▷ 실적 입력을 위하여 현재 프로젝트를 복사합니다.

　(Project Baseline 함께 복사)

▷ 다음의 작업성과 자료를 참고하여 5월 실적을 입력합니다.

Activity ID	Activity Name	Actual Start	Actual Finish	Remaining
M1000	START	2020-05-01	–	0d
A1000	TASK 01	2020-05-01	2020-05-07	0d
B1000	TASK 02	2020-05-10	2020-05-15	0d
C1000	TASK 03	2020-05-20	2020-05-25	0d
C1010	TASK 04	2020-05-26		2d

▷ Activity의 실적정보를 바탕으로 필요시 Milestone Activity의 실적을 입력합니다.

▷ Data Date를 2020-06-01로 변경 후 Schedule(F9)을 실행합니다.

▷ Activity Table과 Bar Chart에 실적이 반영된 상태를 확인합니다.

Project Status Analysis-Plan vs Actual

(Part 04 → Chapter 04 → 01. Project Status Analysis-Plan vs Actual)   P_221

과제

▷ Activity Table에 다음과 같은 Column을 나타내어 확인합니다.

- Variance-BL Start Date, Variance-BL Finish Date, Variance-BL Duration
- Variance-BL Project Total Cost

▷ Activity Usage Spreadsheet에 다음과 같은 Fields를 나타내어 확인합니다.

- BL Project Total Cost, Cum BL Project Total Cost
- Actual Total Cost, Cum Actual Total Cost
- 'BL vs Actual 01' 이름으로 Layout 저장

▷ Activity Usage Profile에 에 다음과 같이 Option을 설정하여 확인합니다.

- Total Cost 확인 가능하도록 설정
- Baseline과 Actual의 By Date와 cumulative에 체크
- 'BL vs Actual 02' 이름으로 Layout 저장

Project Status Analysis-Variance Filtering

(Part 04 → Chapter 04 → 02. Project Status Analysis-Variance)   P_224

과제

▷ Baseline(계획)과 비교하여 Start Date가 늦어진 Activity를 Filtering합니다.

▷ Baseline(계획)과 비교하여 Finish Date가 늦어진 Activity를 Filtering합니다.

▷ Baseline(계획)과 비교하여 Duration이 줄어든 Activity를 Filtering합니다.

▷ Baseline(계획)과 비교하여 Cost가 늘어난 Activity를 Filtering합니다.

Project Status Reporting-Printing

(Part 04 ➜ Chapter 04 ➜ 03. Project Status Reporting-Printing)　　　　　　　　　　P_232

07

과제

▷ 아래와 같은 조건으로 화면을 구성하여 저장합니다.

- SAMPLE PROJECT를 A3 크기 1장, jpg 파일로 저장(인쇄 여백은 기본값)
- Activity Table과 Gantt Chart가 상단, Resource Usage Profile을 하단에 배치(Labor Resource 확인 가능하도록)
- Activity Table의 Column은 다음을 확인 가능하게 설정

  (Activity ID, Activity Name, Original Duration, Start, Finish, Budgeted Total Cost, Total Float)
- Header Height는 0.5, Footer Height는 0.75
- Header의 왼쪽에는 Client Logo 또는 소속기관
- 중앙에는 Layout Name으로 작성자의 이름과 출력물이 무엇을 표현하는지를 확인
- Header 오른쪽에는 작성자의 회사(또는 학교) Logo
- Footer의 왼쪽에는 Gantt Chart Legend
- Footer 중앙에는 Page number
- Footer 오른쪽에는 Revision Box를 배치 및 입력

  (Revision Box에는 작성날짜, Primavera Basic Training Report, 작성자는 Check란에 입력)
- Gantt Chart의 Timescale 시작일과 종료일을 각각 PS보다 1주 이른 시점, PF보다 2주 늦은 시점으로 설정

Export/Import(File type : XER)

(Part 04 ➜ Chapter 05 ➜ 01. Export/Import(File type : XER))　　　　　　　　　　P_240

과제

▷ 실적이 입력되지 않은 최종 계획 프로젝트를 XER 파일로 Export 합니다.

- XER File Name : Sample Project_BL_OO월OO일

▷ 5월 실적이 입력된 프로젝트에 다음의 교훈 사항을 Project Notebook으로 추가합니다.

- Notebook Topic : Lesson Learned
- Notebook 내용 : "Primavera Training Lesson Learned"

▷ 5월 실적이 입력된 프로젝트를 XER 파일로 Export 합니다.

- XER File Name : Sample Project_5월실적_OO월OO일

Advanced Workshop

실습 ▶ **Admin/User Preference**
(Part 05 ➜ Chapter 01 ➜ 01. Admin/User Preference)   P_244

과제

▷ 아래의 기준대로 Admin Preference를 설정합니다.

- Data Limit 및 ID 길이를 최대값으로 설정

- 달력의 시작 요일을 일요일로 설정

- Hour per Time Periods를 Calendar별로 설정 및 적용 가능하지 않도록 설정

- Report Header & Footer의 Third Set 설정 변경

  1. Header : 실습자 이름 / 2. Footer : 실습자 소속 / 3. Custom : 실습자 메일 주소

- Resource 단가 이름을 아래와 같이 설정

  1. Cost per Qty : 표준단가_01 / 2. Cost per Qty2 : 표준단가_02

▷ 아래의 기준대로 User Preference를 설정합니다.

- 날짜 표기 방법을 YYYY-MM-DD 형식으로 하고 시간단위는 표시하지 않도록 설정

- Duration과 Unit에 대한 표기 방법을 00d로 설정

- 화폐 단위는 $로 하고 소수점 둘째 자리까지 표시하도록 설정

- Activity, Resource 마법사를 사용하지 않도록 설정

- 사용자별 Password 설정

Enterprise Project Structure(EPS)

(Part 05 ➡ Chapter 01 ➡ 02. Enterprise Project Structure(EPS))　　　　　　　　　P_247

실습

과제

▷ 아래의 구조로 EPS를 작성합니다.

- 괄호 안의 문자는 EPS ID, 괄호 밖의 문자는 EPS Name

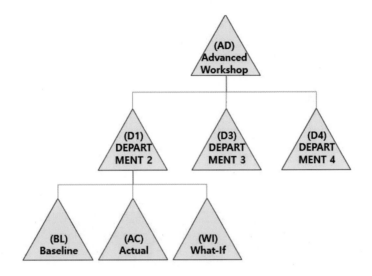

Calendar

(Part 05 ➡ Chapter 01 ➡ 03. Calendar)　　　　　　　　　P_248

실습

과제

▷ 아래의 Calendar를 작성합니다.

- 하루의 업무 시작 시간 및 종료 시간은 실습생 임의로 설정
- 주6일 : 매주 일요일 휴무, 주5일 : 매주 토, 일요일 휴무

달력 이름	속성	공휴일
AD 01_6D8H_공휴일	주 6일 8시간 작업/공휴일 적용	배포된 'Holiday List'를 참고.
AD 02_7D8H	주 7일 8시간 작업/공휴일 미적용	–
AD 03_5D8H	주 5일 8시간 작업/공휴일 미적용	–

** Holiday List

년도	월	공휴일	년도	월	공휴일
2020년	1월	1	2021년	1월	1,23,24,25
	2월	2,3,4		2월	–
	3월	1		3월	1
	4월	–		4월	–
	5월	1,5		5월	1,5
	6월	6		6월	6
	7월	–		7월	–
	8월	15		8월	15
	9월	12,13		9월	29,30
	10월	3,9		10월	1,3,9
	11월	–		11월	–
	12월	25		12월	25

Resource

실습 ▶ (Part 05 ➡ Chapter 01 ➡ 04. Resource)　　　　　　P_250

과제

▷ 아래의 Labor Resource를 추가합니다.

Resource ID	Resource Name	Price/Unit	Max Units/Time	Calendar
1	Civil Engineer	$120.00/d	25d/d	AD 01_6D8H_공휴일
2	Structure Engineer	$150.00/d	20d/d	AD 01_6D8H_공휴일
3	Procurement Service for Civil	$80.00/d	3d/d	AD 01_6D8H_공휴일
4	Procurement Service for Structure	$90.00/d	5d/d	AD 01_6D8H_공휴일
5	Civil Labor	$120.00/d	125d/d	AD 01_6D8H_공휴일
6	Mechanical Labor	$130.00/d	60d/d	AD 01_6D8H_공휴일
7	Welder	$150.00/d	35d/d	AD 01_6D8H_공휴일
8	Welder Assist	$80.00/d	180d/d	AD 01_6D8H_공휴일

Activity Code

(Part 05 → Chapter 01 → 05. Activity Code)

P_251

과제

▷ 아래의 Activity Code를 생성합니다.

Activity Code : Work Type		Activity Code : Sub Con.	
Code Value	Description	Code Value	Description
M	Milestone	A	A건설사
E	Engineering	B	B전기사
P	Procurement	C	C토건
C	Construction	D	D설계사
S	Pre-Commissioning	E	E배관주식회사
-	-	F	F중공업

Project Define

(Part 05 → Chapter 02 → 01. Project Define)

P_252

과제

▷ 프로젝트를 아래와 같은 정보로 생성합니다.

- Project ID : SP, Project Name : Sample Advanced Project
- Project Plan Start : 2020년 5월 1일, Must Finish By : 2020년 7월 31일

▷ 프로젝트를 Baseline EPS로 위치합니다.

▷ 'AD 01_6D8H_공휴일' Calendar를 Project Default Calendar로 설정합니다.

과제

▷아래 작업분류체계를 참고하여 WBS를 작성합니다.

Level 1	Level 2		Level 3		Level 4		Level 5	
	Code	Name	Code	Name	Code	Name	Code	Name
Sample Advanced Workshop	M	Milestone						
	E	Engineering	CI	Civil, Architecture & Structure	SP	Specification		
					DR	Drawings		
					EP	Engineering for Procurement		
	P	Procurement	CI	Civil, Architecture & Structure	PS	Procurement Service	PL	Pile
							SS	Steel Structure
	C	Construction	CI	Civil	PL	Piling		
					FO	Foundation		
			PI	Piping	PF	Piping Fabrication		
					PS	A/G Pipe Support		
					PW	A/G Piping Work		
			ME	Mechanical	PE	Packaged Equipment Install		
			HT	Hydro-TEST				
	S	Pre-Commissioning						

과제

▷ 다음과 같이 Project와 WBS에 Original Budget을 입력합니다.

WBS Code	Original Budget
SP	$5,000,000.00
SP.E	$1,000,000.00
SP.P	$1,500,000.00
SP.C	$2,500,000.00

▷ 다음과 같이 Project에 월별 Spending Plan과 Benefit Plan을 입력합니다.

Spending Plan	Spending Plan	Benefit Plan
2020−03	$100,000	$0
2020−04	$100,000	$220,000
2020−05	$150,000	$0
2020−06	$200,000	$0
2020−07	$200,000	$605,000
2020−08	$150,000	$0
2020−09	$300,000	$0
2020−10	$300,000	$825,000
2020−11	$300,000	$0
2020−12	$500,000	$0
2021−01	$700,000	$1,650,000
2021−02	$600,000	$0
2021−03	$300,000	$0
2021−04	$150,000	$1,155,000
2021−05	$150,000	$0
2021−06	$200,000	$0
2021−07	$200,000	$605,000
2021−08	$100,000	$0
2021−09	$100,000	$0
2021−10	$100,000	$330,000
2021−11	$0	$0
2021−12	$100,000	$0

▷ Budget Summary 값을 확인합니다.

▷ 입력된 값을 기준으로 다음의 값을 계산합니다.

- ROI

  (투자금 : Spending Plan 합계, 회수금 : Benefit Plan 합계)

- Benefit Plan의 PV

  (Benefit Plan의 합계를 2021년 말에 회수하는 조건에서 2020년 초 시점의 PV, 이자율 년 10%)

- NPV

  (초기 투자금 : Spending Plan 합계, 년별 회수금 : Benefit Plan의 년별 합계, 이자율 년 5%)

- IRR(연 이자율, 반올림하여 소수점 2자리)

  (초기 투자금 : Spending Plan 합계, 년별 회수금 : Benefit Plan의 년별 합계)

Threshold

(Part 06 ➞ Chapter 02 ➞ 01. Threshold & Issue)   P_266

과제

▷ 일정관리 계획서의 통제 한계선 내용을 참고하여 WBS 레벨의 Threshold에 반영합니다.

- 적용은 Project 전체에 적용

일정관리 계획서	Primavera P6 Threshold		
	Parameter	Lower	upper
누적 계획공정률 대비 실적공정률 10% 지연	SPI · Schedule Performance Index (ratio)	0.9	–
프로젝트 총 여유일 30일 지연	Total Float(days)	–30d	–

▷ 다음의 내용을 Activity 레벨의 Threshold에 추가합니다.

- 적용은 Project 전체에 적용

Primavera P6 Threshold		
Parameter	Lower	upper
Start Date Variance(days)	–10d	10d
Finish Date Variance(days)	–10d	10d

Project Details

Project Details
(Part 06 → Chapter 02 → 02. Project Details)   P_272

과제

▷ 아래의 내용으로 Project Detail 창의 정보를 입력합니다.

- Notebook을 추가하여 다음과 같이 입력(Notebook Topic = Comments)

  '20xx년 xx월 xx일 : Advanced 교육용 프로젝트 추가'

- Activity에 동일 Resource의 중복 투입을 허용하지 않도록 설정

- Duration %에 따라 Unit %가 연동되어 재계산 되지 않도록 설정

- Activity의 Physical % Complete의 계산을 Step을 기준으로 계산되도록 변경

- WBS Summary Level을 3으로 수정

- Project 계획 시작일과 Data Date를 2020년 3월 1일로 수정

- Project의 목표 종료일을 2021년 12월 31일로 설정

WBS Details

WBS Details
(Part 06 → Chapter 02 → 03. WBS Details)   P_277

과제

▷ Drawing(SP.E.CI.DR) WBS에 다음과 같이 설정합니다.

- Notebook을 추가하여 다음과 같이 입력(Notebook Topic = Comments)

  'EV 산정을 위한 WBS Milestone 설정'

▷ Drawing(SP.E.CI.DR) WBS에 다음과 같이 WBS Milestone을 추가

WBS Milestone	Weight
Basic Drawing	10%
First Approval	20%
Detail Drawing	40%
Final Approval	30%

▷ 아래의 표대로 WBS별 Performance % Complete와 ETC 기준을 설정합니다.

WBS	Performance %	ETC
Engineering	Activity Percent Complete	PF=1/CPI
Procurement	Activity Percent Complete	PF=1/CPI
Construction	Activity Percent Complete	PF=1/CPI

CHAPTER 02 · Advanced Workshop **487**

과제

▷ Excel Export/Import를 활용하여 다음의 Activity를 생성합니다.

참고 : Activity Type은 Excel import가 되지 않으므로 Import 후 Primavera P6에서 변경합니다.

Activity ID	WBS Code	Activity Name	OD(d)	Activity Type
MI1000	SP.M	Milestone 01	0	Finish Milestone
MI1010	SP.M	Milestone 02	0	Finish Milestone
MI1020	SP.M	Milestone 03	0	Finish Milestone
MI1030	SP.M	Milestone 04	0	Finish Milestone
MI1040	SP.M	Milestone 05	0	Finish Milestone
MI1050	SP.M	Milestone 06	0	Start Milestone
EN1000	SP.E.CI.SP	Engineering 01	8	Task Dependent
EN1010	SP.E.CI.SP	Engineering 02	15	Task Dependent
EN1020	SP.E.CI.SP	Engineering 03	8	Task Dependent
EN1030	SP.E.CI.SP	Engineering 04	15	Task Dependent
EN1040	SP.E.CI.SP	Engineering 05	15	Task Dependent
EN1050	SP.E.CI.SP	Engineering 06	15	Task Dependent
EN1060	SP.E.CI.SP	Engineering 07	10	Task Dependent
EN2000	SP.E.CI.DR	Engineering 08	70	Task Dependent
EN2010	SP.E.CI.DR	Engineering 09	15	Task Dependent
EN2020	SP.E.CI.DR	Engineering 10	100	Task Dependent
EN2030	SP.E.CI.DR	Engineering 11	20	Task Dependent
EN2040	SP.E.CI.DR	Engineering 12	20	Task Dependent
EN2050	SP.E.CI.DR	Engineering 13	70	Task Dependent
EN2060	SP.E.CI.DR	Engineering 14	15	Task Dependent
EN3000	SP.E.CI.EP	Engineering 15	5	Task Dependent
EN3010	SP.E.CI.EP	Engineering 16	10	Task Dependent
EN3020	SP.E.CI.EP	Engineering 17	10	Task Dependent
EN3030	SP.E.CI.EP	Engineering 18	20	Task Dependent
EN3040	SP.E.CI.EP	Engineering 19	10	Task Dependent
EN3050	SP.E.CI.EP	Engineering 20	20	Task Dependent
PR1000	SP.P.CI.PS.PL	Procurement 01	3	Task Dependent
PR1010	SP.P.CI.PS.PL	Procurement 02	7	Task Dependent
PR1020	SP.P.CI.PS.PL	Procurement 03	4	Task Dependent
PR1030	SP.P.CI.PS.PL	Procurement 04	30	Task Dependent
PR1040	SP.P.CI.PS.PL	Procurement 05	5	Task Dependent
PR2000	SP.P.CI.PS.SS	Procurement 06	5	Task Dependent
PR2010	SP.P.CI.PS.SS	Procurement 07	10	Task Dependent
PR2020	SP.P.CI.PS.SS	Procurement 08	5	Task Dependent

PR2030	SP.P.CI.PS.SS	Procurement 09	10	Task Dependent
CO1000	SP.C.CI.PL	Construction 01	30	Task Dependent
CO1010	SP.C.CI.PL	Construction 02	30	Task Dependent
CO1020	SP.C.CI.PL	Construction 03	20	Task Dependent
CO1030	SP.C.CI.PL	Construction 04	40	Task Dependent
CO2000	SP.C.CI.FO	Construction 05	50	Task Dependent
CO2010	SP.C.CI.FO	Construction 06	60	Task Dependent
CO2020	SP.C.CI.FO	Construction 07	30	Task Dependent
CO2030	SP.C.CI.FO	Construction 08	20	Task Dependent
CO2040	SP.C.CI.FO	Construction 09	20	Task Dependent
CO2050	SP.C.CI.FO	Construction 10	30	Task Dependent
CO2060	SP.C.CI.FO	Construction 11	90	Task Dependent
CO3000	SP.C.PI.PF	Construction 12	31	Task Dependent
CO3010	SP.C.PI.PF	Construction 13	30	Task Dependent
CO4000	SP.C.PI.PS	Construction 14	77	Task Dependent
CO4010	SP.C.PI.PS	Construction 15	61	Task Dependent
CO5000	SP.C.PI.PW	Construction 16	61	Task Dependent
CO6000	SP.C.ME.PE	Construction 17	60	Task Dependent
CO6010	SP.C.ME.PE	Construction 18	20	Task Dependent
CO7000	SP.C.HT	Construction 19	42	Task Dependent
SU1000	SP.S	Commissioning 01	121	Task Dependent

▷ Primavera P6에서 다음과 같은 Activity를 추가합니다.

WBS Code	Activity ID	Activity Name	Activity Type
SP.E	WS1000	ENGINEERING	WBS Summary
SP.P	WS1010	PROCUREMENT	WBS Summary
SP.C	WS1020	CONSTRUCTION	WBS Summary
SP.M	LC1000	Construction LOE	Level of Effort

▷ Primavera P6에서 다음의 Activity Type을 변경합니다.

Activity ID	Activity Name	Activity Type
CO3000	Construction 12	Resource Dependent
CO3010	Construction 13	Resource Dependent
CO4000	Construction 14	Resource Dependent
CO4010	Construction 15	Resource Dependent
CO5000	Construction 16	Resource Dependent
CO7000	Construction 19	Resource Dependent

과제

▷ Excel Export/Import를 활용하여 다음의 Relationship을 추가합니다.

Predecessor ID	Predecessor Name	Successor ID	Successor Name	Type	Lag(d)
EN1000	Engineering 01	CO2020	Construction 07	FS	0
EN1000	Engineering 01	EN1010	Engineering 02	FS	0
EN1000	Engineering 01	EN1020	Engineering 03	SS	0
EN1000	Engineering 01	EN2050	Engineering 13	FS	10
EN1010	Engineering 02	EN2060	Engineering 14	FS	0
EN1020	Engineering 03	EN1030	Engineering 04	FS	0
EN1020	Engineering 03	EN2000	Engineering 08	FS	0
EN1020	Engineering 03	EN2020	Engineering 10	FS	0
EN1020	Engineering 03	EN2050	Engineering 13	FF	0
EN1030	Engineering 04	EN2010	Engineering 09	FS	0
EN1030	Engineering 04	EN2030	Engineering 11	FS	0
EN1030	Engineering 04	EN2060	Engineering 14	FS	0
EN1040	Engineering 05	EN3020	Engineering 17	FS	0
EN1050	Engineering 06	EN3040	Engineering 19	FS	0
EN1060	Engineering 07	EN3000	Engineering 15	FS	0
EN2000	Engineering 08	EN1060	Engineering 07	SS	0
EN2000	Engineering 08	EN2010	Engineering 09	FS	0
EN2010	Engineering 09	CO1000	Construction 01	FS	0
EN2010	Engineering 09	MI1020	Milestone 03	FF	0
EN2020	Engineering 10	CO2010	Construction 06	FS	0
EN2020	Engineering 10	CO2040	Construction 09	FS	0
EN2020	Engineering 10	EN1040	Engineering 05	FS	0
EN2020	Engineering 10	EN2030	Engineering 11	FS	0
EN2020	Engineering 10	EN2040	Engineering 12	FS	0
EN2030	Engineering 11	EN1050	Engineering 06	FS	0
EN2030	Engineering 11	MI1030	Milestone 04	FF	0
EN2040	Engineering 12	CO2000	Construction 05	FS	0
EN2050	Engineering 13	EN2060	Engineering 14	FS	0
EN2060	Engineering 14	CO2060	Construction 11	FS	25
EN3000	Engineering 15	MI1000	Milestone 01	FF	0
EN3000	Engineering 15	PR1000	Procurement 01	FS	0
EN3010	Engineering 16	PR1020	Procurement 03	FS	0
EN3020	Engineering 17	MI1010	Milestone 02	FF	0
EN3020	Engineering 17	PR2000	Procurement 06	FS	0
EN3040	Engineering 19	PR2020	Procurement 08	FS	0

PR1000	Procurement 01	PR1010	Procurement 02	FS	0
PR1010	Procurement 02	EN3010	Engineering 16	FS	0
PR1020	Procurement 03	PR1030	Procurement 04	FS	0
PR1030	Procurement 04	PR1040	Procurement 05	FS	0
PR1040	Procurement 05	CO1000	Construction 01	FS	0
PR2000	Procurement 06	PR2010	Procurement 07	FS	0
PR2010	Procurement 07	EN3030	Engineering 18	FS	0
PR2020	Procurement 08	PR2030	Procurement 09	FS	0
PR2030	Procurement 09	EN3050	Engineering 20	FS	0
CO1000	Construction 01	CO1030	Construction 04	FS	0
CO1000	Construction 01	CO2000	Construction 05	FS	0
CO1010	Construction 02	CO2010	Construction 06	FS	0
CO1020	Construction 03	CO2020	Construction 07	FS	0
CO1030	Construction 04	CO1010	Construction 02	SS	5
CO1030	Construction 04	CO1020	Construction 03	FS	0
CO1030	Construction 04	CO2050	Construction 10	FS	0
CO2000	Construction 05	CO2050	Construction 10	FS	0
CO2030	Construction 08	CO2040	Construction 09	SS	10
CO2030	Construction 08	CO6000	Construction 17	FS	0
CO2030	Construction 08	CO3000	Construction 12	FS	0
CO2040	Construction 09	CO6010	Construction 18	FS	0
CO2050	Construction 10	CO2020	Construction 07	FF	7
CO2060	Construction 11	SU1000	Commissioning 01	FS	0
CO2060	Construction 11	CO2030	Construction 08	FS	40
CO3000	Construction 12	CO3010	Construction 13	FS	0
CO3000	Construction 12	CO4000	Construction 14	SS	15
CO3010	Construction 13	CO5000	Construction 16	SS	0
CO4000	Construction 14	CO4010	Construction 15	FF	0
CO4010	Construction 15	CO7000	Construction 19	FF	0
CO5000	Construction 16	CO4010	Construction 15	SS	0
CO5000	Construction 16	CO4010	Construction 15	FF	0
CO5000	Construction 16	CO7000	Construction 19	FS	0
CO6000	Construction 17	SU1000	Commissioning 01	FS	0
CO6010	Construction 18	SU1000	Commissioning 01	FS	0
CO7000	Construction 19	SU1000	Commissioning 01	FS	0
CO7000	Construction 19	MI1040	Milestone 05	FF	0
SU1000	Commissioning 01	MI1050	Milestone 06	FS	0

▷ LC1000 Activity에 다음과 같이 Relationship을 설정합니다.

선행 Activity ID	후행 Activity ID	Type	Lag
CO1000	LC1000	SS	0d
CO7000	LC1000	FF	0d

▷ Schedule([F9])을 실행하여 Activity의 날짜를 계산합니다.

▷ Project Must Finish by Date를 삭제 후 Schedule([F9])을 재실행하여 날짜를 계산합니다.

▷ 현재 스케줄로 Baseline을 생성하고 Project Baseline으로 설정합니다.

- Baseline Name : Sample Advanced Project_BL_01

TiP

Bar Chart의 Time Scale을 조정해야 하는 경우
Bar Chart에서 마우스 오른쪽 클릭 후에 [Time Scale] 선택 ➡ 화면 중간의 Date Interval에서 조정하도록 한다.

TiP

Bar Chart에 Level Of Effort Type의 Activity가 보이지 않는 경우
Bar Chart에서 마우스 오른쪽 클릭 후에 [Bars] 선택 ➡ Bar Name 중 'Remaining Level of Effort' Bar 앞의 Display 체크 하도록 한다.

실습 Constraint
(Part 06 ➡ Chapter 02 ➡ 06. Constraint)   P_306

과제

▷ 다음과 같이 Activity에 Constraint를 적용합니다.

Activity ID	Activity Name	Constraint	Constraint Date
CO6000	Construction 17	As Late As Possible	–
CO6010	Construction 18	Start On or Before	2021-02-01

▷ CO6000 후행의 SU1000 사이에 Lag 30d을 추가 합니다.

▷ Schedule([F9])을 실행하여 결과를 확인합니다.

▷ 현재 스케줄로 Baseline을 생성하고 Project Baseline으로 설정합니다.

- Baseline Name : Sample Advanced Project_BL_02

과제

▷ 아래의 선후행이 누락된 Activity의 Relationship을 추가합니다.

Activity ID	Successors	Type	Lag
EN3030	EN3050	FS	0d
CO2010	CO3000	FS	0d
CO2020	CO2010	FF	0d
CO2010	CO2030	FS	0d
EN3050	CO2060	FF	0d

▷ 아래의 내용으로 EN2020 Activity를 분할합니다.

- SP.E.CI.DR WBS에 Activity 추가(ID : EN2015, Name : Engineering 10-1, OD:50d)

- EN2015의 Relationship 추가(선행 : EN1020 FS Lag 0d, 후행 : EN2020 FS Lag 0d)

- EN2020의 OD를 50d로 수정 및 Name 변경(Engineering 10 → Engineering 10-2)

- EN2020의 선행 관계(EN1020 FS Lag 0d)삭제

- Schedule(F9) 실행

▷ CO2060과 CO2030사이의 Lag(40d)를 Activity로 변경합니다.

- SP.C.CI.FO WBS에 Activity 추가(ID : CO2065, Name : LAG, OD : 40d)

- CO2065의 Relationship 추가(선행 : CO2060 FS Lag 0d, 후행 : CO2030 FS Lag 0d)

- CO2060과 CO2030 사이의 Relationship 삭제

- Schedule(F9) 실행

▷ CO6010의 Constraint를 제거 후 Schedule(F9)을 실행합니다.

▷ 현재 스케줄로 Baseline을 생성하고 Project Baseline으로 설정합니다.

- Baseline Name : Sample Advanced Project_BL_03

Schedule Option

(Part 06 → Chapter 02 → 08. Schedule Option)

P_318

과제

▷ 다음의 설정으로 각각 Schedule(F9)을 실행하고 결과를 확인합니다.

- 'Make open-ended activities critical' 체크
- 'Define Critical Activities as'의 Total Float, Longest Path 체크 변경
- 'Calendar for Scheduling Relationship Lag'의 4가지 설정 변경
- 최종적으로 'Default' Schedule Option 설정

▷ 'Calculate Multiple float path'를 Total Float을 기준으로 3개 Path를 계산한다고 설정 후 Schedule(F9)을 실행합니다.

▷ Activity Grouping을 Float Path, Sorting은 Start Date로 오름차순하여 결괏값을 확인합니다.

▷ 현재 화면을 Layout으로 저장합니다. (Layout Name : Float Path View)

Schedule Log

(Part 06 → Chapter 02 → 08. Schedule Option)

P_319

과제

▷ 프로젝트의 Schedule Log 파일을 열어 다음의 내용을 확인합니다.

- 프로젝트 Activity 개수
- 프로젝트 Relationship 개수
- 선행을 가지고 있지 않은 Activity 개수
- 후행을 가지고 있지 않은 Activity 개수
- Critical Activity 개수

Baseline Detail(User Baseline)
(Part 06 ➜ Chapter 02 ➜ 09. User Baseline)   P_325

실습

과제

▷ 다음과 같은 내용으로 일정 변경 후 Schedule(F9)을 실행하고 Baseline을 생성합니다.

• CO2065 Activity의 기간을 30d로 수정합니다.

• CO7000 Activity의 기간을 52d로 수정합니다.

• Schedule(F9)을 실행합니다.

• 현재 스케줄로 Baseline을 생성합니다. (Baseline Name : Sample Advanced Project_BL_04)

▷ 다음과 같이 Baseline을 적용합니다.

Project Baseline	Project_BL_04
Primary Baseline	Project_BL_03
Secondary Baseline	Project_BL_02

▷ 현재 일정과 Primary Baseline, Secondary Baseline을 Bar Chart에 나타내어 비교합니다.

▷ 현재 화면을 Layout으로 저장합니다. (Layout Name : Multi BL View)

Role & Resource
(Part 06 ➜ Chapter 02 ➜ 10. Role & Resource)   P_328

실습

과제

▷ 아래와 같은 Role을 생성합니다.

Role ID	Role Name	Price/Unit	Max Units/Time
WD	Welder	$180/d	150d/d
CI	Civil	$150/d	25d/d
ST	Structure	$200/d	20d/d
ME	Mechanical	$150/d	60d/d
PR	Procurement	$100/d	8d/d
AS	Assistant	$120/d	150d/d

▷ 아래와 같이 Role에 Resource를 적용합니다.

Role ID	Resource Name	Proficiency	Primary Role
WD	Welder	1 · Master	Yes
WD	Welder Assist	3 · Skilled	No
CI	Civil Engineer	1 · Master	Yes
CI	Procurement Service for Civil	3 · Skilled	No
CI	Civil Labor	3 · Skilled	No
ST	Structure Engineer	1 · Master	Yes
ST	Procurement Service for Structure	3 · Skilled	No
ME	Mechanical Labor	1 · Master	Yes
PR	Procurement Service for Civil	1 · Master	Yes
PR	Procurement Service for Structure	1 · Master	Yes
AS	Civil Labor	3 · Skilled	Yes
AS	Welder Assist	3 · Skilled	Yes

▷ 아래와 같은 Resource를 생성합니다.

ID	Name	Type	Calendar	Max Unit/Time	Price/Unit
MM	Mechanical Material	Material	Default	60EA/d	$130/EA
WM	Welding Machine	Non Labor	Default	180d/d	$80/d

실습 **Role & Resource Assignment**
(Part 06 → Chapter 02 → 11. Role & Resource Assignment)   P_335

과제

▷ Excel Export/Import를 활용하여 Activity에 다음의 Resource를 할당합니다.

Activity ID	Activity Name	Resource ID	Role ID	Resource Name	Budgeted Units(d)
Labor Resource					
EN1000	Engineering 01	1	CI	Civil Engineer	150
EN1010	Engineering 02	1	CI	Civil Engineer	150
EN1020	Engineering 03	1	CI	Civil Engineer	135
EN1030	Engineering 04	1	CI	Civil Engineer	135
EN1040	Engineering 05	2	ST	Structure Engineer	45
EN1050	Engineering 06	2	ST	Structure Engineer	45
EN1060	Engineering 07	1	CI	Civil Engineer	45
EN2000	Engineering 08	1	CI	Civil Engineer	210
EN2010	Engineering 09	1	CI	Civil Engineer	140
EN2020	Engineering 10	1	CI	Civil Engineer	300

EN2030	Engineering 11	1	CI	Civil Engineer	200
EN2040	Engineering 12	1	CI	Civil Engineer	120
EN2050	Engineering 13	1	CI	Civil Engineer	105
EN2060	Engineering 14	1	CI	Civil Engineer	120
EN3000	Engineering 15	1	CI	Civil Engineer	10
EN3010	Engineering 16	1	CI	Civil Engineer	20
EN3020	Engineering 17	2	ST	Structure Engineer	10
EN3030	Engineering 18	2	ST	Structure Engineer	20
EN3040	Engineering 19	2	ST	Structure Engineer	10
EN3050	Engineering 20	2	ST	Structure Engineer	20
PR1000	Procurement 01	3	PR	Procurement Service for Civil	9
PR1010	Procurement 02	3	PR	Procurement Service for Civil	4
PR1020	Procurement 03	3	PR	Procurement Service for Civil	12
PR1030	Procurement 04	3	PR	Procurement Service for Civil	45
PR1040	Procurement 05	3	PR	Procurement Service for Civil	5
PR2000	Procurement 06	4	PR	Procurement Service for Structure	20
PR2010	Procurement 07	4	PR	Procurement Service for Structure	5
PR2020	Procurement 08	4	PR	Procurement Service for Structure	20
PR2030	Procurement 09	4	PR	Procurement Service for Structure	5
CO1000	Construction 01	5	AS	Civil Labor	1800
CO1010	Construction 02	5	AS	Civil Labor	2250
CO1020	Construction 03	5	AS	Civil Labor	1350
CO1030	Construction 04	5	AS	Civil Labor	1800
CO2000	Construction 05	5	AS	Civil Labor	2000
CO2010	Construction 06	5	AS	Civil Labor	2400
CO2020	Construction 07	5	AS	Civil Labor	1350
CO2030	Construction 08	5	AS	Civil Labor	600
CO2040	Construction 09	5	AS	Civil Labor	600
CO2050	Construction 10	5	AS	Civil Labor	1350
CO2060	Construction 11	5	AS	Civil Labor	3125
CO6000	Construction 17	6	ME	Mechanical Labor	360
CO6010	Construction 18	6	ME	Mechanical Labor	160
CO3000	Construction 12	7	WD	Welder	800
CO3010	Construction 13	7	WD	Welder	1200
CO5000	Construction 16	7	WD	Welder	1400
CO4000	Construction 14	7	WD	Welder	900
CO4010	Construction 15	7	WD	Welder	1500
CO3010	Construction 13	8	AS	Welder Assist	600
CO4010	Construction 15	8	AS	Welder Assist	900
CO4000	Construction 14	8	AS	Welder Assist	1200
CO7000	Construction 19	7	WD	Welder	1800

Non Labor Resource					
CO3000	Construction 12	WM	-	Welding Machine	600
CO3010	Construction 13	WM	-	Welding Machine	600
CO4000	Construction 14	WM	-	Welding Machine	900
CO4010	Construction 15	WM	-	Welding Machine	1200
Material Resource					
CO6000	Construction 17	MM	-	Mechanical Material	360EA
CO6010	Construction 18	MM	-	Mechanical Material	160EA

▷ 아래와 같이 Activity에 Role을 할당합니다.

Activity ID	Role ID	Budgeted Unit
EN2040	AS	60d
CO5000	AS	700d

▷ Activity에 할당된 Role 중 해당하는 Resource를 다음과 같이 할당합니다.

Activity ID	Resource Name	Price/Unit	Unit/Time
EN2040	Civil Labor	Resource Data	Role Data
CO5000	Welder Assist	Resource Data	Role Data

▷ Material Resource가 할당된 Activity를 식별하고 Budgeted Unit값을 확인하여 필요시 수정합니다.

Resource Calendar

(Part 06 → Chapter 02 → 13. Resource Calendar)   P_343

과제

▷ 아래의 Resource의 Calendar를 'AD 03_5D8H'로 변경합니다.

- 'Welder' Resource
- 'Welder Assist' Resource

▷ Schedule(F9)을 실행하고 결과를 확인합니다.

▷ 일정에 영향을 받은 Activity를 식별합니다.

▷ 현재 스케줄로 BL 생성 후 Project Baseline에 적용합니다.

- Baseline Name : Sample Advanced Project_BL_05

실습

과제

▷ 아래의 계층 구조로 Cost Account를 작성합니다.

Cost Account ID	Cost Account Name
SP	Sample Advanced Project
SP.E	설계비
SP.E.01	설계 외주비
SP.E.02	설계 검토비
SP.E.03	도면 인쇄 및 제반 비용
SP.P	구매비
SP.P.01	구매 입찰 진행비
SP.P.02	설비 구매비
SP.P.03	기타 제반비
SP.C	시공비
SP.C.01	노무비
SP.C.02	자재비
SP.C.03	장비비
SP.C.04	기타 제반비
SP.M	관리 지원비
SP.M.01	교육비
SP.M.02	현장 복지비

▷ 아래 표대로 Cost Account를 할당합니다. (Excel Import 가능)

Activity ID	Resource Name	Cost Account
EN1000	Civil Engineer	SP.E.01
EN1010	Civil Engineer	SP.E.01
EN1020	Civil Engineer	SP.E.01
EN1030	Civil Engineer	SP.E.01
EN1040	Structure Engineer	SP.E.01
EN1050	Structure Engineer	SP.E.01
EN1060	Civil Engineer	SP.E.01
EN2000	Civil Engineer	SP.E.01
EN2010	Civil Engineer	SP.E.01
EN2020	Civil Engineer	SP.E.01
EN2030	Civil Engineer	SP.E.01
EN2040	Civil Engineer	SP.E.01
EN2040	Civil Labor	SP.E.01
EN2050	Civil Engineer	SP.E.01
EN2060	Civil Engineer	SP.E.01

EN3000	Civil Engineer	SP.E.01
EN3010	Civil Engineer	SP.E.01
EN3020	Structure Engineer	SP.E.01
EN3030	Structure Engineer	SP.E.01
EN3040	Structure Engineer	SP.E.01
EN3050	Structure Engineer	SP.E.01
PR1000	Procurement Service for Civil	SP.P.01
PR1010	Procurement Service for Civil	SP.P.01
PR1020	Procurement Service for Civil	SP.P.02
PR1030	Procurement Service for Civil	SP.P.02
PR1040	Procurement Service for Civil	SP.P.02
PR2000	Procurement Service for Structure	SP.P.01
PR2010	Procurement Service for Structure	SP.P.01
PR2020	Procurement Service for Structure	SP.P.01
PR2030	Procurement Service for Structure	SP.P.01
CO1000	Civil Labor	SP.C.01
CO1010	Civil Labor	SP.C.01
CO1020	Civil Labor	SP.C.01
CO1030	Civil Labor	SP.C.01
CO2000	Civil Labor	SP.C.01
CO2010	Civil Labor	SP.C.01
CO2020	Civil Labor	SP.C.01
CO2030	Civil Labor	SP.C.01
CO2040	Civil Labor	SP.C.01
CO2050	Civil Labor	SP.C.01
CO2060	Civil Labor	SP.C.01
CO3000	Welder	SP.C.01
CO3000	Welding Machine	SP.C.03
CO3010	Welder	SP.C.01
CO3010	Welder Assist	SP.C.01
CO3010	Welding Machine	SP.C.03
CO4000	Welder	SP.C.01
CO4000	Welder Assist	SP.C.01
CO4000	Welding Machine	SP.C.03
CO4010	Welder	SP.C.01
CO4010	Welder Assist	SP.C.01
CO4010	Welding Machine	SP.C.03
CO5000	Welder	SP.C.01
CO5000	Welder Assist	SP.C.01
CO6000	Mechanical Labor	SP.C.01
CO6000	Mechanical Material	SP.C.02
CO6010	Mechanical Labor	SP.C.01
CO6010	Mechanical Material	SP.C.02
CO7000	Welder	SP.C.01

▷ Resource Assignment 화면에서 Cost Account별 비용 집계를 확인합니다.

과제

▷ 아래의 설정으로 Layout을 생성하여 각 화면별로 비교, 분석합니다.

▷ Select Display Type : Project Table

- Layout Name : Project Table_Sample
- Columns : Default
- WBS별 Data 확인

▷ Select Display Type : Project Bar Chart

- Layout Name : Project Bar Chart_Sample
- Display : Cost
- Field : BL Project Total Cost, Actual Total Cost, Remaining Total Cost
- Group & Sort : EPS/WBS

▷ Select Display Type : Project Gantt/Profile

- Layout Name : Project Gantt/Profile_Sample
- Bars : Default
- Group & Sort : EPS/WBS
- WBS별, Spreadsheet, Profile Data 확인

▷ Select Display Type : Resource Analysis

- Layout Name : Resource Analysis_Sample
- Bars : Default
- Group & Sort : EPS/WBS
- WBS별, Resource별 Spreadsheet, Profile Data 확인

과제

▷ 'Welder' Resource의 Max Units/Time을 35d/d로 변경 또는 확인합니다.

▷ Level Resource의 기본 설정에 다음과 같이 설정하여 Level Resource를 실행합니다.

▷ Level Resource 1.

- Preserve scheduled early and late dates 선택
- Level all resource 선택
- Level 실행
- 현재 상태로 Baseline 생성 후 'SP_Level Resource_R1' 이름 설정
- Schedule(F9) 실행

▷ Level Resource 2.

- Preserve scheduled early and late dates 선택
- Level all resource 선택
- Level resources only within activity Total Float 선택 후 Float : 10d, Max Percent : 0으로 설정
- Level 실행
- 현재 상태로 Baseline 생성 후 'SP_Level Resource_R2' 이름 설정
- Schedule(F9) 실행

▷ 각 Baseline을 프로젝트에 적용하여 현재 스케줄과 비교합니다.

Duration Type

(Part 06 → Chapter 02 → 17. Duration Type)   P_366

과제

▷ 다음과 같은 Resource를 생성합니다.

ID	Name	Type	Default Units/Time	Max Units/Time	Price/Unit	Calendar
MG	Management Cost	Labor	1.00d/d	1.00d/d	$2000/d	AD 02_7D8H

▷ 다음과 같이 수행합니다.

- 'LC1000' Activity에 'MG' Resource를 할당하고 Budgeted Unit을 자동 투입 값 유지
- 'LC1000' Activity의 Duration Type을 Fixed Unit/Time으로 설정
- 'LC1000' Activity의 Budgeted Unit과 Total Cost 확인
- 'CO2030' Activity의 Original Duration을 30d로 변경 후 Schedule(F9) 실행
- 'LC1000' Activity의 변경된 Budgeted Unit과 Total Cost 확인
- 'Recalculate Assignment Cost' 실행 후 Total Cost 확인

▷ 현재 스케줄로 Baseline을 생성하고 Project Baseline으로 설정합니다.

- Baseline Name : Sample Advanced Project_BL_06

Activity Code

(Part 06 → Chapter 02 → 18. Activity Code(with Excel Import))   P_369

과제

▷ Excel Export/Import를 활용하여 아래의 표대로 Activity에 Activity Code를 할당합니다.

(Primavera P6에서 직접 입력 가능)

Activity ID	Activity Name	Work Type	Sub Con.
MI1000	Milestone 01	M	A
MI1010	Milestone 02	M	A
MI1020	Milestone 03	M	A
MI1030	Milestone 04	M	A
MI1040	Milestone 05	M	A
MI1050	Milestone 06	M	F

EN1000	Engineering 01	E	D
EN1010	Engineering 02	E	D
EN1020	Engineering 03	E	D
EN1030	Engineering 04	E	D
EN1040	Engineering 05	E	D
EN1050	Engineering 06	E	D
EN1060	Engineering 07	E	D
EN2000	Engineering 08	E	D
EN2010	Engineering 09	E	D
EN2015	Engineering 10–1	E	D
EN2020	Engineering 10–2	E	D
EN2030	Engineering 11	E	D
EN2040	Engineering 12	E	D
EN2050	Engineering 13	E	D
EN2060	Engineering 14	E	D
EN3000	Engineering 15	E	D
EN3010	Engineering 16	E	D
EN3020	Engineering 17	E	D
EN3030	Engineering 18	E	D
EN3040	Engineering 19	E	D
EN3050	Engineering 20	E	D
PR1000	Procurement 01	P	C
PR1010	Procurement 02	P	C
PR1020	Procurement 03	P	C
PR1030	Procurement 04	P	C
PR1040	Procurement 05	P	C
PR2000	Procurement 06	P	C
PR2010	Procurement 07	P	C
PR2020	Procurement 08	P	C
PR2030	Procurement 09	P	C
CO1000	Construction 01	C	C
CO1010	Construction 02	C	C
CO1020	Construction 03	C	C
CO1030	Construction 04	C	C
CO2000	Construction 05	C	C
CO2010	Construction 06	C	C
CO2020	Construction 07	C	C
CO2030	Construction 08	C	C
CO2040	Construction 09	C	C
CO2050	Construction 10	C	C
CO2060	Construction 11	C	C
CO2065	LAG	C	C
CO3000	Construction 12	C	E

CO3010	Construction 13	C	E
CO4000	Construction 14	C	E
CO4010	Construction 15	C	E
CO5000	Construction 16	C	E
CO6000	Construction 17	C	A
CO6010	Construction 18	C	A
CO7000	Construction 19	C	A
LC1000	Construction LOE	M	A
SU1000	Commissioning 01	S	F

▷ Group & Sort 기능을 활용하여 다음의 기준으로 일정과 비용 정보를 확인합니다.

- Activity Code별
- 순서대로 Grand Total, Work Type별, Sub Con.별

▷ Filter 기능을 활용하여 다음의 Activity들의 일정과 비용 정보를 확인합니다.

- A 건설사 Activity
- C토건의 Activity 중 Construction Activity

과제

▷ Project Baseline으로 'Sample Advanced Project_BL_06' 를 적용합니다.

('Sample Advanced Project_BL_06'는 Duration Type까지 실습 결과임)

▷ SP 프로젝트를 복사하여 Actual EPS에 위치시키고 다음과 같이 설정합니다.

(Project Baseline 함께 복사)

• Project ID : SP_AC01, Project Name : Sample Advanced Project_3월 실적

▷ SP_AC01 프로젝트를 Open하여 아래와 같이 실적을 입력합니다.

Activity ID	Actual Start	Actual Finish	Remaining Duration	Actual Unit	Remaining Unit
MI1000	–	2020–03–27	–	–	–
EN1000	2020–03–02	2020–03–12	–	180d	–
EN1010	2020–03–13	2020–03–24	–	150d	–
EN1020	2020–03–09	2020–03–14	–	100d	–
EN1030	2020–03–16	–	5d	105d	50d
EN1060	2020–03–16	2020–03–25		45d	–
EN2000	2020–03–18	–	60d	50d	180d
EN2015	2020–03–13	–	40d	–	–
EN2050	2020–03–30	–	70d	12d	93d
EN3000	2020–03–23	2020–03–27	–	10d	–

▷ Data Date를 2020–04–01로 변경 후 Schedule(F9)을 실행합니다.

▷ Activity Table과 Bar Chart에 실적이 반영된 상태를 확인합니다.

과제

▷ SP 프로젝트를 복사하여 Actual EPS에 위치시키고 다음과 같이 설정합니다.

　(Project Baseline 함께 복사)

　　• Project ID : SP_AC02　　Project Name : Sample Advanced Project_3월 자동실적

▷ 'Update Progress' 기능을 다음과 같이 설정 후 Apply 실행합니다.

　• New Data Date를 2020-04-01로 설정

　• All highlighted activities 선택

　• Always recalculate 선택

▷ Activity Table과 Bar Chart에 실적이 반영된 상태를 확인합니다.

과제

▷ SP 프로젝트를 복사하여 Actual EPS에 위치시키고 다음과 같이 설정합니다.

　(Project Baseline 함께 복사)

　　• Project ID : SP_AC03, Project Name : Sample Advanced Project_3월 엑셀실적

▷ Excel Export/Import를 활용하여 아래의 표로 실적을 입력합니다.

Activity ID	WBS Code	Actual Start	Actual Finish	Remaining Duration	Resource ID	Role ID	Actual Unit	Remaining Unit
MI1000	SP_AC03.M		2020-03-27	0				
EN1000	SP_AC03.E.CI.SP	2020-03-02	2020-03-20	0	1	CI	300	0
EN1010	SP_AC03.E.CI.SP	2020-03-11	2020-03-31	0	1	CI	200	0
EN1020	SP_AC03.E.CI.SP	2020-03-02	2020-03-24	0	1	CI	100	0
EN1030	SP_AC03.E.CI.SP	2020-03-11	2020-03-31	0	1	CI	105	0
EN1060	SP_AC03.E.CI.SP	2020-03-15	2020-03-31	0	1	CI	80	0

EN2000	SP_AC03.E.CI.DR	2020-03-20		50	1	CI	60	180
EN2050	SP_AC03.E.CI.DR	2020-03-31		70	1	CI	10	105
EN3000	SP_AC03.E.CI.EP	2020-03-23	2020-03-27	0	1	CI	10	0
PR1000	SP_AC03.P.CI.PS.PL	2020-03-28	2020-03-31	0	3	PR	20	0
EN2015	SP_AC03.E.CI.DR	2020-03-20		35				

▷ Data Date를 2020-04-01로 변경 후 Schedule(F9)을 실행합니다.

▷ Activity Table과 Bar Chart에 실적이 반영된 상태를 확인합니다.

Actual Update · Step
(Part 06 → Chapter 03 → 04. Actual Update · Step)   P_392

과제

▷ 'Drawing Step Template' 이름으로 Activity Step template 생성 후 다음과 같은 Step을 적용합니다.

Step Name	Step Weight
Basic Drawing	10
First Approval	20
Detail Drawing	50
Final Approval	20

▷ SP_AC01 프로젝트를 Open합니다.

▷ 'EN2000' Activity에 'Drawing Step Template'을 할당합니다.

▷ 'EN2000' Activity의 Step의 'Basic Drawing' Step의 Complete 박스를 체크합니다.

▷ 'EN2000' Activity Percent Complete Type을 'Physical'로 변경 후 Physical % Complete 값을 확인합니다.

Threshold & Issue

(Part 06 → Chapter 04 → 01. Project Status Analysis - Threshold & Issue)   P_398

과제

▷ SAM_AC03 Project를 Open합니다.

▷ Threshold 항목을 확인하고 프로젝트 전체 기간에 대해 Monitor를 실행합니다.

▷ 생성된 Issue 항목을 확인합니다.

Progress Line

(Part 06 → Chapter 04 → 02. Project Status Analysis - Progress Line)   P_403

과제

▷ SAM_AC01 Project를 Open합니다.

▷ 'Progress Line' 아이콘을 클릭하여 Bar Chart에 표현

▷ 'Bar Chart Option'의 Progress Line 탭에서 각 Option을 변경하여 Progress Line을 확인

과제

▷ SAM_AC01 Project를 Open합니다.

▷ Activity Table에 다음의 Column을 표시하여 Activity마다 각 Column의 값을 확인합니다.

- Percent Complete Type
- Duration % Complete
- Unit % Complete
- Physical % Complete
- Cost % Complete
- Performance % Complete

과제

▷ SP_AC01 Project를 Open합니다.

▷ Activity Table에 다음의 Column을 표시하여 각 Column의 값을 확인

- Budget At Completion
- Planned Value Cost
- Earned Value Cost
- Actual Cost
- Schedule Variance
- Cost Variance
- Schedule Performance Index
- Cost Performance Index
- Estimate to Complete
- Estimate at Completion Cost
- Variance at Completion

- Percent Complete Type
- Performance % Complete

▷ Activity Usage Profile에 다음의 항목을 표시하여 값을 확인
- Data : Total Cost
- Actual Cumulative
- Planned Value Cost
- Earned Value Cost
- Estimate at Completion Cost

▷ 전체 Activity의 Percent Complete Type을 'Unit'으로 변경 후 각각의 값을 확인

▷ 'Drawings' WBS Details 창의 Performance percent Complete 계산을 WBS Milestone으로 설정한 후 WBS Milestone 1번 항목의 Completed 박스 체크 후 각각의 값을 확인

▷ 프로젝트 전체의 Performance percent Complete 계산을 50/50으로 설정한 후 각각의 값을 확인

▷ 다음의 경우 프로젝트 전체의 ETC 계산을 CPI를 적용한 WBS Level 2까지 VAC 값을 확인하시오.
- 프로젝트 전체의 Performance percent Complete 계산을 Activity percent Complete로 설정하고 전체 Activity의 Percent Complete Type을 Duration % Complete로 설정
- 프로젝트 전체의 Performance percent Complete 계산을 50/50으로 설정
- 프로젝트 전체의 Performance percent Complete 계산을 0/100으로 설정

과제

▷ SP Project를 Open합니다.

▷ 예시로 주어진 출력물을 참고하여 아래의 출력물을 작성

- A3 Size
- 활용 가능한 기능

  Page Setup, Group & Sort, Filter, Bars, Layout, Column, Usage Profile

▷ Milestone Schedule 작성하여 jpg로 저장(예시1 참고)

▷ WBS Summary Schedule 작성하여 jpg로 저장(예시2 참고)

▷ Critical Path Schedule 작성하여 jpg로 저장(예시3 참고)

▷ Detail Schedule 작성하여 jpg로 저장(예시4 참고)

▷ 예시1 Milestone Schedule

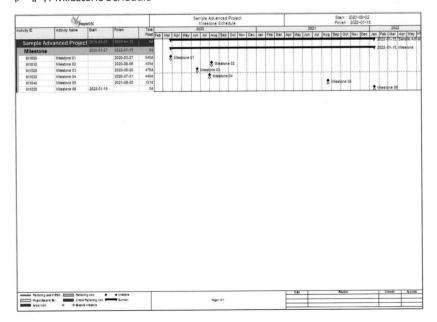

▷ 예시2 WBS Summary Schedule

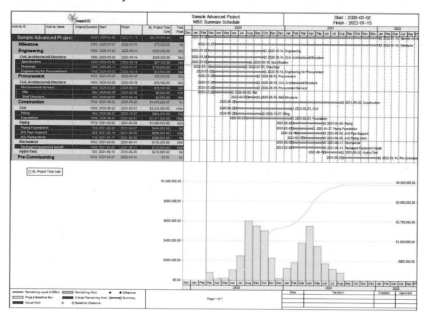

▷ 예시3 Critical Path Schedule

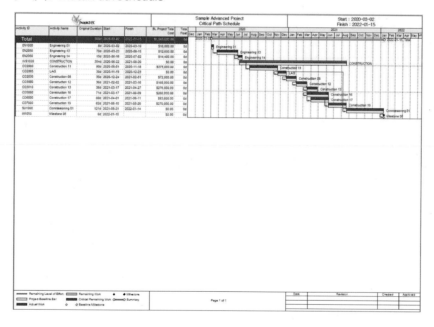

▷ 예시4 Detail Schedule

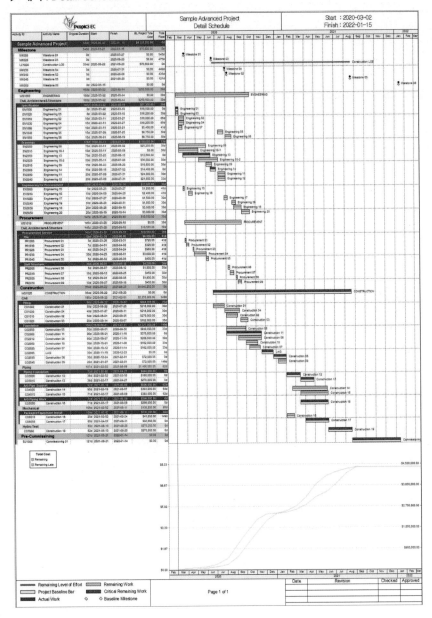

Report

과제

▷ SP Project를 Open합니다.

▷ 기존 Report Group의 Schedule Group의 'AD-01 Activity status Report'를 사용하여 Report를 작성 후 jpg 파일로 저장

▷ Report Group에 'Sample Advanced Report'를 생성

▷ 'CP Schedule Report'를 아래와 같이 작성 후 Sample Advanced Report Group에 Save
- 'Activity' Subject Area 선택
- Critical Activity만 표시
- Activity ID, Activity Name, Original Duration, Actual Duration, Remaining Duration, Start, Finish, Total Float, Variance Finish Date를 표시
- Grouping은 단순 Activity List로 구성

▷ 'Resource summary Report'를 아래와 같이 작성 후 Sample Advanced Report Group에 Save
- 'Summary Resource Assignment' Subject Area 선택
- 모든 Resource를 표시
- Activity ID, Name, Budgeted Cost, Actual Cost, Remaining Cost, At Completion Cost를 표시
- Grouping은 Cost Account, Resource 순으로 구성

▷ 'Cost Account Spreadsheet Report' 아래와 같이 작성 후 Sample Advanced Report Group에 Save
- Time Distributes Data를 선택 후 'Cost Account' Subject Area 선택
- Column에 Cost Account Name 표시, Group은 Cost Account로 설정
- 월간 Summary
- Time Interval Fields 아래의 데이터 표시
  BL Project Total Cost, Actual Total Cost, Remaining Total Cost

▷ 새로 만든 Report를 묶어 Batch Report 생성 후 html 파일로 저장

과제

▷ SP Project를 Open합니다.

▷ 다음과 같은 설정으로 Web Publish를 실행합니다.

- 다음과 같은 Activity Layout 포함

  Classic WBS Layout

  Costs - Budgeted

  Resource Cost Profile

- 다음과 같은 Tracking Layout 포함 (이전 실습 결과)

  Project Table_Sample

  Project Bar Chart_Sample

  Project Gantt/Profile_Sample

  Resource Analysis_Sample

- 다음과 같은 Report 포함

  CP Schedule Report

  Resource summary Report

▷ Web Publish 결과를 확인합니다.

Appendix

Ex-Bridge

Data Interface for Primavera P6

Primavera P6

Project Management를 위한 최적의 Solution

- 전 세계적으로 사용되는 Project Management Solution.
- 건축, 토목, 플랜트, 중공업 등 대형 Project 관리에 적용
- NASA, Boeing, Lockheed Martin과 같은 항공 우주 분야 및 방위 산업 분야 등 각종 연구 개발 사업 관리에도 사용

2

Ex-Bridge

Primavera P6와 타 System 간 Interface를 위한 최적의 Solution

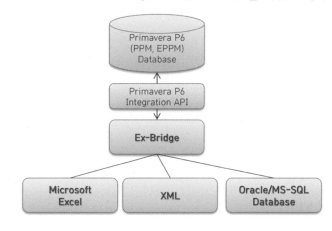

- Primavera API 기반 솔루션
- Oracle의 API 기술과 People3EC의 누적된 경험을 바탕으로 만들어진 데이터 통합 시스템
- Project Initiate/Planning 단계에 꼭 필요한 Interface 기능 제공
- 외부 Program에서 Interface System으로 구성 가능

System Architecture

Primavera P6 Professional Client	Excel Spread Sheet	DB Enterprise Database Server

Network

Standalone Database DB	Ex Bridge 1.0	Primavera P6 Integration API

.Net Framework	Java SE Runtime Environment	Java SE Development Kit

Windows 7 or Windows 10

사용자 중심 인터페이스

Simple한 User Interface로 사용자의 편의성 향상

System Setting

- Interface 대상 설정
- P6 연결 설정

Interface

- Interface 항목 설정
- Project
- Code, Calendar, Resource
- Interface 실행

Table/Column

- Table / Column 설정

Oracle Primavera API 활용

Primavera API 기반 운용으로 데이터 정합성 및 호환성 확보

REQUEST

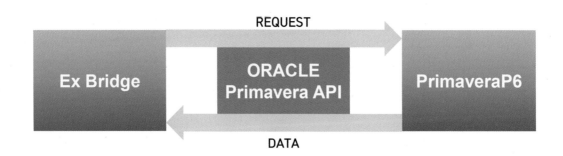

DATA

작업 Log 관리

Ex Bridge 사용 Log 관리를 통해 작업 내역 및 현황 파악

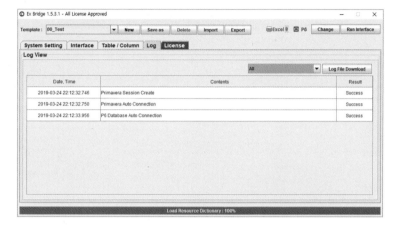

강력한 Interface 기능

Primavera P6의 Import 기능을 추가/강화하여 사용자 편의성 제공

P6 Information	PrimaveraP6	Ex Bridge
Project - Project - Project Calendar - Calendar Exception - Project Activity Code - Project Resource Spreadsheet - Project Activity Spreadsheet	X	○
WBS - WBS	X	○
Activity - Activity - Relationship - Activity Code Assignment - Resource Assignment - Expense	△	○
- Bucket Planning - Financial Period Value - Step	X	

강력한 Interface 기능

Primavera P6의 Import/Export기능을 추가/강화하여 사용자 편의성 제공

P6 Information	PrimaveraP6	Ex Bridge
Resource/Role - Resource - Resource Rate / Limit - Role - Role Rate - Role Limit	X	○
Enterprise Data - Cost Account - Document - Document Assignment - Risk - Risk Assignment - Claim Cost Calculation - Additional Data (Customizing)	X	○

Ex-Bridge - 주요 기능

주요기능. Project Import/Export

Excel Data를 이용하여 다수의 Project를 생성

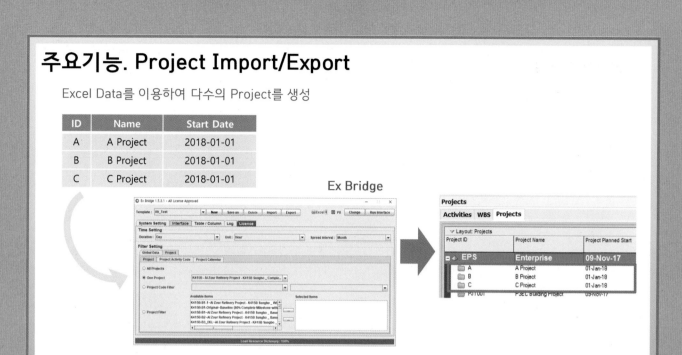

주요기능. WBS Import/Export

WBS Interface를 통하여 초기 Project 구축 시 작업 시간 단축

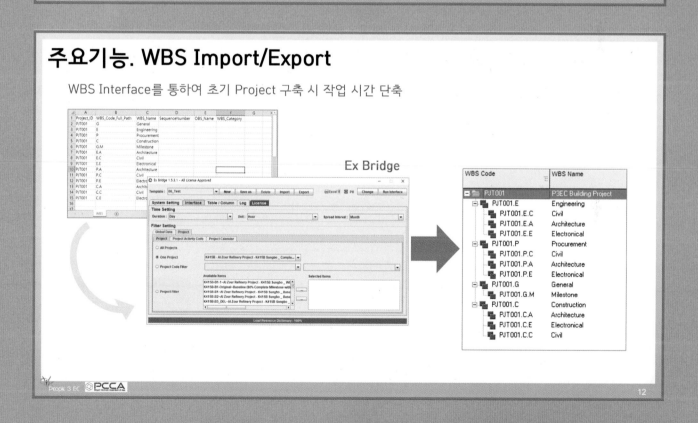

주요기능. Calendar Interface

Calendar Exception 정보를 통한 Calendar 휴무일 분석 용이

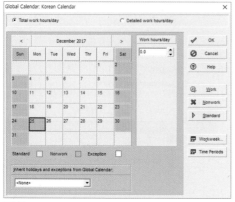

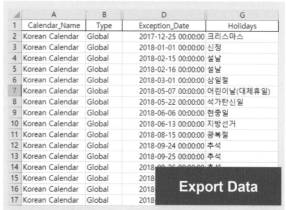

기존

전체 휴무일을 Calendar에서 파악해야 함

Ex Bridge 활용

Calendar Export후 확인 및 수정 작업 가능

주요기능. Activity Import/Export

대량의 Activity를 한꺼번에 Import/Export

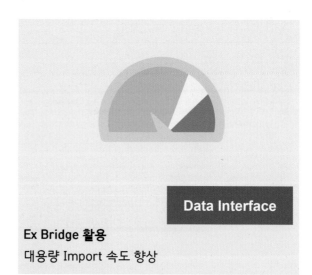

기존

대용량일 경우 로딩이 오래 걸림

Ex Bridge 활용

대용량 Import 속도 향상

Ex-Bridge를 통한 Data Interface 속도

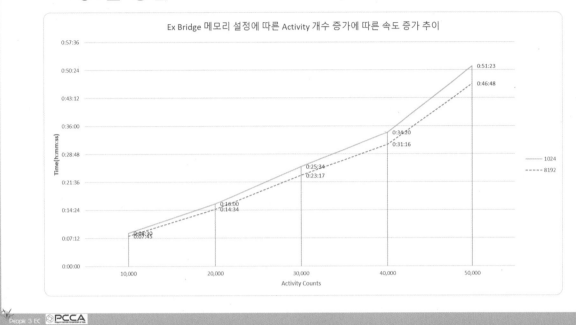